삐뚤어진
리더들의 전쟁사

고민하는
리더를 위한

삐뚤어진
리더들의
전쟁사

The Worst Military Leaders in History

존 M. 제닝스 척 스틸 외 지음
곽지원 옮김

목차

일러두기

1. 인명을 포함한 외국어 표기는 국립국어원의 외국어표기법과 용례에 따라 표기했다.
2. 단행본은 《 》로, 그 외의 작품은 〈 〉로 표기했다. 국내 미번역 작품의 경우 원제목을 병기했다.
3. 아메리카 원주민 이름은 뜻을 번역하여 표기하되 붙여서 썼다.
4. 중국 지명, 인명은 중국어 발음으로 표기했다. 단, 일부 산의 지명은 한자 독음으로 표기했다.
5. 인용문에서 원서의 저자가 직접 추가한 내용은 [ ]안에 썼다.

추천의 말

퇴역 해군 중장 제러미 블랙햄 경
전 영국 국방참모차장

전 세계 군사 훈련 기관들은 인재 양성을 위해 과거의 뛰어난 지도자들을 연구하고, 성공 요인을 분석하고, 교훈을 도출하는 데 많은 시간과 노력을 들여왔다. 하지만 이러한 접근에는 한계가 있다. 군사적 환경, 전략적·정치적 목표, 기술 수준 때문에 동일한 전투가 벌어질 수 없어서다. 그래서 요구되는 리더십이 전부 상이하다. 공중에서 군대를 지휘하는 것은 육지나 해상에서 지휘하는 것과는 매우 다르다. 또한 전술 수준의 리더십은 작전·대전략 수준의 리더십과는 다른 능력을 요구한다. 어떤 지도자는 이 중 일부에서만 유능함을 보여 주고 다른 면에서는 부족할 수 있기에, 적재적소에 인재를 배치하는 것이 중요하다. 특정 직무에서의 성공·실패는 그 리더의 다른 능력을 잘 보여 주지 못할 수도 있다.

예를 들면, 1944년 노르망디 상륙작전 때 아이젠하워 장군에게 요구되었던 리더십은 패튼 장군이 보인 리더십과는 상당히 달랐다. 둘 중 누구도 상대방의 일을 대신하지는 못했을 것이다. 그렇다고 이 둘이 나쁜 리더일까? 그렇지 않다. 본서에서 소개된 영국 해군을 예로 들어보자면, 데이비드 비티 제독은 유틀란트 해전에서 순양전함함대 사령관을 맡아 그의 조국과 총사령관에게 실망을 안겨 주었지만, 척 스틸이 지적했듯 그는 해군 장교로서는 성공한 인물이었다. 그렇다면 그는 최악의 리더 중 하나인가, 아니면 최고 중 하나인가? 그를 한 직무에서 최악의 인물로 만들었던 특징들은 다른 직무에서 최고로 만들었던 특징들과 동일한가? 군대에서는 계급이 낮을 때 공을 세워 진급하는 경우가 흔하다. 이것은 합리적인가?

이 책은 이 주제와 관련하여 꼭 필요하지만 보편적이지 않은 접근법을 채택했다. 역사적으로 상대의 탁월함이 아니라 스스로의 문제 때문에 크게 실패했다고 평가받는 리더들을 살핀 것이다. 이는 전략적 비전·계획의 실패 또는 전술적 무능으로 나타나기도 하고, 성격의 결함에서 비롯된 경우도 많다. 저자들은 '전쟁사상 최악의 리더' 자리를 놓고 경쟁하는 후보들을 상세하게 탐구하고 검토한다. 각 인물의 성공과 실패 여부는 독자의 판단에 맡긴다. 통일된 의견이 나올 거라 생각하진 않는다. 이 책은 확실히 '전쟁터에서의 성공적인 리더십'이라는, 논쟁의 여지가 있고 복잡한 주제에 관한 꽤나 흥미로운 관점을 제공한다. 또한 여러 상황에서 성공이나 실패를 결정지을 수 있는 몇몇 인간적 특징도 제시한다. 따라서 이 분야의 학생이라면 이 인물들이 저지른 오류들을 정리하면서 경력을 쌓는 데 큰 도움을 얻을 수 있을 것이다.

그러면 결론은 무엇일까? 편집자들은 합리적이게도 이 질문에 최종적인 답을 제시하지 않는다. 이 책에 제시된 근거를 기반으로 리더들의 실패에서 결론을 도출하고, 각기 다양한 상황에 적용할 수 있는 교훈을 내놓는 것은 독자의 몫이다. 모두가 공감할 수 있는 답은 없을 것이다. 전쟁터에서의 리더십은 예술이자 기술이다. 어떤 것은 가르칠 수 있지만, 또 어떤 건 경험해야 알 수 있다. 이 둘은 다르다. 어떤 리더들은 타고난 직관을 가졌을 수 있지만, 다른 이들은 많은 노력을 들여야 이해할 수 있다. 리더십을 가지려면 어떤 교훈을 다른 연관된 상황에 적절하게 적용해 보는 것과 같은 훈련이 필요하다.

끝으로 나폴레옹이 "난 운이 좋아 이겼다."라고 말하는 장군들에게 전했다는, "나는 훌륭한 장군보다는 운이 좋은 장군을 택하겠다."라는 말을 상기해 보자. 하지만 운이란 것이 진정 우연의 산물일까? 우리는 "내가 더 열심히 할수록 운도 나를 따라온다."라는 위대한 골프 선수 개리 플레이어의 말도 기억할 필요가 있다.

서론

존 M. 제닝스와 척 스틸

군사 지도자의 전기傳記는 역사에서 가장 오래되고 방대한 분야 중 하나다. 투키디데스나 사마천과 같은 고대 인물들도 지휘관의 결정을 분석하면 전투의 승리나 패배를 이해할 수 있으며, 그러한 결정을 분석하기 위해서는 그 지도자를 이해할 필요가 있다는 사실을 진작에 파악하고 있었다. 그들의 배경이나 인격은 결정에 어떠한 영향을 미쳤는가? 어떠한 제약에 직면했으며, 승리를 위해 어떻게 그 제약을 극복했는가? 왜 그러한 결정을 내렸으며, 이는 어떻게 승리나 패배로 이어졌는가? 이러한 보편적 질문들은 수천 년 동안 전쟁사학자들을 매료시켜왔으며, 이에 관해 수많은 책이 쓰였다.

이처럼 '군사 지도자의 전기'라는 유구하고 위엄 있는 전통을 향한 열정적인 관심은 우리가 "리더십이란 무엇인가?"라는 오랜 질문에 색다른 관점을 제공할 책을 한 권 더 추가하는 어마어마한 임무를 맡게 했다. 이 도전 앞에서 우리는 미국공군사관학교(USAFA, US Air Force Academy) 역사학과 교수진들과 여러 번 가졌던 비공식 토론을 참고했다. 미국공군사관학교는 전쟁사를 핵심 강의로 제공한다. 이 강의는 항상 특정 지도자의 강점과 그가 전장에 미친 영향을 논의하고자 하는 교직원과 사관생도 들로 넘쳐난다. 미국공군사관학교가 미래 장교들을 위한 교육기관 겸 훈련소로 기능하는 만큼, 역사학과 교수진은 이들이 마주할 역사적 도전들을 자세히 조명할 의무가 있다. 일반적으로 강의실에서 이루어지는 전쟁터에서의 리더십을 주제로 한 대화들은 위대한 리더들에 집중하곤 한다. 전쟁사의 일부만 다루는 데도 시간이 부족하기 때문에 교수진은 주로 위대한 사령관들을 다룬다. 젊은 장교 후보생들이 여기서 영감을 얻으리라고, 하다못해 성공적인 지도자의 특징들을 인식하는 데 어느 정도 도움을 받으리라고 기대하기 때문이다. 교수인 우리가 리더의 역할에 집중하는 이유는 학생들이 눈앞에서 펼쳐지는 이야기로 스스로를 돌아볼 수 있게끔 하기 위해서다.

대개 승리를 기준으로 위대하다고 평가받는 지휘관들을 강조하는 경향은 강의실뿐 아니라 군사 지도자의 전기에서도 이어진다. 이것은 놀랍지 않다. 역사 또한 승자를 좋아하기 때문이다. 우리가 강의실에서도 경험했듯이, 현재와 미래의 지도자들이 리더십의 교훈을 연구하는 목적이 실용적인 것이라면 성공 사례를 공부해야 한다. 하지만 이는 마치 음이 빠진 양과 같이 그 반대의 상황을 무시하는 제한적인 접근법이다. 역사상 위대한 지휘관들의 성공을 보고 배울 수 있다면, 역사상 최악의 지도자들에게서도 배울 수 있지 않을까? 이 책은 바로 이 반대 상황에 집중한 책이다.

다소 즉흥적으로 시작된 이 프로젝트는 균형을 맞추고자 하는 시도다. 잘 알려진 역사학자 마이클 하워드 경은 전쟁 연구를 업으로 삼을 이들을 위한 일련의 지침을 《전쟁사의 이용과 오용 *The Use and Abuse of Military*

History》에서 제시한바 있다. 전쟁사학계에서 가장 자주 인용된 글 중 하나인 그의 저서에서 하워드 경은 독자들에게 이 주제를 폭넓고 깊이 있게, 맥락을 고려해 공부하라고 권했다.[1] 하지만 교수들은 좋은 학생이 아닌 경우가 많고, 그래서 하워드 경의 제안을 대체로 간과했다. 이 경우 승자 연구가 과도하게 이루어지는 반면, 이들의 승리를 가능하게 해 주는 패배자 연구는 매우 적거나 이에 상응하지 못한다. 최악을 간과하면서 최고의 사령관들을 강조하는 것은 역사를 폭넓고 깊이 있게 제시해야 하는 현재의 필요성을 충족시키지 못한다. 정직하게 말하자면, 역사학자는 최악의 지도자들을 충분히 탐구하지 않고서는 전쟁을 완전한 맥락에서 연구할 수 없다. 물론 이 책에 제시된 일화들은 전부 편향적인데 균형추 역할을 하기 위한 것이다. 적어도 독자들이 승자가 성공한 원인만큼이나 패배한 지도자의 실패 원인도 고민해보도록 유도할 수 있을 것이다.

또한 학문으로서의 전쟁사가 리더십에 비판적인 평가를 요구하는 만큼, 해당 분야 연구자들이 누가 잘한 지휘관인지 못한 지휘관인지를 따지기 위한 강력한 의견을 가지고 있다는 사실은 결코 놀라운 일이 아니다. 오히려 지난 20년 동안 친구와 동료와의 토론 중 가장 활발했던 주제가 '전쟁에서 누가 최악이었냐?'였다. 위대한 사령관들을 연구하면 항상 같은 이름과 잘 알려진 근거들이 등장하고, 그 논의 자체가 지루하게 반복된다. 반면에 실패한 지도자들을 주제로 하는 토론은 경쟁하듯 열정적이다. 이 책에서 다루어지는 인물 중에는 잘 알려진 이들도 있고, 그렇지 않은 이들도 있다. 이 모든 글을 관통하는 요소는 등장하는 모든 리더가 주목할 만한 방식으로 실패했다는 것이다. 그들이 가진 단점이 바로 그들의 유산이 되었다. 그 비판이 정당한지 아닌지를 판단하는 것은 독자들의 몫이다.

전쟁은 대립적인 행위다. 이 시련에서 중대한 문제를 해결하여 칭송받는 지도자가 1명 있으면, 그렇지 못했던 지도자도 1명 있는 법이다. 패배가 꼭 무능함의 지표는 아니지만, 일부 지도자들 중에는 승리를 거둔 자들만큼이나 기상천외한 이유로 패배한 이들도 있다. 전쟁에서의 무능함으로 친구와 동료 들의 마음을 사로잡은 범상치 않은 인물들이 바로 이 책의 주인공들이다. 강의라는 부담과 영감을 줘야 한다는 압박에서 벗어난 전쟁사학자들의 격식 없는 대화가 미래 지도자들에게 반면교사가 될 인물들을 보여 주는 이야기의 컬렉션을 이룬 것이다.

전쟁터에서의 형편없는 리더십을 다루는 학문

고대인들은 위대한 리더들에 과도하게 집중하면서도 패배자들의 결점을 연구하는 것 또한 전쟁터에서의 리더십 연구에 중요한 교훈을 줄 수 있다는 사실을 깨달았다. 투키디데스는 페리클레스 같은 위인뿐 아니라 기원전 415~413년 시칠리아 원정을 이끈 니키아스(제임스 투시가 다룰 장의 주인공)의 실패한 리더십에도 많은 관심을 기울였다. 플루타르코스 또한 알렉산드로스 대왕이나 율리우스 카이사르 같은 위인들의 전기를 썼지만, 《영웅전》 중 한 권에서는 피로스나 크라수스(그레고리 하스포도어가 다룰 장의 주인공)와 같은 주목할 만한 패배자들과 함께 니키아스를 다루었다.

이러한 사고방식은 수천 년 동안 이어져온 것으로 보인다. 니콜로 마키아벨리는 미래의 통치자들에게 하는 권고에서 고대 사람들의 말을 인용했다.

> 정신적 훈련이란, 군주가 역사를 공부하면서 위대한 사람들의 행동에 주목하고, 전쟁에서 어떻게 행동하는지를 관찰하고, 승리와 패배의 원인을 점검해서 후대 사람이 옛날 사람을 모방하지 않게 하는 것이다. 군주는 무엇보다 과거의 위대한 인물들이 그렇게 했듯이 저명하고 칭

송받는, 공적과 업적이 지속적으로 회자되는 인물들을 귀감으로 삼아야 한다. 알렉산드로스 대왕은 아킬레우스를, 카이사르는 알렉산드로스 대왕을, 스키피오는 키루스 대왕을 본받고자 했다고 전해진다.[2]

하지만 현대사 분야에서 실패한 리더십이 주제인 연구는 많이 부족하다. 주목할 만한 저서는 앨런 클라크의 《당나귀들 *The Donkeys*》(1962년)로, 제1차 세계대전의 첫 2년 동안 영국원정군(British Expeditionary Force)이 주도했던 재앙적인 작전을 묘사했다.[3] 이 책의 제목은 여러 독일 장군이 영국 병사들을 '당나귀가 이끄는 사자'라고 칭한 것에서 비롯되었다. 즉, '당나귀들'인 프렌치와 헤이그의 형편없는 리더십을 비난한 것이다. 하지만 클라크는 리더들에 집중하면서도, 리더들의 무지와 무관심이 사실상 불가능한 임무를 수행하면서 처참히 쓰러져 나간 참호의 병사들에게 미친 영향에 초점을 맞췄다.

제1차 세계대전 때 영국군 지도부의 무능함이라는 주제는 존 라핀의 《제1차 세계대전의 엉망진창인 영국인들 *British Butchers and Bunglers of World War One*》에서도 다루어졌다. 이렇듯 비교적 풍부한 자료가 존재한다.[4] 라핀은 전쟁 전반을 살펴보면서도 둔하고 무지한 사령관들의 결정 때문에 병사와 하급 장교 들이 얼마나 고통을 받았는지에 상당한 관심을 쏟았다. 동시에 프렌치, 헤이그, 고프, 해밀턴 등을 더욱 적나라하게 비난했다. 노골적이고 고의가 아닌가 싶기까지 한 무능함과 게으름, 엄청난 실패에 따르는 책임을 수용하길 거부하면서 병사들의 경험 부족이나 불운함을 탓하는 부정직성 등을 지적했다. 클라크와 라핀은 모두 군사적 무능함을 직접 다루긴 하지만, 이들의 연구는 특정 전투에 집중하는 대신 무능함과 그 결과에만 초점을 맞추며, 설명을 하지 않는다. 그래서 리더십을 배우고자 하는 학생들에게는 제한적인 도움밖에 주지 못했다.

19세기에 사회과학이 대두되면서 리더십 연구는 사회과학자, 심리학자, 사회학자의 영역으로 넘어갔다. 사회과학자들은 대부분 실패한 리더십 사례에 교육적인 효과가 있을 수도 있다는 사실을 간과했지만, 이들은 실패한 리더십을 개별 주제로 검토한 가장 최근의 저작을 만들어냈다. 심리학자 노먼 F. 딕슨의 《군사적 무능함의 심리학On the Psychology of Military Incompetence》(1976년), 필립 랭어와 교육심리학자 로버트 포이스의 《전쟁에서의 지휘 실패: 심리학과 리더십Command Failure in War: Psychology and Leadership》(2004년) 등이 대표적이다.[5]

딕슨의 책은 영국군에 한정되어있는데, 크림 전쟁부터 제2차 세계대전 말까지 빛의 여단의 돌격*, 마허스폰테인, 쿠트, 싱가포르, 아른헴 등 여러 패전 사례를 조명한다. 딕슨은 이런 재앙적 리더십이 '영국군의 사회심리학적(더 정확하게는 정신병리학적) 요소'와 '기능이 망가진 조직에서 성공을 이룬 장교들의 성격' 사이의 공생관계가 만들어낸 산물 때문에 발생했다고 설명했다. 딕슨은 영국군이 경직된 순종문화와 편협한 반지성주의를 가지고 있었으며, (딕슨이 '개소리'라고 부르는) 옹졸하고 어리석은 규율에 복종하고, 지도자와 복종하는 자를 분열시키는 외부적인 의례('장교와 신사' 구조)를 따르고, 도덕적 용기보다 신체적 용기를 높게 평가하는 권위주의 조직이라고 묘사했다. 이런 숨 막히는 환경에서 헤이그와 같이 인맥은 넓지만 피상적이고 체면을 중시하는 무능한 인간이 성공해 사령관 자리까지 오른 것은 놀라운 일이 아니다. 오히려 놀라운 사실은 종종 모내시와 같은 혁신적 외부인들이 고위급 지휘관 반열에 올랐다는 것인데, 이는 대개 기존 제도에 비추어 흔한 일은 아니었다.

---

* 크림 전쟁 중 발라클라바 전투에서 영국 제11 경기병여단인 '빛의 여단'이 러시아군 포대로 돌격한 사건. 110명이 전사하고, 말 335마리가 죽는 등 지휘관의 무능으로 인한 패전 사례로 악명이 높다.

《군사적 무능함의 심리학》은 해당 분야에서 필독서로 자리매김했지만, 전쟁터에서의 리더십을 배우려는 역사학자에게는 한계가 있는 책이다. 이 책은 약 1세기라는 짧은 기간과 한 조직에만 초점을 맞췄기 때문에, 다른 시대의 다른 군사 조직에도 저자의 결론이 적용될 수 있는지는 알 수 없다. 게다가 딕슨이 사회과학자로서 채택한 방법론은 역사학자들이 사용하는 것과는 정반대였다. 딕슨에게 역사는 자신의 이론을 증명할 사례를 제공하는 정보원이었다. 이에 반해 역사학자에게는 역사가 우선하며, 방법과 이론은 발생한 사건들을 이해하고 납득하기 위해 이용될 뿐이다. 따라서 딕슨이 헤이그의 무능한 리더십을 설명하기 위해 그가 어린 시절 겪었던 모성애 결핍이나 강박증을 언급한 것을 역사학자들은 하찮은 환원주의라고 생각할 것이다.[6]

《전쟁에서의 지휘 실패: 심리학과 리더십 Command Failure in War: Psychology and Leadership》에서 포아스와 랭어는 나폴레옹의 러시아 침공, 게티즈버그에서 리의 패배, 히틀러의 스탈린그라드 전투를 포함한 실패 사례 여덟 가지를 다룬다. 이 책은 군사적 결정이 이루어지는 맥락의 복잡성과 스트레스를 더 포괄적으로 이해하고 있지만, 동시에 이러한 실패의 원인이 지도자가 가진 경직성 때문이라고 주장한다. 나폴레옹, 리, 히틀러가 초기에 이룬 성공이 이들을 망쳤는데, 그 이유인 즉 새로운 패러다임에 직면했을 때에도 이전에 성공을 가져다준 방식에서 벗어나지 못했기 때문이라는 것이다.

포아스와 랭어는 딕슨의 환원주의를 피하면서 역사를 더 잘 이해하고 있지만, 이들의 접근법은 나쁜 리더십에서 교훈을 얻고자 하는 이들에게는 덜 유용하다. 예를 들어 이 사례들은 전투와 작전에만 초점을 맞추기 때문에 실패한 리더십의 더 중요한 부분을 보지 못한다. 이에 더해 포아스와 랭어의 연구 기간이 딕슨의 것보다는 더 길고 범주도 다양하지만, 이들의 접근법은 지리적으로 유럽과 북미에 한정되어있고, 연대 또한 1759년에서 1943년까지다. 실패한 리더십의 핵심을 추출하고자 한다면 고대와 중세 그리고 비서구권을 포함하는 더 보편적인 접근이 유용할 것이다. 포이스와 랭어가 딕슨의 환원주의를 우회하고자 했던 것은 이해할 수 있으나, 이미 오래전에 죽은 역사적 인물들의 정신을 기록에만 의존해 분석하려고 했던 시도는 프리드리히 대왕과 부왕父王 프리드리히 빌헬름 1세의 관계 문제와 쿠너스도르프 전투의 상관관계 등 심리학적 일반화로 이어진다. 이러한 추측들은 읽기에는 재미있을 수 있으나, 훌륭한 역사 저술이라고 할 수는 없다.

군사적 실패가 리더십 실패의 결과물이라는 데 모든 사회과학자가 동의하는 것은 아니다. 예컨대 정치학자 엘리엇 A. 코언이 역사학자 존 구치와 저술한 《군사적 불행: 전쟁 실패의 해부학*Military Misfortunes: The Anatomy of Failure in War*》(1990년)은 리더십의 역할 자체를 축소하는 경향이 있다. 군사적 실패라는 주제 자체에만 집중함으로써 갈리폴리, 프랑스 전투, 욤 키푸르 전쟁과 같은 사례들을 통해 군사적 실패를 마치 산업체에서의 사고처럼 일련의 고장이 이어지는 기계적 과정으로 이해한다. 이 기계적 구상에서 인간적 요소의 역할은 제한적이며, 군사적 실패에서 리더십은 "매우 복잡한 기계가 오작동한 경우, 관리자의 실수" 정도로 취급된다.[7]

이 책 저자들은 사회과학자가 아니라 역사학자이기에 역사적 사례를 특정 행동 모델을 뒷받침하기 위해 이용하진 않는다. 이 글은 리더십 이론을 보여 주려는 것이 아니라, 전쟁이 인간의 본질적 활동이라는 사실에 기반을 두고서 무능함의 예 하나를 제시하고 있다. 강렬하게 비판하되, 글자 수를 제한해서 주인공들이 저지른 잘못된 행동에 초점을 맞췄다. 이 책의 집필 동기 중 하나가 저자들이 생각하는 역사상 최악의 지휘관들을 대중과 공유하는 것임을 상기하면서, 이 책에 나오는 의견들은 상당히 주관적이기에 '균형 추구'라는 관례를 따르지 않았음을 미리 언급해 둔다.

이 책은 경고를 하는 사례들의 모음집으로, 전쟁터에서의 리더십 연구에 특별한 기여를 하고자 쓰여진 것이다.

20세기 후반의 가장 영향력 있는 전쟁사학자인 존 키건 경은 전쟁 연구가 역사학자들의 영역이라는 의견을 피력했다. 가장 유명한 저서인 《전쟁의 얼굴》에서 그는 "사회과학 연구 방식으로는 전투에서 인간이라는 집단과 이들이 겪는 스트레스의 성질 및 근원, 생명과 의미가 유실된다⋯ 전투는 역사적 주제이며, 그 성질과 발전 경향은 장기적인 역사적 관점에서만 이해될 수 있다."[8]라고 했다. 그런 의미에서 이 책의 저자들은 '전투'라는 방대한 문제에서 '인간의 활동'이라는 작은 한 조각과 관련된 생각을 제시하고 있다. 특히 그중에서도 전쟁을 지휘하는 자들의 오류를 살펴보라는 임무를 부여받은 것이다.

전쟁터에서의 리더십에 관한 가장 유명한 저서라고 할 수 있는 《지휘의 얼굴 The Mask of Command》에서 키건은 자신이 만든 네 가지 장군 유형에 의거해 연구 대상을 분류했다. 그의 이론에서 리더십은 영웅적 자질heroism이라는 개념을 기준으로 측정된다. 영웅적heroic 리더십의 전형으로 알렉산드로스 대왕, 반영웅적anti-heroic 리더십의 사례로 웰링턴 공작, 비영웅적unheroic 리더십의 사례로 율리시스 S. 그랜트, 잘못된 영웅적false heroic 리더십의 사례로 히틀러를 들었다. 키건은 흥미로운 분류 체계를 만들어냈고, 그것이 그의 집필 의도에는 맞았을 수 있지만, 실제 리더십의 전체 범위에는 맞지 않는다. 리더를 분류하는 것은 위험한 일일 수 있다. 모든 지휘관은 한 인간으로서 유일무이한 존재들인 만큼, 그들의 리더십도 각각 특별하다. 역사학자 대부분이 말하듯, 역사는 똑같이 반복되지 않는다. 모든 사건과 인물은 눈 결정의 모양이 다르듯 특별하다. 조건이 같다고 같은 사건, 같은 인물이 재현되지 않는다. 따라서 이 책의 각 장 제목들은 독자들의 편의를 위해 구분된 것임을 밝힌다. 각 장들은 리더십의 성질에 대한 일반적 진술을 도출해내지 않는다. 각 장의 인물들은 맥락이나 행동에서 공통점 몇 가지를 공유할 뿐, 그 이상은 아니다. 독자들이 이러한 사례들을 검토하여 리더십 모형을 발전시키고자 한다면, 그것은 개인적으로 추진할 일이지, 이 작업의 목표는 아니다.

나쁜 리더십 유형 정의

역사상 최악의 리더가 보유한 특징은 무엇일까? 이 질문에 답을 하는 것은 위대한 지휘관의 특징을 추출해내려는 시도와 다를 바 없이 벅차고 모순 가득한 일이다. 예를 들어, 이 질문에서 승리와 패배는 무엇인가? 이 질문이 최고와 최악을 가려내는 과정에서 가장 기본적인 기준으로 보인다. 사실 전쟁이야말로 성공은 승리, 실패는 패배를 의미하는 인간 행동에서 가장 목적 지향적인 행동이다. 하지만 실제로 이렇게 단순할까? 만약 위대한 지휘관이 단순히 승리자로 귀결된다면, 나폴레옹을 연구한 문헌이 이토록 방대한 것은 무엇 때문이며, 왜 리더가 되고자 하는 이들은 그를 그렇게 열심히 연구할까? 나폴레옹은 초반에는 승승장구했지만, 1812년 러시아에서 겪은 굴욕적 패배, 1815년 워털루에서 겪은 또 한 번의 패배로 경력이 끝났다. 승리와 패배라는 이분법이 위대함의 진정한 척도였다면, 연구하고 모방해야 할 인물은 나폴레옹이 아니라 쿠투조프, 블뤼허, 웰링턴이어야 할 것이다.

승리와 패배가 역사상 최고·최악의 전쟁 리더를 결정하는 과정에서 절대적인 기준이 아니라면, 인격의 위대함이 더 나은 척도가 될 수 있을 것이다. 일부 지휘관들은 전투의 결과와 상관없이 그의 온전성, 고귀한 정신, 기사도를 평가받지 않는가? 승리든 패배든, 위대함의 기준으로서 인격이라는 개념은 너무 단순해서 피상적인 느낌을 주기도 한다. 주의를 많이 해야 할 기준이다. 이 경우, 남북 전쟁에서 남부연합의 리더십만 봐도 알 수 있다. 전쟁 이후 로버트 E. 리는 물론 스톤월 잭슨, J. E. B. 스튜어트 등 그의 장교들 또한 '잃어버린 대의'의 일부로서 명예감과 기사도정신을 이유로 역사학자들의 칭송을 받았다. 잃어버린 대의란 남부연합이 공격력과 물질 면에서 우월한 북부(미합중국)에 맞서 애당초부터 패색이 짙은 전투를 고귀하게 감행했다는 주장이다.

다행스럽게도 이 오래된 신화는 이제 미국에서 수정되고 있다. 리와 그의 심복들은 그들의 진정한 모습으로 평가받고 있다. 이들은 노예제라는 불결한 제도를 보존하기 위해 그들이 수호하겠다고 맹세했던 조국을 배신한 자들인 것이다. 그 과정에서 그 어떠한 외국의 적보다 많은 동족을 쓰러뜨렸다. 따라서 최근에 유행하는 "인격이 중요하다."라는 말은 최고·최악의 리더를 결정하는 과정에서 큰 효용이 없다고 하겠다.

이 연구를 위해 편집자들은 지휘관들을 다섯 가지로 분류했다. 범죄자, 사기꾼, 멍청이, 정치꾼, 덜렁이가 그것이다. 저자들은 누구를 어느 범주에 넣든 일절 간섭하지 않았고, 오직 편집자들의 의견을 따랐다. 따라서 분류에 오류가 있다면 그것은 그들의 책임이다. 분류에 관하여 밑의 소개를 보면 독자들은 이 지휘관들이 왜 이 불명예스러운 목록에 포함되어야 했는지를 더 잘 알 수 있을 것이다. 하지만 편집자들의 이러한 시도는 마치 인상주의 예술을 설명하려는 노력과 유사하다. 훨씬 덜 제한적인 환경에서 만들어진 것에 질서와 정의를 부여하려는 시도이기 때문이다.

범죄자: 로만 폰 운게른-슈테른베르크, 네이선 베드퍼드 포러스트, 존 M. 치빙턴

군율은 고대부터 전쟁을 승리로 이끄는 과정에서 핵심 요소였으며, 이는 일견 당연한 사실로 보인다. 군대는 규율에 기반하며, 그 규율을 위반할 시 처벌 조항도 확립되어있는 법·관료 조직이기 때문이다. 그럼에도 지휘관의 입장에서 규율을 확립하고 유지하는 것은 균형감을 요구하는 섬세한 과정이다. 한편으로는 전쟁터 안팎에서 하는 행동의 기준을 확립하지 않은 군대는 무질서한 폭도가 될 수 있으며, 다른 한편으로 그 반대의 오류를 범해 사소한 규정을 엄격하게 강제하는 가혹한 지휘관은 주체성을 억압하고 부하들의 증오도 산다. 단순히 무능한 지휘관은 이 극단적 사례의 실수 하나를 범했을 수 있겠지만, 이 장에서 세 저자들은 "역사상 최악의 지휘관들은 자신이 범죄 행위를 저지르고, 부대 안에서 범죄 행위를 장려하는 등 이를 능가할 수 있음"을 보여 주었다. 우리는 이것이 로만 페도로비치 폰 운게른-슈테른베르크, 네이선 베드퍼드 포러스트, 존 M. 치빙턴을 규정하는 가장 대표적인 특징이며, 따라서 우리가 '범죄자'라고 부르는 범주에 속한다고 주장한다.

이 세 인물 모두 군대의 거시적 목표보다는 개인적 목적 달성에 더 관심이 있는 소위 '시한폭탄'들이었으며, 중대한 불복종을 저질렀다. 존 제닝스는 러시아에서 적백 내전이 벌어지던 시기 백위군白衛軍의 혼란스러운 지휘·통제 구조 안에서 근무했던 운게른이 적군赤軍 퇴치가 아니라 유럽과 아시아의 군주제를 복원하겠다는 어리석은 작전에 정력을 쏟았다고 지적한다. 그래서 상관들과의 관계가 틀어졌고, 시베리아에서 백위군을 지원하는 대신 군사적으로 무의미했던 몽골 점령을 혼자서 감행했다. 이 장에서 크리스토퍼 레인은 포러스트가 남북 전쟁 시 소규모 습격부대를 이끄는 데는 성공했지만, 그의 불같은 성격과 고집 때문에 더 큰 작전에서 실패했다고 지적한다. 포러스트는 더 복잡한 작전에서 주어진 임무를 수행할 의지와 능력이 없었기 때문에 실패하고 말았다. 이에 더해 어떤 상황에서는 결투로까지 이어진 동료·상관들과의 수많은 마찰이 있었고, 이로인해 남군(남부연합군) 내 계급 규율은 흐트러졌다. 코트니 쇼트가 다룬 치빙턴은 군사적 영예를 정치적 권력으로 이용하고자 했던, 야망이 큰 장교였다. 승리를 향한 집착은 그가 미국 육군 규정을 어기고 평화롭던 콜로라도주 샌드크리크의 아메리카 원주민 진영을 공격하도록 만들었다. 이어진 살육은 너무나 끔찍해서 평소에는 아메리카 원주민에게 큰 관심이 없던 여론도 충격을 받았으며, 변경 지역에서 그가 지핀 불씨가 지속되자, 이후 큰돈을 들인 평화 운동이 일어났다.

하지만 운게른, 포러스트, 치빙턴의 가장 중대한 혐의는 살인이다. 쇼트가 설득력 있게 설명했듯이 전쟁 중 살인은 일반 살인과는 명백히 다른 행위이며, 이 세 인물은 각기 다른 방식으로 그 선을 넘었다. 운게른의 광적인 반공주의와 반유대주의는 그가 대규모 학살 및 개인·소규모 집단 고문, 유대인·공산주의자 살해, 대규모 학살을 명령하게 만들었다. 남군 입대 전부터 이미 폭력으로 문제를 해결하는 것에 익숙했던 포러스트는 항복한 흑인들과 북군 병사들을 학살한 것으로 악명 높았다. 남북 전쟁 이후에도 KKK*의 창립자로서 인종차별, 살인 행보를 지속했다. 원주민을 향한 치빙턴의 반감은 당시 기준으로 일반적인 수준이었지만, 전투에서의 승리를 향한 과도한 집착으로 자신이 지휘하는 군인들의 살인 본능을 자극한 뒤 "포로를 만들지 말라."라는 지시를 하면서 평화로운 원주민 부락으로 보냈다. 쇼트는 그가 "불법적인 살인과 학살을 의도했다."라고 결론 짓는다. 따라서 샌드크리크는 전투가 아닌 치빙턴이 시작한 집단학살이었던 것이다.

운게른, 포러스트, 치빙턴을 고취시키곤 했던 살인적 열망은 비단 적뿐 아니라 휘하 병사들을 향한 것이기도 했다. 치빙턴은 원주민 남성, 여성, 어린이 살인에 가담하기를 거부하는 일부 병사들을 죽이겠다고 위협했을 뿐이지만, 포러스트는 실제로 어느 원인불명의 싸움에서 부하를 칼로 찔

---

* 백인우월주의를 내세우는 비밀결사 단체.

러 죽였다. 운게른은 예측 불가능한 불같은 성질 때문에 부하들에게 다양한 사형 방식을 스스럼없이 사용함으로써 이 둘을 능가했다. 가장 극적인 사건은 휘하 장교 몇 명을 화형에 처한 것으로, 20세기에 사용되었던 이 사형 방식의 특이한 적용 사례였을 것이다. 저자들이 잘 설명했듯이, 이런 행동들 때문에 병사 중 누구도 운게른, 포러스트, 치빙턴에게 호의적이지 않았고, 이는 사기 및 전투 효율 저하로 이어졌다. 결국 운게른의 병사들은 그의 광적이고 살인적인 리더십을 견디지 못해 반란을 일으켰으며, 그를 적에게 넘겨 버렸다.

사기꾼: 데이비드 비티, 기드언 J. 필로, 안토니오 로페스 데 산타안나

역사를 공부하는 사람이라면 전시戰時 지도자를 사기꾼이라 칭하는 것이 너무 가혹하다고 여길 수도 있다. 하지만 이 경우에는 데이비드 비티, 기드언 J. 필로, 안토니오 로페스 데 산타안나가 누리는 '유능한 지도자'라는 현재 명성과 그들이 지휘할 때 보여 준 실제 무능함 간의 괴리를 나타내기 위한 단어다. 이 장의 세 인물 모두 과도한 자신감 때문에 자신이 가진 결함에는 눈이 멀었던 것으로 보이는만큼, 교만이라는 주제도 다루어질 것이다. 이 책에 등장하는 모든 인물에게 교만함이 있었던 듯하지만, 이 장에서 소개되는 주인공들은 자신의 명성을 스스로 만들었거나 그 명성이 실제 수행 능력과는 상당한 괴리가 있는 자들이다. 비티, 필로, 산타안나의 화려한 경력에도 불구하고, 이들은 주어진 가장 중요한 임무에서 실제로 매우 저조한 성과를 올렸다. 비티, 필로, 산타안나가 어떤 경로로 가장 중요한 전투를 지휘하게 되었는지는 몰라도, 이런 전투에서의 부담이 이들의 무능함을 노출시켜 사기꾼임을 드러냈다.

로버트 웨테만이 설명했듯, 이 셋 중 가장 악덕한 사기꾼은 필로였다. 군 전문성이라는 개념이 미국에서 가장 생소하던 시기에 부상한 그는, 아마추어가 전투를 지휘할 수 있는 시스템의 문제를 가장 잘 보여 주는 사례다. 그는 멕시코-미국 전쟁과 남북 전쟁에서 중요한 지위에 있었다. 하지만 민간 사회 부문에서의 활약으로 자리에 오른 것이지, 실제 훈련이나 전장에서 보여 준 능력은 없었다. 게이츠 브라운이 상세히 기술했듯이, 산타안나는 소규모 전투에서 거둔 작은 승리 몇 차례를 19세기 멕시코에서의 중요한 정치적·군사적 업적인 양 과장했다. 전쟁터 밖에서 그의 명성은 신뢰를 자아내는 데 반해 실제 전쟁 수행 능력과는 괴리가 있었다는 점에서 필로와 유사하다. 그런 의미에서 필로와 산타안나 모두 〈정치꾼〉 장이나 〈멍청이〉 장의 주인공으로 다루어져도 무방할 것이다. 하지만 이들의 실패는 전쟁 지휘 준비 부족 때문이었고, 이는 자신의 무능함을 외면하게 한 자만심과도 연관이 있었기에 이들은 〈사기꾼〉 장에 포함되어야 마땅하다.

척 스틸은 비티를 이 장에서 예외의 인물로 그린다. 비티는 전쟁사상 논란이 가장 많은 인물 중 하나인데, 제1차 세계대전 당시 최대 규모 해전에서 끔찍한 실패를 거두기 전까지 동료들의 존경과 찬양을 누렸기 때문이다. 그러나 가장 영민한 자들도 어려워할 정도로 기술들이 급속도로 발전하던 시대에, 비티는 기술 진보에 비참할 정도로 뒤처져있었다. 비티는 오랫동안 드레이크나 넬슨과 같은 대항해 시대의 용맹한 해군 장교들과 동등한 취급을 받았지만, 그는 대항해 시대 인물이 아니었고, 과거 우상들과의 연속성을 그리워하던 이들의 마음은 훔쳤지만 새로 등장한 드레드노트급 전함 시대와 너무나도 동떨어져있었다. 그는 공격성과 자신감을 분출했는데, 한 자서전 작가는 그를 역사상 "마지막 해군 영웅"이라 칭하기까지 했다.[9] 외모나 행동만 보면 그는 전형적인 영국 해군 장교였다. 하지만 유틀란트 해전이라는 결정적 순간에 그는 너무 성급하게 행동했다. 그의 성급함은 영국 해군 병사 수천 명을 재앙에 빠트렸으며, 제1차 세계대전에서의 가장 중요한 승리를 자칫 독일제국 해군에 넘겨줄 뻔했다.

필로와 산타안나 또한 중요한 군사 임무에서 실패했다. 멕시코-미국 전쟁에서 윈필드 스콧 등 더 성공한 장군들의 혜택을 입었던 필로는 남북전쟁에 남군 지휘관으로 참전해 무늬만 군인이었음을 증명했다. 산타안나는 멕시코에서 반군과 싸워서 명성을 얻었고, 그 명성을 이용해 1800년대 중반까지 군대와 정계에서 경력을 쌓았다. 필로와 마찬가지로, 산타안나가 풋내기 시절에 쌓아올린 명성은 몇 년 뒤 더 많은 책임을 가지게 되었을 때 내실이 없었던 것으로 판명이 났다. 특히 텍사스 독립 전쟁과 멕시코-미국 전쟁에서 멕시코군을 비극으로 이끈 일로 악명을 얻었다. 이 두 전쟁에서 산타안나는 전략가나 전술 지휘관으로서 자격이 없다는 사실을 증명했고, 멕시코의 영토와 인명에 큰 손해를 끼쳤다.

건강한 자긍심은 위기 시 자신감을 유지하는 데 필수이다. 하지만 비티, 필로, 산타안나의 자긍심은 과했고, 셋 모두 지휘관이면서도 자기가 가진 결함을 인지하지 못하고 유명세에 취해 능력에 맞지 않는 자신감을 가지고 참전했다. 그들은 군대판 벌거벗은 임금님을 구현해냈으며, 거짓의 대가는 병사 수천 명이 치러야 했다.

멍청이: 콘라트 폰 회첸도르프, 루이스 H. 브레러턴, 조지 A. 커스터

위대한 사령관의 특징은 자신이 처한 현실에 기반한 날카로운 상황 인식 능력을 지녔다는 것이다. 그들은 그 환경을 이해할 뿐 아니라 작전에 따르는 제약들을 예측하고 극복할 수 있으며, 병사들의 능력도 포괄적으로 이해하고, 승리를 위해 능력을 최대한 효과적으로 활용할 수 있다. 동시에 위대한 사령관들은 적군의 능력을 보여 주는 정보도 가능한 많이 찾으려 한다. 이 정보가 완벽할 수는 없지만, "적을 알라."가 오랫동안 전쟁의 격언이었던 데에는 이유가 있다. 이 장에서 선정한 사령관 3명은 정반대의 이유로 불명예를 얻었다는 공통점이 있다. 이들은 작전의 잠재적

리스크를 의도적으로 무시했고, 병사들의 능력을 잘 알지 못했고(대체로 과대평가했고), 적을 잘 알지도 못하면서(주로 과소평가했다) 자신의 부대를 반복해서 실패로 이끌었다. 그래서 프란츠 콘라트 폰 회첸도르프, 루이스 H. 브레러턴, 조지 A. 커스터를 어리석은 자들이라 하는 것이다.

마크 그로텔루셴과 데릭 바블은 콘라트가 전략·전술 모두에서 무지함의 표본이라고 묘사한다. 1907년 오스트리아-헝가리군의 참모총장이던 그는 향후 7년간 세르비아, 이탈리아, 러시아, 몬테네그로, 루마니아와의 전쟁이 오스트리아-헝가리가 생존하는 데 필요하다는 이상한 주장을 하면서 전쟁을 일으키기 위해 로비를 벌였다. 오스트리아-헝가리제국이 독일을 제외한 거의 모든 이웃나라와 전쟁을 치러야 한다는 신념은 전략적으로도 의심스러웠지만, 그가 지휘하던 허술한 군대가 전쟁을 성공적으로 수행할 수 있다고 믿었다는 것 자체가 그의 무지함을 더 적나라하게 보여 준다. 하지만 막상 그렇게도 추구하던 전쟁이 1914년 8월에 발발했을 때 그는 현실적으로 전혀 준비되어있지 않았다. 세르비아를 공략하는 데만 혈안이 되어 러시아가 개입할 가능성을 부정했고, 계획도 없었으며, 병력 대부분을 세르비아에 배치했다. 러시아가 실제로 참전하자 몹시 당황한 콘라트는 러시아 전선으로 병력을 급히 재배치시켰고, 이로써 취약했던 철도 시스템이 처참한 혼란에 빠져 1914년 오스트리아-헝가리 군대가 재앙적인 패배를 하는 데 크게 일조했다. 전쟁 초기 콘라트가 보여 준 지독한 무지는 이후 제1차 세계대전 동안 오스트리아-헝가리제국을 크게 약화시켰다.

존 아바티엘로가 묘사한 루이스 브레러턴은 또 다른 무지함을 보여 준다. 전쟁 전에는 화려한 업적을 자랑했던 브레러턴은 1941년 12월 8일 일본군이 필리핀 주둔 미국육군항공대 전력을 육상에서 대부분 파괴해 버렸을 때 극동공군(Far East Air Force) 사령관이었다. 그럼에도 그는 계속 진급하면서 다른 실패들을 만들어냈다. 1943년에는 루마니아 플로이에슈티 유전 공습을 지휘했는데, 그 공습은 추축국 석유 생산에는 최소한의 피해만 입히고 병력 3분의 1을 잃으면서 처참하게 끝났다. 연합군의 노르망디 상륙 이후, 브레러턴의 폭격기는 1944년 7월 아군을 폭격하여 사상자 약 500명을 냈다. 마지막으로 그는 제1 연합공수부대 사령관직을 맡아 아른헴 작전을 처참한 패배로 이끌었다. 아바티엘로는 브레러턴이 이네 차례에 달하는 대패를 지휘했다는 이유로 '최악의 리더 전당'에 이름을 올려 마땅하다고 봤다. 브레러턴은 명령을 재검토할 수 있었음에도 주어진 지시를 맹목적으로 따랐다. 아바티엘로가 책임을 묻지 않은 일이기는 한데, 브레러턴은 일본이 진주만을 공격한 이후 필리핀에 있던 항공기와 항공대를 보호하는 조치를 취하는 것과 같은 적절한 행동을 하는 대신 맥아더가 내려 줄 지시를 기다리느라 하루를 허비하기까지 했다. 플로이에슈티 공습과 아른헴 작전이 위험하다는 주장도 하지 않은 것으로 보인다. 그는 그저 이 작전들을 처참한 결론에 이르기까지 실행에 옮겼을 뿐이다. 하지만 동시에 이것이 그가 끔찍한 전공을 세웠음에도 계속 진급할 수 있었던 이유일 수도 있다. 패튼 같은 시끄러운 말썽꾼에 비해 브레러턴은 어떤 상황에서도 자기 생각이나 계획에는 관심이 없었고, 그저 명령을 따를 뿐이었다.

조지 A. 커스터는 자주성 부족이 문제가 아니었다. 데이비드 밀스에 따르면, 오히려 문제의 핵심은 불복종에 가까운 자주성, 무모함에 가까운 폭력성, 군인에게 요구되는 세부 사항에 흥미가 없다는 것이었다. 남북 전쟁에서 커스터는 무모한 용기, 작전에 집중하는 능력, 자기 홍보 능력을 기반으로 24세에 소장으로 진급했다. 밀스는 대담함이 그에게 도움이 되었을 수는 있지만, 커스터의 부대가 다른 부대에 비해 사상자 수가 많았음을 지적한다. 전후 국경 검문소에서 지루하게 지내던 1876년, 커스터는 전쟁 때 얻었던 명성을 되찾기 위한 기회를 포착했다. 그의 연대에 "몬태나의 대규모 아메리카 원주민 연합을 상대하는 작전에 참여하라."라는 지시가 하달된 것이다. 여느 때처럼 무모했던 커스터는 다른 부대가 따라잡을 수 있도록 기다리라는 지시를 무시하고, 지형을 연구하지도 않고, 아군이 수적으로 크게 열세라는 정찰병의 경고도 무시한 채 즉시 원주민 야영지를 공격하라는 명령을 내렸다. 그의 군사적 무지는 결국 리틀빅혼 전투에서 자신을 비롯해 그의 지휘하에 있던 모든 병사를 죽음으로 몰고 갔다.

정치꾼: 크라수스, 니키아스, 레몽 6세

클라우제비츠가 남긴 "전쟁은 정치의 연장이다."라는 유명한 말과 같이, 위대했던 지휘관들은 명민한 정치인이기도 했다. 정치적 장군의 예시로 가장 두각을 나타낸 인물은 아이젠하워다. 그는 전투에 뛰어난 사령관이었다기보다는 나치 독일에 맞서기 위한 대전략을 성공적으로 수립하고, 관계가 복잡한 연합군을 지휘했던 뛰어난 수완가로 기억된다. 하지만 최악의 경우 정치적 장군은 승리를 정치적 자본으로 삼으려는 이기적인 욕망으로 전쟁을 치르는 탐욕스러운 리더이거나, 정치적 권력이나 영향력으로 군대의 리더 자리에 오른 무능한 자임을 의미할 수 있다. 다른 말로 하자면 정치적 장군은 일차적으로 장군이고 이차적으로 정치인일 때는 훌륭한 리더지만, 정반대가 성립하여 일차적으로 정치인이고 이차적으로 장군일 경우 최악의 리더일 수 있다. 이러한 구분을 염두에 두면서 우리는 마르쿠스 리키니우스 크라수스, 니키아스와 툴루즈 백작 레몽 6세를 〈정치꾼〉 장에 포함시켰다.

그레고리 호스포도르가 다룬 로마 장군 크라수스는 기원전 53년 카레 전투에서 파르티아에 당한 엄청난 패배 때문에 군사적 무능함의 '귀감'으로 여겨졌다. 플루타르코스는《영웅전》에서 크라수스 일대기를 반면교사로 삼았는데, 그의 실패를 도덕적 결함과 탐욕 때문으로 보았다. 반면 호스포도르는 크라수스를 "그의 가장 훌륭한 군사적 성과는 스파르타쿠스 봉기를 진압한 것이며, 그는 그저 성공한 귀족이었다."라고 묘사했다. 크라수스는 막대한 부를 지녔고, 이를 불리는 데 많은 시간과 노력을 들였으나, 물욕보다는 정치적 야망에 끌렸다. 호스포도르가 지적하듯, 크라수스 같은 귀족에게는 후원해 줄 사람을 모색하고, 이를 자신의 정치적 입지 향상에 이용하는 것이 일반적 관행이었다. 그러나 크라수스는 자신이 들인 노력에도 불구하고 로마 정계에서 이류에 머물자 점점 좌절하고 있었다. 로마 정계의 최상위에 진입하는 꿈을 실현하기 위해 전쟁에서 반드시 승리하고자 했던 크라수스는 파르티아 공격의 발판으로 삼기 위해 시리아 총독 자리를 확보하고자 했다. 충실한 작전 수행보다 정치적 성공에 더 관심이 많던 크라수스는 군대를 파멸로 이끌었다.

크라수스와 마찬가지로 아테네의 니키아스 또한 고대에 군사적 실패로 악명 높은 인물이었다. 투키디데스와 플루타르코스의 저서에 그가 등장한다. 제임스 투시가 썼듯이 아테네 엘리트였던 니키아스는 정치·군사 분야 리더로서 기대를 받았지만, 두 분야 모두에서 능력이나 야망이 없었다. 펠로폰네소스 전쟁에서 스파르타의 동맹국들로부터 소소한 승리를 몇 차례 거두었으나, 날 때부터 조심스러웠던 니키아스는 더 대담하고 카리스마 있는 라이벌들보다 정치적으로도 군사적으로도 항상 뒤처졌으며, "조심성은 비겁함과 같다네."라는 조롱을 받았다. 투시에 따르면 이로 인해 니키아스는 아테네 시민들의 시선을 만성적으로 두려워했고, 여기에는 파괴적인 결과가 따랐다. 소심해진 니키아스는 아테네 의회에서 스파르타의 동맹국인 시라쿠사를 공격하기 위한 대규모 시칠리아 원정을 만류하는 데 실패했을 뿐 아니라, 그 원정의 지휘관으로 임명되었다. 그는 작전을 충실히 지휘했지만, 너무나 지리멸렬했기에 그의 부대는 거의 전멸했다. 투치는 대부분 니키아스의 탓이었던 시칠리아 원정 실패가 아테네 쇠퇴의 주 원인 중 하나였다고 결론을 내린다. 민주주의 체제에서 정치 지도자였던 니키아스는 이 원정이 어리석다고 시민들을 설득하지 못했으며, 사령관으로서도 무능해 작전을 패배로 이끌었다.

마지막으로 로렌스 마빈은 툴루즈 백작의 상속을 통해 지도자 자리에 오른 레몽 6세의 삶을 조명한다. 마빈은 복잡한 중세 프랑스의 정치적 환경에서 귀족이 자기 영토를 효과적으로 통치할 수 있는 능력은 개인적 성향에 좌우되었다고 주장하는데, 레몽은 신체적으로도 도덕적으로도 힘, 판단력, 용맹함이 부족했다. 13세기에 벌어진 종교적·정치적 갈등에 연루된 레몽은 교황청을 적대시하는 실수를 범했다. 그리하여 파문당했을 뿐 아니라, 그의 영지에 존재하는 카타리파*를 제거하는 데 혈안이 된 십자군이 공격해오기까지 했다. '알비 십자군 전쟁'이라고 알려진 이 패색이 드리운 전쟁에서 레몽은 교회 무시와 십자군 지지 사이에서 왔다갔다하면서 군사적 무능함과 육체적 비겁함을 보이기까지 하는 등 놀라울 정도로 우둔함을 보였다. 마빈은 레몽을 다음과 같이 평가한다. "정치적·군사적 리더십이 긴밀하게 얽혀있고, 기관이나 국가가 아닌 개인에게 충성하던 시대에, 레몽은 교회와 우호적 관계를 유지하면서 힘을 기를 카리스마나 자기 영토를 수호할 능력이 없었다."

덜렁이: 노기 마레스케, 로마누스 4세, 가넷 울슬리

'서툴다'는 판결은 아마 이 책에서 가장 덜 모욕적일 것이다. 인간은 누구나 실수를 한다. 누구나 알듯이, 자기가 저지른 실수를 지적당하면 흔

---

* 12~13세기 프랑스 남부 알비와 툴루즈를 중심으로 생겨난 기독교 교파.

히 "나도 한낱 인간인걸."이라고 변명한다. 하지만 아무리 실수가 흔한 일이더라도, 전쟁은 모든 결함을 증폭시킨다. 서툰 사령관 자신은 전투에서 살아남아 무슨 실수를 왜 했는지 고찰할 수 있겠지만, 이들의 손에 생명이 달린 다른 많은 이들은 그렇게 운이 좋지 않다. 이 장에서 다룬 노기 마레스케, 가넷 울슬리, 로마누스 4세는 실패한 장군들이 아니었다. 사실 노기와 울슬리는 사망 후에 존경을 받았다. 그럼에도 저자들이 보기에 그들은 막중한 책임에 걸맞게 행동하지 못했다. 특히 이 3명은 병력을 제대로 관리하지 못했으며, 자신의 무능력으로 재앙을 불러들였다. 이들 모두 더 큰 이득을 볼 수 있는 이점과 기회 들이 있었는데도, 다양한 수준으로 무능했다.

노기 마레스케는 동시대 사람들에게 증오가 아닌 존경을 받는 지휘관이었다. 게다가 그의 경력은 실패로 끝나지 않았다. 하지만 대니 오르바츠는 노기가 자신의 능력을 넘어선 일을 하고 있었으며, 좋은 학생이 아니었다고 주장한다. 러일 전쟁에서 뤼순항을 포위하기 위한 노력은 성공했지만, 결코 효율적이지 않았다. 노기 본인도 포위 과정에서 희생된 사상자 수를 보고 놀랐다. 동시대 사람들이 사령관인 그에게 부여한 신뢰와 자신감에 부응하지 못한 노기의 무능력을 고려하면 노기는 많은 측면에서 〈사기꾼〉 장에 적합했을 수 있다. 오르바츠가 주장하듯, 노기를 향한 헛된 존경은 포위 공격 과정에서 저지른 실수로 명백히 드러났던 문제들을 악화시켰다. 하지만 그는 실수를 제대로 책임지는 대신, 군사적 열정이 있다고 칭송받았다. 노기는 정밀한 조사 없이 승리를 어물쩍 얻어냈고, 그의 무능함 때문에 피로 대가를 치른 것은 그의 병사들이었다. 앞서 언급했듯이 승리와 패배가 항상 성공적인 사령관의 지표는 아니며, 서투른 자를 걸러낼 수 있는 리트머스 시험지도 아니다.

앤드루 홀트가 고른 비잔티움 황제 로마누스 4세 디오게네스는 〈덜렁이〉 장에 들어갈 인물 중 가장 명백하고 논란이 없는 자일 것이다. 만지케르트 전투에서 그가 당한 패배에 집중하면서, 홀트는 서투른 지휘관이라고 불릴 만한 자의 태만과 실수를 조명한다. 로마누스 4세는 쇠퇴하는 제국을 상속받기는 했지만, 군사적인 재앙을 막을 수 있는 필수적인 조치들조차 취하지 않았다. 홀트가 주장하듯이, 그는 셀주크 제국의 술탄 알프 아르슬란과 타 세력들이 맺고 있던 관계를 몰랐으며, 그의 정치 라이벌과 관련된 전략적 상황을 인식하지도 못했다. 로마누스는 이길 준비가 되지 않은 전투에 우연히 개입됐다. 그의 실패들만 보자면 〈멍청이〉 장에 들어갈 수도 있겠지만, 부실한 자원 관리와 행사할 수 있던 황제로서의 특권들을 고려한다면 덜렁이로 취급되어야 마땅하다.

노기와 마찬가지로 울슬리를 〈덜렁이〉 장에 포함시킬 경우 지휘 능력을 더욱 세심하게 평가해야 한다. 이 책의 다른 사례들보다 더 말이다. 조지프 머레츠는 1884년 3월부터 1885년 1월까지 진행된 하르툼(수단의 수도) 포위를 뚫기 위한 나일강 원정에서 울슬리가 어떤 다층적 책임이 있었는지에 집중한다. 로마누스의 사례와는 달리, 울슬리는 전쟁사에서 실패자로 기록되지 않았다. 동시대에도 높은 평가를 받았으며, 오늘날에도 그를 지지하는 사람들이 있다. 하지만 이런 칭송들을 걷어내면 그의 마지막 작전이 남는다. 찰스 고든 소장을 구출하는 데 실패한 것은 그의 군 경력에서 씁쓸한 결말이었다. 머레츠는 울슬리가 명백히 실패했으며, 이 작전에 도입된 계획과 조직된 병력 또한 그의 결과물이었던 만큼 실패의 책임도 그가 져야 한다고 말한다. 그가 원정군 사령관이었다는 사실, 또한 그 역할이 그에게 얼마나 과분했는지, 이어진 비극에서 그의 책임이 얼마나 컸는지도 강조한다. 이건 그가 지휘한 마지막 작전이었고, 어물쩍거리는 것으로는 하르툼에 갇힌 고든과 병력을 구할 수 없었다.

그래서?

이 책은 주인공들의 생애를 요약한 것도, 최악의 리더들을 균형 있게 소개한 것도 아니다. 주관적 역사 기술을 위한 시도다. 균형 잡힌 시각이나 이 인물들의 삶을 자세히 알고 싶다면, 더 종합적인 자서전을 참고해야 할 것이다. 자서전이 없다면 관심 있는 지휘관들이 계획하고 결정을 내린 작전이나 전투를 최대한 많이 찾아봐야 한다. 이 책은 편집자들의 요청으로 여러 출처들을 참고해서 "왜 그들이 역사상 최악의 리더인가?"라는 질문에 논거를 제시했다. 편집자들이 글을 모아 한 권으로 펴냈지만, 사실은 무능한 리더십을 주제로 한 매우 주관적인 평가를 모은 셈이다.

이 글들은 무언가를 종결하고자 쓰인 것이 아니다. 전쟁사를 배우는 학생이라면 궁극적인 시련을 마주했을 때 누가 잘했고 누가 못했는지 각자 의견이 있기 마련이다. 그런 의미에서 이 프로젝트의 가장 중요한 목적은 나쁜 지휘관들의 특징을 논의하는 것이다. 이 책을 읽으면서 지휘관들이 전쟁터에서 입은 피해나 승리하기 위해 들인 노력의 무용함을 탐구하게 된다면, 이 책의 위대한 집필 목적이 달성되는 셈이다. 이 프로젝트는 비공식적 대화에서 시작되었지만, 그 중심에는 가장 중대한 임무를 맡은 지휘관의 역할에 비판적 분석을 적용하는 진지한 과정이 있다. 키건이 언급했듯, 전투 연구는 역사학자의 임무이며, 전장에서 실패는 성공만큼이나 중요하다. 자신의 일을 잘해낸 사람을 인정해 주는 것만큼, 무능함의 다양한 민낯을 아는 것도 중요하다. 아무리 불편해도, 비판을 외면하는 것은 전쟁터에서의 리더십 연구가 절반짜리 진실만 쫓아다니게 한다.

1장

범죄자

인간은 죄를 저지르고, 악마는 죄를 정당화한다.

– 레프 톨스토이, 러시아 작가

로만 폰 운게른-슈테른베르크
ROMAN VON UNGERN-STERNBERG

존 M. 제닝스

소련군의 취조를 받는 로만 페도로비치 폰 운게른-슈테른베르크, 1921년 9월.

1918~1922년에 벌어진 적백 내전은 여러 면에서 제1차 세계대전의 속편이었다. 북쪽의 아르한겔스크에서 남쪽의 크림반도까지, 서쪽의 바르샤바 입구에서 동쪽의 블라디보스토크까지 포괄하는 등 그 물리적 범위만해도 어마어마했다. 적군赤軍과 백위군 간의 무자비한 동족상잔은 수백명에 달하는 전투원과 민간인의 목숨을 앗아갔다. 게다가 여러 외부세력이 러시아로 군대를 보내 백위군을 지원했고, 적군은 세계 공산주의 혁명을 이끌고자 하는 등 국제적으로도 중대한 영향을 미친 전쟁이었다. 역사적으로 중요한 이 전쟁에서 백위군이 패배한 데에는 지휘관들의 무능한리더십도 큰 몫을 했다. 적군과 같은 효율적 지휘·통제 구조를 가지지 못한 백위군은 사실상 현지에서 급조된 부대들이었고, 그들을 지휘한 자들은 책임감 있는 군사 전문가라기보다는 기강도 제대로 잡지 못하는 군벌지도자 같았다. 그중 가장 끔찍한 인물은 로만 페도로비치 폰 운게른-슈테른베르크로, 1920년에 비극적 결말을 맞은 무모한 소련 침략을 감행했던 장본인이었다.

제1차 세계대전 때 하급 장교였던 운게른은 적백 내전 당시 시베리아횡단철도의 한 구역 근처에서 백위군 무리를 이끄는 지도자 자리를 떠맡았다. 광적인 군주론자였던 운게른은 소련을 파괴하고 러시아·중국·몽골제국을 회복시킬 공격작전의 디딤판으로 몽골을 이용하고자 했다. 운게른이 동시대 사람들에게 "미친 남작", "피의 남작"이라고 불렸던 것은 비참하리만치 적은 장병들을 이끌고 망상뿐인 계획을 추진했으며, 적을 고문하고 살인하는 등 대對적군 투쟁에 몰두했기 때문이다. 그의 잔혹함에반감을 가진 몽골인들은 그의 작전에 결코 호의적이지 않았지만, 운게른은 1920년 여름 소련 침공을 감행하여 이미 예견된 재앙을 맞이했다. 결국 계속된 패배와 잔인한 리더십에 지친 병사들이 반란을 일으켜 그를적군에 넘겼고, 운게른은 총살을 당했다.

로만 폰 운게른-슈테른베르크는 1886년 1월 22일 귀족 집안에서 태어났지만, 그의 삶은 초반부터 불안정했다. 그의 부모는 에스토니아 귀족과 오스트리아 여남작으로, 1891년 아버지의 괴상한 행동을 사유로 이혼했다.[1] 중등학교에서 퇴학을 당한 뒤 운게른은 해군 장교가 되고자 준비했지만, 충동적인 청년이었던 그는 1904년 러일 전쟁이 발발하자 자원입대를 했다. 그가 전선에 도착했을 즈음에는 이미 전투가 많이 잦아들었지만, 당시 십 대였던 그는 용맹훈장을 받고 진급했다.[2]

전선에서 복귀한 뒤인 1908년 군사학교를 겨우 졸업한 운게른은 보병 연대에서 하급 장교로 복무하는 일반적인 길을 거부했다. 그 대신 1908년 6월, 시베리아 횡단철도의 다우리아역에 주둔하던 자바이칼(바이칼호수 동쪽의 시베리아 지역) 코사크*의 제1 아르군 연대에 들어갔다.[3] 운게른은 이 변경에 주둔하는 것을 굉장히 마음에 들어 했다. 자연에서 말을 타고 자신이 이끄는 코사크들과 더불어 거친 삶을 사는 것이 가장 자신다운 일이었고, 동료 장교들과 함께하느라 사회적으로 격식을 차려야 하는 환경은 불편했다. 제1차 세계대전 당시 운게른의 지휘관이자 이후 백위군의 지도자였던 표트르 브란겔 남작은 다음과 같이 말했다.

> 운게른은 특이하게도 반대되는 특성이 많았다. 독창적이고 날카로운 지성을 지닌 동시에 경악스러울 정도로 교양이 없었고, 극도로 편협한 시야를 가졌으며, 숫기 없는 야만인의 모습, 어리석은 허세, 절제되지 않는 성미도 가지고 있었다. 그는 가진 것이 유별나게 적었음에도 허영이 매우 심했다.[4]

---

* 15세기 후반에서 16세기 전반에 걸쳐 러시아 중앙부에서 남방 변경 지대로 이주하여 자치적인 군사공동체를 형성한 농민 집단.

운게른의 과음 성향은 그를 더 성질 급하고 예측 불가능한 사람으로 만들었다. 한 번은 술자리에서 분노하여 동료 장교를 구타했고, 그 동료는 운게른의 이마에 군도를 휘둘렀다. 이 사건으로 운게른은 군사재판에 넘겨졌고, 연대에서 퇴출당했다. 이후 서몽골의 호브드에 배치되어 1913년 2월부터 몽골의 새 군대 훈련을 지원하는 업무를 맡았다.[5]

몽골은 17세기부터 청나라에 지배받았으나, 1911년 청나라 권력층인 만주족이 무너지면서 명목상 독립을 쟁취했다. 지도자는 제8대 제쮠담바 후툭투(복드칸)로, 부처의 환생이라 여겨졌다. 후툭투는 종교적인 것과는 거리가 멀었고, 음주를 즐겼으며, 매독 때문에 실명까지 했으나, 기민한 정치인이었다.[6] 1911년 7월, 후툭투는 몽골의 미래를 논의하고자 귀족·종교 대표들을 모아 회의를 열었다. 그리고 러시아 수도 상트페테르부르크에 사절단을 파견해 차르(황제) 니콜라이 2세에게 원조를 요청했다.[7] 하지만 당시 차르의 장교들 사이에서는 모험적인 대외정책이 그렇게 호의적으로 받아들여지지 않았기에 몽골 사절단은 거의 빈손으로 돌아와야 했다.[8]

러시아가 원조를 거절했지만 몽골 혁명은 진행되었다. 1911년 12월 4일, 전의를 잃은 중국 수비대가 항복하면서 수도였던 우르가(현재 울란바토르)에 주재하던 청나라 외교관이 러시아 영사관으로 피신했다.[9] 그의 호위부대는 얼마 안 되는 코사크 파견대와 함께 러시아 영사관 수비를 위해 우르가에 온 몽골-코사크 혼혈 출신 하급 장교 그리고리 세메노프의 지휘 아래 들어갔다.[10] 세메노프는 운게른과 마찬가지로 용맹한 하급 장교였으나, 성격상 통제를 거부했고 거칠었다. 이 두 인물은 제1차 세계대전에서 처음 조우했는데, 둘의 운명은 적백 내전에서도 긴밀하게 연결된다.

운게른이 호브드에 있던 시기는 러시아제국이 몽골에 하던 내정 간섭이 절정에 달했던 때였다. 운게른과 세메노프 같은 군사고문들은 몽골군을 현대화시켰고, 민간고문들은 새 정부의 재정적·행정적 구조를 정비했다. 이 시기에 운게른은 몽골의 언어와 문화에 더 깊이 몰두했다. 홀로 보내는 시간 대부분을 야생에서 혼자 말을 타거나 신비주의적인 불교에 관심을 보이도록 이끈 몽골 성직자들과 대화하는 데 썼다.[11]

1914년 여름, 운게른은 제1 네르친스크 코사크 연대와 함께 유럽으로 보내졌다. 그가 1914년부터 1916년까지 러시아 서부의 전선에서 활약하는 동안 전장에서의 특출난 용맹함과 전장 밖에서의 난폭한 행동이 동시에 나타났다. 용맹함 덕에 러시아제국 군대에서 가장 영예로운 훈장인 성 게오르기우스의 십자가를 받았으며, 난폭함 때문에 객실 제공을 거부했던 호텔 직원을 술에 취해 공격하기도 했다. 운게른의 상급자들은 그가 전투에서 부상을 다섯 번 입었다는 것을 좋게 봤기 때문에 두 달 감금이라는 가벼운 벌을 내렸지만, 유별난 성격 때문에 절대 대위 이상으로는 진급하지 못할 것임은 확실했다.[12]

1917년 초, 운게른의 연대는 페르시아령 아제르바이잔으로 이동했는데, 이곳에서는 러시아군과 오스만튀르크군이 대치하고 있었다. 이때 운게른은 네르친스크 연대의 대위였던 세메노프와 친하게 지냈다. 운게른과 세메노프는 공통점이 많았다. 둘 다 특출나게 용맹했던 위관급 장교였으며, 세메노프도 성 게오르기우스의 십자가를 받았다. 또 둘 다 몽골에서 근무했으며, 몽골의 언어와 문화에 심취했다.[13]

1917년 3월 니콜라이 2세가 폐위당하자 운게른은 충격에 빠졌을 것이다. 새로운 임시정부는 전쟁을 지속하겠다고 연합국들에 약속했지만, 군대의 사기는 이미 저하되고 있었다. 러시아 병사들이 계속 탈영하자 운게른은 이들을 전선에 붙잡아 두려고 했다. 운게른은 이들의 자존심을 건드리기 위해 페르시아령 아제르바이잔의 현지인인 아이사르들을 영입하기 시작했다. 아이사르와의 실험은 실패했지만, 세메노프는 비러시아인을 계속 부대에 영입하려고 했다. 그는 자신의 고향인 자바이칼에 있는 부랴

트-몽골의 지인에게 연락해 병력 파견이 가능한지 물었고, 명령체계를 구성할 방안도 제시했다.[14]

결국 전쟁부는 세메노프의 제안을 수용했고, 그를 자바이칼 지역 수도인 치타Chita로 파견했다.[15] 운게른도 이후 그를 뒤따랐지만, 이들은 곧 임시정부가 거의 아무런 힘이 없는 존재임을, 그리고 해당 지역이 혼란하다는 사실을 깨달았다. 세메노프는 다양한 현지 혁명 위원회에 침투해 9월 말까지 많은 지원자를 모을 수 있었지만, 1917년 11월 볼셰비키가 집권하면서 그들의 노력은 끝이 났다. 망명자 신세가 된 세메노프와 운게른은 소련 당국의 수색을 피해 흩어져야 했다.

이 둘은 11월 말 자바이칼 지역 시베리아 횡단철도의 다우리아역에서 상봉하는데, 여기서 이곳 주둔군이 독일군·튀르크군 전쟁포로를 감시하기 위한 민병 중대로 이루어졌다는 사실을 파악했다.[16] 거의 기능을 멈춘 임시정부를 등에 업고 자신의 권한을 주장하던 세메노프는 이 부대에서 약하게나마 통제권을 행사했다. 운게른이 전쟁포로 몇몇을 모아 조직한 군경도 그를 도왔다. 세메노프는 부랴트에 요원을, 자바이칼에 코사크 지도자를 파견하여 지원군과 말을 요청했다. 또한 시베리아 동부와 만주 일대에 놓인 동청철도의 최고 관리자 드미트리 L. 호르바트 장군에게 연락해 볼셰비키들의 침입에서 지역을 보호할 자원부대를 조직할 수 있도록 도와달라고 요청했다.[17]

당장 외부 지원을 받지 못하던 세메노프는 1917년 12월 18일 일부 코사크 하급 장교들과 일반 사병들을 이끌고 철길을 따라 만주역으로 동진했다. 그곳의 수비대도 다우리아 수비대만큼이나 규율이 불량했는데, 세메노프는 이들을 무장해제시키고 부대를 해체했다. 운게른 남작에게 빈 화물기차를 가져오라고 명령한 세메노프는 만주 수비대에 "다우리아에서 완전 무장한 대대가 오고 있다."라고 겁을 주어 무장해제를 유도했다. 운게른과 장정 4명으로 구성된 그 '대대'가 도착하고, 수비대 전체는 빈 화물차에 실려 먼 서쪽 지역으로 보내졌다. 이 작전이 성공한 후 세메노프와 운게른은 다우리아 수비대도 같은 방식으로 해체했다.[18]

이러한 사건들은 소련 정부의 약탈 행위에 대항하려고 러시아 전역에서 자체적으로 백위군 세력이 생겨나던 흐름의 일부였다. 내전으로 인한 혼란을 틈타 기존에는 눈에 띄지 않던 세메노프나 운게른이 백위군 사이에서 부상할 수 있었다. 1918년 1월, 세메노프는 자원병 500명을 모집하여 SMD(Special Manchurian Detachment, 특수만주파견대)를 구성했다. 이들과 함께 세메노프와 운게른은 철길을 따라 점점 더 많은 기차역을 차지하면서 세력과 권위를 강화했다. 세메노프는 운게른을 러·중 국경의 작은 마을인 하이라얼의 군정장관으로 임명했고, 운게른이 그곳에 질서를 수립하려 하자 현지 수비대가 강력히 저항했다. 하지만 결국 이들 또한 무장해제 후 해산당했다.[19]

이에 더해 연합국 측은 소련과 동맹국*이 전시 세력 균형을 역전시킬 수 있다고 염려하여 세메노프와 같은 반反볼셰비키 지도자들을 지원하기 시작했다. 1918년 2월까지 영국과 프랑스는 세메노프에게 무기·장비 구매를 위한 돈을 매달 지급했다.[20] 하지만 세메노프의 가장 중요한 동맹은 일본이었다. 일본의 팽창주의자들에게 적백 내전은 자바이칼과 연해주를 분리시킬 수 있는 기회였으며, 세메노프 또한 일본의 지지 아래 지역 지도자가 되는 것을 선호하는 듯했다. 1918년 10월, 일본이 준 돈과 장비로 재정비된 SMD는 현장에서도 일본군의 지원을 받으며 자바이칼 방향으로 북진하는 대대적 공세 작전을 벌여 치타를 차지했다.[21]

치타 점령은 적백 내전 시기에 세메노프의 운이 절정에 이르렀음을 보

---

* 제1차 세계대전 당시 동맹 관계였던 독일제국, 오스트리아-헝가리제국, 오스만튀르크 제국, 불가리아왕국 등을 가리킨다.

여 주었다. SMD는 추가로 공격하진 않고 자바이칼에 남아 범죄와 음주 및 방탕한 생활에 경도되기 시작했다. 라즈베드카Razvedka(정찰대)라고 불리는 SMD 불량배들은 무장기차를 타고 돌아다니며 적군 측 빨치산을 적출하겠다는 명분 아래 강도, 강간, 살인을 일삼아 현지 시민들을 겁에 질리게 했다.[22]

SMD의 타락은 꼭대기에 있던 세메노프에서 시작되었다. 그는 치타에서 뇌물과 전리품을 수집하면서 시간을 보냈고, 하인과 여성 들에 둘러싸여 음주가무를 즐겼다. 1918년 6월 자바이칼 지역 코사크의 아타만(족장)으로 선출됨으로써 신임을 얼마간 얻은 후, 그는 옴스크에 정부를 둔 백위군의 최고 지도자 알렉산드르 콜차크 제독에게 복종하기를 거부했다. 이 둘은 결국 화해했지만, 둘 사이의 분쟁은 백위군의 노력에 돌이킬 수 없는 상처를 입혔다.[23]

1919년 말, 적군이 역습해 우랄산맥 서쪽에 거점을 둔 콜차크의 군대를 몰아냈고, 백위군은 동쪽으로 후퇴해야 했다. 콜차크 자신도 붙잡혔으며, 1920년 2월 이르쿠츠크에서 소련 당국이 그를 총살했다. 이는 콜차크가 세메노프를 극동 백위군 총사령관으로 임명한 뒤였다.[24] 하지만 이는 공허한 제스처에 불과했다. 극동 백위군에는 이제 쓸모없는 세메노프의 파견대와 해체 중인 콜차크의 군대 일부만 남았기 때문이다. 이에 더해 세메노프는 적군이 침입해오기를 기다리던 와중에도 자바이칼 전역에서 우후죽순처럼 생겨나고 있던 빨치산들에게 엄청난 압박을 받고 있었다. 일본군이 1920년 여름 자바이칼에서 후퇴하기 시작했을 때 세메노프는 치명적인 피해를 입었다. 가을에 일본군이 후퇴를 마무리하자 SMD는 무너졌다. 남은 이들은 백위군이 마지막 저항을 준비하던 연해주로 도망쳤다.[25]

같은 시기에 다우리아에서 하이라얼로 이동한 운게른은 점점 세메노프에게서 멀어지고 있었다. 사실 세메노프가 치타에 자리를 잡은 후부터 둘은 멀어지고 있었다. 운게른은 명목상으로는 여전히 세메노프의 부하였고, 둘 중 누구도 균열을 인정하지 않았다. 하지만 운게른은 원래 통제 불능이었고, 세메노프는 자신의 부하를 제대로 지휘·통제하지 못했으며 관심도 없었다.[26] 아울러 운게른의 개인적인 금욕주의 성향은 적백 내전 시기에 더 도드라졌는데, 그는 이 때문에 세메노프의 타락하고 방종한 삶에 반감을 품었다. 특히 악명 높은 반유대주의자였던 운게른은 세메노프가 유대인 선술집 여직원 마시카 샤라반과 공공연하게 열애하는 것을 역겨워했다. 그러한 역겨움을 표현하기 위해 자신이 타는 말에 '마시카'라는 이름을 붙였다.[27]

가장 중요한 사실은, 다우리아에 있던 시기에 운게른이 꽤 규모 있는 파견대를 키우고 무장시켰다는 것이다. ACD(Asiatic Cavalry Division, 아시아기병사단)라고 알려진 이 집단은 1920년 8월 기준 장정 약 1,500명으로 구성, 기관총 몇 정과 대포 4문, 소총으로 무장하고 있었다. ACD는 러시아, 코사크, 부랴트-몽골, 중국 그리고 몇 안되는 일본인 파견병으로 이루어진 다국적 집단으로, 국경을 따라 부대별로 배치되어있었고, 러시아인 장교의 지휘를 받았다.[28] 이들은 다양한 곳에서 모집되었는데, 세메노프와 운게른의 추종자들, 실패로 돌아간 비러시아인 부대와 패배한 콜차크 부대의 남은 병사들, SMD의 무법자 라즈베드카, 여러 난민들, 철도로 중국에 피란하려 했다가 강제징집당한 자들 등이었다.[29]

다우리아에 있는 동안 운게른의 불안정한 성격은 더 광적으로 변했다. 용맹함과 정직함으로 유명했던 그는 자신과 병사들을 가학적으로 몰아세웠고, 세메노프와는 달리 군대 규율을 잔혹하게 강제했다. 사소한 규정 위반만으로도 대나무 채찍으로 태형을 가했으며, 더 중대한 사안에는 사형도 망설임 없이 구형했다.[30]

운게른의 광기는 혁명가나 공산주의자라는 의심이 드는 모든 주변 사람을 절멸시키는 정책으로 이어졌다. 그 결과 운게른 치하에 놓인 다우리아는 최악의 백위군 고문실로 유명해졌다. 안 그래도 잔혹했던 내전 시기에 이는 꽤나 엄청난 성과였다. 이곳에서 펼쳐진 무한한 고문과 살인은 역으로 세메노프 지지자 중 가장 변태적인 사디스트들을 운게른 진영으로 유인했다. 그중 하나가 매독에 걸린 레오니트 시파일로프 대령으로, 그는 하급 철도원 출신이자 라즈베드카였다. 시파일로프가 저지른 극적인 잔혹 행위는 1920년 1월 바이칼호수에서 포로 31명을 구타하고 익사시킨 것이었다. 이뿐 아니라 그는 자신의 별명 '자바이칼 지역의 교살자'에 큰 자부심을 느꼈던 연쇄강간살인마이기도 했다.[31]

1920년 여름, 운게른이 적군을 아무리 결연하고 잔혹하게 공격해도 일본군이 철수하고 세메노프가 추락하면서 그의 입장은 점점 더 취약해졌다. 그의 부대는 나약했고, 백위군의 패배도 거의 확실시되었다. 차라리 부대를 중국으로 후퇴시켜 무장해제와 억류를 당하는 것이 더 현명했을 것이다. 그럼에도 1920년 8월 초 운게른은 병사들에게 훨씬 더 멀고 위험한 몽골로 진군할 준비를 하라고 명령했다.[32]

이 계획을 더 위험하게 만든 것은 몽골의 불확실한 태도였다. 세메노프의 야망은 중국 정부가 몽골에 군대를 파병시켜 종주국으로서의 전통적 입장을 강화할 구실만 제공할 뿐이었다. 1919년 1월, 세메노프는 몽골을 방문해 범몽골제국을 건설하는 계획을 제시하면서 정치적 반응을 살폈다. 호의적인 반응과 일본 군사고문관들의 지지에 힘입어, 세메노프는 2월에 다우리아와 치타에서 부족 지도자 회의를 두 차례 후원했다. 치타 회의의 결과로 몽골, 자바이칼, 중국 북부를 포괄하는 무리한 몽골제국 건설 계획이 나왔다. 세메노프는 이 회의에 참석할 대표단을 보내라고 몽골 정부에 촉구했지만, 후툭투와 그의 보좌관들은 현명하게도 여기에 개입하지 않았다. 후툭투의 지지가 없어 범몽골 운동은 머지않아 무너졌고,

세메노프는 보복하기 위해서 우르가를 점령하겠다고 으름장을 놓았다. 그러자 후툭투 정부는 세메노프가 몽골을 침공해올 것에 대비하기 위해 중국에 도움을 청했다.[33]

중국군 파병의 대가는 자치 폐지, 중국의 정치적·경제적 특권 회복이었다. 이 문제에 관한 의견이 갈린 후툭투의 고문들은 1919년 9월 27일 중국군 3개 연대 중 1개가 도착할 때까지 지리한 논의에 붙잡혀 그 어떠한 결론도 내지 못했다. 이러한 중국의 군사력 과시는 몽골의 지도자가 1919년 11월에 자치를 폐지해 달라고 중국 정부에 요청하게까지 만들었다. 그리하여 1920년 1월, 후툭투는 중국 대총통의 사진 앞에서 머리를 조아리며 옥새를 포기했다.[34] 우르가에 주둔하는 중국군은 이제 수천 명에 육박하였고, 장징후이와 쉬수정의 지휘하에 있었다. 그러나 중국군의 규율은 몇 달에 걸쳐 무너졌고, 중국의 통치 방식도 독단적이고 무자비해졌다. 기강이 무너진 중국 병사들은 현지 주민, 특히 몽골인과 러시아인을 약탈, 강간, 살해했다. 이들의 행동에 '귀감'이 된 것은 우르가의 두 사령관이었다. "유난히 무식하고 투박한" 장징후이는 강탈 전문이었고, 쉬수정은 향락에 취해 즐거운 시간을 보냈다.[35]

운게른의 결정 때문에 다소 불안했지만, "그는 성격상 자신의 미래 계획을 이야기하지 않았기에" ACD는 운게른의 몽골 인맥을 위한 선물을 가득 채운 수레를 포함한 물자를 가지고 8월 말에 출발했다.[36] 한 달간 국경을 따라 달린 ACD는 1920년 10월 1일 마침내 몽골에 진입했고, 강줄기 몇 개가 남서쪽으로 흐르는 거친 초원 지역을 지나갔다. 험난한 지형 탓에 군대의 이동이 지체되었고, 여름옷 차림이었던 병사들은 가을이 다가오면서 점점 추위에 취약해졌다. 10월 말 ACD는 우르가의 언저리에 도착했다.[37] 이 시점에서 운게른은 중국군이 강력하게 지키고 있던 몽골의 수도를 즉시 공격하기로 결정했다.

캔필드 F. 스미스에 따르면, 몽골에 진입해 우르가를 공격한다는 운게른의 계획은 그의 기묘한 사상에서 영향을 받은 것이다. 운게른은 절대군주를 열렬히 옹호했으며 범몽골 운동에도 진심이었다. 그는 몽골의 생활방식을 수용하여 초원에서 승마를 즐겼으며, 몽골의 언어, 관습, 문화까지 적극적으로 받아들였다. 특히 운게른은 자주 어울렸던 라마교 승려들의 신비주의 불교에 심취했다. 아마도 그에게 범몽골 사상을 소개한 사람은 세메노프였을 것이다. 하지만 새로운 정치적 모험을 위해 바로 그것을 버린 세메노프와 달리, 운게른은 그 명분에 충성했다.[38] 세메노프에게서 소식이 없어 우르가의 상황을 보고받기만 하던 충동적인 운게른은 중국 공화국 군대에게서 후툭투의 수도를 해방시키기 위해 출발했다. 이것이 범몽골 사상을 실현하기 위한 첫 번째 단계였다.[39]

운게른의 부대는 10월 26~27일 밤에 우르가 외곽에 도달하여 즉시 공격을 개시했다. 한 무리는 동쪽에서 운게른이 이끄는 무리는 북쪽에서 공격했다. 하지만 중국군은 수적으로도 우세했을 뿐 아니라, 무장 수준도 현저히 뛰어났으며, 참호도 있었다. 참호선 사이에서 혼란과 야만으로 점철된 운게른의 공격과 중국군의 반격으로 ACD는 엄청난 피해를 입었다. 대포 대부분마저 상실하자 운게른은 공격 중단을 명령했다. 그는 우르가 북동쪽으로 반나절간 행군했던 거리만큼 후퇴했으며, 이곳에서 멈추고 재정비했다. 11월 2일 운게른은 또다시 공격에 나섰지만, 3일간 치열하게 싸운 끝에 중국군은 다시 ACD를 압도했다. 11월 5일 운게른은 우르가 북동쪽으로 후퇴하라고 전군에 명령했다.[40]

우르가에서 패배한 ACD는 절박한 상황에 놓였다. 우수한 병사들과 많은 장비를 잃었다. 게다가 다가오는 겨울이 몰고 온 날카로운 추위는 가벼운 옷을 입은 군대에 고통을 안겨 주었다.[41] 하지만 이러한 절박함 속에서도 운게른의 성질은 나아지지 않았다. 당시 그의 부하였던 체르노프 중위가 그의 짐승 같은 성질 때문에 가장 큰 피해를 입었다. 체르노프는 운게른이 가장 신임하는 자로, 우르가 전투에서 의무부대를 지휘했다. 체르노프는 부상자들을 후방으로 데려오다가 대개 장교의 부인이었던 간호사들에게 "차마 글로 쓸 수 없는 일들을" 저질렀고, 몽골과 중국 촌락을 약탈하였으며, 부상자들이 귀찮은 존재라며 모조리 독살시켰다.[42] 체르노프가 숙영지로 돌아왔을 때 운게른은 그가 저지른 일을 알게 되어 태형 후 화형시켰다. 체르노프의 사형에는 많은 동료가 참석했는데, 그다지 인기가 많은 인물은 아니었기에 초반에는 흥미를 가지고 지켜봤지만, 서서히 익으며 죽어가는 체르노프를 보면서 다들 무서워했다.[43]

겨울이 깊어지면서 우르가의 상황 역시 악화되고 있었다. 중국군은 11월까지도 운게른의 지친 병사들을 잡지 못했고, 그가 다시 공격할까봐 상시 경계 태세를 유지하느라 신경이 닳을 지경이었다. 물자가 점점 줄어들고 약탈을 할 기회도 소진되자 중국군 병사들의 사기는 바닥을 쳤다. 그러던 중 1920년 말, 우르가의 중국 당국이 후툭투 체포를 명령했다. 이는 우르가 주민들을 충격과 공포에 빠트리려는 시도였지만, 신격화되던 지도자가 구금을 당했다는 소식은 몽골인들에게서 역겨움과 분노를 샀다. 결국 후툭투는 궁전으로 돌려보내졌다. 하지만 중국군 호위병이 그를 감시했다.[44]

운게른은 아직 우르가를 포기하지 않았다. 그는 정찰에 많은 시간을 들이며, 심지어 경계가 삼엄한 도시에 직접 대낮에 들어갔다가 중국군 병사들이 반응하기도 전에 빠져나오곤 했다. 운게른은 병사들에게 우르가 주변 언덕에 거대한 모닥불을 피우라고 명령하여 실제보다 병력이 훨씬 많다는 인상을 주었으며, 우르가의 요원들을 시켜 자신은 총알에 맞지 않는 등 기적을 행한다는 소문을 퍼뜨리게 함으로써 중국인들을 불안에 빠뜨렸다.[45] 운게른은 또한 중국의 고압적인 통치 때문에 기회를 얻었다. 점점 더 많은 몽골인들이 후툭투를 대하는 중국의 태도에 분노하여 운게른 진영에 참여했기 때문이다. 이로써 그는 1921년 1월까지 병사 1,400명을 보충했다.[46]

ACD의 병력이 늘자 운게른은 1921년 2월 1일 우르가를 다시 공격하기로 결정한다. 이번에도 치열한 싸움이 펼쳐졌지만, 규율이 이미 많이 흔들린 중국군은 2월 3일 무너졌다. 혼란이 확산되었고, 중국군은 와해되어 도시를 탈출했다. 북쪽으로 가던 초기 탈출자 수백 명은 운게른의 기관총 난사에 저지당했다. 절박해진 중국군은 서쪽과 남쪽으로 방향을 틀어 우르가를 우회하여 중국 쪽으로 동진하려 했으나, 운게른의 병사들은 그들을 끝까지 쫓았다. 결국 중국군 기병 일부만이 중국으로 귀환할 수 있었다. 2월 3일 오후, 운게른은 우르가에 자랑스럽게 입성한다.[47]

중국군에게서 수개월간 가혹한 탄압을 당했던 우르가 주민들은 처음에는 운게른을 해방자로 여기며 환영했지만, 운게른은 머지않아 공포정치를 시작하면서 그 환영을 남용했다. 이어지는 결핍, 폭력, 약탈은 ACD의 병사들을 광기로 몰아넣었다. 이들은 곧 강탈, 강간, 살인의 향연을 펼쳤다. 운게른 본인도 제정신이 아니었다. 그는 유대인들과 공산주의자들을 조직적으로 학살하라고 명령했다. 그리하여 2월 4~5일 그의 부하들은 남성, 여성 및 아이 들 37명을 집에서 끌고 나와 검으로 베었다. 우르가의 소규모 유대인 공동체는 이렇게 말살당했다.[48]

이 초반 유혈 사태가 마무리된 후, 운게른은 획득한 중국군 물자로 재정비를 진행했으며, 군대를 확장시키기 위해 두 가지 방법을 사용했다. 첫째는 가장 잔혹한 부하 몇 명이 이끄는 파견대를 보내 몽골 내 다른 백위군 부대들이 복종하도록 협박하는 것이었다.[49] 둘째는 우르가 및 타지역 백위군 측 난민들을 소집한 것이다. 이로써 부대 규모는 확장되었지만, 운게른과 그의 오랜 추종자들, 그리고 새로 합류한 자들 간에 갈등이 불거지기 시작했다. 운게른은 이들을 공개적으로 의심했으며, 새로 들어온 병사들 중 다수는 운게른을 강도와 살인마로 둘러싸인 미치광이라고 생각했다.[50]

우르가를 점령한 후 운게른은 카스피해부터 아무르강까지의 중앙아시아인들을 절대 신정 통치로 통합시키겠다는 거대한 제국 건설의 꿈을 실현할 수 있게 되었다. 운게른이 말했듯, 그것이 친군주 운동을 유럽으로 확장할 수 있는 첫걸음이었다.

> 대중과 과학의 타락, 사회주의 때문에 국가들은 제정신이 아니다. 유럽 군주들의 복권은 불가능하리라. 우리는 중앙제국(셀주크제국)과 카스피해 근방의 부족들에서 시작하는 수밖에 없다. 그 이후에는 러시아 군주를 복권시키는 활동을 시도해 볼 수 있을 것인데, 이는 러시아 국민들이 상식을 회복하거나 어떤 방식으로든 그 필요성을 인지해야 가능하다. 나에게 개인적 열망은 없으며, 그게 내 조국이 아닌 다른 곳에서라도 실현되기만 한다면 군주를 위해 헌신하려고 언제든 죽을 준비가 되어있다.[51]

1921년 3월 15일 우르가에서 열린 기념식에서 운게른은 자치정부를 발족하고 후툭투를 '몽골의 위대한 칸'으로 임명함으로써 첫 번째 단계를 완료했다.[52] 세메노프가 실패했던 범몽골 계획과 마찬가지로, 운게른의 원대한 비전을 실현하는 과정에 후툭투가 반드시 참여해야 했다. 하지만 후툭투와 그의 고문들이 전혀 관심을 보이지 않자, 운게른의 꿈은 수포로 돌아갔다. 천성이 조심스러운 몽골인 지도자들은 이 반갑지 않은 손님들이 우르가에 머무는 동안에는 시간을 최대한 끌었지만, 중국이나 소련에 진압당할 것이 분명했던 운게른과 결코 엮이고 싶어 하지 않았다. 1921년

4월, 후툭투는 베이징에 서한을 보내 운게른과의 관계를 부정하면서 몽골이 중국의 종주국이던 옛 관계를 회복시키자고 요청한다.[53]

후툭투의 거절로 중앙아시아제국 건설이라는 운게른의 꿈은 무너졌다. 몽골은 운게른이 요구한 물자 지원도 마지못해 했다. 운게른의 군대는 몽골이 활발하게 동참해 주지 않으면 오래 버티지 못할 터였다. 몇 개월 동안 운게른은 몽골 외부에서 후원자를 탐색했지만, 선택지가 좁았다. 한 선택지는 세메노프에게 통 큰 지원을 제공했던 일본이었다. 소련은 운게른이 일본의 첩자라고 확신했지만, 일본군 정보장교들은 그의 작은 부대가 효용성이 거의 없다고 봤다. 게다가 운게른의 고집과 예측 불가능한 성격은 비교적 융통성 있었던 세메노프에 비해 안 좋아 보였다.[54]

남아 있는 기록에 따르면, 운게른이 가장 열심히 설득했던 이들은 중국 북부의 군벌 지도자들이었다. 이를 위해서 그는 중국군 수천 명이 학살당했던 우르가 전투의 진실을 상당히 왜곡해야 했다. 하지만 그 누구도 절대군주를 복권시킨다는 그의 명분에 관심을 보이지 않자, 그는 더욱 절박해졌다. 운게른은 심지어 만주 군벌 지도자 장쭤린에게 만주와 중앙아시아를 통일한 뒤 제국의 칸으로 만들어 주겠다고 제안했다. 하지만 장쭤린은 중국 지배를 놓고 다른 군벌들과 경쟁하느라 바빠서 몽골에 관심이 없었고 이를 거절했다.[55]

좌절감이 점점 깊어지면서 운게른은 더 불안정해졌으며, 사납게 성질을 내는 일도 잦아졌다. 우르가 또한 폭력과 혼돈으로 점철되고 있었다. 우르가 사령관으로 임명되었던 미치광이 시파일로프는 운게른의 의심병을 이용해 백위군 측 난민들을 공포 분위기로 몰아넣었다. 비판 한 마디만으로도 죽임을 당할 수 있었다. 시파일로프와 부하들은 이런 식으로 약탈, 강간, 고문, 살인을 저질렀다. 약탈은 고수익 행위였는데, 운게른이 약탈물 중 3분의 1을 전리품으로 주었기 때문이다. 시파일로프는 부유하고 잘 알려진 상인 노스코프의 재산을 압류해서 꽤나 큰 보상을 획득했다. 그는 노스코프를 거짓 혐의로 체포한 뒤, 영혼 없는 '뼈 자루'가 될 때까지 8일 동안 고문했다. 고문 집행자들은 노스코프의 시신을 쓰레기장에 버렸다.[56]

운게른 부대의 잔혹한 무법 행위 때문에 운게른과 몽골의 관계는 더욱 악화되었다. 몽골인들은 러시아인들이 왜 이렇게까지 잔혹하게 서로 대치하는지 이해할 수 없었고, 운게른의 부하들이 저지르는 무자비한 살인을 역겨워했다. 게다가 운게른은 더 많은 보급품을 징발했는데, 그의 요구는 이미 어렵던 몽골 경제를 옥죄고 있었다. 몽골인들에게 특히 힘들었던 것은 부의 주된 기준이었던 말을 징발해 가는 것이었다. 자발적으로 입대하는 몽골 남성이 적어지자 징병이 시작되었다. 우르가의 성지에 기도하러 왔거나 사업을 위해 온 모든 남성을 납치해 가는 식이었다.[57]

1921년 봄, 운게른의 앞날은 어두웠다. 더 이상 몽골에 남아 있는 것도 힘들어졌다. 몽골 주민들의 호의도 바닥이었고, 내전에 대처하는 데 몰두하던 소련 정부 또한 그를 처리하는 데 집중할 여력이 생겼다. 소련은 운게른을 치기 위해 해당 지역에 수많은 적군이 결집시켰고, 오랜 망설임 끝에 신생 몽골 공산당 소속 빨치산들에게 군사적·정치적 지원을 시작했다.[58] 운게른이 우르가에 계속 머물렀더라면, 그의 소규모 군대는 순식간에 압도당했을 것이다.

당시 가장 논리적인 행동은 동진하여 중국 영토로 진입해 잠시 억류된 다음, 연해주로 넘어가 마지막 남은 백위군에 합류하는 것이었다. 하지만 운게른은 두 가지 이유를 들며 반대했다. 첫 번째는 이미 손에 중국인의 피를 너무 많이 묻힌 그를 중국 현지에서 어떻게 받아들일지 불확실했다는 점이다. 두 번째는 그에게 군주제라는 명분이 너무나 신성한 것이었기에 자기 부대가 끝까지 다른 백위군과 섞이는 것을 원하지 않아서였다.[59]

항상 그랬듯 운게른의 본능은 공격이었다. 5월 8일 ACD의 절반과 함께 우르가를 떠났고, 나머지 절반은 5월 9일에 출발했다. 두 무리 모두 북쪽으로 향했지만, 운게른의 의도는 1921년 5월 21일에나 명확해졌다. 이날 그는 몽골과 시베리아에 있는 모든 백위군에 "소련을 공격하라."라는 제15호 명령을 내렸다. 이 요상한 문서의 첫 번째 부분에는 그의 정치적 목표가 나열되어있는데, 전부 로마노프 왕조*를 복권시키기 위한 것이었다. 그의 전술은 희망적 사고에 기반한 것으로, ACD와 몽골인 부대들이 우수리 지역에 있는 세메노프 부대의 지원을 받아 각자 북진하는 것이었다. 이 작전은 "비슷한 혁명 투쟁을 겪고 있는 동맹국들에 의존할 수 없었기에" 순전히 러시아의 내부 문제로 간주되어야 했다. 운게른은 "전쟁은 전쟁을 먹고 산다."라면서 백위군 파견대 사령관들에게 현지인들을 동원하고, 또 가는 길에서 보급품을 징발하라고 지시했다.[60]

이 '러시아를 파괴하고 능욕하는 범죄자들'과의 마지막 전투에서 자비란 있을 수 없었다. 운게른은 각 파견대 사령관들에게 해방된 지역에 있는 공산주의자들을 포그롬**하는 걸 방해하지 말라고 지시했다. 인민의원, 공산주의자, 유대인 들은 가족까지 전부 말살되어야 했다. 사령관들은 임의적으로 사형을 집행할 수 있었고, 운게른 또한 자비를 보이지 말라고 명령했다. "정의의 기반은 변화했다. 더 이상 '진리와 자비'가 아니다. '진리와 가혹함, 엄격함'이다… 악은 영원히 파괴되어야 함을 잊지 말라."[61]

1921년 5월 30일, 운게른은 제15호 명령에 따라 진격하라고 지시했다. 운게른과 그의 병사들은 국경 지역에 있던 캬흐타와 트로츠코사브스크라는 마을을 거쳐 자바이칼로 진입했고, 나머지 부대는 셀렝가강 서안을 따라 진입했으며, 다른 백위군 부대들은 몽골 내 각자 위치에서 북진했다.

---

* 1613년부터 1917년까지 러시아를 통치한 왕조.
** 러시아 내에서 러시아인이 아닌 민족을 박해하고 학살한 행위.

2주간 치열한 전투가 이어지면서 이 공격은 처참히 실패할 것임이 분명해지고 있었다. 일단 상대했던 적군 제5군과 수많은 빨치산 부대가 능력이 월등했고, 병력을 분산시킨 운게른의 결정은 안 그래도 수적으로 빈약했던 군대를 소련군이 각개격파하기 쉽게 만들었다. 운게른 본인도 6월 9일 캬흐타에서 패배하여 급하게 후퇴하면서 대포 전부와 기관총 대부분을 잃었다. 6월 29일, 그는 상태가 약간 나았던 두 번째 부대에 합류하여 몽골과 자바이칼 사이에 있는 셀렝가에서 머물렀다.[62]

향후 몇 주 동안 패배, 막사의 거친 환경, 적군의 괴롭힘, 운게른의 변덕스러운 잔인함으로 ACD의 사기는 바닥을 치고 있었다. 가장 불만이 많았던 이들은 최근 동원된 장교들이었다. 이들은 전투 대부분을 맡으면서 구타나 즉결 처형으로 이어지기도 했던 운게른의 불같은 분노도 견뎌야 했다. 이에 더해 7월 15일, 병사들은 적군이 소규모 몽골인 빨치산 부대와 함께 우르가를 점령했다는 소식을 듣고 큰 타격을 받았다. 이는 남쪽 퇴로가 막혔음을 뜻했기 때문이다. 병사들은 두고 온 가족을 걱정하기 시작했다.[63]

운게른은 병사들의 불만을 무시한 채 7월 17일 또 한 번 북쪽을 공격하기로 했다. 절박하고 가차 없는 전투에서 심각한 피해를 입었음에도 그의 부대는 7월 30일 바이칼호수 남동쪽에 있는 구시노에호수 북쪽 언저리에 도달했다. 하지만 자신들과 바이칼호수 사이에서 적군이 결집하고 있다는 소식을 접한 후 운게른은 남서쪽 길을 통해 몽골로 후퇴한다고 결정했다. 이 후퇴로 적군 대부분을 피할 수 있었지만, 이미 지치고 굶주린 병사들은 산, 강, 스텝으로 이루어진 거친 지형을 돌파해야 했다. 탈영과 불복종이 증가했다. 결국 운게른이 고비사막을 건너 티베트의 달라이 라마 아래 들어갈 것이라는 소문이 퍼지자, 최근 합류한 장교 일부가 반역과 암살을 계획했다. 그들은 1921년 8월 19일 바로 작전을 실행에 옮겼다. 그들이 가장 증오하던 운게른의 부하 몇 명이 이 반란에서 목숨을 잃는 동안, 운게른은 막사가 기관총으로 벌집이 된 후 밤에 가까스로 탈출할 수 있었다.[64] 다음 날 운게른은 근처 숙영지로 가서 몽골인 부대에 반역자들을 체포하라고 명령했다. 몽골인 사령관은 그렇게 하겠다고 말했지만, 오히려 그의 부하들과 함께 운게른을 묶어서 적군 측 빨치산에 넘겨 버렸다.[65] 운게른은 노보니콜라옙스크(현재 노보시비르스크)로 옮겨져 현지 소련 당국의 심문을 받았다. 이후 재판을 받고, 1921년 9월 15일 심문 당일에 총살을 당했다.[66]

조지프 콘래드가 쓴 소설처럼 다소 기괴한 특징들에도 불구하고, 운게른의 작전은 단순히 적백 내전 당시 벌어진 군사적으로 무의미한 탈선 정도에 그친 것이 아니라 동북아시아의 지형에 막대한 영향을 끼쳤다. 캔필드 F. 스미스가 주장하듯, 그의 몽골 공격은 몽골에 주둔하던 중국군을 제거했다는 점에서 성공적이었지만, 몽골에 힘의 공백을 만들어 적군이 운게른의 군대를 추적하면서 몽골을 점령할 구실도 만들어 주었다. 그 결과 소련을 파괴하고, 러시아와 아시아에서 군주제를 회복한다는 운게른의 계획은 처참하게 실패하고 말았다. 게다가 잔혹함으로 가득한 그의 망상은 모순적이게도 1924년 몽골 인민공화국이 소련의 첫 위성국가가 되면서 세계 사회주의 확산에 기여하게 되었다.[67] 이로써 로만 폰 운게른-슈테른베르크는 역사상 최악의 지휘관 반열에 오를 자격을 '충분히' 갖췄다고 할 수 있다.

네이선 베드퍼드 포러스트
NATHAN BEDFORD FORREST

크리스토퍼 M. 레인

네이선 베드퍼드 포러스트 c. 1862~1865.

최근 출간되는 남북 전쟁 역사서들은 네이선 베드퍼드 포러스트를 "남북 전쟁이 낳은 가장 유능한 기병", "전쟁에서 가장 뛰어났던 지휘관"이라고 칭송하면서 '잃어버린 대의'의 영원한 아이콘으로 만들었다. 그럼으로써 '뛰어난 군사적 능력'이라는 신화를 이어가고 있다.[1] 포러스트의 자서전을 쓴 저자 중 하나인 앤드루 라이틀은 심지어 남부연합 대통령 제퍼슨 데이비스가 포러스트의 '천재성'을 알아봤다면 남부가 승리했을 것이라 주장했다.[2] 남부연합군 총사령관이었던 로버트 E. 리는 남북 전쟁에서 가장 위대한 군인을 꼽으라 했을 때 "내가 한 번도 보지 못한 사람이오. 그의 이름은 포러스트요."라고 말했다.[3] 브라이언 스틸 윌스, 데이비드 A. 파월 등이 세세하게 재평가했는데도 포러스트는 군사적으로 여전히 과대평가되고 있다. 특히 포러스트가 남부연합 병참 조직을 보호하기 위한 집중 전략(Focused Strategy)을 수행하는 데 실패한 1864년에는 더욱 그랬다.

포러스트가 이후 군 경력에서 동료들과 효율적으로 협력하는 것이 불가능했던 점, 그의 군 지휘권이 느슨하게 조직된 약탈자 패거리에 넘어간 점을 고려하면 지금도 대중적·학술적으로 지배적인 이야기를 뒤집을 수 있을 것이다.[4] 포러스트가 전문 교육 없이 전술적 천재성을 보여 주었고 자석같이 끌어당기는 인간적 매력을 지녔더라도, 그는 전쟁의 전술적·전략적 수준에서 실패했고, 포로를 잔혹하게 대우했으며, 그가 미래 군사 지도자들에게 남긴 해로운 관행 등도 따진다면 가히 사상 최악의 리더라는 칭호를 받아 마땅하다.

포러스트의 군사적 업적을 분석할 때는 군 역사학자들은 흔히 딜레마를 마주한다. 고위급 지휘관에게는 능력이 필수 요소다. 장교들은 자신의 기술을 숙달하고, 주어진 임무도 성공적으로 이끌고 완수할 수 있도록 전문 능력을 갖추어야 한다. 순수한 재능과 전문성은 알렉산드로스 대왕부터 나폴레옹, 아이젠하워에 이르기까지 많은 승리자의 기반이었다. 하지만 재능만으로는 한계가 있다. 지도자로 성공하려면 전문성 외에도 무형의 중요한 개인적 특성들이 있다. 가장 필수인 것은 동료, 상사, 부하 들과 조화로운 관계를 유지할 수 있는 사회적 능력이다. 기술적으로는 뛰어나도 교만에 빠져 자신의 허물을 보지 못하고 제 잘난 줄만 알아서 무대의 주인공이 되어 버리는 지도자도 많다. 상급 지휘관들은 부하들을 모집할 때 마치 자존감이 중요한 덕목인 양 어느 정도 허영을 기대하는 듯하다. 하지만 동료를 등한시하고, 부하들을 옥박지르고, 상급자들이 분노하게 하는 장교는 재능이 얼마나 있든 어떤 군사 조직에도 방해가 된다는 사실도 알고 있다. 팀워크는 모든 군사 업무에 중요한, 심지어 핵심인 요소이며, 그래서 모든 평가지에는 '남들과 잘 어울림' 항목이 꼭 포함되어야 한다. 군 경력이 짧았던 포러스트는 그런 능력이 없다는 사실을 반복적으로, 분명히 보여 줬다. 포러스트의 위대함에 대해 반론을 한다면, 그의 인간적 결함, 남부연합에서 전술 수준을 넘어선 군사적 리더십을 보여 주지 못한 점, 그리고 국가에 지속적인 피해를 남기고 있는 잘못된 귀감, 크게 이 세 가지를 근거로 들 수 있다.

네이선 베드퍼드 포러스트는 1821년 여름 내슈빌에서 남쪽으로 48킬로미터 떨어진, 거친 테네시주 중부 지역의 한 마을에서 태어났다. 얼마 전에 개척된 지역이었고, 여기에 포러스트의 조상인 스코틀랜드-아일랜드인들의 집단주의적 성향까지 더해져 포러스트의 어린 시절은 폭력으로 가득했다. 어떻게 보면 포러스트의 출신과 성장한 지역의 지배적인 문화가 그를 남부연합 최고위급 사령관으로 만들고, 동시에 전쟁에서 최고위급 수준으로 실패할 조건도 만들었다고 할 수 있다.

다수의 앵글로아메리칸 스코틀랜드-아일랜드 협회 연대기 작가들이 주장했듯, 스코틀랜드-아일랜드 문화의 주된 특징은 성실한 노동을 강렬하게 추구하는 성향 및 야망, 급한 성질, 갈등을 폭력적인 결말로 격상시키겠다는, 하지만 대체로 후회로 이어지는 의지 등이다. 포러스트의 인생에서도 이러한 특징들이 전부 잘 나타난다.

포러스트는 그의 유전적 기질에 더해 폭력으로 물든 환경에서 유년기를 보냈다. 이 신개척지에는 기존의 안정적인 사회 제도가 부재했기에 분쟁 해결은 소송보다는 폭력에 의존했으며, 이는 종종 결투로 나타나기도 했다. 포러스트의 주요 전기 작가인 브라이언 스틸 윌스는 "개척지 사람들은 서로에게 폭력을 휘두르면서, 그것을 자연스러운 사회생활로 보았다."라고 말했다. 이는 또한 가족 구성원과 집단의 구성원들로 간주되는 이들이 엄청난 자부심과 충성심을 갖게 했고 약간의 명예 훼손에도 엄청나게 예민한 반응을 보이게 만들었다. 윌스는 멤피스 지역에 있던 포러스트의 고향을 언급하면서 "폭력과 명예는 일상이었다. 남성들은 길거리에서 실제나 허구의 불만들을 피로 해결하려 했다."라고 설명했다.[5]

1845년 3월 10일, 남성 4명이 포러스트와 그의 사업 동료, 삼촌이자 멘토인 조너선과 결판을 내리고 찾아왔다. 언쟁은 폭력으로 치닫고, 조너선은 조카를 향해 발사된 총알을 맞고 치명상을 입었다. 포러스트는 싸움을 계속하여 공격자 2명을 총으로 죽이고, 총알이 떨어지자 나머지 2명을 보위 나이프*로 쫓아 버렸다. 이 행동은 당시 남부 내륙 사회의 규범에 너무나도 부합했기에 사람들은 이후 포러스트를 순경 및 검시관 그리고 주 방위군 중위로 추대했다. 1851년 포러스트는 멤피스로 이동한 뒤 가축 거래를 관두고 부동산·노예 거래를 시작했다. 당시 멤피스는 "고향 켄터키"에서 "강 아래로 팔려가" 지옥 같은 삼각주에 있던 목화·사탕수수 농장으로 간 남부 상부(Upper South) 잉여 노예들의 이동경로에 위치하고 있었다. 늘어나는 수요 덕분에 포러스트는 이곳에서 사회적·경제적으로 번성

---

* 사냥용 칼의 일종으로, 미국 서부 사냥꾼들이 즐겨 사용했다.

할 수 있었다. 멤피스 시의원 활동을 포함한 남북 전쟁 경력 동안 그의 야망, 인기, 사업적 통찰, 공교육 부재, 급한 성미가 완전히 자리 잡을 수 있었다. 그것들은 그의 군 경력이 빛 좋은 개살구로 끝날 때까지 내내 따라다녔다.[6]

포러스트뿐 아니라 윌리엄 랜스 앤시 같은 여느 남부 분리주의자들에게는 노예 제도를 공격하는 것은 곧 자신의 부를 공격하는 것이었으며, 항상 코앞에 있었던 빈곤으로의 회귀를 뜻하기도 했다.[7] 남부가 분리를 선언했을 때 포러스트는 자원입대해 일병이 되었지만, 머지않아 연대 내에서 대령 자리에 오른다. 하지만 그의 성급함은 즉각적이고 통제 불가능한 분노를 유발했고, 이는 부하들을 학대하는 것으로 나타났다. 포러스트에게 호의적인 전기 작가들조차 그가 어느 정찰대원이 거짓 정보를 가져왔다는 이유로 머리를 나무에 박은 일, 어느 중위가 교량을 만드는 데 협조하지 않아 때려서 강에 빠트린 일, 테네시강을 건널 때 노를 같이 젓지 않는다는 이유로 병사 하나를 노로 배에서 밀어 버린 일, 나무로 군인을 때리고, 전열에서 이탈했다는 이유로 기수에게 총을 쏜 일 등을 언급했다.

포러스트와 부하들의 조화롭지 않은 관계를 가장 잘 보여 주는 사례는 1863년 6월 14일에 있었다. 북군의 에이블 스트레이트가 앨라배마주 북부에서 벌인 기습을 성공적으로 요격한 포러스트의 작전에서 포병 지휘관이었던 앤드루 굴드 중위는 포러스트에게 면담을 요청했고, 그의 전속건에 대해 따졌다. 데이즈갭 전투에서 굴드 중위의 성과가 마음에 들지 않았던 포러스트는 그를 직위 해제시킨 뒤 재배치했던 것이다. 그러다가 논쟁은 점점 격해졌고, 사건의 정확한 순서는 불분명하지만 포러스트는 굴드가 쏜 총알을 복부에 맞았으며, 굴드는 폐를 칼에 관통당하여 치명상을 입었다. 누가 먼저 주먹을 날렸는지와는 무관하게, 하급자와의 갈등이 누군가가 죽거나 살기 위해 남을 죽여야 하는 상황까지 치닫도록 하는 것이 효과적인 리더십은 아니다. 포러스트를 옹호하는 자들은 그의 행동을 정당화하려고 그가 언어적·물리적으로 공격을 당했다는 이야기를 퍼뜨렸다. 포러스트는 자리를 지킬 수 있었지만, 이 사건은 그의 인사 기록에 큰 오점을 남겼다. 포러스트의 성질과 하급자들에 대한 스스럼없는 폭력 사용 성향 탓에 굴드와의 갈등이 무죄라는 주장은 설득력이 떨어졌고, 진지하고 효과적인 리더십 행사 또한 어려웠다. 어떤 병사와 장교 들은 포러스트가 자신의 목숨을 경시하는 것과 포로들을 잔혹하게 대하는 것을 못마땅하게 여겨 복종을 거부했다. 한 병사는 심지어 "독단적이고 성질이 더러운 야만인의 지휘를 따르길 거부합니다."라고 말했다.[8]

포러스트와 동료들의 관계도 험악했다. 1863년 2월 3일, 그는 조지프 휠러 장군의 기병대가 도널슨 요새 옆 테네시주 도버를 공격하는 데 협력했다. 휠러는 강력한 방어군이 주둔한 이 도시를 공격하라고 포러스트 부대에 명령했고 많은 희생자를 냈다. 이 전투 이후 포러스트는 휠러에게 "또 당신의 지휘를 받으니, 관에 누워있겠소."라고 말했다. 내슈빌에서 후퇴할 당시 포러스트는 누구 부대가 먼저 여울을 건널 것인지 논쟁하면서 벤저민 치텀 장군을 총으로 위협했다. 1863년 4월 포러스트는 테네시주 톰프슨역 습격을 위해 얼 반 돈 장군과 협력했다. 하지만 포러스트는 반 돈이 충분한 지원을 제공하지 못한다고 여겼다. 포러스트의 성급함 때문에 분쟁은 격화되었고, 둘은 결투로 결판을 내기로 했지만, 그 전에 상황이 해결되었다. 한 달 후 질투심에 휩싸인 누군가의 남편이 반 돈을 살해해서였다. 이는 반 돈 본인의 결함을 보여 주지만, 포러스트의 많은 개별적 일탈 행위도 용서할 수 없게 만들었다.[9]

이러한 사건들은 향후 작전에도 막대한 영향을 미쳤다. 1863년 여름과 겨울, 남부연합 장군 브랙스턴 브래그는 북군 장군 윌리엄 로제크랜스의 움직임과 관련한 기병대의 보고를 받아야 했다. 그러나 포러스트와 휠러의 무능함 때문에 정확한 정보를 적시에 전달받을 수 없었다. 이는 남부의 전략적 철도 요충지였던 채터누가를 상실하는 것으로 이어졌다.[10] 브래그는 부대가 조지아주 북부로 후퇴하는 동안 산속에 산개한 로제크랜스의 부대 하나를 포위하고 격파하려 했다. 하지만 북군의 배치나 의도에 대한 정보를 적시에 받을 수 없어 효과적인 반격을 할 수 없었다. 이후 치커모가크리크의 둑에서 벌어진 전투들에서 포러스트는 기병대 군단장 역할에 실패했다. 치열한 전투에 휘말리면서 북군의 전열을 파악하고 패배한 병력을 추격하는 임무를 제대로 하지 못한 것이다. 오히려 북군이 채터누가 방어선 안으로 도망갈 기회까지 주었다.

9월 18일 알렉산더브리지와 리즈브리지의 강력한 북군 수비대는 로제크랜스에게 "브래그가 좌익을 장군(로제크랜스)이 채터누가에 있는 기지에서 멀어지게 한 뒤 조지아주 북부의 좁은 산에서 전멸시키려 한다."라고 경고해 주었다. 브래그는 포러스트에게 이 공격을 차단하면서 건널목을 확보하라고 했지만, 포러스트는 이를 수행하지 못했으며, 그의 병력 대부분을 위험이 예견된 북쪽으로 이동시켰다.[11] 그 결과 남군 보병은 도하 지점을 놓고 싸우는 데 시간을 많이 소모했으며, 이 틈에 로제크랜스는 공격을 받은 지역으로 병력을 더 보낼 수 있었다. 그날 밤 포러스트는 다시한 번 북군의 우익 감시와 배치 관련 정보 획득에 실패했다. 북군 대열에 균열이 있다는 사실을 알 수 있는 기회를 놓친 것이다. 데이비드 파월은이것이 "전체 전투에서 가장 치명적인 정보 수집 실패"라고 지적했다.[12]

다음 날 같은 지역에서 남부 보병을 데려온 포러스트는, 이들을 자신의 기병대와 함께 불균형한 전투에 투입했다. 포러스트는 이렇게 남군의 몇개 여단을 망가뜨렸다. 그 결과 "그날 오전 포러스트는 브래그를 미치게"했다.[13] 이 전투로 브래그가 계획한 반격은 더 지연되었고, 북군은 중앙부대를 강화할 수 있었다. 파월은 다음과 같이 평가했다.

포러스트는 브래그의 우익 전체를 지휘하는 군단장이 아니라 여단 또는 사단 지휘관처럼 계속 행동했다. 그는 북군의 전반적인 위치를 보고할 정찰대 투입하는 일에 거의 또는 아예 노력하지 않았는데, 이는 브래그의 이후 결정에 영향을 미친 실수였다.[14]

9월 20일 버지니아주에 있던 리의 군대에서 지원 병력이 도착했다. 그러나 절묘하게도 북군이 안 좋은 때에 이동하면서 브래그의 공격에는 틈이 생겼다. 브래그는 로제크랜스의 부대를 갈라놓아 전장에서 몰아낼 수 있었다. 스노드그래스힐의 조지 펩 토머스 장군이 강력히 방어해서 후퇴하던 북군은 보호받았지만, 포러스트가 공격을 하지 않아서 종대를 이루며 길게 늘어진 북군이 큰 부담없이 채터누가에 도착할 수 있었다. 포러스트가 전방에서 지휘했다는 것은 그가 후방 본부에 없었으며, 그래서 상관이나 부하 들과 논의를 할 수도 없었고, 이는 멀리 떨어진 전선은 지휘할 수도 없었음을 뜻했다. 파월은 "포러스트는 늘어난 책임에 따르는 엄격한 요구 사항들 앞에서 힘들어 했다. … 전투에서 맹활약하는 자신을 너무나 자주 발견했다. 그는 다른 사람에게 더 나은 전술적 결정을 맡기는 것을 피할 수 없었다. 포러스트는 개인적인 모험을 할 수 있다는 유혹을 이겨낼 의지가 없었기 때문이다."라고 지적했다.[15]

포러스트는 의심의 여지 없이 능숙하고 영감을 주는 전술 리더였지만, 자신의 그릇을 넘어선 직책을 맡았다. 고위급 지휘관으로서 늘어난 책임에 적응할 수 없었던 그가, 남군이 테네시주와 조지아주를 방어하는 상황에서 더 유능한 사령관이 맡을 수 있었던 중요한 자리를 차지한 것이다. 남군의 불완전한 승리에 따른 화살은 주로 브랙스턴 브래그에게 향하지만, 최근에는 브래그가 재평가되고 있다. 특히 얼 헤스는 브래그의 부하들이 노골적으로 불복종하거나, 주어진 임무를 수행하지 않거나, 필수적인 첩보를 수집하지도, 이를 때맞춰 전달하지도 않는 등 간접적인 방식으로 얼마나 많이 반항했는지에 주목했다.[16] 치커모가가 가장 대표적인 사례일 것이다. 포러스트는 보직에서 해임당한 뒤 테네시주 서부로 발령받아 기습을 재개하면서 새로운 대형을 구성하고 있었지만, 그가 더 심한 비난을 면한 것은 브래그의 또 다른 기병 사령관 조지프 휠러 장군이 더 무능했기 때문이다. 하지만 남군의 전형적이고 형편없는 조직 관리 덕분에 휠러가 진급하면서 포러스트 부대의 지휘권 대부분을 얻어 포러스트를 쏠쏠하게 만들었다.

남군이 치커모가에 집중해 승리한 이후, 브래그는 자신의 기병대를 북쪽으로 보내 채터누가로 이어지는 로제크랜스의 보급로를 차단하려 했지만, 포러스트는 자신이 이끄는 부대를 녹스빌 쪽으로 빠지게 하여 북군이 도시를 계속 통제하도록 했다. 이 사건 이후 브래그는 "포러스트는 쓸 만한 기습자 그 이상도 이하도 아니다."라는 말을 남겼다고 전해지며, 포러스트를 테네시주 서부로 전출시켰다. 그곳에서 포러스트는 자신의 개인적인 인기를 이용해 새 장병들을 모집할 수 있었다. 브래그를 떠나기 전, 포러스트는 그의 막사에서 다음과 같이 말했다.

나는 할 수 있는 한 끝까지 당신의 옹졸함을 참아왔소. 당신은 빌어먹을 무뢰한인 척하는 겁쟁이요. 당신이 진정한 남자라면 나는 당신의 턱을 한 대 갈겨 분노하게 만들 것이오. 당신 명령 따위는 따르지 않을 것이니, 나에게 지시도 내리지 마시오.

이 일화는 출처도 불분명하고 뒷받침할 기록도 빈약하지만, 포러스트의 추종자와 지지자 들은 포러스트 본인에게 허락을 구해 그에게 호의적인 전기에서 이를 계속 인용했다. 이는 따라서 포러스트가 브래그를 어떻게

여겼는지 정확히 알려 준다고 볼 수 있다.[17]

이후 테네시주 서부에서 벌인 작전에서 포러스트 부대는 포레스트의 명령에 의해서 또는 그가 자제시키지 못해서 필로 요새의 아프리카계 미국인 주둔군 절반 이상을 몰살시켜 버렸는데, 그들 대부분은 항복한 상태였다. 이는 USCT(United States Coloured Troops, 유색인종군) 소속 병사들이 켄터키주 퍼듀카에서 근처 요새를 점령하고 피비린내 나는 반격으로 포러스트의 군대에 막대한 피해를 입힌 후였다. 피해가 큰 정면공격에서 병사들을 잃지 않으려던 포러스트는, "방어 중인 병력을 공격할 수밖에 없게 되면 전투의 열기 속에서 병사들의 행동을 막을 수 없을 것"이라고 암시하는 등 허세 전략에 의존하곤 했다. 학살이 또 일어나지는 않았지만, 필로 요새 사건으로 그의 허세 전략에 무게가 실렸고, 그는 이 사건으로 얻은 것이 많았다. 포러스트 옹호론자들은 USCT가 방어했던 주둔지에서 발생한 "불균형하고 천문학적인" 북군의 피해가 단순 공격만으로 충분히 가능한 수준이라고 주장하지만, 모든 신빙성 있는 분석은 실제로 학살이 일어났음을 명백히 뒷받침한다.[18]

포러스트의 병사들은 예전의 노예 및 북군 내 남부연합주의자(Southern Unionist)*에게 잔혹 행위를 벌인 것으로 악명이 높았다. 이들은 항복한 테네시 기병연대의 지휘관 하나를 살해했고, 군율을 위반하고 전쟁포로들을 다시 노예화했다. 흑인 병사들은 1864년 6월 브라이스크로스로즈 전투에서 후퇴하다가 복수를 좀 할 수 있었다. 포러스트 부대에 막대한 피해를 입히면서 어느 북군 부대가 완패하는 것을 막아내 한 달 뒤 미시시피주 북부를 기습할 수 있게 해 준 것이다. 톰 파슨이 지적했듯, 투펠로 전투에서는 포러스트의 활약이 별로 좋지 않았는데, 아마도 스티븐 리 장

* 남부 주들이 미국에서 분리 독립하는 것을 반대한 남부인들.

군이 전군 지휘관으로 지명되어 기분이 좋지 않아서였을 것이다.[19] 포러스트는 투펄로에서 전투를 이끌면서 북군의 후위부대를 공격하다가 심각한 부상을 입었다. 포러스트의 옹호론자들은 이 용맹함, 그리고 적들과 기꺼이 "백병전을 벌이려는" 의지를 높이 사지만, 이는 상급 사병들과 하급 부사관들에게나 어울리는 것이지, 규모가 있는 부대에서 고위급 지휘관이 보일 특징은 아니다. 로버트 E. 리 또한 개인적인 약점들이 많았지만, 적어도 '피켓의 돌격'*을 직접 이끌지 않을 상식은 있었다.[20]

사실상 독립부대로 추방당했기에 포러스트는 남부연합의 애틀랜타 방어에 직접 호응할 수 없었다. 남군 기병대의 기습은 테네시주를 거치는 윌리엄 T. 셔먼 장군의 취약한 철도 보급로를 교란할 수는 있었다. 포러스트를 잡아 두려고 멤피스를 출발한 일련의 원정대도 성공적으로 막아냈다. 셔먼은 전쟁부 장관 에드윈 스탠턴에게 활동을 보고하면서 이렇게 말했다. "1만 명을 투입하든, 국고가 텅 비든, 부대를 구성해 포러스트를 죽을 때까지 추격하라고 명령을 내리겠습니다. 포러스트가 죽기 전까지 테네시에는 평화가 있을 수 없습니다."[21] 포러스트가 9월 초에 전투를 끝내고 앨라배마주 북부와 테네시주 남부로 진입했을 때 애틀랜타는 이미 셔먼의 통제하에 있었지만, 이러한 위협은 셔먼이 휘하 병력 중 일부를 내슈빌로 돌려보내고 나머지는 유명한 '바다로의 진군'에 투입하는 데 영향을 미쳤다. 1864년 애틀랜타 작전에서 포러스트가 셔먼의 보급로를 효과적으로 차단하지 못한 것, 이제는 필요도 없는 미시시피주 내부를 무의미하게 방어한 것은 이 결정적인 시기에 남군이 패하는 데 크게 영향을 미쳤다. 1862년에 북군의 우월한 화력을 무력화하기 위해 그랬던 것처럼, 이 고달픈 기병대를 이용해 북군의 보급로를 차단하는 것이 남부가 승리할 일

---

* 남북 전쟁 때 게티즈버그 전투 중이던 1863년 7월 3일, 로버트 E. 리의 남군이 북군 진영이 위치한 묘지능선(Cemetery Ridge)을 향해 돌격한 사건을 말한다.

말의 가능성이었을 것이다. 하지만 포러스트가 순응하지 않아 남부는 패했다.

1864년 9월, 상처를 회복하고 미시시피주 북부의 불모지에서 귀환한 포러스트는 북군의 보급로를 차단하고자, 아울러 굶주리고 무장도 열악한 부하들을 추스를 겸 전문인 기습 공격을 또다시 감행했다. 앨라배마주 플로렌스 근처에서 테네시강을 건너면서, 포러스트는 잔꾀에 기반을 둔 허세 전술로 북군 사령관들을 항복시켰다. 필로 요새에서 "대부분 흑인인 요새 수비대를 공격해야 한다면 병사들을 통제할 수 없다."라며 위협했던 것도 도움이 되었다. 설퍼트레슬에 있던 북군 기지는 쉽게 굴복하지 않았고, 이에 포러스트는 항복할 때까지 귀중한 탄약을 상당히 소진하는 바람에 테네시주에 깊게 파고들지 못했다. 내슈빌에서 채터누가로 이어지는 철로 2개 중 하나는 차단할 수 있었지만, 남은 하나를 제대로 위협하지 못하여 애틀랜타의 셔먼 부대는 충분한 보급을 유지할 수 있었다.

전쟁 후반에는 남부연합의 보급·병참 문제 때문에 포러스트 부대는 전쟁 여론에 미친 악영향에도 불구하고 가정집에서 수시로 식량을 징발해야 했고, 보급품을 확보하기 위해서 북군 기지도 습격해야 했다. 가장 성공적인 사례는 1864년 10월에 있었는데, 자신의 기병을 테네시주로 이끈 포러스트는 테네시강 서안에 대포를 배치해 존슨빌로 가는 증기선들을 막고자 했다. 그때부터 새로 지어진 내슈빌·북서부 철도가 해당 시기에 수위가 낮아진 컴벌랜드강을 대신하여 보급품을 가져다 주기 시작했고, 이로써 루이스빌·내슈빌 철도의 운송 능력이 증강되었다. 포러스트의 병사들은 수송선 1척을 잡으면서 군복과 장비를 많이 탈취했고, 존슨빌에서 내슈빌의 토머스 부대로 갈 예정이던 북군 측 재산에 불을 질러 수백만 달러에 달하는 피해를 안겨 주기도 했다. 하지만 이 습격은 오직 포러스트 부대에만 보급을 해 주었을 뿐이었다. 북군의 보급 중단도 일시적이었고, 이전에 저장해 둔 것도 있었기에 이 습격은 토머스가 다음 달에 존 벨 후드를 격퇴하는 데 아무런 영향을 주지 않았다. 오히려 포러스트의 단독 습격이 후드의 테네시주 진격을 지연시켰고 토머스는 병력을 집중시켜 침공을 막을 수 있었다. 포러스트는 1864년 12월 후드가 내슈빌을 공격할 때 효과적으로 협력했지만, 당시 이미 전력이 고갈된 남부연합이 승리할 가능성은 매우 낮았다. 후드 부대는 테네시를 거의 파괴했지만, 자기만족적인 기습과 엉성하게 조율된 작전은 남부연합이 또다시 많은 비용을 치르게 했다.

남부연합의 제조·물류 중심지인 앨라배마주 셀먼, 조지아주 콜럼버스와 메이건을 방어하는 마지막 작전을 지휘할 때 포러스트는 제임스 월슨 소장의 대규모 북군 기병대에게서 이 도시들을 보호하지 못했다. 수적 열세로 성공 가능성이 낮아지긴 했지만, 포러스트는 월슨이 자신의 분산된 종대들을 고립시키는 것을 막을 수 없었고, 셀먼의 운명은 돌이킬 수 없게 되었다. 또다시 포러스트는 에베니저 교회에서 북군 기병들을 격퇴하고 역공하는 등 칭송을 받아 마땅한 용맹함을 보였지만, 그는 공격 중일 때 셀먼의 수비대를 지휘하고 있지 않았다. 강력한 북군 부대는 다음 날 거의 아무런 저항도 받지 않고 도시로 들어가 남부연합의 핵심 공장과 창고 들을 무너뜨렸다.[22]

포러스트는 작은 전투들에서 전술적으로 좋은 성과를 달성했지만, 이 부분에서도 취약점을 보였다. 1862년 여름 머프리즈버러에서 승리에 매우 근접했던 그는, 도시 내 건물을 요새화하고 있는 병사들을 공격하면서 시간과 인명을 낭비했다. 파커스크로스로드에서는 정찰을 엉성하게 하는 바람에 집결하는 두 부대 사이에서 격파당할 뻔했으나 가까스로 탈출했다. 그가 이룬 많은 승리들은 허세 덕분에, 아니면 열등하고 미숙한 적군을 만나서 가능했고, 그의 약점들을 가려 주었다. 장교가 되는 데 필요한 훈련을 받지 않았던 포러스트는 기병용 무기 사용법조차 배우려 하지 않았다. 그런 "시시한 세부사항들"은 부하들의 몫이었다. 따라서 그의 유명한 전술적 통찰력은 대부분 공격적인 성향에서 비롯된 것이며, 상식적인 군사 개념을 위반한 경우도 많았다.[23]

게다가 1862년 7월 머프리즈버러 습격, 1863년 테네시주 렉싱턴과 톰프슨역에서의 전투, 1864년 미시시피주 브라이스크로스로드에서의 전투를 포함한 포러스트가 이룬 주요 승리 대부분은 전쟁의 굵직한 흐름에는 영향을 주지 못한 작은 사건들이었다. 그는 분명 뛰어난 전술 지휘관이었지만, 이러한 전술적 승리를 전략적 승리로 풀어내는 데에는 성공하지 못했다. 하지만 그가 벌인 행동과 작전 들은 미군 내에 많았던 포러스트 칭송자들에 의해 신화로 가공되었다.[24] 이것이 지휘관으로서 포러스트의 가장 불행한 업적이었다. 국방부는 전술적 전문성에만 신경을 쓰기 때문에 승리를 가져다주는 작전 기술이나 전략적 능력을 간과하는 경우가 많다. 베트남에서도 미군은 전술적 승리를 계속 거두었지만, 그것은 결국 전략적 패배를 지연시켰을 뿐이다. 군은 전략적 상황을 뒤집을 수도 있었을 더 효과적인 반격 전략을 구상하지 않고 '사망자 수'라는 잘못된 지표에만 과도하게 신경을 쓰면서 누군가가 '전술을 위한 전략'이라고 부른 실수를 범한 것이다. 더 최근에 벌어진 전쟁에서도 이러한 패턴이 드러나는데, 미군은 이라크·아프가니스탄 저항세력과의 소규모 전투에서는 우세를 유지했지만, 전쟁 종결로 이어질 군사 전략을 만드는 데는 실패했다. 포러스트가 보급을 위해 기습을 감행하면서 그 행동이 남부연합의 전반적인 전세에 어떠한 영향을 미칠지 고려하지 않았던 것과 마찬가지로, 전투에서 승리하는 데만 집중하는 행태도 전쟁 패배라는 대가를 만들어 냈다.[25]

필로 요새에서 포러스트가 보인 행동은 전쟁 후 그가 고용한 자유민(흑인) 하나를 직접 도끼로 죽인 사건과 밤에 활동하는 KKK 단원들을 지지한 행동의 전조였다. 포러스트는 비밀리에 KKK 내에서 주도적인 역할을 맡았으며, 한 번은 KKK에 연락해 테네시주 주방위군과 싸우게 하겠다고 협박하기도 했다. 이후에는 이 조직에 해산하라고 명령했지만, 이는 단지 그들의 활동과 거리를 두기 위한 시도였을 것이다. KKK는 이후에도 계속 활동했다.[26] 포러스트 옹호자들은 그가 연방정부 당국에 계속 저항하는 걸 지지하지 않았다는 증거로 전쟁 말기에 내려진 그의 '최종 명령'을 언급한다. 이는 자기 병사들에게 북군 지도부에 복종하여 국가 재건에 힘쓰라고 말한 것이다. 그 훈령에서 포러스트는 "현재 권력에 복종하고, 국가 전체의 평화를 회복하고, 법과 질서를 유지하기 위해 너희들이 항복한 그 정부의 법을 따르라."라고 지시했다.[27] 하지만 그 시점에서 다르게 행동하기가 더 어려웠을 것이다. 남부연합은 패배했고 무력했으며, 더 저항해봤자 무의미한 유혈 사태만 야기했을 것이다. 하지만 급진적 재건이 진행되고, 전 남부연합주의자들이 흑인에게 투표권을 주는 것과 평등에 반대하자, 포러스트도 비밀리에 KKK를 지지하면서 그러한 정책을 반대했다. 그가 이 비밀 단체의 '대마법사'였는지 아닌지는 상관없이(증거에 따르면 실제로 그러했다), 그는 확실히 KKK의 회원이었고, 아프리카계 미국인들을 공포에 빠뜨리면서 이들의 투표권 획득을 방해했으며, 망가진 지역을 돕고 재건하는 과정에서 흑인들의 역할을 억누른다는 KKK의 목적을 달성하기 위해 노력했다. 남부 참전용사의 후손들(Sons of Confederate Veterans) 및 KKK 단원들에게 그가 존경을 받았다는 사실은 백인 우월주의를 재건하고 유지하려는 지지자들을 향한 그의 감정을 잘 보여 준다.

그렇다면 포러스트는 무엇 때문에 오랫동안 전문 군 장교들에게 매력적이라고 여겨졌을까? 한 가지 이유는 반지성주의를 조장하는 군대 문화에서 포러스트가 지녔던 '못 배운 천재'라는 명성이다. 포러스트 본인도 "나는 웨스트포인트(미국육군사관학교의 별칭) 졸업생도 아니고, 아무 대학도

나오지 않았다."라고 말했다. 2001년 코트 카르니는 이것이 포러스트가 가진 오랜 매력의 주 요인이라고 주장했다. "남부연합의 핵심 영웅으로서, 거칠고 배우지 못한 전쟁 스타일이 남부 '평민'의 덕목을 반영했다."라는 것이다.[28] 남북 전쟁 때 그의 가족이 앨라배마주에 거주했던 닐 S. 에드먼드 대위는, 1934년에 포트 리븐워스에 있는 육군지휘참모대학교에서 포러스트의 리더십을 칭송하는 논문을 투고했다. 포러스트가 군사적 비전을 지녔으며, "교육도 받지 못하고 군에 맞지도 않던 자가 소위 '전문가'도 보지 못한 것을 본 것이 놀랍다."라며, "[리더십의] 주요 특징을 갖춘 인물에게 학력이 항상 필수적인 것은 아니다."라고 주장했다. 에드먼드는 제1차 세계대전에서 "고위급 장교들은 강의실에서의 명성을 기준으로 선발되었고, 많은 경우 재앙적인 결과를 초래했다."라고 믿었다. 이런 식으로 "타고난 지휘 능력이 있다면 성공적인 장교 업무를 위한 교육이나 진지하고 장기적인 학습이 더 이상 필요하지 않다."라고 주장하는 이들이 포러스트를 많이 언급하면서 군사 전문가가 되기 위한 왕도王道도 제시했다. 이러한 주장이 주로 '잃어버린 대의 신화'의 지지자들에 의한 것이라는 사실은 놀랍지 않다. 이들은 공교롭게도 다른 지역 출신인 또래들에 비해 학문적 배경이 부족한 편이다. 에드먼드는 자신의 논문을 "남부연합 지도층이 포러스트의 천재성을 알아보거나 제대로 평가하지 못했으며(소장으로 진급시켰는데도 말이다!)", 이는 "남부에게 마음이 기울어진 사람이라면 누구나 안타까워할 일이다."라는 말로 끝맺었다. 2006년에는 공군사관학교 학생이자 현직 장교가 포러스트에게 '논란이 있는 문제들'이 있다고 해서 '위대한 지휘관'이라는 호칭을 받을 자격이 없어지지 않는다고 말했다. 그는 "포러스트의 리더십이 약간 거칠었을 수 있지만 통했고, 궁극적으로 희박한 가능성을 극복하고 승리를 안겨 주었다. 언젠가 미국이 남북 전쟁의 인과 관계 문제를 넘어 개인의 성과에 직접 관심을 가진다면, 포러스트는 마땅히 위대한 지휘관으로 평가받을 것이다."[29]라고 결론을 내렸다.

포러스트는 역동적인 지도자, 그리고 브라이언 스틸 윌스에 따르면 전문적인, 심지어 남부연합 최고의 기병이었을 수 있으나, 그는 결코 위대한 지휘관은 아니었다. 자신과 같은 거친 오지 사람들을 모으고 전투로 이끄는 능력은 뛰어났지만, 이는 그들에게 종종 위험한 결과를 가져왔다. 위대한 리더십은 지휘의 한 측면일 뿐이다. 포러스트는 능숙한 전술가였지만, 위대한 지휘관들은 전략적 비전, 즉 전술적 승리들을 성공적인 작전으로 발전시키고, 궁극적으로는 전략적 승리로 이어지게 할 구상을 가지고 있어야 한다. 그렇지 못하면 지휘관들은 베트남과 이라크에서 미국 지도자들이 겪었던 것과 동일한 함정에 빠질 위험이 있다. 즉, 연달아 전술적 승리를 거두면서도 이를 결정적 승리에 필요한 전략적 조건으로 전환시키지 못하게 되는 것이다. 따라서 포러스트는 스코틀랜드 고원에서 클랜(씨족 집단)을 이끌던 전사(카르니의 말을 빌리자면 "평민들의 왕") 그리고 전 세계 저항 운동에서 싸워온 이들과 아주 똑같다.[30] 하지만 비평가들이 주장했듯이, 역사적으로 위대한 전사들은 전부 정규군에 패배했다. 스코틀랜드 클랜들 또한 능숙하고 유능한 리더십 아래에 있던 영국군에 꺾였다. 네이선 베드퍼드 포러스트도 그런 경우였다.

포러스트의 인간적 용맹함과 전술적 통찰력에도 불구하고 그의 업적은 중요하지 않은 전투에서의 승리와 결정적이었던 상황에서의 패배로 점철되어있다. 최근에는 "많은 역사학자는 그가 이룬 성공 대부분이 남부연합의 미래에 큰 영향을 미치지 못했다는 데 동의한다."라는 평가도 있었다.[31] 포러스트의 행동과 유산은 죽음 이후에도 나라에 해를 끼친 반면교사이기에 그는 '실패한 지휘관' 범주에 들어가야 마땅하다. 게다가 포러스트는 오늘날까지 남부에서 인종 분쟁과 폭력을 장려하는 조직이 창설될 때 이름과 유명세를 빌려 주었다. 그리고 조국의 수호자가 될 미래 장교들에게 잘못된 귀감이 되었다. 그럼으로써 그가 자기 인생 56년 중 52년(남부연합이 유지된 4년을 제외한 기간)간 살았던, 변경의 못 배운 집 아들에게 막대한 사회적·경제적 성공을 가져다준 그의 조국에 지속적으로 피해를 입히고 있다. 조국이 아닌, 일부 지역의 잘못되고 반역적인 권위를 향한 포러스트의 의무감과 명예심, 그리고 남들을 거기에 동조시키는 '뛰어난' 능력은 미국을 가장 처참한 갈등으로 밀어넣었다. 본인은 부인할지 몰라도, 그의 전후 업적은 지역의 화해와 발전에 장애물을 추가했다. 종합적으로 봤을 때 네이선 베드퍼드 포러스트의 실패한 경력을 고려한다면 그는 '역사상 최악의 지휘관'이라는 칭호를 받아 마땅하다고 할 수 있겠다.

존 M. 치빙턴
JOHN M. CHIVINGTON

코트니 A. 쇼트

존 M. 치빙턴, c. 1860년대.

1864년 11월 29일 아침, 존 M. 치빙턴 대령이 이끄는 콜로라도 제1, 제3 의용기병대는 샌드크리크의 샤이엔족, 어래퍼호족 부락을 공격해 영문도 모르던 원주민들을 학살했다. 샌드크리크 학살은 지역 전체에서 논란을 일으켰고, 연방 당국도 동요했다. 〈록키마운틴뉴스〉에 실린 사설들은 정당한 전투로 보고 부대가 보여 준 용맹함을 높이 평가했지만, 실제 공격을 목격한 병사들이 보고한 내용은 명예와는 정반대였기에, 군사·정부 관계자들은 이 사건의 잔혹성과 부대의 행동을 조사했다.[1] 콜로라도 의용기병대가 평화를 간청하는 여성과 어린이로 구성된 마을을 공격했다는 소식은 지역 사회를 동요시켰다. 새벽에 잠에서 덜 깬 원주민 마을을 공격하던 것이 흔한 전술이던 시대였는 데도 말이다.[2]

원주민과 백인 정착민 사이에서 벌어진 이런 폭력 사태는 미국 건국 이전으로 거슬러 올라간다. 정착민들과 동부 해안 부족들은 몇 세기 동안 충돌을 거듭해왔다. 19세기 백인들의 탐험과 팽창주의적 야망은 같은 성향을 가진 행정부의 지지를 등에 업고 원주민 퇴거와 개척자 이주를 위한 조약들을 등장시켰다. 1830년 '인디언 이주법'과 같은 법안은 한때 중서부 또는 남부에 살았던 부족들을 미시시피강 서쪽으로 강제 이주시켰다. 1840년대에는 서부 지역에서 귀금속과 비옥한 땅을 발견하면서 백인들이 계속 대거 이주했다. 정부는 처음에는 서쪽으로 가는 기차를 보호하려고만 했지만, 곧이어 등장한 조약에서는 원주민 부족에게 보호구역에 머물면서 농업을 도입하라고 촉구했다.[3]

충돌을 방지하기 위해 서부 변경 지역 전초지에 군인들이 배치되었다. 이들의 임무는 원주민에게 정부 정책을 강제하고, 상업·철도 투자를 보호하며, 작물의 병충해를 제거하는 등 다양했다. 군인들은 자신과 가족을 지킬 권리를 지녔던 공격적인 민간인들의 폭력 행사를 막기 위해 노력하는 동시에 취약한 시민들을 보호했다. 장대한 초원과 산악 지대 전반에서 미군은 예측할 수 없는 곳에 위치한 수많은 원주민 부족과 대치했다. 군인들은 폭력 사태가 끊임없이 일어날 위험과 함께 살아야 했다.[4]

각 부족이 전쟁과 평화를 규율하는 고유의 방식을 가지고 있었다는 점이 마찰을 가중시켰다. 이들의 다양한 행동이 군인들을 혼란에 빠뜨렸으며, 모든 원주민의 동기를 불신하도록 만들었다. 19세기 중반 다원주의 과학 이론들은 원주민을 절멸되어야 할 열등한 인종으로 구분했는데, 이것도 군인들이 원주민들에게 품은 불신을 더 가중시켰다. 미군은 적들에게 '합법성'을 갖추고 접근했다. 원주민을 비정규 전투원으로, 부족을 반란 세력으로 간주한 것이다. 그래서 이들이 전쟁 규율에 의거한 민간인 대우를 받을 자격이 없다고 보고 전사와 민간인 모두를 임의적으로 대우하는 것을 정당화했다. 서부의 군인들은 원주민을 인종적으로 열등한 게릴라 전투원으로 취급함으로써 양심의 가책을 덜 느끼면서 적을 죽이고, 거시적 결과를 고려하지 않으면서 군사적 우위를 추구할 수 있었다.[5]

샌드크리크에서 일어난 사건들은 정착민과 군인 모두가 원주민을 열등하고 자의적으로 처분할 수 있는 위험한 존재로 보는 환경에서 발생했다. 하지만 치빙턴이 그날 아침 군인 700명을 이끌고 샌드크리크의 샤이엔족과 어래퍼호족 부락에 도착해 명령했던 공격은 너무 끔찍했으며, 그의 군사적 명성을 더럽히고 정치적 입지도 없애 버렸다. 콜로라도 제1, 제3 의용기병대는 샌드크리크를 우호적인 부족을 위한 안전구역으로 규정한 원주민과 미국 정부 간 합의를 완전히 무시한 채 원주민을 학살했다. 치빙턴의 잔혹성과 조약 무시는 인디언 전쟁에서 허용 가능한 군사 행위의 선을 넘었고, 이 공격 이후 군과 의회에서는 샌드크리크 학살을 수사하기 시작했다.[6] 대학살의 주도자였던 치빙턴은 편견과 증오를 품고서 비백인을 대하던 시기에조차 사람들을 경악시킨 가혹함 때문에 역사상 최악의 지휘관으로 주목받았다.

샌드크리크에서 치빙턴이 보여 준 리더십은 그의 범죄적 잔혹함은 물론 지휘 능력에서 근본적인 무능함마저 드러냈다. 개인적 야망에 이끌린 치빙턴은 정치적 성공을 위해서 군사적 결정을 내렸고, 그의 이기심은 전략의 목적까지 무시한 불복종 행위로 표현되었다. 치빙턴은 부하들의 경고를 고집스럽게 무시하고 폭력적인 보복을 하겠다고 위협하면서 병사들이 학살에 가까운 공격을 감행하도록 내몰았다. 치빙턴이 주도한 공격의 극단적 폭력성은 정착민들과 미국 정부의 정의에 어긋났기 때문에 격렬한 항의를 불러일으켰을 뿐 아니라, 원주민들의 봉기를 야기해 서부에서 정부에 큰 문제들을 안겨 주기도 했다.

치빙턴이 1860년 콜로라도 테리토리(정식 주가 아닌 준準주)에 도착했을 때, 그는 군인이 아닌 감리교 목사였다. 캔자스-네브라스카 회의의 로키산맥 지역 주재 원로로 지명된 그는 거친 채금꾼들 사이에서 인기를 얻었다. 1861년 4월 12일 섬터 요새에서 포성과 함께 남북 전쟁이 시작되자, 치빙턴은 목사가 아닌 다른 소명을 고려하기 시작했다. 그는 곧 군목이 아니라 전투병으로 제1 콜로라도 의용기병대에 입대하여 소령 계급을 달았다.[7]

남북 전쟁이 서쪽으로 확산되면서 치빙턴은 유명해질 기회를 얻었다. 1862년 글로리에타협곡 전투에서 남군 보급열차를 성공적으로 공격함으로써 성급하지만 뛰어난 지휘관이라는 명성을 얻은 것이다. 신문과 공식 보고서 들은 치빙턴과 병사들의 용맹함을 칭찬했고, 군대에 머물면서 계속 공격적으로 진급을 노려보라고 격려했다. 대중의 칭찬에 고무된 그는 추천서를 모으고, 부처 내 동료들의 영향력을 이용하고, 전쟁부 장관 에드윈 스탠턴과 워싱턴에서 회동하는 등 준장으로 진급하기 위해 노력했다. 그는 영향력 있는 시 지도자들 사이에서 폭넓은 지지를 받았다. 캔자스주의 새뮤얼 포머로이, 제임스 레인, 콜로라도 테리토리의 의원 하이럼 핏 베

네트, 콜로라도주 주지사 존 에번스 등이 치빙턴을 후원했다. 진급 시도는 의회 의석 획득을 위한 그의 계획에서 첫 번째 단계였다. 성직자 시절에도 개인적 성공을 위해 가차 없이 노력했던 의욕 넘치는 치빙턴은 10년이 넘도록 강력하게 정치적 의견을 피력해왔으며, 1856년부터 공화당을 열정적으로 지지했다. 치빙턴이 그의 업적을 바탕으로 유명세를 얻기 시작할 즈음 콜로라도 테리토리는 주 지위를 획득하는 데 눈독을 들이기 시작했고, 그는 거리낌 없이 군사적 성공을 이용해 정치적 이득을 취하고자 했다.[8]

그러나 치빙턴은 전쟁터에서의 활약으로 대중적인 명성은 얻었지만 무례하고 둔한 행동으로 많은 동료 군인의 심기를 불편하게 했다. 그는 직설적이고 반항적인 성격 탓에 군 경력 내내 부하, 동료, 상사를 가리지 않고 갈등을 일으켰다. 그가 진급에 거듭 실패한 것은 계속된 불복종적 태도 탓이었다. 그럼에도 결국 그는 대령 자리에 올랐고, 콜로라도 관구에서 부대를 지휘하게 되었다.[9]

치빙턴은 진급 실패를 정부와 군부에서 영향력 있는 위치까지 올라가는 과정에 있는 사소한 걸림돌로 인식했다. 그는 전투에서의 승리를 낭만화하면서 대중, 대의원, 주지사 들의 지지를 유지할 수 있었다. 1863년 에이브러햄 링컨 대통령은 그를 진급자 목록에 올려 의회에 제출하기도 했다. 소령에서 장군에 근접한 관구 사령관(District commander)까지의 급속한 부상은 본인이 만족할 수 있는 권력을 가질 때까지 그를 더 노력하게 만들었다. 글로리에타협곡 전투 이후 성공이 찾아왔고, 이 전투에서 자신의 역할을 이해한 방식은 이후 그를 더 노력하게 만들었다. 준장 계급까지도 가지 못했지만, 콜로라도 관구의 사령관이 된 뒤 높아진 권위에 힘입어 영광스러운 승리를 얻고 우월한 군사 기술을 증명할 기회를 적극적으로 찾아 나섰다.[10]

치빙턴이 진급한 1863년 초에 콜로라도 테리토리 전역에서 원주민과 정착민 사이의 긴장이 고조되고 있었다. 미군은 광활한 변경 지역에서 모든 원주민과 대치할 여력이 없었다. 645킬로미터에 달하는 산타페트레일* 같은 불규칙한 길들은 소규모였던 미군에게 심각한 도전이었다.[11]

원주민들의 기습 공격으로 백인 정착민들은 소, 말, 총, 탄약, 식량을 많이 잃었다. 개척자들은 목숨을 잃고 납치를 당하기도 했다. 1864년 6월 목장에 사는 헝게이트 가족 자택에서 벌어진 잔인한 살인 사건을 계기로 적대적 부족들과의 대치를 예상하지 못했던 정착민들은 동요하기 시작했다.[12] 그래도 군대는 재산과 가축 그리고 정착민들을 보호하기 위해 절박하게 노력했다.

늦여름, 정부 관계자들은 변경 지대가 전쟁 상황에 돌입했다고 인식했다. 치빙턴은 키오와족과 샤이엔족을 "호전적인" 부족들로 간주했고, 캔자스주 담당국의 지휘관 새뮤얼 R. 커티스 소장은 참모총장 헨리 W. 할렉 소장에게 "서부의 원주민 문제는 심각합니다."라고 보고했다.[13] 주지사 존 에번스는 자기 구역에 더 많은 부대를 이동시키고, 100일 동안 일시적으로 연대를 편성할 권한을 달라고 요청했다. 에번스는 스탠턴에게 "일가족 살인과 원주민의 약탈 행위, 우리가 마주한 위험은 과장이 아닙니다."라고 적어서 보냈다. 치빙턴은 커티스에게 개인적 요구를 제시했다. "100일간 연대를 편성하는 것은 간단합니다. 제가 해도 되겠습니까? 원주민들에게서 정착민들을 지키기 위해 즉시 해야 합니다." 이에 따라 전쟁부는 에번스에게 100일간 복무할 장정들을 모집할 권한을 부여했는데, 이들이 제3 의용기병대로 선정되었다.[14]

치빙턴은 전쟁을 기회로 보았다. "원주민을 처벌하고, 이 땅에서 원주민의 적대 행위를 막는 것"을 임무로 삼은 부대를 지휘함으로써 자신의 군

---

* 미국 서부를 가로지르는 길.

사적 천재성을 증명하고, 진급 및 정치적 부상 계획에 박차를 가하려고 한 것이다.[15] 하지만 그의 상급자들은 정치적 지지 기반을 쌓으려는 그의 노력을 의무 태만으로 여겨 우려했다.[16] 치빙턴의 행위를 언론이 비판하는 것을 의식한 군 당국은 그가 부대를 제대로 이끌 수 있을지조차 의심했다. 치빙턴은 8월에 커티스에게 쓴 서한에서 다음과 같이 스스로를 옹호했다. "장군님, 저는 제 지휘 임무 외의 일에는 한 시간도 쓴 적이 없고, 1킬로미터 이상을 움직인 적도 없습니다… 군인으로서의 의무에만 계속 관심을 기울일 것입니다."[17] 하지만 그가 헝게이트 학살에 대응한다는 구실로 떠난 덴버 출장에서 그는 잠재적 선거인단과 가까이 있게 되었다. 유력한 주 지위 획득 옹호론자 및 의원 후보였던 치빙턴은 덴버 사람들과 만나면서 스스로를 민간 지도자이자 군인이라 내세웠다.[18]

치빙턴은 정치 활동으로 지휘에 집중할 수 없었고, 그의 군사적 시각 또한 왜곡되었다. 그는 변경 지대를 안정시킬 해결책보다는 이기적인 야망에 부합하는 결정들을 내렸다. 지휘관으로서 그는 부대나 자신이 따라야 할 상급 본부가 아니라 자기 이익만을 마음에 품고 부대를 이끌었다.[19]

1864년 9월, 긴장이 완화되면서 원주민들을 대하는 군의 입장도 어느 정도 완화되었다. 예를 들어 커티스는 내무부의 지시로 평화로운 부족들의 들소 사냥을 지원하는 것을 고려하기도 했다. 하지만 이 평온함으로 모든 불신이 해소되지는 않았다. 군이나 정착민들 모두 적대 행위가 재개되리라 우려하고 있었다. 어떠한 평화적 제의도 진실성과 신뢰성을 보장하려면 신중하게 해야 했다. 커티스는 평화를 너무 일찍 받아들이면 원주민의 공격이 용이해질 봄이 왔을 때 취약해질 수 있다고 우려했다.[20]

이 와중에 콜로라도 테리토리 부대와 원주민들의 대치 횟수는 점점 줄어들고 있었다. 연방정부는 적대적인 부족 처벌을 강화하면서도 우호적인 부족과의 교전은 반대했다. 1864년 7월 27일에 발표한 일반야전명령 제

1호는 "우리와 전쟁 중인 원주민… 그러나 여성과 아이 들은 제외해야 한다."라고 합법적 표적을 설명했다.[21] 평화롭게 야영 중인 원주민들을 공격하면 인력도 부족한 서부 군대로는 감당할 수 없는 폭력 사태가 벌어질 것이라는 믿음도 이를 지지했다. 초여름에도 긴장이 고조되자 고민하던 정부는 긴장을 가급적 완화하라고 촉구했다. 내무부의 원주민 문제 대행 위원인 찰스 믹스는 에번스에게 "원주민과의 평화를 유지하기 위한 모든 노력을 기울이시오."라는 지침을 내렸다. 치빙턴 또한 샤이엔족, 어래퍼호족과의 조약을 위해 사용할 3,000달러를 받았다.[22] 모든 장교는 원주민들의 행위를 조심스럽게 관찰해야 하고, 동등하고 적절한 태도로 위협에 대처하고, 가능하다면 선전포고를 하고 전쟁을 실행해야 했다. 이러한 정책들에 따라 에번스 주지사는 라이언 요새, 란드 요새, 래러미 요새, 콜린스 기지를 우호적인 부족들을 위한 피난처로 지정했다.[23]

정부가 평화 유지를 우선하기로 결정하면서 전투가 일어날 가능성이 낮아지고 군인들의 100일 복무 기간이 끝나가자, 치빙턴은 자신의 진급 계획이 위태로워졌다는 사실에 크게 낙담했다. 하지만 치빙턴은 자신이 원하는 것을 지키기 위해 군율을 쉽게 어겼다.[24] 방해 요소 때문에 야망을 달성할 가능성이 낮아지자, 이를 우려하는 만큼 전투를 하려는 결심도 커졌다. 1883년 9월 덴버의 콜로라도 개척자 연례 모임에서 그는 "해야 할 일을 빨리 해야 합니다."[25]라고 연설했다. 불복종과 군의 기존 절차·규칙에 저항하는 행위는 그를 예측 불가능하고 신뢰할 수 없으며, 서부 지역에서 미군의 전략적 목표를 훼손하는 지휘관으로 만들었다.

날씨가 점점 추워지면서 샤이엔족 추장 검은주전자는 라이언 요새로 평화를 요구하는 편지를 보냈다. 이곳 지휘관 에드워드 W. 윈쿱 소령은 편지에서 제안된 포로 교환에 관심이 있었지만, 자신이 이 평화 제안을 받아들일 권한이 없음을 알고 에번스 주지사와 함께 덴버에서 회의하기

로 했다.[26] 치빙턴은 부하였던 윈쿱이 자신에게 먼저 보고하지 않은 것에
더해, 그가 바라던 전쟁을 지연시킬 것이기 때문에 평화를 위한 그 어떠한
움직임도 경계했다. 치빙턴은 커티스에게 "겨울이 오고 있습니다. 제3 연대
에는 빈 자리가 없고, 이들은 폭력 행위 시 처벌받는다는 사실을 알고 있
으며, 이제 평화를 원합니다."라고 주장했다. "저는 소장님이 그들에게 완
전한 손해 배상을 청구하시길 바랍니다."라는 말도 덧붙였다. 강화 제안
을 받아들일 권한은 전부 커티스가 가지고 있었지만, 여행객들을 접대했
던 이는 에번스였다.[27]

　1864년 9월 28일, 에번스는 웰드 기지에서 샤이엔족·어래퍼호족 대표
와 윈쿱, 치빙턴을 포함한 미군 대표들 간의 위원회를 소집했다. 에번스는
부족 대표들을 못 미더워했고, 지난 몇 달간 있었던 공격들을 언급하며
이들을 반복적으로 질책했다. 추장들이 평화를 요구했을 때도 거의 듣지
않았다. 답답했던 샤이엔족 대표 흰영양은 어떻게 하면 "평원의 군인들에
게서 보호를" 받을 수 있느냐고 노골적으로 물어봤다. 에번스는 간결하게
답했다. "군 대표와 결정할 문제요… 어떠한 평화 조약을 체결하든, 나랑
할 것이 아니라 군인들과 해야 하오."[28]

　에번스가 협상에서 빠지면서 회의는 치빙턴에게 넘어갔다. 그는 검은주
전자와 어래퍼호 추장인 왼쪽손에게 군에 어떻게 복종해야 하는지 지시해
주었다. 그는 위원회에서 단 한마디만 했다. "백인하고든 원주민하고든 교
전 시 내 방침은, 그들이 무기를 내려놓고 군의 권위에 복종할 때까지 싸우
는 것이오. 당신들은 다른 누구보다 윈쿱 소령과 가까이 있으니 그럴 준비
가 되었다면 그를 찾으면 되오." 치빙턴의 말과 함께 회의는 끝이 났다.[29]

　윈쿱은 치빙턴이 라이언 요새 지휘관인 자신에게 이 사안을 처리할 책
임을 부여했다고 믿었으며, 그가 "최선의 판단에 따라 원주민 부족들을
대할 것이라" 믿었다. 윈쿱의 허가를 받은 검은주전자와 왼쪽손은 부락을

라이언 요새 바깥 지역으로 옮겨왔다. 하지만 윈쿱은 평화를 제안하지 않았다. 그는 교전 중인 부족과 정식 조약을 체결할 권위가 자신에게 없다는 사실을 인지하고 있었다. 그 대신 윈쿱은 고위급 군 관계자들이 추장들을 직접 만나기 전까지 원주민들이 자신의 보호하에 거주할 수 있도록 허용했다. 윈쿱은 치빙턴이 웰드 기지 위원회에서 지시한 대로 했다. 하지만 그가 만든 임시 보호구역은 그가 가진 권한의 경계를 시험했고, 그가 평화를 일방적으로 추구한다는 인상도 주었다. 윈쿱이 상관들의 명령을 거역하면서 단독 행동을 한다는 추정은 틀렸다고 판명났지만, 그는 11월 2일 라이언 요새에 도착한 스콧 J. 앤서니 소령에게 지휘권을 빼앗겼다.

새로운 지휘관으로 부임한 앤서니는 샤이엔족과 어래퍼호족을 평화지향적 원주민이 아닌 포로로 분류했다. 하지만 안전하게 거주할 수 있도록 허용하는 윈쿱의 정책을 지속시켰다. 앤서니는 검은주전자와 왼쪽손이 평화를 요청했음을 인지하면서도 윈쿱과 같이 부족들의 선의를 믿지는 않았다. 거주를 허용해 준 것은 부족들이 전투하기에는 너무 약해져있다고 판단해서였다. 윈쿱이 11월 25일 라이언 요새를 떠났을 때, 샤이엔족과 어래퍼호족은 앤서니가 허용한 샌드크리크 계곡을 따라서 터를 잡았다. 이 부족들은 주둔지에서 정기적으로 교역을 위한 방문을 받았다.[30]

검은주전자와 왼쪽손은 웰드 기지 위원회의 결론에 의거해 자신들이 보호구역에 있다고 믿었다. 두 추장은 군 당국에서 평화 회담을 제안하길 기다리고 있었다. 라이언 요새 외부 지역에서 안전하게 머무르라는 허락을 내린 윈쿱과 앤서니는 물론, 웰드 기지 위원회에 참여했던 다른 군인들도 이 조치를 동일하게 이해하고 있었다. 검은주전자와 왼쪽손은 치빙턴이 내린 지침을 따르고 있었다. 이들은 라이언 요새로 돌아가 윈쿱의 요구에 적극적으로 따랐다.[31] 커티스 또한 윈쿱과 앤서니가 샤이엔족·어래퍼호족과 합의한 내용을 확인했다. 뉴멕시코 담당국과의 교신에서 그는 부족들이 평화를 열망한다는 사실을 고려하겠다는 의지를 표명했다. "어래퍼호족과 샤이엔족은 평화를 구걸하기 위해 라이언 요새에 왔다. 나는 가장 가혹한 조건들을 제시하였고, 인디언 일부가 그것을 수용했다… 그들은 평화나 절대적 희생을 주장한다… 당연히 그것을 받아들여야 할 것이다."[32]

샌드크리크에 자리 잡은 부족들의 위치를 잘 알고 있던 치빙턴은 원정 공격을 계획했다.[33] 보고서에서 샤이엔족과 어래퍼호족을 "적대적 인디언"이라 칭하면서, 제3 콜로라도 의용기병대를 라이언 요새로 먼저 파견하고, 이후 제1 콜로라도 의용기병대를 보냈다. 이 연합 세력은 그의 지휘하에 들어왔다. 이는 계획된 공격에서 지휘권을 유지하기 위한 의도적인 연합이었다.[34] 100일 복무 기간이 아직 유효한 상황에서, 치빙턴은 더 크고 강한 세력을 가지고 있었다. 검은주전자와 왼쪽손의 부족들은 치빙턴이 자기네 목숨을 대가로 글로리에타협곡 전투*의 영광을 재현함으로써 정치적 야망을 이루고자 한다는 사실을 전혀 몰랐기에 공격이 임박했는데도 준비하지 않았다. 오직 승리만이 치빙턴을 더 높은 자리로 올려 줄 것이었다. 그의 임기가 1864년 9월 말에 끝날 예정이니만치 실수가 있어서는 안 되었다. 치빙턴은 자기와 병사들이 절대 패배하지 않도록 모든 노력을 기울였다.

치빙턴의 공격 계획은 그의 상관이 품었던 의도와 직접적으로 어긋났다. 커티스는 치빙턴이 라이언 요새에서 다음 날 오전에 개시할 공격을 준비하고 있던 바로 그날, 뉴멕시코 담당국에 샤이엔족·어래퍼호족과의 평화조약 수립 가능성을 담은 서한을 보냈다. 평화를 요구하는 원주민을 공격할 계획을 세웠다는 사실은 치빙턴에게 단순 불복종을 넘어선 더 사악

---

* 남북 전쟁 때 뉴멕시코 지역에서 벌어진 전투. 치빙턴은 이 전투에 참여해 전공을 올렸다.

한 측면이 있음을 보여 주었다. 규제가 거의 전무했던 서부 지역 전장에서도 전쟁을 억지하고 국가의 안정적인 성장을 보호하기 위해 군사 행동을 통제했다. 치빙턴이 의도했던 폭력은 19세기 기준에서도 선을 넘은 것이었다. 그는 불법적인 살인과 학살을 의도했다.

치빙턴은 라이언 요새로 이동하면서 검은주전자와 왼쪽손이 평화적 의도를 바꾸지 않았으며, 야영지를 이동하지 않았다는 사실도 확인했다. 가는 길에서 만난 사람들에게 라이언 요새 주변에서 이루어지는 활동과 근처 부족들에 관한 정보를 물었다. 그는 앤서니가 윈쿱의 정책을 지속하고 있는지 구체적으로 물어봤다. 그가 마주친 사람들은 검은주전자와 왼쪽손이 샌드크리크에서 야영 허락을 받았음을 확인했고, 부족과 미군 간의 교신이 화기애애하게 지속되고 있으며, 원주민들이 매우 우호적으로 행동하고 있다고 말했다.[35] 보고서의 내용은 치빙턴을 흡족하게 했다. 샤이엔족과 어래퍼호족은 아무런 의심없이 평화롭게 행동하고 있었기 때문에 매력적인 표적이었다. 그가 많은 노력을 기울여 준비한 조건들도 유지되었다. 11월 28일 오전 라이언 요새로 가는 길 위에서 치빙턴은 승리를 확신하고 있었다.

장교들의 반대를 예상한 치빙턴은 병사들을 시켜 피켓을 세워 주둔지 출입을 막았다. 앤서니는 치빙턴을 반기며 검은주전자와 왼쪽손이 야영하는 장소를 알려 주었으며, 부족들의 평화 요구를 되풀이했다. 반대 의견을 억누르고자 안간힘을 쓰던 치빙턴은 앤서니의 열의와 그가 제공한 정보를 이용해 원주민을 도와준 전력이 있는 군인들을 체포했다.[36]

그러나 치빙턴은 예상했던 것보다 더 큰 저항에 직면했다. 수많은 장교가 2개월 이상 식량을 제공해 주면서 교역을 해왔던 마을을 공격하라는 명령에 불복종한 것이다. 웰드 기지 위원회에 참석했던 사일러스 소울 대위는 항의의 표시로 동료 장교들을 결집시키려 했다. 소울은 "우리와 마찬가지로 상황을 잘 알고 있음에도 이 살인에 가담하는 자는 저열하고 비겁한 개자식"이라고 주장했다. 웰드 기지에 있었던 조 크레이머 중위는 우호적인 부족을 공격하는 것은 살인과 마찬가지라며 치빙턴에게 따졌다. 크레이머와 소울뿐이 아니었다. 다른 젊은 장교들도 이 공격 계획을 역겨워 했다. 치빙턴은 소울이 반란을 계획하려 한다면서 교수형에 처하겠다고 위협했으며, 복종하지 않는 다른 이들도 질책했다. 치빙턴은 "그놈들에게 호의적인 모든 사람을 저주한다. 자네나 윈쿱 소령 같은 사람은 미군을 떠나는게 좋을 것이야."라고 답했다.[37]

군대 시절 내내 치빙턴은 사회성도 없었고, 상급자나 하급자와 유의미한 관계를 발전시킬 수도 없었다. 누군가가 자신의 생각에 약간이라도 도전을 하면 그것이 더 효과적인 결과를 가져왔더라도 기분이 상했다. 치빙턴은 자신의 야망을 충족시키고 싶었기 때문에 평화를 원하는 부족들을 공격하기로 한 계획을 바꿀 생각이 전혀 없었다. 부하들을 존중하거나 그들의 말을 경청하지 않은 것은 단순히 무능함 때문이 아니었다. 그는 살육을 결심한 이상 다른 이들이 제시하는 모든 합리적 제안을 무시해야 했던 것이다.

11월 29일 새벽, 제1, 제3 콜로라도 의용기병대와 뉴멕시코 기병분견대가 검은주전자와 왼쪽손의 고요한 마을을 덮쳤다. 깜짝 놀란 원주민 전사들은 급히 방어벽을 세웠으나 휘청거리다 곧 무너져 버렸다. 이들은 계곡 쪽으로 후퇴하면서 두 번째 저항을 시도했고, 다음 공격을 기다렸다. 미군 보병대, 기병대, 포병대는 해당 지역을 말끔하게 쓸어 버렸다. 군인들은 그곳에 거주하는 모든 이를 죽였고, 숙소를 파괴했다. 격렬하게 저항했음에도, 치빙턴 부대의 끊임없는 맹공격으로 원주민들은 철저히 격파당했으며, 이들은 진격하는 미군을 보면서 공포에 질려 도망쳤다. 여섯 시간 후 혼란은 잦아들었고, 남성, 여성, 아이 시체 수백 구가 바닥에 널브러져

있었다.[38]

전투원보다 여성과 어린이가 많았던 마을은 쉽게 압도당했다. 하지만 단순히 전투력이 더 강하고 큰 세력이 약한 집단을 압도했기 때문에 살육이 일어난 것은 아니었다. 군인들의 잔혹함은 서부 지역에서 원주민과 미군 간에 벌어졌던 다른 기습이나 공격에서 나타난 폭력의 수준을 넘어섰다. 군인들은 무릎을 꿇고 간청하는 여성들의 팔을 잘라 버렸고 머리 가죽을 찢었다. 성기를 잘라내거나 손가락을 절단하는 등 신체 부위를 훼손했고, 임신한 여성의 자궁에서 태아를 꺼내기도 했다. 군인들은 정신이 나간 듯 피를 탐하면서 움직였다.[39]

군인들의 광적인 폭력은 마을로 오기 전 치빙턴이 이들에게 내린 지시로 자극된 것이었다. 그는 마을에서 발견되는 모든 사람을 죽이라고 지시했다. 그는 부하들에게 피를 보고 싶다는 열망을 표현했으며, 식인주의에 관한 경박한 발언도 서슴지 않았다.[40] 앤서니는 혐오스러운 내용의 전투 함성을 지르며 살인과 폭력을 더욱 부추겼다. 여성 수백 명이 목숨을 위해 간청하며 말을 타고 진격하는 군인들에게 뛰어가자, 앤서니는 "개새끼들을 죽여라!"라고 외쳤다.[41] 전투를 앞두고 신경이 바짝 곤두서있던 군인들은 여성들의 간청을 무시했다.

상급자들에게 눈앞에 있는 모두가 적이라고 세뇌 당한 상태로 아드레날린이 솟구친 군인들은 원주민들과 교역상들이 흔들고 있는 백기를 보지 못했다. 흰영양, 통역사 존 스미스, 며칠 전 앤서니가 보냈던 교역 대표 2명은 이 갈등을 막고자 전진하는 부대를 맞이하러 급히 달려갔다. 다른 추장들은 군인들 앞에서 무장을 풀고 침착하게 서있었다. 이미 공격 결심을 굳힌 군인들은 이들에게 총을 쐈고, 이로써 무차별한 살육이 시작되었다.[42] 12파운드 곡사포 2문이 살육을 심화시켰다. 급조된 방어선이 무너지자 포탄이 계곡으로 도망가는 원주민들을 덮쳤다.[43]

이 갈등은 계곡을 넘어서자 일련의 각개전투로 바뀌었다. 포로를 남기지 말라는 치빙턴과 앤서니의 지시로 자극을 받은 군인들은 산 자 죽은 자를 가리지 않고 신체를 훼손하고 토막냈다. 치빙턴은 이 폭력을 지켜만 보면서 아무런 개입도 하지 않았다. 군인들은 뇌가 나올 때까지 아이들을 구타했다. 아기를 수레 사료통에 가둬 며칠간 굶기고, 아직 살아 있는데도 길가에 던져 버렸다. 도망치는 가족을 뒤쫓아가는 어린아이의 뒤통수를 굳이 총으로 쏘기도 했다. 넓은 들판으로 도망치려는 여성들을 뒤쫓아갔고, 살인과 고문에서 구하기 위해 손수 아이들의 목을 자르는 어머니를 지켜봤다. 요란한 괴성과 함께 군인들은 피해자들의 머리 가죽을 톱으로 잘라냈는데, 무분별한 폭력을 옹호하던 앤서니조차 이를 "야만적인 행동"이라 불렀다. 군인들은 "마주치는 모든 것을 죽이고 학살하라"는 치빙턴의 지시를 따르고 있었다.[44] 치빙턴이 부추기고 용인한 극단적 폭력은 군인들의 도덕적 정당성을 약화시켰으며, 잔혹함의 한계를 보여 줌으로써 서부에서 미군이 진행하던 다른 군사적 노력에도 영향을 미쳤고, 해당 지역에서 미국 정부가 시행하던 포괄적인 전략의 정당성마저 의심을 받도록 만들었다. 소울과 크레이머 같은 일부 군인들은 신념을 지키며 발포를 거부했다. 라이언 요새에 머물 권한은 없었지만, 자기 지휘하에 있는 병사들이 무기를 사용하지 못하게 함으로써 전장에서 용기를 보여 주었다. 전투를 거부하면 자신의 목숨도 위험해졌다. 이러한 불복종 행위가 들킨다면 교수형에 처해질 것임을 알고 있었다. 치빙턴은 이 거부 행위를 눈치채고 이들의 행동을 윗선에 보고했다. 소울과 크레이머는 이후 샌드크리크 학살의 부인할 수 없는 증인이 되었다.[45]

오후 늦게 광란의 대학살이 끝나고 난 뒤 치빙턴은 상급 본부에 짧은 보고서를 제출했다. 영광스럽고 완전한 승리를 거두었다는 이야기를 급조하여 단 몇 줄로 써냈다. 통계와 자화자찬으로 가득찬 이 글에는 먼 거리를 달린 데 따른 피로와 눈길의 불편함, 압도적으로 강력했던 적의 분노를 이겨내고 화려한 승리를 거두었다고 적혀 있었다. 치빙턴은 상관과 대중의 흥분을 자아내고 흥미를 끌기 위해 이 보고서를 작성한 것이다. 그는 대성공을 거둔 샌드크리크 관련 소식이 자신의 명성을 드높이고 진급을 가져다 주리라 생각했다. 그는 "모든 것을 자신감과 드높은 기상으로 영예롭게 마쳤다."라고 보고했다.[46]

치빙턴이 폭력과 파괴에 무심했다는 사실은 전투 중 감정이 무뎌지는 일반적 현상을 넘어선 것이었다. 그는 학살을 계획했을 뿐 아니라 이후에 그것을 곱씹으며 즐겼다. 통제된 병력을 사용하여 정부의 목적을 달성할 책임이 있는 훌륭한 지휘관은 공격을 하면서도 동정심과 자신의 임무가 미칠 영향을 이해할 능력 또한 지니고 있다. 공감 능력이 결여된 지도자는 속박이 풀린 잔혹성을 발산하면서 규율을 훼손한다. 치빙턴은 자신의 부대나 스스로를 통제하는 데 실패했으며, 자신의 목적을 위해 냉정하게 학살을 일으켰다. 샌드크리크에서 보여진 인간성 부재는 그가 지도자로서 원했던 능력들 대신 그의 결함들을 노출했다.[47]

1865년 3월 13일, 의회 산하 전쟁실행 합동위원회에서 샌드크리크 사건을 조사하기 시작했다. 원주민 부족이 제시한 조건을 검토하는 특별 합동 위원회도 원주민 정책 전반을 검토하는 노력을 동시에 시행했다. 이때 제1, 제3 콜로라도 의용기병대가 벌인 행동도 조사했다. 소울이나 원쿱의 증언 등을 조사하는 군사 위원회도 한 달 전부터 진행되고 있었다.[48]

조사가 진행되는 동안 치빙턴은 자신의 행동을 굳건하게 방어했다. 그는 검은주전자와 왼쪽손 부족이 정착민들에게 심각한 위협을 가했으며, 지난해 여름에 이루어진 약탈 행위 대부분을 책임져야 한다는 주장도 굽히지 않았다. 자신의 명성을 지키려는 시도는 공격 전 이루어진 교신 내역, 대화, 지시와 모순되었다. 군·정부 청문회에 참석한 그는 동료와 상관

들 앞에서 일말의 후회도 보이지 않았다.[49]

치빙턴의 편을 들어주는 자는 거의 없었다. 샌드크리크 관련 소식이 커티스와 할렉에게 전해졌을 때, 둘 모두 치빙턴과 군인들의 행동을 비난했다. 커티스는 자신의 부하가 "야전 명령을 어겼으며" 대부분 여성과 어린이로 이루어진 평화를 추구하는 마을을 공격함으로써 "… [자신의] 관점과 매우 어긋난 행동을 했다."라고 말했다. 샌드크리크를 일시적 보호구역으로 지정하겠다는 합의를 치빙턴이 지키길 거부한 것은 커티스가 담당 부서에서 전략적 사안을 처리하는 데 필요한 권위를 약화시켰으며, 상관들의 의도에도 반하는 것이었다.[50] 할렉은 평화로운 부족을 잔혹하게 학살한 것뿐 아니라, 그 계획의 간사함까지도 비난했다. "우호적인 원주민들에게 치빙턴 대령 부대가 한 행동은 그들을 전부 적대적으로 만들기 위해 계산된 일련의 무도한 행위였다."라고 결론지었다.[51]

치빙턴의 행동은 스스로 몰락을 초래했을 뿐 아니라, 정부가 방지하기 위해 노력해왔던 보복적 폭력 행위가 확산되는 사태를 야기했다. 할렉과 커티스는 이제 콜로라도 테리토리 및 서부 지역 내 원주민들의 습격과 약탈 행위 증가에 직면해야 했다. 1865년 1월 전쟁부는 "최근 라이언 요새에서 치빙턴 대령의 공격이 촉발한 인디언들의 활발한 적대 행위"와 관련된 정보를 할렉에게 전달하면서, 병력을 충원할 필요가 있다는 데 공감했다. 커티스는 처음에 샌드크리크 학살과 원주민의 공격 증가 사이의 상관관계를 인정하지 않았지만, 공격이 증가하는 건 무시할 수 없는 사실이었다. 미국 정부는 거의 1년 동안 군인 8,000명과 4,000만 달러를 들여 전투를 억지하기 위해 노력했다. 기습의 지속 기간과 강도가 심해지자 미군 총사령관이었던 율리시스 S. 그랜트 장군은 서부 지역 군사 담당 부서들을 존 포프 장군이 지휘하는 미주리 사단으로 통합시켜 버렸다. 교전 당사자들은 10월에 리틀아칸소 조약을 체결했지만, 이는 새해까지조차 지속되지 못했다. 갈등은 1866년에 시작되어 10년이 넘게 이어졌다.[52] 샌드크리크에서 치빙턴이 사용한 전술들은 미국 정부의 전략적·전술적 목표를 탈선시켰고, 그 대가는 너무나 컸다. 치빙턴의 명성은 영원히 더럽혀졌다.

치빙턴은 샌드크리크 이후 수십 년 동안 자신의 리더십과 공격 결정을 정당화하며 살았다. 이미지 회복을 위해 공개 대회에 참석하여 잘못을 부인하는 연설도 했다. 일부 지역 청중은 호의적이었다. 일부 감리교 신자는 샌드크리크 공격이 백인 정착민을 죽인 원주민들에게 정당한 보복을 한 사건이라고 믿었다. 후원자가 적어도 약 30명 모였고, 이들은 1898년 덴버에 있는 주 의사당에 치빙턴의 초상화를 걸기 위해 주州 역사·자연사 학회에 적극적으로 기부했다. 이 지지자 집단은 치빙턴을 콜로라도주의 수호자이자 샌드크리크의 영웅이라 불렀는데, 여기에는 그의 손자들도 속해있었다.[53]

하지만 많은 미국인은 "원주민들의 우호적인 성향을 완전히 알면서도…고의적으로 비열하고 저열한 학살을 계획하고 실행한" 책임이 치빙턴에게 있다는 전쟁수행 공동위원회의 결론에 동의했다.[54] 제1, 제3 의용기병대는 경악한 여론, 해당 사건을 정치적 이익에 이용하려는 기회주의적 정치인들의 비난과 마주했다. 군인들은 서로를 저격하며 비난과 변명을 늘어놓았다.[55] 콜로라도인들은 광활한 영토 곳곳에서 불확실한 폭력에 직면했고, 공격을 당할 수 있다는 두려움과 샌드크리크에서 보여진 과도한 잔혹성을 향한 비난 사이의 조심스러운 균형을 유지하고 있었다. 정착민들은 원주민을 동정하지 않았지만, 법률을 무시한 치빙턴의 태도는 서부 지역에 사는 정착민과 부족 모두를 위험에 빠뜨렸다. 전투에서 지켜야 할 선이 사라지게끔 부추겼기 때문이다.

샌드크리크 논란으로 원주민들을 긍정적으로 대하게 된 것은 아니지만, 부족들의 절멸은 너무나 불필요하고 정당화할 수 없는 것이었다. 비교적 느슨한 도덕적 감수성을 지닌 남북 전쟁 시기 미국인들조차 충격에 빠졌다. 샌드크리크에서 보여진 야만성에는 거친 변경 지역에서 폭력에 무뎌진 백인 정착민들도 경악했다. 그 결과 치빙턴은 추방자 신세가 되었고, 그의 군사적·정치적 야망도 무너져 내렸다.

잔혹함이 환영받던 시기에조차 그의 학살이 비정상적이었던 이유는, 그의 군사 윤리 무시 그리고 군사령관으로서의 결함 때문이었다. 그는 상당히 많은 비용을 치르더라도 자신의 야망을 추구하기 위해 미국 정부의 지침을 거역하고, 부하들의 의견과 항의도 무자비하게 무시했다. 그 과정에서 "서부 지역을 안정화하고, 원주민들을 더 적은 미군이 감당할 수 있는 수준까지 점진적으로 몰아내겠다."라는 정부의 거시적인 작전에서 벗어났다. 공인된 평화로운 야영지를 가차 없이 공격함으로써 장기간 보복 사건들이 이어졌고, 바로 그런 사태를 방지하려고 노력했던 미군에 큰 좌절을 안겨 주었다. 치빙턴의 군사적·도덕적 결함 때문에 샌드크리크 공격은 옹호하기가 불가능했다.

치빙턴은 항복하는 원주민 수백 명을 학살했고, 이후 수년 동안 변경 지역을 혼란에 빠뜨렸으며, 콜로라도주는 물론 미국 전체에서 진행된 강렬하고 장기적인 논쟁에 불을 지폈다. 그는 비열한 행동 때문에 원하던 진급도 하지 못했다. 장군도 되지 못했고, 의회 진출도 못했다. 그 대신 최악의 지휘관 자리에 걸맞은 논란의 인물이 되어 여생을 보냈다.

2장

사
기
꾼

사기로 얻은 열매는 달지만,

그 입은 결국 자갈로 가득 차게 된다.

– 아프리카 속담

데이비드 비티
DAVID BEATTY

척 스틸

해군 중장 데이비드 비티 경, c. 1915~1916.

얼핏 보면 데이비드 비티는 최악의 리더 목록에 오를 만한 인물은 아닌 것 같다. 하지만 그의 잘생긴 외모, 지배적인 존재감, 동시대 사람들에게서 얻은 평판에도 불구하고, 그는 끔찍한 사령관이었다.[1] 20세기 말 그는 군 내에서 용맹하고 카리스마 있는 인물로 알려져있었다. 그는 인기 있고 자기 주장도 강한 장교로, 용맹함을 영국 해군 장교의 가장 중요한 특성으로 여겼던 넬슨 시대의 추억을 재현한 인물로 여겨졌다. 그는 대단한 인기를 누렸으며, 넬슨과 유사하다고 인지되었다. 그의 부하였던 해군 소장 윌리엄 파켄엄은 당시 해군 장관이던 윈스턴 처칠에게 "넬슨이 돌아왔습니다."라고 말하기도 했다.[2]

하지만 비티의 영웅담 및 평판의 대부분은 해상 밖에서의 활약을 이야기하는 것이었고, 함대 지휘에 따른 고충과는 동떨어졌다. 그가 아무리 젊은 시절에 명예를 얻었다 한들, 유틀란트 해전에서 독일의 대양함대(Hochseeflotte)와 처참한 전투를 했을 때 순양전함함대를 이끌었던 이도 바로 비티였다. 비티와 제1차 세계대전에서 그의 명령을 따르던 자들에게는 유감스럽게도, 그는 산업화 시대의 진보적인 기술들을 사용한 대규모 해전을 제대로 준비할 수도, 통제할 수도 없었다. 대함대(Grand Fleet)가 북해에서 실시한 세 차례 해전에 전부 참여했지만 비티는 첫 두 해전에서 교훈을 제대로 얻지 못했고, 그 경험을 그의 함대 전체를 위한 유의미한 교훈으로 전환하지도 못했다. 이는 결국 가장 중요한 해전에서 그의 함대가 맞닥뜨린 비극으로 이어졌다. 특히 당대 최첨단 해군 기술이 집중된 유틀란트 해전에서 그에게는 혁신·기술적 유능함과 방향성을 지닌 리더십이 요구되었지만, 이는 그가 전혀 갖추지 못한 능력이었다. 기술적 우월성을 활용하지 못한 것, 1916년 5월 해전에서 기회가 있었음에도 대비하지 못한 것이 비티가 해전사상 최악의 리더인 이유다. 비티의 상관이자 유틀란트 해전에서 대함대를 이끌었던 젤리코 제독에 관하여 처칠은 "양

측을 통틀어 오후 반나절 만에 전쟁을 패배로 이끌 수 있는 유일한 사람"
이라고 했지만, 사실 이 통찰을 반대 의미에서 거의 현실로 만들 뻔한 사
람은 데이비드 비티였다.[3]

데이비드 리처드 비티는 1871년 1월 17일 영국 체셔카운티의 낸트위치
인근인 스테이플리에서 태어났다. 비티가家에서 군대는 역사였다. 그의
아버지는 제4 국왕검기병대에서 근무한 경기병이었고, 그의 삼형제 모두
군인이었다. 하지만 육군에 끌린 아버지나 형제들과는 달리, 어린 비티는
해군이 되기로 결심했다. 13살에 비범한 경력을 시작한 비티는, 1884년
다트머스에 있는 해군사관학교에 입학했다. 사관생도 시절에는 크게 눈에
띄지 않았으나, 학생 시절에 업적을 이루는 대신 24회에 달하는 경범죄와
'중대한 판단력 부족'으로 벌을 세 번이나 받아 악명 높았던 것을 보면 범
상치 않은 인물이 될 운명이었음을 짐작할 수 있다.[4] 평생 좋아하던 여우
사냥으로 다져진 우수한 신체 능력을 바탕으로 비티는 1896~1898년 수
단 원정과 1900년 중국 의화단 사건 때 진행된 작전 시 포화 속에서 용기
와 결의를 보여 인정을 받았다.

1886년 다트머스에서 평범하게 졸업한 후 비티는 지중해함대의 기함
HMS 알렉산드라의 소위 후보생으로 발령받았다. 이곳에서 그는 영국
해군의 유망주들과 매일 마주쳤다.[5] 군 경력에서는 인맥이 상당히 중요한
편인데, 비티 또한 해군에 있는 동안 영향력 있는 인물들의 지원을 많이
받을 수 있었다. 그중 1명이 수단 원정 때 허버트 키치너 장군을 호위하는
소함대를 지휘한 스탠리 콜빌로, 비티를 보좌로 임명함으로써 비티가 주목
받게 했다.[6] 1896년 전투에서 비티는 포화가 쏟아질 때 포함砲艦에 명중
한 불발탄을 밖으로 던져 버리는 등 위기 상황에서 침착한 모습을 보였
다. 콜빌이 부상을 입자 비티가 책임을 지고 상황을 주도했으며, 동골라
전투에서의 활약으로 명성을 드높이게 되어 공로장(Distinguished Service

Order)과 키치너의 신임을 받았다. 이 전공에 힘입어 그는 해군 중령이 되었는데, 이 진급은 그의 동기 사관생도들보다 두 배나 빠른 것이었다.[7]

비티는 1900년 의화단 사건에서도 활약하면서 급부상을 이어갔다. 콜빌과 동행하면서 영국 해군의 중국 본부로 간 비티는 또다시 전투 상황에서 자신을 최대한 증명할 수 있었다. 당시 HMS 바플뢰르 지휘관 콜빌의 작전장교였던 비티는 톈진 전투에서 수병들로 구성된 분견대를 이끌었다. 4년 전 전투에서와 마찬가지로 용맹함과 침착함으로 칭찬과 진급을 얻었다. 비티는 왼쪽 팔과 손목에 부상을 입었음에도 병사들과 함께 전선에서 싸웠다. 젊은 중령 비티는 그의 형제, 아버지와 비슷한 식으로 의무를 다해냈다. 중국에서 영웅적 면모를 보인 이후, 그는 매우 어린 나이인 29세에 해군 대령으로 진급했다.[8] 이로써 데이비드 비티는 20세기 초반부터 이렇다 할 업적 없이 영국 해군에서 가장 저명한 장교가 되었다.

아시아 근무를 마친 후 비티는 영국으로 돌아와 가장 좋아하는 두 가지 활동에 전념했는데, 바로 여우 사냥과 구애였다. 특히 비티는 시카고 백화점계 큰손인 마셜 필드의 유일한 상속인 에설 트리라는 여성을 쫓아다녔다. 중국 파견 이전 그녀가 처음 비티의 눈에 들어왔을 때 그녀는 이미 유부녀였지만, 1901년 5월 12일 이혼해서 10일 뒤에는 비티와 결혼할 수 있었다.[9] 이로써 비티는 사랑하는 여자와 결혼한 동시에, 수입을 해군에만 의존함으로써 생기는 경제적·업무적 제약에서 해방될 수 있었다. 그들의 관계는 격정적이면서 복잡했는데, 이는 엠마 해밀턴*과 관습을 무시한 관계를 가졌던 1세기 전 해군의 우상 넬슨과 공유하는 또 하나의 유사점이었다.

힘겹게 획득한 유명세와 에설의 재산을 등에 업은 비티는 이제 임무를

---

* 영국의 예술가. 넬슨과의 염문으로 유명하다.

선별해서 받기 시작했고, 노골적으로 까다롭게 굴기까지 했다. 해상 지휘 기간은 적었지만 비티는 1910년 초 해군 소장 자리에 올랐다. 지난 1세기 동안 장성 계급으로 진급한 이들 중 가장 젊은 장교였다.[10] 계급에 걸맞은 자리인 태평양함대 부사령관 자리를 제안받았을 때 그는 다른 곳에서 근무하기를 선호하여 거절했다. 평범한 장교가 거절했다면 그것은 경력의 끝을 의미했겠지만, 비티의 업적, 부인의 부, 그리고 약간의 행운이 그를 예외로 만들었다. 1911년 10월 윈스턴 처칠이 해군 장관으로 취임하면서 행운의 여신이 비티에게 또다시 미소를 지은 것이다. 주변에서 비티의 어린 나이와 건방진 태도를 경고했지만, 처칠은 그를 마음에 들어 했고, 1912년 초 그의 해군 서기로 임명했다.[11] 처칠의 호의를 얻은 덕분에 비티는 계속 유명해졌고, 이는 전쟁 후에도 명성을 보장해 줄 터였다.

처칠은 비티를 유의미한 해군 활동을 못 해서 어두컴컴한 성운 속에서 밝게 빛나는 별 같은 존재로 인지하고 있었다. 함대가 활동하지 않는 상황에서 장교가 가진 능력을 평가하려면 어떤 공격을 받았을 때 어떻게 행동하는지를 기준으로 삼는 것이 최선으로 보였다. 그 공격을 군함이 한 게 아닐지라도 말이다. 처칠은 전투에서 비티가 보인 활약상이 제독 자리에서도 도움이 되리라 평가했다. 처칠은 다음과 같이 말했다.

> 내가 점점 분명하게 알게 된 사실은, 그가 해군 전략·전술 문제를 평범한 장교와는 다른 관점에서 본다는 점이다. 내가 느낀 바로, 그는 더 군인답게 접근했다. 육상에서 얻은 경험은 그가 해군 훈련에서 체득한 사실들을 더 명백하게 해 주었다. 그는 단순한 도구주의자가 아니었다.[12]

1913년 영국 순양전함전대 사령관 자리가 비었을 때 처칠이 비티를 임명한 사실은 놀랍지 않다. 이로써 비티는 순양전함함대를 이끌게 되었고,

제1차 세계대전에서 가장 논란이 많은 인물 중 하나로 부상하게 된다.

훈련과 전투 경험이 있는 군인이었던 처칠 본인은 비티의 보편적이지 않은 전공을 칭찬하면서 편견을 가졌을 수 있다. 처칠이 비티에게 품은 애정의 근원이나 군인을 평가하는 자신의 우월한 안목에 과도한 자부심을 품었을 가능성은 차치하더라도, 20세기로 넘어가는 시점에서 기술을 지향하는 것이 해군에 중요하다는 사실을 간과한 것은 잘못이었다. 실제로 비티 시대 영국 해군은 제1 해군경 존 재키 피셔 제독과 그의 혁신적인 함선 디자인 덕분에 불과 몇 년간 많은 변화를 겪었다. 1906년 전함 HMS 드레드노트가 등장하면서 영국은 해군의 구조와 함선 능력 분야에 새로운 시대가 도래했음을 알렸다. 드레드노트와 같은 신형 전함에 더해 20세기 초반 또 하나의 멋지고 혁신적인 함선이 등장하였으니, 바로 순양전함이었다. 두 함선 모두 기존 전함에 비해 월등한 성능을 자랑했으며, 1905년 쓰시마 해전 당시 존재했던 다른 어떤 함선들보다 컸고, 더 빠르고 강하게 타격할 수 있었다. 더 중요한 사실은 드레드노트급 전함과 인빈시블급 순양전함은 급격하게 변화하는 해군력의 실체를 보여 주는 첫 번째 사례에 불과했다는 것이다.

쓰시마 해전에서 일본 해군 사령관 도고 헤이하치로가 승함한 전함은 영국에 발주했던 미카사였다. 이 전함은 당대 최첨단 기술의 집약체였다. 기준배수량이 1만 5,000톤이었으며, 12인치 주포 4문과 1만 5,000마력짜리 증기기관 등을 자랑했고, 최대 속력은 18노트였다.[13] 약 1년 뒤 영국이 드레드노트를 선보였는데, 만재배수량 2만 2,000톤, 12인치 주포 10문, 2만 3,000마력짜리 터빈엔진 등을 자랑했으며, 최대 속력은 21노트였다.[14] 10년 뒤 유틀란트 해전에서 비티는 1916년 당시 최신형 함선이었던 퀸엘리자베스급 전함 4척을 이용할 수 있었다. 만재배수량 3만 3,000톤에 주포는 15인치 8문으로 개선되었고, 7만 5,000마력짜리 터빈엔진을 갖췄

으며, 최대 속력은 24노트였다.[15]

유틀란트 해전에서 비티는 전함들을 지휘하기는 했지만, 이것은 잠시뿐이었다. 처칠과의 관계 덕분에 더 낭만적이었던 순양전함 지휘를 맡게 되었기 때문이다. 이 함선들은 전함보다 기능도 우월하면서 더 빨랐다. 처칠이 언급했듯이, 순양전함은 "영국 해군의 전략적 기병으로, 그 속력과 힘이라는 최강의 조합은 제독들의 관심을 계속 끌었다."[16] 영국의 첫 순양전함은 인빈시블급(인빈시블, 인도미터블, 인플렉시블)이었다. 이 전함들은 1907년에 취역했으며, 만재배수량 2만 톤, 12인치 주포 8문, 4만 1,000마력짜리 터빈엔진을 갖췄고, 최대 속력도 25노트에 달했다.[17] 1916년 5월 비티는 프린세스로열과 퀸메리를 포함한 순양전함 중 기함이었던 HMS 라이온에 승함하고 있었다. 이 신형 함선들은 만재배수량 2만 9,700톤, 13.5인치 주포 8문, 7만 마력짜리 터빈엔진을 갖췄으며, 최대 속력이 무려 26.5노트에 달했다.[18] 하지만 이러한 속력 증가를 위해 장갑을 희생시켜야 했다. 이들은 분명 빨랐지만, 취약할 수 있었다.

급속히 이루어진 발전으로 해전은 더 긴 사정거리와 강력한 타격력, 빠른 접근을 중시하게 되었다. 기술은 전투의 속도나 범위를 급격히 확장시키고 있었다. 노먼 프리드먼에 따르면 피셔는 "오직 더 빠른 움직임만이 영국 함대가 전투의 범위를 결정하게 해 줄 것이다. 이로써 적은 효과적인 반격을 못할 것이다."라며 포의 사정거리와 함선의 속력을 동시에 높이는 데 매료되어있었다.[19] 피셔는 실제로 그가 원하던 속력과 화력의 극적인 증가를 이루어낸 함선을 개발하는 과업을 주관했다. 하지만 제1차 세계대전에서 비티는 이러한 새로운 도구들이 가진 잠재력을 완전하게 활용할 수 있는 조정자라기엔 능력이 부족했다.

나폴레옹 전쟁과 유틀란트 해전 사이에 영국 해군이 전투하는 법을 잊어버렸다는 주장도 있지만, 이는 영국이 제1차 세계대전에서 교훈을 잘 배우지 못했다는 더 중대한 문제를 간과하는 것이다. 이 역사적 기만을 지지하는 한층 터무니없는 주장으로는 "1916년 해전에서 영국이 이룩한 성과는 일종의 제도적인 망각에서 비롯되었다."라는 한 미국해군참모대학교 교수의 지적을 들 수 있다. 그는 "1916년 영국 해군은 동등한 경쟁자를 상대로 하는 전쟁이 어렵다는 사실을 완전히 망각했다."라고 주장했다.[20] 하지만 1916년 5월까지 영국 해군은 독일제국 해군을 상대로 1914년 11월과 12월 남태평양, 남대서양에서 벌어진 코로넬 해전과 포클랜드 해전, 1914년 8월과 1915년 1월에 북해에서 벌어진 헬리골란트바이트 해전과 도거뱅크 해전이라는 중요한 전투 네 차례를 수행한 경험이 있었다. 영국 해군과 데이비드 비티가 1916년 5월 직면했던 문제는 전투 방법을 망각한 것이 아니라 최근에 겪었던 경험에서 적절한 교훈을 도출하지 못했다는 것이다. 동시대 가장 칭송받는 해군이었던 비티는 육지에서 경험한 전쟁만을 떠올렸거나, 함대 사령관이 필요했던 시기와는 너무 동떨어진 전쟁만을 떠올렸다.

제1차 세계대전에서 비티는 전대, 함대 사령관으로서의 능력을 증명할 기회가 세 차례 있었다. 첫째는 1914년 8월 28일 헬리골란트바이트 해전이었다. 영국 잠수함대 사령관 로저 키즈 제독은 바로 이 제1차 세계대전의 첫 번째 주요 해전을 설계한 장본인이었지만, 독일 해군에 중대한 피해를 입히고 영국 해군에 분명한 승리를 가져다 준 것은 비티의 적절한 개입이었다. 하지만 해전 이전의 부실한 정보 공유, 해전 과정에서의 허술한 통신 같은 문제만 없었더라면 영국은 더 큰 승리를 얻을 수 있었을 것이다. 이 해전은 남은 전쟁 동안 영국 해군과 비티가 겪게 될 문제들의 전조이기도 했다.

특히 1914년 8월 말에 헬리골란트바이트 근처에서 영국 잠수함들이 독일 해군의 규칙적인 움직임을 포착한 이후 키즈는 기습 공격을 계획했다.[21] 이 전투에서 비티는 중요한 역할을 맡을 예정이었지만 대본은 없었다. 키즈의 계획은 젤리코에게 아주 애매한 수준으로만 공유되었다. 젤리코는 키즈 그리고 하리치에서 제1 경순양함전대를 이끌던 동료 레지널드 티릿 제독이 너무나 강력한 적에 맞설 것이라고 우려했다. 이에 따라 젤리코는 해군 본부에 계획을 알려 달라고 간청했으며, 아울러 대함대가 참여할 수 있게 허락해 달라고 요청했다. 역사학자 제임스 골드릭은 "젤리코는 신속히 대응하면서 8월 27일 오전 5시에 비티와 구디너프(제2 경순양함전대 사령관)를 파견하고, 전대들도 전투를 위해 따라나섰다. 하지만 그와 부하들은 정확한 상황을 모르고 있었다."라고 말했다.[22] 헬리골란트바이트는 혼란이 지배하고 있었다. 젤리코와 비티는 키즈가 세운 계획의 세부 사항을 알지 못했을 뿐 아니라, 키즈 또한 다른 동료들의 움직임을 알지 못했다.[23] 다행히 최악은 면했고 아군을 공격하는 불상사도 막을 수 있었다. 더 중요한 사실은 비티의 순양전함 라이온, 퀸메리, 프린세스로열, 인빈시블, 뉴질랜드가 독일 순양함 3척에 포위당한 티릿의 전대를 구하기 위해 딱 적절한 순간에 나타난 것이다. 비티의 등장으로 독일 순양함 쾰른과 아리아드네가 격침되고, 나머지 한 척인 슈트라스부르크는 도망쳤다.

비티와 영국 해군은 제1차 세계대전의 첫 해전에서 승리를 거두었지만, 이 전투는 귀중한 교훈을 많이 담고 있는 만큼 칭송받기보다는 더 적극적인 연구 대상이 되었어야 했다. 이 전투는 순양전함이 등장한 순간부터 엉망진창이 되었다. 비티는 키즈에게 "그곳에 도착해서 경순양함만 발견했을 때 대단히 실망했소. 불쌍한 악마들."이라고 말했다.[24] 비티는 비등한 적과 상대하기를 바랐지만, 비교적 쉬운 전투를 할 수 있었다. 이것은 당장에는 영국 해군에 이로운 일이었다. 하지만 유감스럽게도 영국은 쉽게 얻은 승리 때문에 통신 문제를 일시적인 문제로 치부하면서 만성적인 문제로 자리잡지 않게끔 개선하지 못했다.

더 중요한 사실은 비티의 첫 두 해전 사이에 영국 해군은 코로넬·포클랜드 해전을 치렀다는 것이다. 후자에서는 순양전함이 적절히 사용될 경우 얼마나 효과적인지를 보여 주었다. 막시밀리안 폰 슈페가 이끄는 독일 동아시아 전대가 1914년 11월 1일 코로넬 해전에서 영국의 낡은 장갑순양함 2척을 격파한 뒤, 인빈시블과 인플렉시블이 남대서양 쪽에 지원 세력으로 급히 파견되었다. 1914년 12월 8일 포클랜드 해전에서 영국은 설욕할 수 있었다. 이번에도 비교적 수월하게 승리하면서 영군 해군 지휘부는 대구경 함포의 사정거리와 속력이라는 이점이 사격 통제가 어렵다는 점 때문에 상쇄된다는 시급한 문제를 인지하지 못했다. 한 역사학자는 다음과 같이 말했다.

> 인빈시블과 인플렉시블은 그 우월한 속력을 이용해 무기력하고 약한 장갑순양함 샤른호르스트와 그나이제나우를 1만 2,000~1만 6,000야드(약 11~15킬로미터)에서 포위하였고, 자신은 경미한 피해만 입고서 두 함선을 모두 격침시켰다. 하지만 네 시간 반이라는 시간과 탄약 1,180발이 소모되었고, 명중률은 약 6퍼센트였다.[25]

비티가 다음으로 참여했던 1915년 1월 24일 도거뱅크 해전에서도 허술한 통신과 비효율적인 사격이 다시금 영국 해군을 방해했다. 비티는 런던 해군 본부에서 오는 우수한 신호정보에 의존해 포스만에게서 두 순양전함전대를 빼내 소규모 함대에 합류시켜 프란츠 히퍼의 제1 정찰함대를 차단하고자 했다. 영국 측은 순양전함 부문에서 3 대 5라는 우위를 점하고 있었다. 열등한 영국 세력을 봉쇄하겠다는 기대와 함께 독일 함대를 이끌고 출항한 히퍼는 세력 차이가 확실해지자 즉시 후퇴라는 신중한 길을 택했다. 그 과정에서 비티의 순양전함들은 도망치는 독일 함대와 거리를 좁히려는 노력을 아끼지 않았다. 전반적으로 우월한 속력과 화부들의 엄청난 노력으로 비티의 전대는 독일 측과의 거리를 좁힐 수 있었다. 비티의 기함인 라이온과 (히퍼 전열의 마지막이자 가장 느린) 장갑순양함 블뤼허의 거리가 2만 2,000야드(약 20킬로미터) 내로 좁혀지자 영국은 사격을 시작했다.26)

하지만 영국이 점점 더 진격할수록 통신 문제와 사격 통제 문제가 명백히 드러났다. 순양전함 타이거는 올바른 표적(몰트케)을 겨냥하는 데 실패하고 자이틀리츠를 표적으로 삼았는데, 이는 이미 라이온이 표적으로 삼고 있었다.27) 라이온이 집중 포격을 받고 있었다는 사실 또한 영국에는 문제였다. 여러 번 타격을 받고 심각한 피해를 입은 라이온의 속력이 줄어들면서 비티는 더 이상 지휘할 상황이 아니었고, 오직 신호기에만 의존하여 전대를 이끌어야 했다. 하지만 신호기들이 비티의 의도를 파악하기에는 충분히 명확하지 않았다는 사실이 상황을 악화시켰다. 비티가 보내는 신호를 확인한 나머지 온전한 영국 순양전함들은 이미 심각한 피해를 입은 블뤼허에 타격을 집중했다. 제2 순양전함전대 사령관인 아치볼드 무어 소장은 "비티 제독은 북동쪽으로 향하는 적의 후방을 공격하라는 신호를 보냈습니다."라고 증언했다. 이것은 블뤼허를 가리키는 것임이 분명했다(당시 순양전함 뉴질랜드의 기준에서 대략 북동쪽을 가리키고 있었다).28) 전투 결과, 그 비운의 장갑순양함은 비티가 지휘하는 순양전함의 과도한 집중 속에서 히퍼의 함선 중 유일하게 침몰한 함선이 되었다.

통신 문제에 더해 영국 측 화력도 절망적이었다. 1만 6,000~1만 8,000야드(약 14~16킬로미터)에서 명중률이 1퍼센트 정도밖에 되지 않았다.29) 비티는 자기 함대를 제대로 준비시키지도 통제하지도 못한 것이다. 이 해전에서 부실한 통신과 무력한 표준 작동 절차가 적나라하게 드러났고, 영국은 기회를 놓쳤다. 그럼에도 비티는 독일을 완패시킨 공로로 훈장을 받았다. 바로 이 시점에 파켄엄이 비티를 향한 자신의 동경심을 처칠에게 털어놓은 것이다.[30] 영국은 넬슨급 영웅을 간절히 바라고 있었지만, 비티는 넬슨과 달리 주어진 기술의 장단점을 파악하고 있지도 않았고, 적에 비해 질적으로 뛰어난 수병이나 지휘관을 가지고 있지도 않았다. 제1차 세계대전은 단순히 해상 강국(영국)과 육상 강국(독일) 간의 전쟁이 아니었다. 두 참전국이 보유한 기술력을 최대한 드러낸 함대가 개입된, 고도의 산업국가 사이에서 벌어진 경쟁이기도 했다.

역사적인 기대에 부응하지 못했던 이유는 단지 비티가 급변하는 무기·통신 체계를 이해하지 못해서가 아니었다. 그는 넬슨의 유명한 형제들과 같은 유능하고 대담한 부하를 키워내지 않았다. 비티가 제아무리 용감하고 야망이 큰 인물이었더라도, 현대 해전을 이해하고 있는 팀이 필요 없어지는 것은 아니었다. 대표적 사례가 무어로, 비티의 통신 문제로 빚어진 혼란을 지적하려 했던 그를 처칠이 파켄엄으로 교체하였다. 영국왕립해군은 수백 년간 자체적인 감투정신을 발전시켜왔고, 1915년에는 그 표본이 비티인 듯했다. 전투의 혼란에 대비하지도, 주어진 자원에 걸맞는 승리를 이끌어내지도 못한 비티의 실패를 면밀하게 분석하는 대신 해군 당국은 그를 칭송하기에 바빴고, 그에 따른 과오와 책임의 무게는 전부 무어가 짊어졌다. 비티가 전투 이후 젤리코에게 털어놓았듯이 "처칠 해군 장관은 심기가 불편했고, 누군가의 피를 보길 바랐습니다. 이는 또한 제1 해군경 피셔 제독의 아이디어로 보이는데, 그 대상이 무어로 결정된 것입니다." 비티는 해군 장관을 비판하며 "우리끼리 하는 말이지만, 그는 순양전함전대와는 맞진 않지."라고 하기도 했다.[31]

비티가 현대의 넬슨이 되어야 한다는 압박에 시달리고 있다거나 해전을 성실하게 공부하는 학생이 아닐 것이라는 우려 때문에 젤리코는 1915년 3월 비티에게 다음과 같은 편지를 썼다.

나는 지금 굉장히 힘든 편지를 쓰고 있다네. 독일인들이 곧 순양전함을 미끼로 자네를 덫에 빠뜨릴 것 같다네. 그들은 내가 어디에 있는지, 자네가 어디에 있는지 알고 있을 거고, 순양전함을 미끼 삼아 자네를 대양함대로 유인할 수 있다고 주장할 걸세. 그들이 자네를 추격할 수 있다면 우리는 100마일 떨어져있을 거고, 내 지원이 없을 때 자네를 헬리골란트바이트로 유인할 수 있을 거야. 자네가 속력을 유지한다면 물론 괜찮겠지만, 순양전함이나 잠수함과의 교전 중에 속력을 줄이는 전함들이 있다면 정반대라네. 그런 경우 자네가 내가 있는 대양함대 쪽으로 유인당하고, 일몰 전 탈출을 위해 서로 돕기에는 너무 멀리 있다면 전함들을 잃게 될 거라네.[32]

젤리코의 편지는 예언이 됐다. 독일 대양함대 사령관 라인하르트 셰어는 1916년 5월 젤리코가 우려했던 바로 그 함정을 설치했다. 1916년 5월 31일부터 6월 1일까지의 유틀란트 해전에서 비티는 독일이 예상했던 그대로 행동했다. 하지만 영국 대함대가 셰어의 행동을 예측하고 있었기 때문에, 비티는 독일이 짠 합리적인 계획의 피해자이면서 대함대가 완전히 개입된, 더 포괄적인 전투의 미끼가 되었다. 히퍼의 정찰함대가 출항한다는 사령부의 신호정보를 받고 출격한 비티는 순양전함함대를 이끌고 히퍼의 함대를 탐색하고자 했다. 두 함대 외부에 위치한 함선들이 서로 근접하게 되자, 순양전함함대의 더 큰 함선들도 서로 가까워졌다. 머지않아 이 두 순양전함함대 간에 열띤 기동전이 벌어졌다. 이 치열한 전투에서 영국은 상당한 비용을 지출했다. 히퍼는 비티를 제압했을 뿐 아니라, 그를 추격하여 셰어 쪽으로 몰고 가는 '남쪽으로의 도주'를 지휘했다.

비티의 함대는 순양전함 6척(라이온, 퀸메리, 프린세스로열, 타이거, 뉴질랜드, 인디패티거블)으로 구성되어있었고, 휴 에반 토머스 소장의 제5 전투

전대는 퀸엘리자베스급 전함(바함, 밸리언트, 워스파이트, 말라야)으로 구성되어있었다. 에반 토머스의 전대는 본래 비티의 함대에 포함되어있지 않았지만, 호러스 후드의 제3 순양전함전대(인빈시블, 인플렉시블, 인도미터블)가 전투함대에 한시적으로 속해있었고, 퀸엘리자베스급 전함들이 대신 비티를 지원하기 위해 남쪽으로 파견되었다.[33] 놀랍지 않게도, 에반 토머스가 후드를 대신한 그 짧은 시간 동안 비티와 제5 전투전대 사령관 간에 통신은 제대로 이루어지지 않았고, 비티의 작전도 제대로 공유되지 못했다.[34] 이런 불협화음은 포화가 쏟아지는 와중에 전속력을 내면서도 전혀 개선되지 않았다. 비티는 그의 오랜 숙적과 신속하게 결판을 내기 위해 지원하러 온 에반 토머스의 강력한 전함들을 추월해 버렸을 뿐 아니라, 독일 전함 5척(뤼초, 데어플링어, 몰트케, 자이틀리츠, 폰데어탄)에 비해 사정거리 면에서 우월하다는 이점 또한 놓쳐 버렸다. 비티는 2만 야드(약 18킬로미터) 이상 떨어져 교전하는 대신 1만 8,000야드(약 16킬로미터), 심지어 1만 6,000야드(약 14킬로미터) 내에서 사격을 한 것으로 추정된다. 어찌해 볼 도리가 없던 사격 통제 문제를 영국은 가까운 거리에서 더 많이 사격하는 것으로 해결했다. 3시 45분에 전투가 시작되자 비티의 함선들은 높은 속력으로 비교적 안전한 거리에서 전투에 참여할 수 있다는 순양전함의 설계 의도를 따르는 대신, 히퍼의 순양전함대 주포 사정거리 안에 있었다.[35] 영국은 독일의 포화에 취약했는데, 서쪽 하늘을 등지면서 함선의 윤곽이 뚜렷해져 쉽게 포착되면서 더욱 악화되었다.[36]

또한 비티가 지휘하는 함선들 간의 거리가 멀어지면서 순양전함과 전함 간 통신을 유지하기가 어려워졌다. 무어는 도거뱅크 전투에서 혼란스러웠던 신호와 관련한 우려를 표한 뒤 교체되었지만, 비티는 그럼에도 통신장교 랠프 시모어를 유임시켰다. 두 전투 사이에 1년 이상이라는 기간이 있었지만, 라이온과 비티의 다른 함선들 간의 통신은 전혀 개선되지 않았다. 순양전함들은 전열을 구성하고도 히퍼의 모든 순양전함을 타격할 수 없었다. 히퍼보다 함선이 1척 많았던 비티는 자기 함선 바로 뒤에 있던 프린세스로열더러 히퍼의 기함인 뤼초에 집중하라고 명령했다. 영국에는 불행하게도, 히퍼 함대의 전열 다음 순서였던 데어플링어는 초반에 비티 전열의 세 번째 전함이었던 퀸메리에게서 공격을 받지 않았다.[37]

비티는 성급했고, 결과는 가히 재앙적이었다. 오전 4시 2분, 영국은 순양전함 인디패티거블을 잃었고, 오전 4시 26분에는 퀸메리를 잃었다.[38] 30분도 채 안되어 히퍼는 비티의 순양전함 중 3분의 1을 격침시켰으며, 영국 해군 2,000명이 목숨을 잃었다. 비티의 순양전함과 에반 토머스의 전함들은 젤리코가 예견한 함정에 보기 좋게 빠진 것이다. 히퍼의 제1 정찰함대 뒤에는 셰어의 대양함대가 있었다. 피 냄새에 끌린 상어 떼처럼 셰어의 전함들은 히퍼가 시작한 파괴 행위를 완수하러 왔다. 젤리코와 구원 함대가 뒤에 있음을 안 비티는 함대를 북쪽으로 항진시켜 독일 함대를 대함대와의 더 큰 격전으로 유인하려고 했다. 하지만 다시 거리와 통신 문제가 나타났고, 에반 토머스의 전함들은 대양함대의 거센 포격 아래에서 북쪽으로 방향을 틀기 전에 비티와 그의 남은 순양전함들을 지나쳐 버렸다. 해군사학자 에릭 그로브에 따르면 '남쪽으로의 도주'에서 영국 순양전함함대의 패배는 형편없는 사격뿐 아니라 우월한 화력을 활용하지 못한 전술상의 오류 및 제5 전투전대에 전력을 집중하길 거부했던 데에서 비롯된 것이다.[39]

비티의 함대가 겪은 난항들에도 불구하고 독일 추격자들이 오히려 추격당할 위치에 놓였다는 사실에는 다소 묘한 점이 있다. 비티가 젤리코의 보호 속으로 탈출한 것은 "그의 리더십, 집중력, 체력을 실증한 것"이라고 주장한 앤드루 고든 같은 학자도 있지만, 이 점에 있어서도 비판의 여지가 있다.[40] 비티의 부족하거나 아예 부재했던 소통 때문에 젤리코는 상황

데이비드 비티

판단을 제대로 하지 못했다. 젤리코는 당일 오전 두 함대 소속 순양전함 세력들 간에 전투가 벌어지고 있으며, 독일의 대양함대가 개입했다는 사실도 인지하고 있었다. 하지만 젤리코는 셰어의 함대가 비티의 순양전함 함대를 추격하고 있다는 것은 알고 있었으나, 오후 6시에 비티의 함대를 직접 보기 전까지 다른 일들은 전혀 모르고 있었다. 비티가 마침내 젤리코의 눈에 들어왔을 때 젤리코는 비티에게 독일 함대의 항로와 위치를 물었지만, 위치만 들을 수 있었다.[41] 그럼에도 젤리코의 전함들은 6시 30분에 독일 대양함대와 마주치자 독일 함선들의 뱃머리를 향해 일제히 포격하기 위해 능숙하게 대열을 이루었다. 저녁에서 밤으로 넘어가는 동안 대함대는 T자 모양 대형을 이루기 위해 독일 함대를 두 번이나 가로지르며 포격했고, 곤란한 입장에 놓인 셰어는 후퇴할 수밖에 없었다. 셰어는 밤이라는 시간, 그리고 영국 대함대 전반에 있었던 통신 문제 덕분에 탈출할 수 있었다. 이 전투는 6월 1일 새벽에 끝났지만, 논란은 이제 시작되었다.

사령관 비티의 명성은 독일이 공격해 올 때 그의 함대가 보인 신속한 반응 덕분에 손상을 입지는 않았다. 거의 전투 직후부터 비티와 그의 추종자들은 이 전투를 다른 각도에서 조명하려는 시도를 벌였다. 비티와 그의 지지자들에게 이 해전에서의 실패는 순양전함함대가 입은 피해 때문이 아니라 젤리코가 독일 함대를 격파하지 못한 데 따른 것이었다. 비티가 아끼는 부하 파켄엄은 "독일인들과는 이제 끝이 난 것 같았지만 사상자들이 있었다… 전투함대에 비티와 같은 인물이 있었다면 이야기가 달랐을 것이다."라고 했다.[42]

산업화 시대판 트라팔가르 해전을 만들어내지 못한 데 따른 비판의 대부분은 젤리코가 받았지만, 유틀란트 해전에서 독일이 승리했다고 주장할 수 있었던 가장 큰 근거는 다름아닌 비티의 순양전함들이 입은 피해였다. 과거 북해에서 전투를 겪어 본 비티는 그 경험에서 배운 것을 적용하지도 않았고, 통신 방식을 개선하지도 않았으며, 함포의 명중률을 높이기 위한 훈련에도 관여하지 않았다. 함포의 명중률을 높이기 위해 영국이 들인 노력은 대함대 전체의 탄약 보관·취급과 관련하여 포탑에 포탄을 과적하는 위험한 관행을 낳았다. 이러한 관행이 가장 문제가 된 부분은 대구경 함포가 쏴대는 타격을 견딜 수 있는 방어력이 부족한 순양전함 그 자체였다. 유틀란트에서 비티는 피셔가 구상했던 순양전함의 우월한 속력과 사정거리라는 장점을 놓쳤다. 비티가 차라리 단순한 도구주의자였다면 상황은 더 나았을 것이다. 사실상 처칠이 비티가 지휘하기에 이상적이라고 생각했던 순양전함들이야말로 유틀란트 해전에서 영국이 입은 피해의 핵심 원인이었다.

도거뱅크 해전 이후와 마찬가지로 비티의 결함들은 간과되었고, 그 대신 이 불완전한 승리에 따른 책임은 명성에 관심이 별로 없었던 이에게 전가되었다. 비티는 유틀란트에서의 실패를 질책당하지 않았으며, 젤리코를 대신해 대함대 사령관이 되며 보상을 받았고, 젤리코 본인은 U보트(잠수함)의 위협에 맞서는 제1 해군경에 임명되었다. 전쟁 후반에 가장 큰 칭송을 받은 이는 비티였다. 그는 독일 대양함대가 항복할 때 영국 대함대를 지휘했다. 1919년 11월 비티는 제1 해군경 자리에 올라 8년 동안 역임했다. 1920년대에 제1 해군경으로서 그가 보인 활약은 함대 사령관 시절의 활약에 비해 월등히 우수했다. 비티는 제1차 세계대전 이후 군축 국면에서도 왕립해군을 세계의 선두자리에 유지시킨 훌륭한 대변인으로 활약해 능력을 증명했다. 앤드루 램버트에 따르면 비티는 제1 해군경으로서 "진정한 제독으로서의 위대함"을 증명했다.[43]

비티는 유틀란트 해전에서 보여 준 자신의 역할이 유리하게 해석되도록 하기 위해 당시 전투에 참여했던 이들과 일부 저명한 역사학자들 간에 분란을 일으키기도 했다.《해상 전략의 원칙 *Some Principles of Maritime Strategy*》과

《공식 문서에 기반한 위대한 해상 작전사 *History of the Great War Naval Operations, Based on Official Documents*》의 저자인 줄리안 코르벳도 여기에 휘말렸다. 코르벳의 공식 역사서가 출간되었을 당시 해군본부는 제1 해군경이었던 비티의 영향력 아래 있었는데, 비판에서 거리를 두기 위해 다음과 같은 진술을 발표했다. "해군성 대신들은 이 책이 표방한 일부 원칙들, 특히 전투의 중요성을 축소하고 억지로라도 결론을 내도록 강요하는 경향이 그들의 견해와 직접 충돌한다고 판단하는 바이다."44) 비티와 젤리코의 추종자들은 전쟁이 끝나고도 수년 동안 해당 전투와 관련된 글을 집필했다. 전투 참가자들과 역사학자들이 그 부정직한 의도를 알고 있었음에도 비티는 자신의 행동이 기록된 역사를 바꾸기 위해 적극적으로 노력했다. 그러나 이는 역사를 수정하려는 시도 자체가 형편없다는 것을 비티 본인 스스로도 알고 있었음을 보여 줄 뿐이다.

비티의 경력은 길고 화려했다. 유틀란트 해전에서 함선·인명 피해가 그렇게 심각하지만 않았더라도 그는 영국 역사에서 가장 뛰어난 해군 장교로 기억되었을 것이다. 100년도 넘는 시간 전에 있었던 유틀란트 해전과 관련하여 비티를 가혹하게 평가하는 것이 온당하지 않은 것처럼 보일 수 있지만, 1916년 5월 31일 비티가 왕립해군에서 가장 노련한 전투원이어야 했음은 부정할 수 없을 것이다. 하지만 여러 전투 경험에도 불구하고, 그의 마지막 전투 지휘는 그의 최악의 잘못으로 남았다. 게다가 전투가 끝난 이후 비티와 그의 추종자들은 젤리코에게 책임을 전가하려는 행태를 보이며 자신들이 받아 마땅한 비난의 화살을 그에게 돌렸다. 비티가 해군에서 그리고 국가적으로 지녔던 대단한 지위를 유지하길 원한 게 아니라면 기록을 수정하지 않았을 것이다. 비티의 군 경력은 칭송으로 가득했기에 자신의 명성이 곧 왕립해군의 명성이라고 생각했을 수도 있다. 드레이크, 앤슨, 로드니, 넬슨과 같은 인물이 구축해낸 정신을 약화시키는 위험을 감수하느니, '유일무이한 전사'라는 자신의 이미지를 유지하는 것이 더 중요했을지 모른다. 하지만 이런 고려들을 차치하고, 비티는 자신이 형편없는 함대 지휘관이자 자신의 행동에 대한 책임을 회피하려 했던 아주 불명예스러운 인물임을 감출 수 없었다.

데이비드 비티

기드언 J. 필로
GIDEON J. PILLOW

로버트 P. 웨테만 주니어

기드언 J. 필로, 1860년대 초.

전쟁사는 전쟁에서 일회적인 리더십의 실패 또는 부족한 통찰력을 보여 준 지도자들의 이름으로 가득 차 있다. 두 전쟁에서 모두 무능함으로 유명세를 탄 자는 더 드물다. 바로 테네시주 출신인 기드언 필로처럼 말이다. 1846년부터 1848년까지 멕시코-미국 전쟁에서 미숙함과 무능함, 당파정치, 저열한 자기 과시로 명성을 얻은 그는 같은 전쟁에서 군사적 유능함과 용맹함으로 두각을 나타낸 다른 장교들과는 달랐다.[1] 전쟁 후 군복을 벗고 민간인 신분이 되었지만, 필로는 12년 뒤 남북 전쟁에서 남군 장군으로 군에 복귀했다. 이곳에서도 그는 무능함으로 이름을 날렸고, 향후 북군 사령관이 된 율리시스 S. 그랜트 중장은 다음과 같은 말을 남겼다. "아무리 허접한 부대라도 필로가 지키는 참호라면 사정거리 내로 걸어서 들어갈 수 있다."[2] 기드언 필로는 군사적 전문성, 군사학·과학 지식, 부하들에게 영감을 주고 잘 이끄는 능력이 아니라 개인적 야망, 당을 향한 충성심, 추정뿐인 내재적 군사 능력을 더 높게 평가한 군대 체제의 실패작이었다. 이러한 결함들 때문에 기드언 필로는 역사상 최악의 지휘관 반열에 오르기에 충분하다.

테네시주 윌리엄슨카운티에서 1806년 6월 8일 태어난 기드언 필로는 시민군 전통을 동경하고 존중한, 유력하고 풍족한 가정에서 자랐다. 테네시인들에게 앤드루 잭슨 장군은 1815년 뉴올리언스 전투에서 미 정규군, 테네시주 자원병, 기타 병력이 혼재한 세력을 이끌고 승리를 거둔, 너무나 잘 알려진 인물이었다. 필로의 가족은 이러한 전통과 긴밀한 인연이 있었다. 잭슨의 신임을 받는 중위였던 윌리엄 캐럴은 기드언 필로의 사촌이었다. 캐럴은 1812년에 발발한 미국-영국 전쟁 당시 대위로 테네시주 주방위군에 들어갔고, 전쟁 말기에는 잭슨의 지휘 아래에서 소장이 되었다. 캐럴은 잭슨의 테네시주 주방위군 사령관 자리를 승계받았으며, 테네시주 주지사로서 성공적인 정치 경력을 이어갔다. 군인 출신 정치인인 캐럴은 어린 필로의 롤모델이 되었고, 카리스마를 갖춘 리더가 군사적 능력을 어떻게 성공적인 정치 경력으로 전환시킬 수 있는지도 보여 주었다. 필로는 이 친척의 족적을 따르고자 했다.[3]

1827년 내슈빌 대학 졸업생이었던 청년 필로는 3년간 법학을 공부한 뒤 사법시험에 합격했고, 1830년 변호사 사무소를 개업했다. 그는 법률 업무로 여러 영향력 있는 테네시인과 인연을 맺었는데, 그중 1명이 동료 변호사 제임스 K. 포크였다. 법률 파트너는 아니었지만, 필로와 "젊은 히코리(Young Hickory)"라 불린 포크는 가까운 동료였으며, 필로는 이후 포크의 조카인 J. 크녹스 워커와 파트너가 된다.[4]

필로에게 군 입대를 제안한 이는 그의 사촌 윌리엄 캐럴이었다. 1833년 테네시주 주지사였던 캐럴은 군사 비전문가였던 필로를 주방위군 부관참모로 임명했고, 이로써 필로는 27세에 준장이 되었다. 이러한 임명 관행은 현대의 군대 감성으로 보면 충격적일 수 있으나, '평민의 시대'*에는 흔한 일이었다. 필로의 지명은 시민군 교리를 거스르던 경향이 나타나던 시기에 이루어진 것이었다. 영국군이 수도를 파괴하는 것을 지켜보던 미국 정치인들과 군 지도자들은 1812년 미국-영국 전쟁 이후 수십 년 동안 미군 체제를 개편했다. 신세대 미군 장교들은 미국사관학교를 공학·군사학학교로 개편하면서 미군을 새롭게 만들고 있었다. 1841년 육군 사령관이 된 윈필드 스콧 장군의 지휘하에 이들은 기술적 전문성으로 정의되는 군사적 전문주의, 자신보다 군을 중시하는 집단주의라는 공통적인 정체성을 받아들였다. 필로의 지명은 이러한 관념을 벗어났다. 그는 당시 군사 교본을 읽었다고 주장했지만, 그가 부관감이었던 3년 동안 테네시주 주방위군을 훈련시켰다는 기록은 찾아볼 수 없다. 고상하게 들리는 계급 명칭에도

---

* 평민 출신인 앤드루 잭슨이 대통령을 하던 시기. 미국은 이 시기부터 유럽의 귀족 전통과 단절하기 시작했다.

불구하고 그것은 정치적 후원자 직책에 가까웠으며, 필로는 그것을 더 높은 자리로 가기 위한 도구로 사용하고자 했다.[5]

3년간 준장으로 근무한 뒤, 필로는 1836년에 법률 업무를 재개했다. 그는 곧 콜럼비아 근처에 있던 클리프턴 플레이스라는 거대 농장을 인수하였고, 이후 20년 동안 그곳을 테네시주에서 가장 큰 사유지로 확장했다. 그의 부가 증대되면서 정치적 영향력 또한 커졌다. 1844년 필로는 친구 제임스 K. 포크가 대통령 후보로 지명되는 데 '중요한 역할'을 했다. 필로는 포크를 지지함으로써 호감을 샀고, 포크는 머지않아 대통령이 되어 이 야망 있는 변호사 출신 부관감을 군사 고위직에 임명한다.[6]

리오그란데강 근처에서 미국 용기병들과 멕시코 지도자들 간에 분쟁이 벌어진 이후, "미국인의 피가 미국 땅에 흘렀다."라는 포크 대통령의 주장에 따라 의회에 전쟁 선포를 요구할 정당성이 생겼고, 1846년 5월 13일 의회의 승인을 받아냈다. 전쟁 선포 후 팰로앨토 전투와 레사카-데-라-팔마 전투에서 재커리 테일러 장군이 승리했다는 소식이 들려오자 필로를 비롯한 테네시인 애국자 수백 명이 멕시코에서 군사적 명예를 얻기 위해 서둘러 입대하겠다고 했다. 나름 부관감이었던 필로의 '걸출한 경력' 덕분에, 하지만 사실은 필로가 군을 장악하고 있던 휘그당 휘하 장교들을 견제할 수 있는 굳건한 민주당원이었기 때문에, 포크는 필로에게 준장 직책을 주며 "최대한 빨리 부대의 선두에 서시오."라는 지시를 내렸다.[7]

로버트 패터슨 소장의 제2 의용사단 예하 제2 여단을 이끌기 위해 멕시코의 로미타에 도착한 후 정치장군 필로가 보인 행동은 그의 군사적 미숙함을 드러냈다. 첫째로 그는 낮 동안 해야 하는 고된 보초 임무를 중단시켰다. 이는 병사들의 환영을 받았지만 여단 야영지의 안전이 위험해질 수도 있었다. 또 한 달도 채 되지 않았을 때 그는 제1 테네시 의용연대의 두 중대를 제2 테네시 의용연대로 이전시키면서 여단을 재편하자고 제안했다. 각 부대의 병사는 이미 장교들을 선출했고, 자신의 조직에 엄청난 자부심을 가지고 있었기 때문에 각 연대 예하 중대 수를 맞추기 위해 고안된 (제1 의용연대에는 12개 중대가 있었지만 제2 의용연대에는 8개 중대가 있었다) 필로의 제안은 인기가 없었고, 결국 테일러 장군이 부대의 결집성을 유지하기 위해 개입하도록 만들었다. 제1 의용연대의 윌리엄 캠벨 대령은 필로를 "이렇게 높은 자리에 오를 수 있었던 가장 보잘것없는 지휘 역량"이라고 평했다.[8]

처음부터 실패를 맛 본 필로는 이후 빠져나오기까지 수년이 걸릴 참호를 팠다. 1846년 웨스트포인트를 졸업하고 제4 보병대에서 근무한 캐드머스 M. 윌콕스 중위가 《멕시코-미국 전쟁사 *History of the Mexican War*》에 기록한 바에 따르면, 필로는 카마르고에서 부대에 적군이 올 수 있는 방향으로 참호를 파서 진영을 강화하라고 지시했다. 하지만 그 과정에서 필로는 파낸 흙을 도랑의 잘못된 쪽으로 쌓아 두게 해서 방어 효과가 완전히 무효화되고 말았다. 필로의 군사적 통찰력 부족은 웨스트포인트에서 교육을 받은 장교라면 누구나 분노했을 점이다. 멕시코-미국 전쟁 당시 중대 수준에서 근무하던 모든 일반 장교는 방어 시설 설계와 건설에 익숙했기 때문이다. 1812년 미국-영국 전쟁 이후 실바너스 테이어 교육장은 미국의 사관학교를 국가 최고의 군사공학학교로 바꾸어 놓았다. 1836년 강사 데니스 하트 머핸은 해당 분야의 정석으로 자리잡은 《야전축성에 대한 고찰 *A Complete Treatise on Field Fortifications*》을 집필했다.[9]

테일러는 필로의 행동을 못마땅하게 여기면서 "새 역할을 맡았으니 배워야 할 것이 많네."라고 했다. '팰로앨토와 레사카-데-라-팔마의 승리자'인 테일러가 몬터레이를 공격하려고 부대를 이끌었을 때, 그는 이 테네시주 정치가 출신 장군을 그의 고향 출신들로 이루어진 한 연대와 함께 남겨 두었다. 필로는 탐피코까지밖에 남진하지 못했고, 2월에 베라크루스로 오라는 명령을 받기 전까지 그곳에서 머물렀다. 처음부터 필로는 스콧이 제안한 육로 작전에 합류하는 자신의 역할을 이해하고 있었다. 테일러 휘하에서 그런 것처럼 필로는 포크 대통령의 눈과 귀 역할을 하면서 '부상하는 휘그당 소속 라이벌'인 스콧의 행동을 주시하기 위해 가능한 모든 조치를 취했다.[10]

1847년 3월 9일 베라크루스에 도착한 필로와 테네시주 군인들은 3월 26일에 항복을 받아내기 전까지 몇 차례 소규모 전투에 투입되었다. 필로는 스콧과 이인자 윌리엄 젱키스 워스 장군에게 잘 보이기 위해 많은 애를 썼고, 캠벨은 필로를 "삼두정치* 같은 것"의 일원이라 칭했다. 필로는 자신의 임명이 신임에 기반한 것이라 생각했으나, 그가 초반부터 군사적 무능함을 계속 보이자 캠벨은 스콧이 "그[필로]가 이곳에 오게 해 줌으로써 포크에게 값을 치루고 있을 뿐"이라고 추측했다.[11] 도착 후 필로는 펜실베이니아주 의용중대를 야간보초로 세웠는데 절반은 길의 한쪽에, 다른 절반은 길의 반대쪽에 서게 했다. 필로가 보기에 합리적인 배치였으나, 그는 만약 이들이 공격받을 경우 "필연적으로 적군만큼이나 아군을 많이 죽이게 될 것"이라는 사실을 인지하지 못했다. 이는 중대의 한 일병조차 "지휘관의 부족한 통솔력"을 지적하며 인지한 사실이었다.[12]

베라크루스를 확보한 뒤 첫 번째 과제는 추가적인 유혈 사태 없이 전쟁을 끝내는 것이었다. 4월 초 포크 대통령은 니컬러스 B. 트리스트를 베라크루스로 파견하여 멕시코 정부와 협상하게 했다. 트리스트가 필로를 모든 조약 협상에 참여시키라는 대통령의 지침을 가지고 도착했을 때 미군은 베라크루스에서 280킬로미터 떨어진 푸에블라에 도착해있었다. 영국 요원들은 멕시코가 뇌물을 받을 수도 있다고 트리스트에게 알렸고, 국무

---

* 로마 공화정 말기 유력자 3명이 동맹을 맺고 국가 권력을 독점하던 정치 체제.

부 협상 대표의 서기장인 트리스트는 필로에게 접근했다. 필로는 이 협상의 주요 인물이 되기 위해 그 제안을 받아들였다. 스콧은 못마땅했지만 가능성을 논의하기 위해 필로와 동료 장군들인 존 퀴트먼, 제임스 실즈, 데이비드 E. 트위그스, 조지 캐드왈라더를 소집했고, 필로가 제안을 제시하는 과정에서 주도적인 역할을 했다. 그러나 미국 측에서 지급한 착수금 1만 달러에도 불구하고 뇌물은 큰 효과를 거두지 못했다.[13]

멕시코 정부가 미국의 타협안을 계속 거절하자 스콧은 멕시코의 수도인 멕시코시티를 점령하기 위한 작전을 준비하기 시작했다. 그는 데이비드 E. 트위그스 준장의 일반병사단에 도시를 떠나라고 명령했고, 이들은 멕시코의 수도로 가려고 내셔널로드National Road를 행군했다. 필로는 패터슨의 의용사단 예하인 제1, 제2 테네시 의용연대와 제1, 제2 펜실베이니아 의용연대를 이끌고 며칠 후에 뒤따랐다. 필로가 이전에 달성한 과업들이 그의 군사적 무능함을 제대로 보여 주지 못했다면, 곧 이를 확실하게 증명할 기회가 다시 한 번 오고 있었다. 멕시코시티로 진격하려는 미군의 의도를 간파한 멕시코 장군 안토니오 로페스 데 산타안나는 세로고르도 근처에서 참호를 팠다. 이곳은 우측에 엘텔레그라포El Telegrafo라고 알려진 고지대가 펼쳐지고, 좌측 계곡 바닥에서 거대한 곶岬 3개가 솟아 있는 좁은 골짜기를 내셔널로드가 거쳐가는 곳이었다. 산타안나는 엘텔레그라포 위의 방어 시설 외에도 각 능선 끝에 요새를 구축함으로써 이 난공불락의 요충지가 멕시코시티로 향하는 대로를 따라 세로고르도로 가는 어떤 세력이든 막을 수 있기를 바랐다.[14]

정면공격이 어리석다는 점을 인지한 스콧은 대안 경로를 찾기 위해 웨스트포인트 출신 장교들에게 의견을 물었다. 4월 11일과 12일에 전투를 치른 이후, 스콧은 로버트 E. 리 대위(훗날 남군 총사령관)와 공병대의 피에르 G. T. 보러가드 중위에게 해당 구역을 정찰하라고 지시했다. 이로써 멕시코의 후방으로 이어지는, 염소 발자국이 찍힌 오래된 길을 발견했다. 그들은 스콧의 군인들과 대포가 정면공격을 피하면서 지나가게끔 이 길을 넓힐 수 있다고 예상했다. 이러한 지식을 가지고 스콧은 1만 명에 달하는 부하들이 입을 피해를 최소화하면서 멕시코를 측면에서 공격하기 위해 조심스럽게 명령을 내렸다.[15]

정면공격 대신 전술적 전개를 선택한 스콧은 군대를 분할하고, 각각에 다른 목표를 배정했다. 열정은 있지만 전투 경험이 부족한 테네시인들에게 주主공격으로 해석될 수 있는 역할을 맡기면서 스콧은 필로와 그의 부대에 내셔널로드 남쪽에 있는 요새화된 산등성이 세 곳을 공격하라고 지시했다. 필로는 자신의 공격을 가장 중요한 것으로 여겼다. 하지만 실제로 그의 사단이 할 일은 베라크루스에서 내셔널로드로 오는 미군에 멕시코군의 관심을 집중시키기 위해 지연전술을 구사하는 것이었다. 가장 중요한 공격은 트위그스와 정규군 약 7,000명으로 구성된 사단에 주어졌다. 4월 17일 오전에 출발하여 기존의 염소길을 확장하고, 엘텔레그라포 꼭대기에 있는 멕시코군을 측면에서 타격해 멕시코군의 입지를 무력화시키는 것이 트위그스 사단이 받은 임무였다. 성공하면 스콧의 섬세한 계획대로 멕시코군을 완전히 포위하여 항복을 받아낼 수 있을 것이었다. 실패한다면 병력이 분할되어있는 상태에서 멕시코군이 한 점에 집중해 미군을 철저히 패배시킬 가능성도 있었다.[16]

한 오래된 격언에 따르면, 그 어떠한 계획도 적과의 첫 대면에서 그대로 실행할 수 없다. 필로는 이 격언을 현실로 만들고자 했다. 그래서 젤러스 타워와 조지 매클렐런에게 합류해 4월 13, 15, 16일에 진격할 핵심 경로를 찾아다녔다. 4월 18일 행군을 시작했을 때 필로는 새로운 길을 택했고, 타워는 이를 안타까워했다. 새로운 길은 더 짧았지만 훨씬 더 좁고, 병사들은 한 줄로 걸어가야 했기에 대열을 유지하기가 어려웠다. 동시에 효과적인 후방지원이 없어서 적군이 접근할 기회도 더 많았다. 필로의 의용대가 새로운 길을 내서 적을 공격할 수 있게 되기 전에, 그들은 엘텔레그라포 서쪽에서 총성을 들었다. 세로고르도 전투가 시작된 것이다. 필로의 무모한 성급함 때문에 그의 부대는 스콧이 의도했던 것과 같은 기만전술을 쓰지 못했다.[17]

필로의 첫 번째 잘못된 결정의 폐해는 두 번째 잘못된 결정으로 더 가중되었다. 타워의 본래 경로를 따랐다면 필로는 내셔널로드 서남쪽을 장악하고 있는 요새화된 절벽에서 엄폐하고 내셔널로드에 가장 근접한 멕시코군 턱밑에 의용대를 투입할 수 있었을 것이다. 하지만 경로를 바꾼 필로의 결정으로 그의 병사들은 세 곳에 매복한 멕시코군 대포 19문이 쏴대는 포화를 뒤집어썼다. 한 줄로 이동하던 프랜시스 윈쿱 대령의 제1 펜실베이니아, 해스컬의 제2 테네시, 캠벨의 제1 테네시, 로버츠의 제2 펜실베이니아 연대는 전투 대형을 신속하게 정비하지 못했다. 필로는 윈쿱에게 병사들을 전진시키라고 소리침으로써 멕시코군에 미군의 움직임을 알려 주었다. 멕시코군 포수들은 잘 정돈되고 준비된 사계射界와 함께 필로의 어리석은 결정으로 빚어진 결과를 활용해 혼란에 빠진 미군에 포탄을 퍼부었다. 제2 테네시 연대는 곧 전진했고, 해스컬의 병사들은 펜실베이니아 연대의 공격을 지원하기 위해 분투했다. 그 결과 이 두 의용연대는 부분적으로나마 공격을 했지만, 엄청난 사상자가 발생했다. 필로가 이끄는 4개 연대는 멕시코군 포대가 끊임없이 포화를 퍼붓자 한 곳에 모일 수밖에 없었다.[18]

견제공격에 실패하고 혼돈에 빠진 상태에서 질서를 회복하려던 매클렐런은 필로를 찾았지만, 필로는 후방의 수풀 뒤에 숨어있었다. 설상가상으로 잘못 발사된 캐니스터탄(대포로 쏘는 산탄)이 필로의 오른팔을 부러뜨렸다. 매클렐런은 자신과 보좌 1명이 의무병을 부르러 더 후방으로 가야 한다는 사실에 실망했다. 가는 길에 필로는 제1 테네시 연대의 캠벨과 마주쳤는데, 그에게 지휘권을 주면서 공격을 지속하라고 명령했다. 그러나 캠벨의 노력은 먹히지 않았다. 그가 윈쿱에게 연대를 진격시키라고 명령하자, 펜실베이니아 연대 사령관인 윈쿱은 그의 권위를 인정하길 거부했다. 후퇴 명령은 없었지만 해스컬은 병사들을 후퇴시켰다. 해스컬의 부하들은 기꺼이 따랐고, 진격하는 펜실베이니아인 전열 사이를 급하게 빠져나가면서 혼란을 가중시켰다. 후퇴 과정에서 해스컬은 필로와 마주쳤다. 필로는 자기 팔이 부러진 상태에서도 이 조급한 후퇴가 자신의 명성에 악영향을 미칠 것이라 생각하고 있었다. 필로는 해스컬이 공격을 완수하지 못한 것을 질책한 뒤, 당시 무질서하게 후퇴하던 윈쿱의 펜실베이니아 연대에 비난의 화살을 돌렸다.[19]

자신의 여단이 곤경에 빠졌다고 믿던 필로는 빈약한 공격을 지원해 줄 병력을 요청하기 위해 매클렐런에게 스콧을 찾으라고 명령했다. 매클렐런은 스콧을 찾기 위해 떠났다. 마침내 그를 찾은 매클렐런이 필로의 요청을 전달했지만, 스콧은 "더 보낼 정규군이 없네."라고 간결하게 답했다. 필로는 무지하게도 스콧과 그의 지휘하에 있는 공병들을 무시했지만, 트위그스의 사단은 작전을 성공적으로 완수했고, 이제 산타안나와 멕시코군 병사 대부분은 세로고르도를 빠져나가고 있었다. 필로에 대항하던 적군 5,000명가량은 곧 항복할 것처럼 보였고, 매클렐런의 말에 따르면 스콧은 "필로가 격파당한 것이 크게 놀랍거나 충격적이지 않았고, 그의 향후 움직임도 별로 중요하게 여기지 않았다." 매클렐런은 필로를 찾기 위해 돌아왔고, 그즈음에는 필로의 목적을 알아챈 멕시코군이 이미 백기를 들고 있었다. 다만 그들은 필로와 여단의 용맹함에 패배하여 포기한 것이 아니라, 산타안나와 나머지 멕시코군에 버림받았기 때문이었다.[20]

스콧은 필로의 여단을 조금 칭찬하면서도 날카롭게 평가했다. "엄청난 대담함"으로 멕시코군의 포병대를 공격해 "눈앞의 적군을 산만하게 하고 당황시키는 데 큰 기여를 했다."라고 언급하면서 정반대의 평가도 덧붙인 것이다. 필로의 첫 번째 주요 작전은 끔찍하게 실패했으며, 매클렐런의 말에 따르면 "미숙함과 저능함"의 산물이었다. 자신이 능력 있는 지휘관이라고 믿었던 필로는 스스로 결정을 내렸고, 실패했다. 그는 잘못된 행군로를 골랐고, 잘못된 위치에서 병사들에게 공격을 지시했다. 자기가 내린 결정의 직접적인 결과로 그는 불필요한 사상자를 만들어냈을 뿐 아니라 미군의 공격 전체가 실패할 수도 있는 위험을 초래했다.[21] 하지만 자신이 위대한 사령관이라고 믿었던 필로는 이러한 사실들을 간과했다.

부상에서 회복하기 위해 테네시주로 돌아온 필로는 군 복무를 마치고 귀향한 의용군들에게서 비판을 받았다. 두 연대의 지도부는 자기들이 한 행동과 관련하여 이전 지휘관을 비난하였고, 이에 오만한 필로는 전투 관련 내용을 자신이 원하는 대로 편집한 책을 출간하여 자신의 리더십을 꾸며댔다. 포크 대통령이 필로를 소장으로 진급시키자 많은 일반 장교가 충격을 받았지만, 이는 정치적인 조치였다. 대통령은 멕시코 중앙 침공 작전을 수행하는 스콧을 내부에서 감시할 누군가가 필요했기 때문이다. 특히 '요란 떠는 꼰대'*라 불린 스콧은 1848년 대통령 선거 후보로 거론되고 있었다.[22]

필로의 소장 진급과 사단 지휘는 필로가 자신의 군사적 능력이 대단하다고 여기게 만들었다. 하지만 필로의 통찰력은 여전히 의심을 받았다. 1842년 웨스트포인트 졸업생 대니얼 하비 힐 중위는 일기장에서 필로를 자주 "그 멍청이 필로"라고 칭하곤 했다.[23] 필로가 포병들에게 더 긴 사정거리와 강력한 화력을 자랑하는 대포를 갖춘 멕시코군 진지를 향해

---

* Old fuss and feathers. 규율에 지나치게 집착하고 과시적이라는 말. 'fuss and feathers'는 축제 분위기 또는 요란한 분위기를 뜻한다.

6파운드 대포와 12파운드 대포로 훈련시켰기 때문이다.

미군이 1847년 8월 멕시코군에 접근했을 때 스콧은 필로와 그의 사단 병사들에게 미군의 진입을 가로막던 용암지대 페드레갈에 길을 내라고 지시하면서 일반적인 교전을 피하라고 덧붙였다. 그러나 파디에르나를 방어하던 멕시코군과 마주치자 성질 급한 필로는 상관의 말을 무시하고 피할 수 있었던 콘트레라스 전투에 병력을 추가 투입했다. 그날 늦게 분노한 스콧이 현장에 나타나 트위그스 사단의 여단장 스미스 장군이 멕시코군 측면을 포위하고서 공격 태세를 취하고 있는 걸 발견했다. 그는 다음 날 공격을 성공시켰다. 이후 스콧은 자신의 부대에서 약 2.4킬로미터 떨어진 곳에 있던 필로와 대면했을 때 자신의 부대에 더 가까이 있는 것이 좋을 거라고 조언했다. 같은 날 저녁 필로는 본부로 돌아가 스콧의 부대를 찾을 수 없었다고 고백했다. 다음 날 스콧은 추루부스코의 멕시코군 진영을 제대로 공격하기 위해 필로에게 본부에 남아 있으라고 지시했다. 필로는 이를 작전에서 자신이 중요하다는 것을 입증하는 징표로 받아들였으나, 스콧은 번거로운 테네시인인 필로가 방해물이 되지 않게 할 생각이었다.[24]

다음 날 공격에서 스콧은 필로에게 중요한 역할을 맡기려고 하지 않았다. 하지만 전투가 진행되면서 필로 부대도 가담했다. 필로 부대의 임무는 윌리엄 젱키스 워스 장군의 사단에 합류해 요충지인 다리를 공격하여 멕시코군이 북쪽으로 후퇴하게 하는 것이었다. 전투 중에 필로는 자기 쪽으로 접근하는 멕시코군 장교 무리와 마주쳤다. 당시 보고만으로는 그들의 정확한 움직임을 파악할 수 없었지만, 필로는 그들 중 1명에게 총을 쏴서 나머지가 흩어지게 했다. 이로써 자신이 훌륭한 사령관이라는 믿음은 더 강력해졌다.[25]

추루부스코를 점령한 뒤 스콧은 전쟁을 끝내는 데 필요한 준비 단계라고 믿으면서 산타안나의 휴전 요청에 동의했다. 스콧은 몰랐지만, 산타안나는 항복할 생각이 없었다. 스콧은 대포 공장이 있다고 여겨지는 몰리노 델 레이도 공격해야 했다. 이 공격을 반대했던 필로는 대포를 단 1문도 발견하지 못하자 사령관 스콧이 휴전과 대포에 관해 잘못 판단했다고 포크 대통령에게 사적으로 보고했다.[26]

9월 초 멕시코군 요새 차풀테펙만이 미군의 멕시코시티 진입을 막고 있었다. 스콧이 공격을 준비하던 장군들을 소집했을 때, 군사적 성공에 심취해있던 대담한 필로는 자신의 전투 계획을 거만하게 제시했고, 스콧은 이를 단번에 거절했다. 대신 스콧은 이후 전투에서 각 장교의 목표를 신중하게 검토한 뒤, 퀴트먼 여단이 남쪽에서 멕시코군 진지로 진격하는 동시에 필로는 서쪽에서 차풀테펙을 공격하도록 지시했다. 필로는 자기 부대가 큰 피해를 입을 것이며, 승리하더라도 모든 명예에서 동떨어진 채 도시 외곽에 있으리라 예상하고 스콧의 계획에 반대했다. 스콧은 자신이 직업적으로 신뢰하지 않는 필로가 우려를 하자 난처했다. 공격이 시작된 지 거의 직후, 필로는 멕시코군의 포도탄(대포로 쏘는 대형 산탄) 일제 사격으로 발목뼈가 부러졌다. 그래서 전투 내내 나무 아래에 있어야 했다. 미군이 성을 쓸어버리자, 필로는 부하에게 자신을 언덕 위로 업고 가게 했다. 그러다가 세로고르도에서 자기 여단이 받는 대우에 불만을 품고 있던 제2 펜실베이니아 연대의 한 병장과 마주쳤다. 그가 필로에게 자기 연대와 관련된 이야기를 꺼내자, 거만한 필로는 그의 무례함을 질책했다.[27]

전투가 사실상 끝나자, 필로는 자신의 용맹함과 능력을 증명하기 위해 펜을 들었다. 콘트레라스 전투 이후 필로가 집필한 전투 이야기는 뉴올리언스의 두 신문에 흘러들어갔고, 《레오니다스 *Leonidas*》라는 이름으로 출간되었다. 이 마지막 전투에 관한 글에서 필로는 워스의 사단을 제외한 모든 부대를 통솔했으며, 미군은 오직 그의 노력만으로 어둠에서 구출되어 승리를 쟁취한 것이었다. 《레오니다스》는 필로를 나폴레옹에 비유했으며,

그의 군사적 통찰력을 "그는 다른 상황에서와 마찬가지로 이번에도 엄격한 군인들을 놀라게 만들며 군사적 천재성과 전쟁의 과학에 대한 심오한 지식을 증명했다."라고 평했다.[28]

《레오니다스》가 멕시코에 알려지기까지는 몇 주가 걸렸다. 그 사이에 스콧과 필로의 관계는 악화일로를 걸었다. 필로는 스콧에게 전달한 공식 기록에서 원래 스콧의 권한인 '지휘권을 가지고 지시를 내리는 것'을 자신의 것으로 묘사했으며, 건방지게도 이 전투에서 상관의 활약을 칭찬했다. 스콧은 필로에게 잘못된 내용을 바로잡으라며 차갑게 답변했다. 필로는 이것이 올바른 내용이라고 계속 주장했고, 거만하게도 직접 만나서 불일치하는 부분을 논의해보자고 요청했다. 자신은 부상에서 회복 중이라 움직일 수 없다고 언급하면서 말이다.[29]

스콧이 《레오니다스》를 언급한 필로의 편지를 발견한 뒤 둘 사이의 균열은 더 넓어졌다. 필명을 사용했음에도 그 글의 실제 저자가 누구인지를 판별하는 것은 어렵지 않았고, 스콧은 이에 분노했다. 필로가 포크에게 베라크루스 작전 시의 부적절한 대우, 트리스트가 뇌물을 주려다 실패한 일 등을 포크 대통령에게 직접 보고했다는 사실 또한 알게 되자, 스콧은 대통령에게 "명령 체계 위반으로 필로를 체포"했다고 편지를 보냈다. 다른 장교들이 쓴 익명의 편지들이 잇따랐고, 스콧이 공식 훈령에서 이러한 "경멸스러운 자화자찬"을 비난하는 와중에 일련의 고발과 반박도 오갔다.[30] 문제를 해결하기 위해 포크 대통령은 필로를 직위 해제했고, 스콧의 지휘권도 박탈했다. 그리고 조사 위원회를 소집해 필로 체포를 둘러싼 정황을 밝히도록 했다. 3월에 멕시코시티에서 열린 이 재판은 중단되었다가 6월에 메릴랜드주 프레데릭에서 다시 열렸다. 그곳에서 테네시주 변호사는 법정에서 벌어진 사소한 논박에 맞서 기지를 발휘했다. 성공적인 심문으로 스콧이 1848년 대선에 출마할 가능성을 짓밟아 버린 것이다. 그 과정에서 필로는 무려 아서 웰즐리, 즉 웰링턴 공작이 "살아 있는 가장 위대한 장군"이라 칭송한 인물에게 도전장을 내밀으로써 자신의 명성까지 깎아 내렸다.[31]

조사 위원회가 자신을 멕시코-미국 전쟁의 영웅으로 만들었다고 믿었던 필로는 자만심에 가득찬 채로 테네시주 정계에서 활발하게 활동했지만, 유의미한 자리에 오르지는 못했다. 1850년에 사촌 윌리엄 캐럴을 따라 주지사 사무실에 진출할 기회가 있었으나 "멕시코에 오래 있는 동안 혼란에 빠진 내 사생활 때문에" 해당 직책에서 최선을 다할 수 없을 것 같다는 이유로 포기했다. '1850년 타협(Compromise of 1850)'으로 지역 간 긴장이 고조되자 농업 사유지를 아칸소주에서 미시시피주로 확장하고 있던 필로는 테네시주와 남부 지역에서 온건한 목소리를 내기 시작했다. 1850년에 처음 개최된 내슈빌 남부 주 정당대회(Nashville Convention of Southern states)에서 그는 대표단 자격으로 헨리 클레이의 옴니버스 법안*을 급진적으로 반대하는 세력의 주장인 '침과 독(Sting and Venom)'을 비판했다. 두 번째 정당대회에서도 필로는 온건한 의견을 피력하였으나, 테네시주의 연방주의자였던 그는 남부에 확산되고 있던 급진적인 분위기에서 소외되었다.[32]

이후 10년 동안 필로는 국내 정치에 계속 발을 담갔다. 1852년 대선에서 멕시코-미국 전쟁 당시 자신의 적이었던 스콧을 패배시키려고 노력한 필로는 전쟁 당시 전우였던 프랭클린 피어스 장군과 함께 민주당 대선 후보 명단에 오르고자 로비했으나, 볼티모어 전당대회에서 선거 운동이 시작되었을 때는 언저리에서 지켜보는 입장이 되었다. 4년 뒤, 그는 제임스 뷰캐넌과 쇠락하는 노예제를 지지하는 잭슨 연합주의자(Jacksonian

---

* 멕시코-미국 전쟁으로 얻은 영토와 노예제 관련 법안을 묶어 발의한 법안. 새 영토인 유타와 뉴멕시코는 주민 투표로 노예제 유지를 결정한다는 것을 골자로 한다.

Unionist) 무리에 합류했으나, 뷰캐넌 행정부에서 직책을 얻는 데는 실패했다. 이후 테네시주 주지사가 된 이셤 그린 해리스와 친구이자 동맹 관계가 되었다. 테네시주에서 여전히 활발하게 활동하던 그는 1856년 상원 선거에서 근소하게 패배했다. 1860년 필로는 스티븐 더글러스를 비판했지만, 링컨이 승리하자 개인적으로 남부가 분리되는 것을 반대했으면서도 노예주 전당대회 개최를 주장하기에 이르렀다.[33]

분리주의 운동이 남부를 휩쓸기 시작했을 때도 필로는 자신의 출신 주에서 활동하고 있었다. 해리스 주지사는 1861년 5월 필로를 테네시주 임시 군대 소장으로 지명하여 향후 테네시주 주둔 남군의 조직, 훈련, 사기 고취를 책임지게 하였다. 필로의 행정 능력과 정열에 딱 맞는 직책이었다. 미시시피강이 남부연합국의 생명줄임을 인지한 필로는 테네시주 군대의 준비뿐 아니라 강을 방어하기 위한 훈련도 하기 시작했는데, 이는 야전에서의 지휘권을 기대한 행동이었다. 하지만 남군이 테네시주 군대를 흡수하고 필로가 준장으로 강등되면서 그의 노력은 무의미해졌다. 남부연합 대통령 제퍼슨 데이비스가 새로 만들어진 서부 지휘권을 레오니다스 포크에게 넘기면서, 필로는 이인자가 되었다.

함께 멕시코-미국 전쟁에 참전했던 이들 대부분은 이전보다 더 높은 계급으로 군대에 복귀했기에 필로는 자신의 새 계급을 수치스러워 했다. 필로는 멕시코-미국 전쟁에서 자신이 했던 행위가 명성에 얼마나 해를 입혔는지, 그리고 레오니다스 포크와 같은 웨스트포인트 출신들이 지휘에 더 적합하다고 여겨졌다는 사실을 인지하지 못했다. 필로는 굴하지 않고 이번 직책에서도 멕시코에서 일으켰던 문제를 반복하기 시작했다. 레오니다스 포크에게 행동을 촉구하던 필로는 콜럼버스를 점령해 켄터키주의 중립 원칙을 위반했다. 이로써 켄터키주는 북부의 손에 들어가 버렸다. 필로는 또한 미주리주 벨몬트에서 벌인 즉흥적인 전투에서 율리시스 S. 그랜트 준장보다 우월한 위치를 활용하는 데 실패했다. 하지만 이러한 실책들은 1862년 2월 도널슨 요새가 비참하게 함락되면서 명성이 실추된 것에 비하면 아무것도 아니었다.[34]

　1861년이 끝나갈 무렵 필로는 사직서를 제출했다. 다른 장교들이 더 많은 인정을 받는다고 여겨서였다. 하지만 데이비스 대통령에게 자비를 빌어 사표를 없었던 걸로 한 뒤 남기로 결정했다. 미시시피강 하류에서 북군이 공격해 오는 것을 기다리던 앨버트 시드니 존스턴 장군은 필로에게 테네시주 클락스빌에서 인력과 물자를 모으라고 지시했다. 그랜트가 이끄는 북군이 헨리 요새를 함락시키자 필로는 근처에 있던 도널슨 요새를 지원하기 시작했다. 2월 9일 도널슨 요새를 지휘하라는 지시를 받은 필로는 도널슨 요새를 방어하기 위해 도착한 사이먼 볼리바르 버크너, 존 B. 플로이드와 곧 충돌했다. 그랜트는 이 남부연합 장군들에게 큰 의미를 두지 않았다. 그랜트는 "플로이드가 지휘를 하고 있지만… 그는 군인이 아니다. 나는 그가 필로가 부리는 허세에 굴복할 것이라 판단했다."라고 말했다.[35]

　2만 5,000명에 달하는 그랜트의 북군은 2월 13일 도널슨 요새를 포위했다. 2월 14일 플로이드는 공격해오는 북군의 포함에 대항하면서 요새를 벗어나 내슈빌로 퇴각하자고 제안했다. 이를 위해 필로는 침공해오는 북군에게서 테네시주를 방어하겠다고 맹세하면서 2월 15일 이른 오전에 퇴각을 위한 예비 행동으로 북군을 공격하라고 지시했다. 그 다음 날 늦은 오전에 필로는 절박하게 원했던 전쟁터에서의 명예를 획득한 뒤, 부대를 이끌고 북군을 몰아낸 다음 존스턴에게 "오늘은 우리의 것"이라고 위풍당당하게 보고할 수 있었다. 하지만 북군의 반격으로 판도가 바뀌었고, 필로는 느닷없이 남군에 이전 위치로 복귀하라고 명령했다. 그날 밤 필로, 플로이드, 버크너는 북군에 계속 맞서 싸우거나 항복해야 했다. 필로는 항복하면 분명 반역죄로 재판을 받으리라는 것을 알고 있었다. 과거에는 용감했던 필로는 이제 명성을 지키기 위해 분투했다. 남아서 싸우겠다는 의지를 공개적으로 표명하면서 동시에 탈출 계획도 짰다. 플로이드도 마찬가지였다. 1862년 2월 16일 그들은 그랜트에게 항복한다는 불명예를 버크너에게 넘겼다.36)

명성이 망가질대로 망가진 필로는 지휘할 부대를 찾느라 고생을 했다. 스톤스리버 전투에서 브랙스턴 브래그 장군에게 붙어있는 테네시주 여단을 이끌었을 때, 겉으로는 공격적인 성향을 보였지만, 관찰자들은 부대가 공격하는 동안 그는 나무 뒤에서 떨고 있었다고 보고했다. 그는 자신의 조직적 기술을 이용하여 1863년과 1864년에 남부연합 자원병과 징집병을 이끌었지만, 전쟁터에 갈 일은 없었다. 1864년 그는 전쟁터로 복귀하여 조지아주 라파예트 근처에서 윌리엄 T. 셔먼 장군의 통신선을 습격하는 작전을 이끌었다. 필로는 또 자만심을 절제하지 못해 남군의 실질적인 사령관이었던 브래그에게 가르치는 듯한 전문을 보냈다. 브래그는 그를 거의 무시했고, 또 한 번 패한 뒤 필로는 남은 전쟁 기간을 신병을 모집하며 보내야 했다.37)

남북 전쟁 전 테네시주에서 가장 부유한 남성이었던 필로는, 이 전쟁으로 자산 대부분을 파괴당하거나 압류당했다. 그 이후 수십 년 동안 적이었던 그랜트나 셔먼을 만나려고 했지만 누구도 그를 맞이하지 않았고, 이에 그의 쓸쓸함이 더 커졌다. 필로는 1878년 멤피스에서 당시 유행했던 황열병으로 사망했고, 엘름우드 묘지에 매장되었다.38)

기드언 필로는 꿈이 있는 사나이였다. 동시대의 가장 위대한 시민이자 군인이었던 친척의 그림자에서 자라난 그는 엄청난 군사적 야망을 지녔고, 이 열정을 영예로운 현실로 만들고자 엄청난 노력을 기울였다. 하지만 자만이 결국 그를 배신했다. 누군가가 의문을 제기하거나 비판했을 때 그는 자기가 가진 결함을 돌아보는 일이 없었고, 남에게 가장 좋게 비추어지기 위한 일만 했다. 이러한 오만함이 그의 추락을 야기했으며, 그의 명성은 계속 손상되었다. 하지만 본인은 그것을 알지 못했다. 자기 결함을 직시해야 했지만, 자만 때문에 실패한 지휘관이 되었다. 지도자는 용맹하고 대담해야 하지만, 성공은 겸손한 자에게만 찾아온다. 이것이 기드언 필로가 절대 배우지 못한 교훈이다.

안토니오 로페스 데 산타안나
ANTONIO LŌPEZ DE SANTA ANNA

게이츠 브라운

안토니오 로페스 데 산타안나, 브란츠 메이어 그림,
Mexico; Aztec, Spanish and Republican, vol. ii (1853).

안토니오 로페스 데 산타안나는 오늘날까지도 멕시코에서 많은 논란이 있는 인물이다. 두 차례의 비참한 전쟁에서 미국에 패배해 멕시코 영토 절반 이상을 빼앗긴 인물로 자주 거론되곤 한다. 산타안나가 했던 도박은 국내 정치와 일부 전쟁에서 성공을 거두었지만, 그는 외세에 맥을 못 추었고, 특히 1835~1836년 텍사스 혁명에서 미국인 이민자들에게 패배하고, 1846~1848년 멕시코-미국 전쟁에서도 패하면서 실패한 리더가 되었다. 사람들은 거의 모든 전쟁을 '이겼다' 또는 '졌다'로 단순화시키는 경향이 있지만, 산타안나에게는 강한 적에게 패했다는 것뿐만 아니라 역사상 최악의 리더로 뽑힐 이유가 더 있다. 이 글은 산타안나가 왜 역사상 최악의 지휘관인지를 다음과 같은 성격에 초점을 맞추고서 보여 줄 것이다. 위급한 순간에 상급자의 조언이나 제안을 듣지 않으려 하는 것, 방어 계획을 세우면서 적의 주요한 능력을 무시하는 것, 너무 많은 위험을 떠안는 것, 병참을 고려하지 않는 것, 그리고 작전의 맥락을 이해하지 못한 것 등이다. 이러한 결함들은 앞서 말한 두 전쟁에서 가장 잘 나타났다.

단지 산타안나가 이 전쟁에서 졌다는 사실이 아니라, 어떻게 졌는지를 살펴보면 많은 것을 알 수 있다. 텍사스 혁명에서 그의 잔혹한 진압은 텍사스를 독립시키려고 싸우는 이들을 오히려 고취시켰고, 보안을 지키지 못한 그의 무능함 탓에 그때까지는 성공적이었던 작전이 쉽게 무너지고 말았다. 멕시코-미국 전쟁에서 산타안나는 상급자의 조언을 거부했고, 병참 계획을 세울 때에는 근본적인 오류를 파악하지 못했으며, 리스크 평가도 제대로 하지 못했다. 이는 한 치의 오류도 허용할 수 없던 상황에서 멕시코군을 더욱 어렵게 했다. 따라서 멕시코가 두 전쟁에서 패배한 것은 그냥 우월한 적을 상대해서가 아니라 산타안나의 잘못된 리더십 탓이었다.

텍사스 혁명이 일어나기 전, 산타안나 본인도 많은 봉기에 가담했었다. 1828년 그는 마누엘 고메스 페드라자 대통령 당선자를 상대로 반란을 일으켜 이인자였던 비센테 게레로를 대통령으로 세웠다. 1829년 말, 페드라자는 부통령 아나스타시오 부스타만테에게 축출당했다. 1832년 산타안나는 부스타만테가 멕시코 연방정부를 뒤집고 싶어 한다면서 무기를 들고 부스타만테 정부의 사퇴를 강제했다. 이 행동의 결과 산타안나는 1833년 제8대 멕시코 대통령이 되었다.[1]

산타안나는 통치를 즐기지 않았기에 그의 부통령 발렌틴 고메스 파리아스에게 통치권을 위임했다. 하지만 멕시코 의회와 고메스 파리아스는 급진적인 개혁을 단행해 멕시코를 세속화하려고 했다. 이에 따라 멕시코군을 감축하고, 성직자와 군인 들을 위한 특수법도 철폐하고자 했다. 산타안나는 교회와 군대에 불리한 개혁을 멈추기 위해 다시 권력을 잡으려 했다. 멕시코가 스페인에게서 독립을 쟁취한 이후 산타안나의 지지자였던 호세 마리아 토르넬은 쿠에르나바카 계획을 작성했다. 이를 통해 그는 산타안나에게 긴급 조치를 취하여 토르넬 자신이 불법적인 입법이라고 간주한 것들을 무효화하라고 촉구했다. 수도로 돌아온 산타안나는 의회와 부통령 모두를 해임하고, 군대와 교회를 분노하게 만든 법을 파기했다. 산타안나는 독재자가 될 수도 있었으나, 그렇게 하지 않았다. 그는 새로운 의회와 함께 비상통치권을 행사했다. 최선의 통치 방법을 놓고서 고메스 파리아스와 산타안나 사이에 벌어진 긴장은 당시 멕시코의 정치적 갈등을 상징적으로 보여 주었다. 고메스 파리아스처럼 더 개방적이고 세속적인 멕시코를 지지했던 이들은 교회와 군대를 대변하는 보수주의자들과 사이가 좋지 않았다. 이러한 분파주의는 다음 10년 동안 발생한 멕시코-미국 전쟁에서 다시금 부상했다.[2]

산타안나의 이런 행동은 정치적으로 불안정한 시기를 기회로 활용하는 그의 정치적 능력을 보여 준다. 그는 꽤나 큰 지지 기반을 만들 수 있었다. 대통령이 되고 싶지 않았지만 선거에 후보로 나섰고, 선거 결과도 받아들였다. 바로 이 점이 산타안나를 흥미로운 인물로 만든다. 그는 확실히 멕시코의 정치 기류를 읽는 데 능했고, 군사령관으로서도 유능했다. 하지만 산타안나는 대통령직과 비상통치권을 사용해 멕시코 북부에서 그 수가 증가하던 미국인 이민자들을 소외시켰다.

텍사스 작전 전체의 구체적 내용은 이 장에서 다룰 범위가 아니다. 중요한 것은 산타안나가 어떤 식으로 싸웠느냐이다. 산타안나는 알라모에서 승리하면서 발생한 정치적 피해를 완화할 첫 번째 기회를 무시해 버렸다. 알라모의 승리는 멕시코군이 압도적인 우위를 가졌기 때문에 당연한 결과였다. 하지만 모든 방어 병력을 죽이겠다는 그의 결정은 반란군(텍사스군)을 분노시켰고, 이들에게 자비를 베풀기를 거부하는 태도 또한 그의 통치가 공포정치일 것임을 확인시켰다.

텍사스군은 대포를 빼앗기 위해 알라모를 점령했다. 그러나 텍사스군은 대포를 옮길 수 없었다. 그러자 알라모의 제1 사령관 제임스 닐 중령은 알라모 요새를 지키고자 했다. 텍사스 혁명정부가 방어력을 강화할 수 없었는데도 말이다. 산타안나는 혁명을 진압하기 위해 병사 6,111명을 이끌고 진격했다. 산타안나는 이 공격을 성공시켜 텍사스와 멕시코시티에서 권력을 공고히 할 기회를 잡았다. 알라모에서 지휘했던 윌리엄 배럿 트레비스는 멕시코군이 3월 중순에 도착하리라 기대했지만, 산타안나의 군대는 2월 23일에 산안토니오에 도착했다.[3]

산타안나의 신속한 군사력 증강과 텍사스 진입은 사람들이 그를 위해 싸우도록 격려하는 효과를 냈다. 하지만 병사들을 고취시켜 전투에 참여시키는 것만으로는 승리를 쟁취하기 어려웠다. 이 상황에서 리더십은 단순히 군사적인 측면에 국한된 것이 아니었다. 멕시코법에 따르면 대통령은 개인적으로 병사들을 지휘할 수 없었기 때문에 산타안나는 대통령직에서 사임했다. 대통령직에서 내려와 군대를 지휘했지만, 그는 여전히 자신이 쟁취하고자 한 정치 목표를 잘 이해하고 있었다. 이 때문에 산타안나는 텍사스 전투에서 주춤거렸고, 자신의 폭력성을 누그러뜨리지도 못해서 멕시코에 끔찍한 재앙을 초래했다.[4]

지휘관은 어떤 전투의 정치적 영향을 고려하는 것에 더해, 공격을 하면서 그것이 자신의 세력에 미칠 위험도 고려해야 한다. 알라모 전투에서는 산타안나가 시간상 이점을 가지고 있었다. 전쟁터에서 그의 병력을 지원하던 통신선의 길이 때문에 보급 문제가 생겼지만, 멕시코군은 여전히 우호적인 지역에서 작전을 수행하고 있었다. 텍사스군도 활동하고 있었지만, 여전히 멕시코 안에서 싸우고 있었다. 그럼에도 산타안나는 산안토니오에서 신속히 작전을 수행하기로 결정한 것이다.

산타안나가 자신에게 주어진 이점들을 고려했다면 굳이 공격할 이유가 없었다. 더 오래 기다릴수록 알라모 요새의 방어력은 더욱 약해졌을 것이다. 산타안나가 산안토니오에 보급기지를 구축했다면 텍사스 북쪽으로 병력을 더 수월하게 이동시킬 수 있었겠지만, 그러지 못했다. 며칠이 지나면서 포위된 알라모 요새에 지원이 오지 않을 것이 확실해졌고, 이에 산타안나가 공격을 해야 할 필요도 줄어들었다. 산타안나가 가진 최고의 무기는 시간이었다. 포위된 이들이 자기 위치를 지키도록 강제했다면, 하루가 지날수록 알라모 요새 병사들은 자기들과 멕시코군이 처한 상황의 간극에 대해 더 고민했을 것이다. 결국 이들은 알라모 요새에서 굶어 죽거나, 탈출을 기도하거나, 항복하고 자비를 구걸하는 수밖에 없었다.

하지만 산타안나는 알라모 요새 병사들이 항복하기 어렵게 만들었다. 그가 산안토니오에 도착해서 처음으로 한 일은 본부 위에 붉은 깃발을 단 것이었는데, 이는 '전투 중 붙잡힌 반란군(텍사스군)에게 제공할 막사는 없다'는 뜻이었다. 산타안나는 알라모 요새 수비대에 항복할 기회를 한 번 주기는 했고, 당시 그 결정이 마지막 기회라고 분명히 말했다. 즉시 항복하지 않으면 죽음을 맞이할 것이고, 항복하면 자비를 기대할 수 있다는 것이었다. 텍사스군은 즉시 항복을 거부했고, 방어 태세를 계속 유지했다. 텍사스군은 자신들이 가진 비참한 선택지를 인지했고, 시간이 지날수록 불리해진다는 점도 알고 있었다. 하지만 그들이 선택할 필요는 없었다. 산타안나가 알라모 요새를 공격함으로써 대신 결정을 내려 주었다.[5]

산타안나는 포위 12일째인 3월 5일 장교들을 회의에 소집해 알라모 요새를 공격할 것이라 공지해 부하들을 놀라게 했다. 이때 알라모 요새의 외벽은 산타안나의 경야포에 무너지고 있었고, 중포도 며칠 후 도착할 예정이었다. 수비대 병사 수는 189~257명 정도로 적은 편이었다. 하지만 멕시코가 알라모 요새를 공격했을 때, 이 수비대는 지쳤지만 싸울 준비를 하고 있었다. 멕시코인들은 나폴레옹식 종대縱隊 4개를 이루고서 진격했는데, 이는 훈련이 부족한 군인들을 이용할 때 유용한 방식이었다. 고참병들이 대형의 경계부를 구성했고, 신병들은 내부에 있었다. 따라서 대열 전체가 함께 전투하러 갈 수밖에 없었다. 수비대의 대포 사정거리 내로 진입한 멕시코군 병사들은 파괴적인 포화 세례를 받았다. 알라모 요새 수비대원들은 멕시코군 보병 대열에 최대한 피해를 입히기 위해 작은 쇠붙이들을 있는대로 대포에 가득 채웠다. 이로써 짧게나마 멕시코군 종대를 멈추게 할 수 있었지만, 멕시코군 1,500명이 가진 수적 우위를 극복할 수는 없었다. 멕시코군은 알라모 요새 수비군 모두를 죽였는데, 산타안나는 병사들의 사기 고취를 위해 필요했다고 주장했다. 그런데 이 공방전은 멕시코군 사상자를 600명이나 냈다. 이 공격과는 무관하게 이미 무너질 예정이던 요새를 함락하는 데 산안토니오에 모은 병력 중 3분의 1을 희생한 것이다. 이러한 손실을 여러 번 버텨낼 수 있는 군대는 많지 않다.[6]

포로를 위한 막사는 없다는 산타안나의 결정은 멕시코를 향한 위협을 제거하고자 한 것이기에 의미가 있었다. 하지만 정치적 목적을 달성하려고 폭력을 사용할 때 군사령관은 그 행동이 가져올 2차적, 3차적 함의도 고려해야 한다. 산타안나가 궁극적으로 원했던 것은 멕시코의 텍사스 지배를 유지하는 것이었다. 그렇게 하려면 이주자들을 통합시키고, 이들의 신임을 얻으려고 했어야 한다. 텍사스 혁명의 아이러니는 이주자들이 알라모 전투 이전에는 무장반란을 적극적으로 지지하지 않았다는 것이다. 알라모 함락과 산타안나의 잔혹한 대우가 텍사스 이주자들 사이에서 멕시코의 개혁뿐만 아니라 텍사스를 독립시킬 명분을 고취시켰다. 산타안나는 몇몇 사람이 지지자를 모으고자 했을 뿐인 오합지졸 반란군을 무자비하게 학살하라고 명령했다. 이는 결국 "텍사스에서 잔인한 군사 작전을 지속하는 잔혹한 독재자에 대항하는 광범위한 투쟁"을 발동시켰다.[7]

산타안나의 잔혹함은 텍사스 병사 300명 이상이 항복한 골리애드에서도 이어졌다. 전쟁포로 대우를 예상하고 항복했지만, 산타안나는 이들을 반란군으로 간주해 처형시켰다. 이로써 산타안나는 자신의 인간적 면모를 드러낼 기회를 놓쳤다. 텍사스인들도 반란을 지지하는 사람들을 모으기가 더 어려워지기는 했다. 하지만 산타안나가 이 포로들을 미국에 송환했다면 이들의 경험이 텍사스의 다른 이들까지 고취시키지는 않았을 것이다. 결국 골리애드 대학살은 알라모와 마찬가지로 텍사스인들이 독립을 쟁취하기 위해 결집하고 투쟁을 지속하게 만드는 자극제가 되었다.[8]

산타안나의 무자비함은 놀라운 것이 아니었다. 사카테카스에서 이틀간 강간과 약탈을 허용한 것에서 보듯이 자국 국민들에게조차 자비심을 보이지 않았다. 그가 알라모와 골리애드에서 저지른 대학살은 텍사스군이 굴복하는 대신 더 공격적으로 행동하게 만들었다. 텍사스 정부는 표결로 독립을 선언했고, 샘 휴스턴을 참모총장으로 추대했다. 하지만 휴스턴이 월등히 많은 병사를 가진 멕시코군을 극복하려면 산타안나가 실수를 해야 했다. 휴스턴은 운이 좋게도 산타안나에게 보내진 편지를 중간에서 가로챌 수 있었는데, 빨리 움직이면 멕시코군 원정대 전체를 상대할 필요 없이 산타안나를 공격할 수 있다는 정보를 포착했다. 텍사스인들을 결집시키기 위해 휴스턴은 "알라모를 기억하라! 골리애드를 기억하라!"라고 외쳤다.

텍사스인들은 산타안나가 새로운 반란정부를 무너뜨리는 데 실패했던 뉴워싱턴 인근 샌저신토강 근처에서 멕시코군과 대치했다. 샌저신토에서 산타안나가 주둔한 곳은 멕시코군에 부적절했으며, 멕시코군이 불리해지면 빠져나갈 길이 많지 않았다. 산타안나는 군대를 스스로 고립시켰다. 멕시코군의 통신선은 한계에 다다른 것 같았지만, 적군의 통신선은 짧고 회복력이 높았다. 텍사스군은 자기네 땅에서 싸우고 있었고 지지자들도 점점 증가하고 있었기 때문이다.[9]

마르틴 페르펙토 데 코스 장군이 지휘하는 파견대 덕분에 멕시코군 병력은 1,250명이 되었다. 휴스턴의 병력은 910명이었다. 하지만 코스의 병사들은 오랜 행군으로 지쳐있었다. 게다가 피비린내 가득했던 알라모 전투 이후 고참병이 부족했다. 이 또한 알라모 요새를 기습하기로 한 산타안나의 어리석은 결정이 야기한 결과였다. 산타안나는 야영 첫날 밤에 텍사스인들이 공격해오는 걸 기대했지만, 그렇지 않았다. 휴스턴이 멕시코군 진영으로 오는 코스의 지원병력을 봤다는 사실을 산타안나도 알고 있었다. 가장 위험한 순간은 지난 듯했다. 지원병력을 기다리는 대신, 산타안나는 야영지에서 맞이한 첫날 밤에 병사들에게 방어 태세를 강화하기 위해 흙으로 방어벽을 쌓으라고 지시했다. 수비하려면 방어벽을 강화해야 한다는 것을 알고 있어서였다. 산타안나가 예상한 때에 텍사스군이 공격하지 못하자, 그는 코스의 지친 병사들을 포함한 부대원들에게 휴식하라고 명했다.[10]

자기 부대원들에게 휴식을 주고 싶어한 것은 충분히 합리적이지만, 그들은 여전히 적군의 소총 사거리 내에 있었다. 게다가 적군이 여전히 가까이 있는 상황에서 병사 대부분을 자게 하는 등 경계를 태만히 했다. 이는 산타안나가 지원병력이 와서 텍사스군이 공격하지 못한다고 생각했기 때문이다. 휴스턴이 감히 수적으로 열세한 군대로 공격할 것이라 예상하지 않았던 것이다.[11]

전투가 시작되자 텍사스군은 멕시코군 진지에 신속히 쇄도했다. 이 무질서한 공격은 육탄전으로까지 치달았다. 텍사스군의 포격도 멕시코군 대열을 무너뜨렸다. 멕시코군 지휘관들은 병사들이 방어 태세를 갖추게 할 수 없었다. 멕시코군 진지는 순식간에 와해되었고, 부대는 후퇴했다.

이번에도 운이 좋았던 휴스턴 부대는 산타안나를 포로로 잡았고, 산타안나는 텍사스에서 군대를 퇴각시키겠다고 제안했다. 수많은 텍사스인이 산타안나의 잔혹함을 이유로 교수형을 시키려고 했지만, 휴스턴은 멕시코군을 텍사스에서 퇴각시킬 수 있는 권한이 산타안나에게 있다는 사실을 인식하여 처형을 거절했다. 산타안나는 하급자인 비센테 필리솔라에게 부대를 산안토니오로 이동시키라고 명령했다. 이에 필리솔라는 퇴각했지만, 텍사스에서는 보급이 열악했기 때문에 지시받은 것보다 더 먼 리오그란데강 남쪽으로 갔다. 보급 능력이 부족한 상황에서 우기까지 겹쳐 기동이 어려웠고, 보급기지에서 너무 멀리 떨어졌기에 산안토니오 진지도 지키기가 힘들었다. 산타안나가 원했던 신속한 전투 또한 부실한 보급 문제를 악화시켰다. 그는 추가 병력 투입을 고려해 산안토니오에 보급기지를 구축하지 않았고, 이러한 준비 부족으로 대가를 치렀다.[12]

결국 텍사스 독립 전쟁에서 승리를 이루어낸 것은 샘 휴스턴의 군사적 능력이나, 알라모와 골리애드에서의 영웅적 희생이 아니었다. 주역은 샌저신토의 반란정부를 제압하기 위해 병력을 분리시키기로 한 산타안나였다. 산타안나는 텍사스로 부대를 더 보내기 위해 병력을 강화하는 대신 알라모를 공격했다. 이로써 경험이 많은 고참병들이 가장 필요했을 때 그들의 빈자리가 커졌다. 병참 기반도 부실했다. 이에 더해, 알라모와 골리애드의 수비대원들을 잔혹하게 대우해 텍사스 독립을 향한 열망이 전보다 더 불타오르도록 만들었다. 샌저신토에 도착한 산타안나는 후퇴 경로가 거의 없는 진지를 구축하도록 했다. 그리고 텍사스군이 공격하지 않을 거라는 추정에 따라 부대원들에게 휴식하면서 긴장을 풀라고 명령해서 휴스턴이 이용할 수 있는 치명적인 약점을 만들었다. 이 모든 실패는 산타안나가 텍사스의 반란이라는 새로운 맥락에 적응하지 못했다는 사실을 나타낸다. 과거에는 효과가 있었던 리스크 감수와 대담한 행동은 이번 작전에서만큼은 그에게 불리한 결과를 가져왔다. 산타안나는 자기가 저지른 실패 때문에 텍사스에서 작전을 시작하던 당시 "불만이 있는 소규모 이주자 집단이었던" 이들이 가지지 못했던 멕시코의 이점들을 전부 무효화시켰다. 게다가 그가 포로로 잡히면서 멕시코의 텍사스 통치는 결정적으로 막을 내렸다.

하지만 텍사스 혁명 때문에 산타안나의 경력이 끝난 것은 아니었다. 잠시 망명 생활을 한 산타안나는 1837년 멕시코로 돌아갔다. 1838~1839년 제1차 프랑스-멕시코-미국 전쟁에서 항구 도시 베라크루스를 성공적으로 방어하면서 다시금 군사적·정치적 영향력을 얻었다.[13] 동시에 미국과 멕시코 사이의 긴장은 텍사스 독립 이후 더 고조되어있었다. 멕시코인은 미국이 영토를 차지하기 위해 반란군을 조력했다고 믿었기 때문이다. 영토에 대한 욕망이 1846년 미국과 멕시코가 벌인 전쟁의 원인이었다. 이 전쟁에서 산타안나는 두 번째 대실패를 저질렀다.[14]

멕시코-미국 전쟁 초반, 산타안나는 1845년에 국내에서 발발한 소요 사태로 대통령직에서 추방된 후 쿠바에서 망명하고 있었다. 산타안나는 미국의 제임스 포크 대통령에게 서한을 보내 중재자가 되겠다고 제안했다. 포크 대통령은 산타안나가 멕시코로 돌아갈 수 있도록 허용했고, 그가 새로운 정부를 꾸려 강화조약 체결 협상을 할 것이라는 기대와 함께 200만 달러 이상을 지불했다. 하지만 멕시코에 도착한 산타안나는 미국의 침략에 대비한 방위군을 조직하기 시작했다. 그는 다시금 대통령이 되었지만, 이전과 마찬가지로 군사적 사안에 집중하기 위해 부통령에게 정치 권한을 대부분 이양했다.[15]

산타안나의 첫 번째 관심사는 국경을 건너와 살티요에서 진지를 구축한 재커리 테일러 장군과의 전투를 준비하는 것이었다. 산타안나는 병사 약 2만 명을 모았고, 베라크루스에서 멕시코로 진격하는 윈필드 스콧 장군을 지원하기 위해 테일러가 정규군을 보냈다는 사실도 알고 있었기에 최대한 빨리 북진했다. 이 사실은 테일러에게 신참 자원병만 있다는 의미였기 때문이다. 부대가 빠르게 움직이게 하기 위해 산타안나는 병사들에게 3일치 식량만 휴대하게 했다. 신속하게 움직이려면 매일 대형 군용열차가 보급품을 싣고 오기를 기다릴 수 없었기 때문이다. 즉 멕시코군은 얼마 안 되는 물자를 가지고 사막에서 385킬로미터나 행군해야 했고, 그 결과 행군 과정에서 죽음과 탈영이 잇따랐다.[16] 보급보다는 속도에 신경을 쓴 산타안나는 병사들에게 미군에게서 노획한 물자를 사용하라고 말했다.

북쪽으로의 고된 행군에도 불구하고, 산타안나는 리스크를 감수하는 것을 개의치 않았다. 테일러에게서 승리를 거두면 스콧이 침공을 시작하기도 전에 전쟁을 끝낼 수 있기 때문이었다. 리스크를 감수하고자 했던 산타안나의 의지는 전략적으로 말이 되긴 했지만, 부에나비스타 전투에서 멕시코군이 마주한 전술적 불균형을 초월할 수는 없었다. 전쟁터에서 신속히 결단해야 한다고 판단한 산타안나는 테일러 부대를 고립시키고 통신선을 차단한 뒤 시간을 끄는 쪽을 택하지 않고, 방어에 유리한 지형에 자리를 잡은 테일러 부대를 곧바로 공격하기로 결정했다. 즉 산타안나

는 그의 수적 우위를 무효화하는 위치에 있는 적을 공격한 것이다.[17]

부에나비스타 전투는 이틀간 지속되었다. 산타안나는 미군 2,000명과 멕시코군 1,000명이 전사했다고 주장했지만, 실제로 산타안나는 병사 2,100명을 잃었고, 미군 사상자는 약 900명 정도였다. 경험이 없던 자원병 1,500명이 탈영한 것이 테일러가 입은 가장 큰 손실이었다. 산타안나는 부대에 더 이상 보급을 할 수 없어 이틀간의 전투 끝에 후퇴해야 했다. 적은 보급만으로 작전을 수행하려고 했던 것이 그를 궁지로 몰아넣은 것이다. 산타안나에게는 유감스럽게도, 멕시코시티로 돌아가는 길 또한 전투만큼이나 가혹했다. 마침내 수도에 도착했을 때, 그의 전력은 전투 초기의 절반밖에 남아 있지 않았다. 승리를 거두고자 서두른 산타안나는 이미 어려웠던 멕시코의 상황을 악화시켰다.[18]

전쟁은 한 나라를 단결시킬 수 있지만, 멕시코-미국 전쟁은 멕시코를 단결시키지 못했다. 산타안나가 테일러 부대와 싸우고 있을 때, 산타안나의 정치적 라이벌들은 전시 대통령직을 수행한 부통령 발렌틴 고메스 파리아스 정권을 전복시키기 위해 노력하고 있었다. 반군은 고메스 파리아스를 온건하게 비판하는 세력과 결탁하여 산타안나를 대통령직에 복귀시켜 멕시코를 살리라고 촉구했다. 이것은 멕시코가 19세기 중반에 당면했던 국가적 의지 문제를 보여준다. 이 갈등 속에서 당파들은 미국인 침략자들에 대항해 결집하는 대신, 서로 투쟁했다. 이 국가적 의지 결핍은 멕시코-미국 전쟁 내내 문제가 되었다.[19]

산타안나는 부에나비스타 전투 이후 스콧을 막기 위한 전력을 마련하기 시작하면서 군대를 편성하는 능력을 다시금 잘 보여 주었다. 정부가 그의 부대에 식량이나 화약을 제공하지 못하자, 산타안나는 직접 보급품을 제공했다.[20] 산타안나는 베라크루스의 주섬인 할라파와 가까운 세로고르도에 방어 진지를 구축했다. 이 언덕 위 진지는 베라크루스를 그토록 위험한 곳으로 만들었던 황열병 유행 지역에 있었다. 산타안나는 이곳에 있으면 전투가 일어나기 전에 스콧 부대가 약화되리라 기대했다. 아울러 세로고르도는 방어 진지로서 이점이 많았다. 꽤 높은 곳에 있어서 주변이 잘 보였다. 또한 베라크루스와 멕시코시티 사이의 길을 내려다보는 곳에 있었다. 산타안나가 이곳을 유지할 수 있었다면, 스콧의 멕시코 진격을 방해할 수 있었을 것이다.[21]

스콧은 세로고르도 주변 언덕에서 멕시코군 대포들을 공격하려고 했다. 산타안나는 스콧 부대의 위치를 파악한 뒤 병력을 강화하기 위한 조치를 취했다. 하지만 그는 멕시코군 진지의 초반 방어를 계획했던 마누엘 로블레스 페주엘라 중령의 권고를 무시했다. 로블레스 페주엘라는 스콧이 점령하는 것을 방지하기 위해 아탈라야언덕 진지를 추가 병력과 큰 대포로 강화해야 한다고 제안했다. 산타안나는 이동을 어렵게 하는 울창한 숲과 협곡이 주변에 있기 때문에 진지가 난공불락이라고 믿었다. 또한 산타안나는 미군이 진지를 차지하면 세로고르도의 멕시코군 대포들이 언덕의 침략자들을 격파할 것이라고 생각했다. 산타안나의 이러한 상황 판단은 틀렸다. 미군은 언덕을 차지한 뒤 멕시코군 병력을 공격해 완전히 분열시켰다. 패배로 끝난 이 전투가 미군이 멕시코시티 입구에 거의 도달할 때까지 미군의 진격을 막기 위한 멕시코군의 마지막 시도였다.[22]

세로고르도에서의 패배는 산타안나에게 매우 곤란한 일이 되었다. 군대와 화약과 군자금을 모두 잃었기 때문이다. 산타안나에게 이 패배는 개인적으로도 매우 속상한 일이었다. 세로고르도는 산타안나의 대농장 중하나와 가까웠고, 그가 태어난 지역이었다. 여기서 자라나면서 스페인의 지배에 저항한 세력들과 싸우며 명성을 높였고, 그러다가 다시 저항 세력으로 편을 바꾸었다. 산타안나에게 세로고르도에서의 패배는 엄청난 치욕이었다.[23]

스콧 부대가 진군하여 멕시코시티를 포위하기 시작하자 산타안나는 휴전을 제의했고, 스콧은 이를 받아들였다.[24] 협상이 진행되는 동안 산타안나는 미국이 전쟁 비용을 전부 부담하고, 멕시코의 부채를 탕감하고, 1836년 이전에 이루어진 텍사스 내 토지 증여를 전부 인정하고, 멕시코 항구 봉쇄를 중단하고, 멕시코에서 점령한 모든 지역에서 철수하라고 요구했다. 그에 대한 대가로 리오그란데강이 아니라 뉴에이서스강을 남쪽 국경으로 삼아 텍사스의 독립을 인정하고, 미국이 캘리포니아에서 교역상 특혜를 누릴 수 있도록 고려하기로 했다. 스콧은 이 비현실적인 조건들을 거부하였고, 전쟁은 계속되었다. 하지만 산타안나는 멕시코 군대에 계속 시간을 벌어 주었다.[25]

산타안나는 이 휴식을 잘 활용하려 했다. 수도 안에서 위기에 처한 국가를 지키자고 사람들을 고무시켰다. 산타안나는 미군 병사들에게 탈영해서 멕시코로 넘어와 노예제가 없고 평등한, 진정 자유로운 시민들과 살라고 설득했다. 하지만 이러한 노력은 실패했다. 당시 멕시코는 정치적으로 분열되어있었기 때문에 멕시코 사람들에게는 고취할 애국심이 거의 없었다. 산타안나는 급진파와 온건파 모두에게서 지지를 받았지만 대통령이 되는 데에는 관심이 없었으며, 멕시코 방위군을 조직하는 데 집중했다.[26]

산타안나는 전쟁을 계속하고자 했으나, 게릴라전을 위한 지지를 얻을 수는 없었다. 그는 세력을 재정비하기 위해 오악사카로 남진했지만, 그의 군대에서는 탈영과 의지 결핍이 지속되었다. 그의 마지막 전투는 후아만틀라 기습과 푸에블라에서 했던 미군 보급열차 공격이었으며, 둘 다 실패했다. 군대와 정부가 멕시코시티에서 떠난 뒤, 신정부가 구성되었고 산타안나를 사령관 자리에서 축출했다. 신정부는 1848년 2월 2일에 과달루페-히댈고 조약을 체결하면서 멕시코 국토 절반을 미국에 넘겨 주고, 텍사스의 남쪽 국경이 리오그란데강이라고 인정했으며, 이에 따라 현재 미국 애

리조나주, 캘리포니아주, 콜로라도주, 네바다주, 뉴멕시코주, 유타주 그리고 와이오밍주에 해당하는 지역을 미국에 파는 데 동의했다.[27]

전쟁 이후 산타안나는 멕시코에 패배를 안긴 자라는 비난을 받았다. 많은 멕시코인이 그가 포크와 협력해 미국이 승리하게 만들었다고 믿었다. 오늘날까지도 전쟁 당시 그의 행동을 가리키면서 반역자라고 믿는 멕시코 국민들이 많다. 하지만 산타안나는 단지 무능했을 뿐, 반역자는 아니었다. 그럼에도 그의 무능한 리더십은 멕시코에 재앙을 가져왔다.

산타안나가 멕시코-미국 전쟁에서 승리할 수 있는 현실적인 선택지는 적었다. 하지만 미군에 비해 열등했던 그의 군대와 멕시코인의 분열을 고려하면 산타안나의 리더십이 사실상 미국이 승리하도록 도왔다고 할 수 있다. 보급로를 만들지 않고서 테일러를 상대하기 위해 북진한 것은 멕시코군에 시간과 인명 손실을 야기했다. 산타안나는 테일러를 공격하는 것이 리스크를 감수할 만하다고 믿었지만, 얼마 안되는 보급품만 가지고서 사막을 건너야 했고, 지형을 효과적으로 활용하여 참호를 잘 구축한 적과 싸워야 했다. 산타안나는 테일러를 빨리 패배시키기 위해 너무 많은 리스크를 감수했으며, 부에나비스타 전투에서 패하면서 병력을 재구축해야 했고 정치적 불안정도 감당해야 했다. 이에 따라 스콧의 침공을 막기가 어려워졌다.

산타안나는 남쪽으로 후퇴하여 멕시코시티에 평화를 회복시켜 놓은 뒤에야 스콧 부대로 관심을 돌렸지만, 세로고르도에서 내린 그의 결정 또한 결함이 많았다. 그는 부하들의 제안을 따르길 거부하면서 아탈라야언덕 방어를 강화하지 않아 미국에 이 언덕을 빼앗겼으며, 그의 부대는 곧 섬멸당했다. 텍사스 혁명에서도 알라모 공격에 집중하고, 알라모와 골리애드에서 텍사스인들에게 자비를 보이라 간청하는 부하들을 무시해 전투에 악영향을 끼쳤다. 특히 텍사스의 지도자들이 그러한 사실을 지지자 결집에 사용하면서 멕시코가 더 큰 손해를 봤다. 더군다나 알라모 전투 이후 병력을 나누기로 한 그의 결정 때문에 텍사스군은 수적으로 더 대등한 위치에서 멕시코군을 상대할 수 있게 되었다.

샌저신토에서 산타안나는 또 한 번 실패했는데, 이는 방어 준비를 게을리해서였다. 그는 병사들이 휴식을 취하는 동안 안전을 보장하지 못했다. 적군이 자신을 공격할 최적의 시기를 놓쳤다고 잘못 판단했기 때문이다. 이러한 준비 부족은 멕시코의 계획을 무너뜨릴 공격을 유도하는 꼴이었다.

산타안나는 최악의 지휘관 목록에 올라 마땅하지만, 그렇다고 완전히 무능한 것은 아니었다. 그는 용맹했으며, 아메리카 원주민과 무질서한 농노 반란군, 스페인 식민지군을 상대로는 훌륭한 지도력을 보였다. 그는 정치적 통찰, 위험을 감수하는 능력, 리더십으로 멕시코 초기 역사의 중요한 순간에 핵심 역할을 맡을 수 있었다. 하지만 그 능력 중 어느 것도 텍사스나 미국을 상대로 한 전투에서 승리를 가져다 주지 못했다. 산타안나가 최악의 지휘관 목록에 올라야 하는 이유는, 자신의 행동이 텍사스 독립 전쟁이라는 거시적 정치 맥락에 미칠 영향을 이해하지 못했고, 스콧이 침공을 준비할 때 테일러 부대를 공격하기로 결정했으며, 세로고르도 전투에서 부하들의 말을 무시했기 때문이다. 이러한 결정들은 멕시코가 국토의 절반을 상실하는 과정에서 핵심 역할을 했다. 그래서 산타안나는 조국 멕시코의 역사에서 불명예스러운 위치에 놓여야 마땅하다.

3장

멍청이

지혜 없는 힘은 자신의 무게로 쓰러진다.

– 호라티우스, 고대 로마 시인

프란츠 콘라트 폰 회첸도르프
FRANZ CONRAD VON HÖTZENDORF

마크 E. 그로텔루센, 데릭 바블

프란츠 콘라트 폰 회첸도르프, 1915.

장군들의 무능함으로 악명 높았던 제1차 세계대전에서 오스트리아-헝가리 육군 원수이자 참모총장이던 프란츠 콘라트 폰 회첸도르프는 자신이 최악 중 최악이라는 사실을 지속적으로 증명해 보였다. 그는 제1차 세계대전 발발 이전부터 무능했으며, 그 피해는 전쟁이 끝날 때까지 지속되었다. 콘라트는 1914년까지 7년 동안 이웃나라들이 오스트리아-헝가리를 딱히 도발하지도 않았고 휘하 군대가 준비되지 않았는데도 이웃나라들에 전쟁을 선포하라고 50번 이상 권고했다.[1] 그는 1906년에서 1911년까지, 그리고 다시 1912년에서 1917년까지 오스트리아-헝가리제국(k.u.k.)[2] 고위 장교직에 있으면서 군대를 이끌었다. 콘라트가 제1차 세계대전 내내 세르비아·러시아·이탈리아 전선을 지휘하면서 그토록 전투에 투입하고 싶어 했던 군 조직의 약점이 여실히 드러났다. 가장 공정하고 최신간인 콘라트 일대기를 쓴 로렌스 손드하우스는 "한 장군이 전쟁 전 전술·전략·전쟁 계획을 구상하는 과정에서 이렇게 큰 영향을 미치고, 전쟁 발발 후 자기 군대를 재앙으로 이끌면서도 거의 전쟁 내내 지위를 유지할 수 있는 국가는 드물다."라고 말했다.[3]

심각할 정도로 전쟁 준비를 안 한 군대와, 그럼에도 굴하지 않는 호전성, 이 두 사실 만으로도 콘라트는 역사상 최악의 지휘관 반열에 올라 마땅하다. 게다가 오스트리아-헝가리 정부가 이웃나라에 전쟁을 선포하라는 그의 끈질긴 제안을 결국 받아들인 후에 콘라트는 병력 동원도 제대로 관리하지 못했다. 러시아 전선이나 세르비아 전선 중 한 곳에 핵심 지원병력을 보낼지 말지도 정하지 못한 그의 무능함 때문에 이 주요 병력은 둘 중 어느 곳에도 영향을 미치지 못했고, 1914년과 1915년 두 전선 모두에서 패했다. 1915년, 이탈리아가 전쟁을 선포한 후 콘라트의 군대는 준비 상태나 리더십이 부실했던 이탈리아군을 상대로도 패했다.[4] 1916년, 세 전선에서 겪은 끔찍한 인명 손실은 오스트리아-헝가리의 군사력을 산산

이 부숴 놓았다. 새 황제 카를 1세는 1917년에 콘라트를 참모총장 자리에서 퇴출한 뒤 이탈리아 전선의 티롤 지역으로 보내 부대를 이끌게 했다. 그곳에서도 또 한 차례 실패한 그는 1918년 중반 결국 해임되었다.

제1차 세계대전은 많은 지휘 능력을 요구했고, 콘라트는 이에 부응할 수 없었다. 그는 패전을 주로 동맹국들 탓으로 돌렸는데, 정작 동맹국들은 콘라트가 항상 패했던 적들을 상대로 승리를 거두었다. 독일이 동부 전선과 남부 전선에서 주도권을 잡았던 1915년에 고를리체-타르노프에서 벌인 러시아와의 전투, 1916년 루마니아와의 전투, 1917년 카포레토에서 벌인 이탈리아와의 전투는 같은 곳에서 오스트리아-헝가리군이 겪은 패배가 그 조직과 리더들의 무능함 때문이지, 적군이 무적이어서가 아님을 보여 주었다. 이 패배의 책임 대부분은 전쟁 발발 전 8년간 참모총장이었고, 대규모 전쟁이 일어나도록 누구보다도 많은 노력을 기울인 콘라트의 것이다. 그는 이로써 오스트리아-헝가리군이 얼마나 준비도 안 되었고, 리더십도 형편없었으며, 상대와의 격차도 심했다는 것을 드러냈다.

프란츠 요제프 콘라트 폰 회첸도르프는 1852년 11월 11일 은퇴한 오스트리아군 대령 프란츠 크사버 콘라트 폰 회첸도르프의 아들로 태어났다. 하인부르크, 비너노이슈타트의 테레지아 사관학교, 빈 k.u.k.(kaiserlich und königlich, 제국 및 왕실) 전쟁학교에서 공부한 후 오스트리아-헝가리군 참모본부에 발령을 받았다. 이후 제6 기병여단, 제4 보병사단, 제47 보병사단 본부에 배속되었다. 렘베르크(현재 우크라이나의 르비우)에서 제11 사단 참모장으로 근무한 후 전쟁학교 교수진에 합류해서 전술을 가르치면서 '훌륭한 강사이자 혁신적인 전술가'라는 명성을 쌓았다. 당대 저명한 군사 전문가들과 마찬가지로 그는 "비용을 얼마든지 감수하고서라도" 무조건 공격을 옹호했다.[5] 이후 대대에서 사단까지 보병부대를 지휘했으며, 실전같은 훈련을 고집하면서 공격의 우월성을 강력히 주장했다.[6] 또 군대의 현대화를 강조했고, 오스트리아-헝가리의 옆에서 부상하던 이탈리아 및 세르비아와 "예방" 전쟁을 벌여야 한다고 주장했다. 곧 프란츠 페르디난트 대공이 그에게 관심을 보였으며, 대공은 1906년 프란츠 요제프 1세 황제에게 오스트리아-헝가리군 참모총장으로 콘라트를 추천했다.[7]

콘라트가 당해 11월 취임했을 때 오스트리아-헝가리는 심각한 안보 문제를 겪고 있었다. 하지만 그것을 해결할 인물은 콘라트가 아니었다. 손드하우스가 언급했듯이 "그의 전문 분야는 전술이지, 전략이 아니"었다. 역사학자 홀거 헤르비히는 "콘라트는 그 자리에 있을 인물이 아니었다."라는 말로 이후에 있을 콘라트의 활약을 평가했다.[8] 그는 뛰어난 언어 실력(9개 국어를 구사했다)을 자랑했고, 이후 전쟁터가 될 곳들을 직접 경험하기도 했지만, 그의 계획은 중요한 인적·지리적·기후적 요소들을 무시했다. 이에 더해 그는 공격적인 사회진화론에 점점 경도되었고, 그가 제안하는 정치·외교 정책 또한 이에 기반하였다. 콘라트는 전쟁을 최후가 아닌 최선의 수단으로 간주했다.

1907년 새로 부임한 참모총장 콘라트는 "오스트리아의 선천적 적국"인 이탈리아 및 세르비아와의 전쟁을 제안했다. 1년 뒤에는 러시아를 적국 목록에 추가했고, 이후 몬테네그로와 루마니아도 추가했다.[9] 이러한 호전성은 콘라트가 품었던 사회진화론적 신념 및 세계관과 직결된 것으로, 그가 지정학과 국제정치를 바라보는 시각에도 영향을 미쳤다. 콘라트는 다음과 같이 말하기도 했다.

생존을 위한 분투가 이 지구상 모든 사건의 기본 원칙임을 인정하는 것이 정책 수립을 위한 유일하게 현실적이고 합리적인 근거다… 엄습하는 위험을 보지 못하거나, 위험을 인지했어도 무장을 하기에는 너무 나태하며 적절한 순간에 공격을 하지 못하는 자는 대가를 치를 것이다.

손드하우스가 진술했듯이, 콘라트는 전쟁터에서도 국제 관계 영역에서와 마찬가지로 '승리를 위한 의지'를 중시했다.[10] 콘라트에게 이는 단순한 이론이 아니었다. 여기에 오스트리아-헝가리의 생존이 걸려있다고 믿었다. 콘라트는 "낙관적인 목표와 공격적인 정책만이 이 국가를 파멸에서 구할 수 있다."라고 말했다.[11]

콘라트가 끊임없이 제안했던 공격전은 대부분 받아들여지지 않았다. 그는 외교에 간섭한다는 이유로 1911년에 일시적으로 해임을 당했다. 콘라트는 "인간애人間愛의 친구는 영원한 평화가 가능하리라는 꿈을 꾸지만, 주요 정치인들은… 현실을 있는 그대로 받아들이고, 존재에 대한 냉정한 투쟁에서 결론을 도출하여야 한다."라고 믿었다.[12] 또한 그는 "전쟁은 단순히 정책적 행위가 아닌, 다른 수단들과 병행되는 진정한 정치적 도구이자 정치적 교류의 연장이다."라는 클라우제비츠의 주장도 거부했다.[13] 손드하우스에 따르면, 콘라트는 "정치인들과 외교관들은 전쟁의 승리를 위한 우호적 환경을 조성하고 나면, 군인이 자기 일을 할 때 비켜있어야 한다."라고 믿었다. 그런 콘라트에게 전쟁은 "정치를 대체"했다.[14] 콘라트는 "국가·민족·왕조의 운명은 외교 테이블이 아니라 전쟁터에서 결정된다."라고 했다.[15] 오스트리아-헝가리군 참모총장으로서 콘라트는 자신의 주장을 실현시키기 위해 할 수 있는 모든 것을 했다. 결국 전쟁터에서의 운명이 그와 그의 군대, 제국에 재앙을 가져다 주었다.

1914년에 콘라트가 전면전 발발을 재촉하기 전, 1908년과 1913년 사이에 발칸반도에서 발생한 수많은 위기에서 콘라트의 시각과 공식 행동이 드러났다. 1908~1909년 오스트리아-헝가리가 보스니아와 헤르체고비나에서 위기를 맞이했을 때, 콘라트는 "[세르비아의] 팽창주의적 야망"을 꺾어 버려야 한다고 정치 지도자들을 설득하는 데 실패하였고, 자괴감에 빠졌다.[16] 아울러 콘라트는 친구에게 "발칸반도에서의 위기가 이렇게 끝나면서 수천 개에 달하는 희망이… 사라졌다네. 내 직업이 주는 기쁨도 사라졌고, 열한 살 이후 모든 상황에서 날 지탱해온 것도 사라졌어."[17] 라고 털어놓았다. 몇 년 뒤에도 콘라트는 그 "잃어버린 기회"를 한탄하며, "질질 끄는 이 망할 평화"에 분노했다.[18] 1911년과 1913년에도 세르비아와의 전쟁 시도가 실패하자 비슷한 자괴감을 느꼈다. 프란츠 요제프 황제는 "정부의 일은 평화를 지키는 것"이라고 말했다. 콘라트는 "무슨 대가를 치러서라도 지켜야 하는 것은 아닙니다."라고 빈정거렸다.[19]

전쟁을 선호하는 것 외에, 콘라트는 오스트리아-헝가리의 이웃국가들을 침략할 계획까지 세우고 있었다. 참모본부는 오스트리아-헝가리가 수많은 적, 특히 세르비아 및 러시아와 동시에 싸우면서 유럽 전반의 전쟁에도 개입할 가능성까지 고려해야 했다. 따라서 가장 가까운 동맹국이었던 독일과의 협력이 매우 중요했다. 하지만 이 협력은 공개적이지도 친밀하지도 않았는데, 여기에는 콘라트의 책임이 컸다.[20]

그레이든 툰스탈은 이 소극적인 협력을 연구하면서 콘라트가 제1차 세계대전 발발 5년 전에 독일의 헬무트 폰 몰트케와 단지 "두 가지 협력점만 합의"했다고 지적했다. 유럽에서 광범위한 전쟁이 발발할 경우, 독일은 주력을 프랑스로 보내고 러시아령 폴란드에서의 싸움을 보조적으로 지원하며, 오스트리아-헝가리는 러시아의 압력에 저항하기 위해 동쪽에 공격을 집중하겠다는 것이었다. 1914년 여름에 전쟁이 시작되자 양측 지도자들 모두 서로에게서 받은 것보다 많은 것을 기대했고, '약속'했던 것보다 더 적게 주었다.[21] 이러한 불일치는 특히 콘라트에게서 두드러졌는데, 그는 러시아와 관련해서 독일이 약속한 것보다 더 많은 것을 요구하면서도 자신이 한 약속은 이행하지 못했다.

1914년 여름에 일련의 사건들로 콘라트가 그렇게도 바라던 전쟁을 실행할 기회가 주어졌다. 세르비아인 테러리스트들이 합스부르크 가문의 후계자 프란츠 페르디난트 대공을 암살했고, 오스트리아-헝가리 지도자들은 세르비아와의 전쟁을 고민하기 시작했다. 외무장관 레오폴트 베르히톨트에 따르면 이 위기에서 콘라트의 입장은 그저 "전쟁, 전쟁, 전쟁"이었다.[22] 헤르비히의 말처럼 실제로 콘라트는 1914년까지 "무슨 대가를 치르더라도"를 부르짖는 기질을 드러냈고, "[세르비아가] 빚을 갚도록 만들 마지막 기회가 지나가지 않게 하리라는 결심"을 품었다. 콘라트는 전쟁이 유럽에서 오스트리아의 지위를 지키기 위한 유일한 수단이라고 여겼기에 이토록 전쟁을 진지하게 여겼다. 심지어 이 전쟁으로 오스트리아-헝가리제국과 400여 년 역사를 지닌 합스부르크 가문이 무너질 수 있다는 사실을 분명히 인지하고서도 무력 분쟁을 지지했다.[23] 콘라트는 이 전쟁을 "가망 없는 투쟁이 되겠지만, 이렇게 오래된 왕조와 이렇게 오래된 군대는 불명예스럽게 소멸하지 않는다."라고 했다.[24] 물론 이 둘은 딱히 명예롭지 않게 무너졌다. 특히 콘라트의 전쟁 리더십하에서 오스트리아-헝가리 군대는 충격적인 무능함을 보이며 무너졌다.

콘라트의 무모한 호전성에서 특히 문제가 되는 것은 개인적인 연애와 관련한 목적이 그 배후에 있었다는 합리적인 의심이다. 1907년에 55세가 된 홀아비였던 콘라트는 빈의 사업가 요한 폰 라이닝하우스의 부인이자 당시 28세였던 버지니아 라이닝하우스(애칭 '지나')에게 구애하기 시작했다. 1914년, 콘라트의 명백한 애정과 집요함 그리고 버지니아 본인의 결혼 문제로 둘 사이의 복잡한 관계가 시작되었다. 콘라트는 버지니아에게 완전히 빠져있었다. 1907~1915년에는 버지니아에게 편지를 3,000통이나 썼고, 그중에는 50페이지가 넘는 것도 있었다. 구애 행각이 너무 과도했던 나머지 그는 하마터면 지위를 잃을 뻔했다.[25] 그녀를 부인으로 삼고 싶은 마음이 절박했지만, 그러기 위해서는 그녀가 이혼을 해야 했다. 하지만 이혼하려면 그녀의 천주교 신앙과 당대의 지배적인 종교적·정치적·사회적 분위기가 요구하는 많은 특수 조치가 선행되어야 했다. 콘라트는 자기가 전쟁영웅이 된다면 앞길을 가로막는 수많은 장애물이 치워질 것이라 믿은 듯하다. 버지니아에게 쓴 개인적인 편지에서 그는 "내가 성공의 왕관을 쓰고 돌아와 우리 사이의 장벽들을 무너뜨리고… 당신을 내 소중한 아내로 맞이할 수 있게 해 줄 전쟁"이 필요하다고 털어놓았다. 이러한 성공으로 "여태까지 부정당한 내 경력과 개인적 삶의 만족"을 얻을 수 있을 것이라 믿었다.[26]

콘라트의 세계관과 개인사가 그의 호전성에 얼마나 많은 영향을 미쳤는지는 정확히 알 수 없으나, 그가 자신의 조국과 유럽의 거의 전체를 당대 최대 규모의 전쟁으로 밀어넣는 데 일조했다는 사실만은 명백하다. 1925년 오스트리아의 유력한 사회민주당원 오토 바우어는 "유럽 전체에서 전쟁 발발에 주된 책임이 있는 사람 대여섯명을 고른다면, 그중 하나는 콘라트 육군 원수일 것이다."라고 했다.[27] 일부 학자들은 더 나아가기도 한다. 제1차 세계대전 발발에서 오스트리아-헝가리가 한 역할을 연구한 주요 역사학자인 새뮤엘 R. 윌리엄슨 주니어는 콘라트를 "아마 1914년에 전쟁이 발발한 책임을 가장 크게 져야 할 사람"이라고 칭했다. "자신감 있는 전쟁 성패 예측"으로 뒷받침된 그의 전쟁 요구는 민간인 상급자들을 벼랑 끝으로 밀어넣었다.[28] 예나 지금이나 많은 사람이 제1차 세계대전 발발 책임은 독일제국에 있다고 보지만, 헤르비히는 "전쟁을 주도한 것은 빈이었으며, 외교적 수단이 아닌 군사적 수단으로 문제를 해결하고자 한 것은 호엔촐레른(독일제국 황실)이 아니라 합스부르크였다. 7월에 불거진 전쟁 위기의 방향과 속도는 빈에서 결정된 것이었다."라고 적절히 지적했다.[29] 그리고 빈에서는 콘라트가 전쟁당의 명백한 지도자였다. 베를린과 빈의 국가원수, 고위급 장관, 지휘관 등 주요 인물들은 1914년 7월 중반까지 "계산된 [전쟁] 가능성을 받아들였으며", 심지어 유럽 전체의 전쟁

까지도 고려하고 있었다. 하지만 콘라트는 단지 전쟁을 바란 것이 아니라, 전쟁에 목을 매고 있었다.[30]

콘라트의 낙관적 호전성에도 불구하고, 1914년 그의 군대와 조국은 전쟁 준비가 되어있지 않았다. 오스트리아-헝가리는 비율로 봤을 때 수년간 다른 주요 유럽 국가에 비해 국방비를 적게 지출했고, 인구 비율을 고려하면 적들에 비해 군사 훈련을 받는 사람도 적었다. 이 불리한 현실의 원인을 헤르비히는 다음과 같이 주장한다. "합스부르크 군대는 대대적인 전쟁을 치르기 위해서가 아니라, 제국의 섬세한 정치적 균형을 유지하기 위해 설계된 것"이었다.[31] 역사학자 노먼 스톤의 말을 빌리자면, "빈은 항상 이상과 현실 간의 괴리가 다른 곳에 비해 더 심했다. 오스트리아-헝가리 군대는 [콘라트가] 배정한 역할을 맡을 정도로 충분히 강하지 않았다."[32] 그럼에도 콘라트는 이 불충분한 군대를 동원하고자 했다. 콘라트는 총사령관으로서 군대의 강점과 약점을 이해하고, 그 힘을 어떻게 최대한 활용할 것인지에 대해 정치 지도자들에게 이성적인 조언을 할 책임이 있었다. 하지만 이런 임무를 달성하는 데 실패했다.

콘라트가 오스트리아-헝가리의 패전 책임을 더욱 크게 져야 하는 이유는, 이 군대가 그의 영향을 많이 받았기 때문이다. 그는 자기 군대를 위한 보병 전술 지침서를 작성하기도 했고, 사관학교에서 많은 장교를 교육했으며, 호의적인 인물에게 진급과 중요한 보직을 제공했고, 작전의 기반이 되는 전략을 설계하기도 했다. 손드하우스가 진술했듯이 콘라트는 "제1차 세계대전의 기원과 전개 양상에 개입된 수많은 인물 중 유난히 특별했다… 옛 유럽을 1914~1918년에 벌어진 유혈 사태에서 전례 없는 파괴로 이끌었던 전술·전략·전쟁 계획과 관련된 책임이 있는 사람들 중 그에 대적할 자가 없었다."[33] 콘라트는 오스트리아-헝가리가 직면한 상황과 그 실제 능력 간의 균형을 잡는 데 실패했을 뿐 아니라, 실제로 전쟁이 발발한 뒤에는 그의 전략적 결정들이 모두 무능의 소치였음이 드러났다.

콘라트가 그토록 오랫동안 바랐으나 그의 군대는 전혀 대비하고 있지 않았던 그 전쟁은 1914년 여름에 찾아왔다. 이제 지휘관은 중대한 결정을 내리고, 전략적 방향을 정하고, 참모부와 편성된 군대를 관리해야 했다. 이 모든 영역에서 콘라트는 실패했다.

가장 심각했던 것은 오스트리아-헝가리군이 동원되는 과정에서 콘라트의 병력 배치 결정에 문제가 있었다는 점이다. 매년 갱신되었던 제국 전쟁 계획은 세르비아와의 단독 전쟁(전쟁 상황 B, 발칸의 약자) 그리고 러시아와의 단독 전쟁(전쟁 상황 R)을 포함하고 있었다. 하지만 현재 기록에 따르면 콘라트는 실현 가능성이 가장 높았던, 러시아와 세르비아를 동시에 상대하는 다중 전선(이른바 '전쟁 상황 R+B') 시나리오는 준비하지 못했다.[34] 이러한 누락 때문에 1914년 7월 참모진은 복잡한 동원령과 병력 배치를 급히 재설계하느라 시간에 엄청나게 압박당했다.

콘라트는 전쟁 계획의 일환으로 오스트리아-헝가리군을 3개로 나누었다. A-슈타펠*은 폴란드 남부에서 27개 보병사단과 9개 기병사단을 갖춘 러시아군을 "급하게 구성되어 무장이 부실한 보충(또는 제3선) 예비 보병여단" 21개로 상대할 터였다.[35] 세르비아에서의 작전을 맡았던 발칸 최소연대(Minimalgruppe Balkan)는 9개 보병사단과 7개 보충여단으로 구성되었다. B-슈타펠은 11개 보병사단, 1개 기병사단, 6개 예비 여단으로 구성된 예비 병력으로, 콘라트의 전략에 핵심 요소를 제공했다.[36] 전쟁 상황 B에서는 세르비아를 공격하기 위해 B-슈타펠이 발칸 최소연대에 합류하기로 되어있었다. 전쟁 상황 R 또는 유럽 전반의 전쟁에서는 B-슈타펠이 북진하여 A-슈타펠에 합류해 러시아령 폴란드를 침공하기로 했다. 이러한 계

---

* 슈타펠Staffel: 편제, 제대, 제형을 의미.

획이 성공하려면 어떤 위기가 발생하든 B-슈타펠이 적절한 전선으로 전진할 수 있도록 전략적 상황을 적시에 정확하게 그리고 객관적으로 평가해야 했다.[37] 하지만 이는 콘라트에게 너무 벅찬 일이었다. 더군다나 이전에 전쟁 상황 R+B를 계획하지 못했기에 그는 매우 난처해졌다.

7월 말에는 '오스트리아-헝가리가 세르비아를 공격한다면 러시아가 개입할 것'이라는 주장의 증거가 충분했고, 수립하지 않은 전쟁 상황 R+B 계획이 더욱 절실했지만, 콘라트는 "개 같은 세르비아"를 공격하는 데 과도하게 집착하면서 세르비아 쪽에만 군대를 집결시켰다.[38] 러시아가 갈리치아 방면에 병력을 집중시키고 있다는 수많은 보고가 있었지만, 콘라트는 B-슈타펠이 세르비아로 진군해야 한다는 최초 판단을 고수했다.[39] 독일이 러시아를 겨냥한 전쟁 상황 R을 실행하라고 계속 요청했지만, 콘라트는 이를 거부하면서 전쟁 상황 B를 고집했다. 러시아와의 전쟁이 임박했다는 모든 증거에도 불구하고 B-슈타펠의 4개 군단에 내린 남진 명령을 철회하지 않았고, A-슈타펠은 필수 지원병력도 없었기에 인원수에서조차 크게 밀렸다. 콘라트가 이토록 전쟁 상황 R을 실행하기를 거부한 데에는 단 한 가지 합리적 이유가 있었다. 헤르비히는 "콘라트가 세르비아를 깊이 증오했고, 그래서 파괴하겠다는 결의를 품어서"라고 주장했다.[40]

이 집착은 콘라트에게 치명적인 오판 세 가지를 야기했다. 첫째는 7월 말부터 이에 반하는 증거가 확고했음에도 그는 러시아가 참전을 중단하리라고 계속 믿은 것이다.[41] 둘째는 러시아가 참전할 경우, 러시아의 병력 동원이 너무나 오래 걸려 오스트리아-헝가리가 "번개와 같은 일격"으로 세르비아를 격파한 뒤, 북쪽으로 병력을 재배치하여 느리게 접근하는 러시아의 위협을 막을 것이라고 생각했다.[42] 마지막으로, 러시아가 예상보다 빠른 동원 속도를 보이자 참전이 임박했다는 사실을 깨닫고는 거의 공황에 빠지고서도 세르비아 방면에 B-슈타펠을 계속 배치한다는 끔찍한 결정을 고수한 것이다. B-슈타펠 병사들은 러시아령 폴란드에 대공세를 가하려는 A-슈타펠에 합류할 수 있기를 희망하면서 열흘간 아무것도 하지 않고 대기하다가 갈리치아로 재배치되었다.[43] 콘라트는 모든 면에서 끔찍할 정도로 잘못 판단했다. 더 큰 위협인 러시아에 집중하라는 몰트케의 반복된 권고에도 불구하고 그는 자신의 감정을 통제하지도, 병력을 이성적으로 배치하지도 못했다. 홀게르 헤르비히의 말을 빌리자면 콘라트의 계산은 "희망 사항"에 기반한 것이었고, 이게 마지막도 아니었다.[44]

그해 여름, 다시 한 번 파괴적인 결정으로 콘라트의 병사들은 실패를 겪게 된다. 7월 초, 콘라트는 러시아의 반응과는 무관하게 세르비아와의 전쟁을 밀어붙이면서 향후 A-슈타펠 배치 계획을 조정하라고 지시했다. 전쟁 상황 R은 당초 A-슈타펠 부대를 B-슈타펠 부대와 함께 기차로 수송해 갈리치아 전선의 최대한 깊숙한 곳으로 보내 러시아령 폴란드에서 동원 준비를 마치지 못한 러시아군을 타격하는 것이었다. 하지만 7월 중순에 콘라트는 루마니아가 절대로 동맹국과 손을 잡지 않을 것이며, 오스트리아-헝가리 야전군 우측에 병력을 배치했다는 사실도 알게 되었다. 표면적으로는 이를 이유로 자신의 북쪽 야전군을 본래 장소에서 약 160킬로미터 후방에 있는 산-드네스테르강 주변에 내리게 했다.[45] 보병사단만이 국경 쪽으로 계속 나아갔다. 철도 계획자들은 콘라트에게 적어도 철도 관련 계획에서만큼은 이러한 변화가 중대한 어려움 없이 달성될 수 있을 것이라 보고했다. 이는 '재배치(Rückverlegung)'라는 새로운 계획이 되었다.[46]

만약 콘라트가 침략해오는 러시아군을 북부 병력으로 새로운 위치에서 막으려고 의도한 것이라면, 특히 러시아에 맞서기 전에 전쟁 상황 B에 맞춰 세르비아를 먼저 공격하기로 한 것이라면 그의 새로운 계획이 일리가 있었을지 모른다. 하지만 이는 전쟁 전에 세웠던 모든 계획, 그리고 가능한 모든 상황에서 공격전을 하려던 콘라트의 집착에서 크게 벗어났다. 무엇보다, 러시아와의 전쟁은 러시아령 폴란드 침공으로 시작한다는 몰트케와의 합의에도 어긋났다. 이 합의는 몰트케의 슐리펜 계획 수정안에 따라 독일의 주 야전군이 7주 안에 프랑스를 격파하는 동안 독일의 동부 전선을 보호하기 위함이었다.[47]

재배치 계획은 대실패했다. 오스트리아-헝가리 군대는 후방에 있는 산-드네스테르선을 방어하는 대신, 애초 계획 대로 러시아령 폴란드에 대공세를 가하기 위한 장소로 진군했다. B-슈타펠 관리 실패와 콘라트의 우유부단함은 오스트리아-헝가리가 처한 상황을 더 어렵게 만들었다. 오스트리아-헝가리의 보병사단이 마침내 러시아군을 만났을 때, 그들은 기차로 갈 수 있었던 수백 킬로미터를 걸어오느라 지쳐있었다.[48]

B-슈타펠 병력을 할 일이 전혀 없는 발칸 전선으로 보내 북쪽에서 A-슈타펠에 합류할 수 있도록 훈련시키고, A-슈타펠 병력을 전선의 후방에 보냈다가 원래 계획된 배치 장소로 걸어서 이동하게 한 두 차례에 걸친 형편없는 병력 배치 결정은 1914년 8월과 9월 오스트리아-헝가리군이 두 전선에서 끔찍하게 패배하게 만들었다. 제1차 세계대전 초반 전투에서 오스트리아-헝가리는 모든 주요 교전국 가운데 가장 끔찍한 패배를 겪었다. 오스트리아-헝가리는 세르비아나 러시아를 상대하면서 그 어떠한 전술적·전략적 목표도 달성하지 못한 채 양쪽 전선에서 막대한 손실을 입었다.

콘라트의 세르비아 공격은 오스트리아-헝가리의 전쟁 선포 약 2주 뒤인 8월 12일에 개시되었다. 콘라트는 이 공격을 지휘할 인물로 인맥이 넓은 오스카어 포티오레크 장군을 지명했지만, 이는 잘못된 선택이었다. 포티오레크의 병력은 46만 명으로, 세르비아의 40만 명에 비해 우월했다. 하지만 이것이 승리로 이어지지는 못했다.[49] 세르비아 육군 원수 라도미르 푸트니크는 얼마 전 두 차례나 발발한 발칸 전쟁에서의 경험과 성공을 잘 활용해 포티오레크를 능가했다. 푸트니크는 당시 북부 변방에 배치되어있던 오스트리아-헝가리의 제2군(B-슈타펠 병력 대부분)이 갈리치아로 후퇴할 것임을 알았기에 그들의 공허한 위협을 무시했다. 포티오레크의 제5, 제6군(발칸 최소연대)이 세르비아로 진입했을 때 푸트니크의 기습적인 반격은 오스트리아-헝가리군에 많은 손실과 치욕적인 패배를 안겨 주었다. 그 결과 사상자가 10만 명이나 발생했으며, 8월 말에는 세르비아 땅에서 쫓겨나기까지 했다.[50) 콘라트의 잘못된 B-슈타펠 배치는 포티오레크의 가용 병력 규모를 축소시켰다. 더군다나 전쟁 상황 B의 계획과는 반대로, 콘라트는 포티오레크가 B-슈타펠의 지원 없이 부족한 병력만으로 세르비아를 침공하는 것을 승인해놓고 다른 곳에 책임을 전가했다.

러시아군과 맞서던 북쪽에서는 더 큰 재앙이 기다리고 있었다. 콘라트는 병력 배치를 늦게 시작했고, B-슈타펠 병력을 국경의 먼 후방에 하차시켜 적에게 주도권을 넘겼다. 그럼에도 이 군대가 무엇을 이루어낼지 확실히 모르는 상황에서 서쪽 측면에 있던 제1, 제4군에 러시아령 폴란드로 북진하라고 명령했다.[51) 동쪽 측면에 있던 제3군은 이를 지원하기 위해 '적극적 방어'를 펼쳤지만, 콘라트는 작전의 일관성을 보여 주기 위해 공격적인 지휘관 루돌프 리터 폰 브루더만을 서쪽의 제1, 제4군에서 떨어진 미지의 장소로 동진시켰다. 앞서 언급했듯이, 오스트리아-헝가리군은 러시아군과 만났을 때 이미 여름의 무더위 아래서 며칠간 행군을 하느라 지쳐있었다.[52)

게다가 제2군(B-슈타펠)이 아직 도착하지 않았고, 독일군은 동프로이센에서 방어 태세를 유지하겠다고 통보해왔기 때문에 이 병력은 전쟁 전에 계획한 것보다 현저히 적었다. 그럼에도 콘라트는 공격을 결정했다.[53) 하지만 콘라트의 비효율적인 보급선에 더해 참모진도 서툴렀으며, 보병대는 아군 항공기 3대를 격추시켰고, 유선 통신도 엉망진창이었다. 콘라트가 대규모 기병대에게 폴란드 평원을 공격하라는 명령을 내리면서 혼란이 가중되었다. 러시아 보병대는 이 기병들에게 정확한 소총 사격을 퍼부었고, 이들은 아무것도 이루지 못하고서 목숨을 잃었다. 8월 말에는 이들의 말 절반이 전투력을 상실했고, 나머지도 사실상 크게 다를 바 없었다. 노먼 스톤은 콘라트의 "병력 배치"가 "그다지 성공할 가망이 없었다."라고 결론지었다.[54] 콘라트는 자신이 부여한 임무를 완수하기에는 불충분한 병력과 자원을 제공했고, 심지어 임무 자체도 부적절했다. 이런 일은 계속 반복되었다.

콘라트가 다른 나라를 상대했더라도 결과는 처음부터 일관되게 재앙적이었을 것이다. 하지만 노먼 스톤의 말을 빌리자면 러시아군 지휘관들은 콘라트와 "실수 경쟁"을 벌이며 초반에 서쪽 전선에서 오스트리아-헝가리에 작은 승리들을 가져다 주었고, 콘라트는 이를 "행복한 시작"이라 불렀다.[55] 오스트리아-헝가리 제1군의 우월한 병력과 마주친 러시아 제3군 일부는 루블린으로 퇴각했다. 오스트리아-헝가리 제4군도 마찬가지로 러시아 제5군과 대치하면서 우위를 점했고, 심지어 포로 2만 명과 대포 100문을 노획했다. 하지만 이것이 오스트리아-헝가리군이 그해에 그 전선에서 거둔 마지막 승리였다. 이 초반의 승리마저도 보급로가 끊겨서 효과가 미미했다.[56]

콘라트는 곧 초반에 저지른 실수의 대가를 치르기 시작했다. 8월 말, 우월한 러시아군이 동쪽에서 오스트리아 제3군을 서쪽으로 몰아냈다. 며칠 뒤, 기차와 행군으로 북부 전선의 남쪽 측면으로 향하면서 지친 제2군 병사들은 수가 거의 두 배에 달했던 러시아군에 항복했다.[57] 콘라트 휘하의 두 동부 야전군 모두가 패배하고서 철수했지만, 서부 군대가 큰 승리를 거두었다고 믿은 콘라트는 제4군에 동부를 지원하라고 지시했다. 하지만 이는 실수였다. 제4군은 러시아군이 제3군의 후방을 공격하는 것을 막기에는 너무 늦었고, 약화된 서부 측면 또한 곧 압도당했다. 여기에 더해, 제

1군도 러시아의 대대적인 공격에 무너졌다. 콘라트는 4개 군이 모두 패하고 궤멸될 위기에 놓였을 때 후퇴 준비를 하는 대신 가망이 없어 보이는 반격을 지시했다. 콘라트는 심지어 부대를 격려하기 위해 전선을 직접 방문하는 희귀한 행보를 보이기도 했는데, 도착해서 본 것은 처참히 파괴된 군대였다. 러시아 기병대가 몇몇 사단의 본부까지 들이닥친 것이다! 결국 콘라트도 후퇴를 명령했지만, 병력을 잘못 관리하고 후퇴 준비를 제대로 하지 못했던 탓에 크라쿠프 동쪽에 있는 두나예츠강과 바일라강에 이르는 240킬로미터의 구간에서 큰 혼란을 야기했다. B-슈타펠이 이러한 대실패를 겪는 동안, 마침내 제2군이 백해무익했던 발칸 원정에서 돌아왔다. 러시아군의 느린 대응 덕분에 완전한 파국은 막을 수 있었다.[58]

그러나 러시아군을 상대로 한 이 첫 전투는 충분히 재앙적이었다. 콘라트의 군대는 끔찍한 손실을 기록했고, 작전 목표 달성도 대실패했다. 4개 야전군이 병사 45만 명(러시아군 병력의 두 배였다)과 대포 300여 문을 잃었다. 전투부대의 수도 절반으로 줄었으며, 특히 사상자 중에서 경험이 많은 장교와 부사관이 높은 비중을 차지했다.[59] 작전 실패와 막대한 병력 손실은 전략에도 영향을 끼쳤다.[60] 헤르비히는 "세르비아와 갈리치아에서 벌어진 두 번의 재앙으로 오스트리아-헝가리는 승리를 거둘 기회를 박탈당했다고 말해도 과언이 아니다."라고 말했다. 하지만 예상할 수 있듯이, 콘라트는 자신의 실패를 또 남 탓으로 돌렸다.[61]

자기 때문에 전술적 패배와 막대한 손실이 발생했는데도(콘라트는 프란츠 페르디난트가 살아 있었다면 자신을 총살했을 것이라고 고백하기도 했다), 콘라트는 군대의 상태나 그들을 둘러싼 주변 지형과 기후를 전혀 신경 쓰지 않고서 또 공격을 향한 애정을 고수했다.[62] 그는 1914년 9월 말 갈리치아를 탈환하고, 거대한 프셰미실 요새와 군인 12만 명, 말 2만 1,000필, 민간인 3만 명을 포위한 러시아군을 무너뜨리기 위한 대규모 공격을 주도했

는데, 이 노력은 콘라트의 병력 대부분을 새해까지 소모시켰다.[63]

1914년 동부에서 오스트리아-헝가리군의 마지막 주요 공격 작전이었던 이반고로드 전투는 독일의 제9군과 함께한 합동 작전이었다. 두 군대 모두 10월 초에 수월하게 진격했고, 오스트리아-헝가리군은 심지어 잠시나마 프셰미실을 해방하기도 했다. 콘라트와 독일 동맹군은 이를 성공적인 작전으로 묘사했지만, 사실 러시아는 비스와강에 있는 더 좋은 위치로 후퇴한 것이었다. 10월 중순, 러시아군이 대규모 반격을 하면서 독일군과 오스트리아-헝가리군은 다시 뒤로 밀려났다. 독일군은 계획된 철수를 능숙하게 해냈지만, 오스트리아-헝가리군은 콘라트가 잘못 구상한 반격이 실패한 뒤 이 전쟁에서 두 번째 후퇴를 하면서 큰 타격을 입었고, 프셰미실 요새는 다시 점령당했다.[64] 1914년 말, 오스트리아-헝가리는 거의 망가져있었다. 오스트리아 전쟁부 장관은 사상자가 거의 70만 명이라고 보고했지만, 헤르비히는 그 수가 100만 명에 가까웠을 것이라 추정한다.[65]

군대가 섬멸당하자 좌절하고 분노한 콘라트는 동맹국 독일의 성공으로 더한 치욕을 겪었다. 11월 독일은 타넨베르크와 마수리안호수에서 승리했다. 아우구스트 폰 마켄젠의 제9군이 러시아의 제1, 제2군을 130킬로미터 떨어진 바르샤바로 후퇴시키면서 포로를 13만 5,000명이나 잡은 '로즈Łódz 공세'는 콘라트가 감당할 수 없는 상대적 치욕이었다. "독일중심적인 동맹" 때문에 "지긋지긋"해진 데다 동부 전선에서 독일군의 지휘를 받는 것을 싫어했던 콘라트는 사임을 택했다. 오스트리아-헝가리에는 비극적이게도 이는 거부되었으며, 독일군과 오스트리아-헝가리군의 진정한 동부 지휘권 통합이 이루어지리라는 희망도 함께 사라졌다.[66]

콘라트는 테셴의 사령부에서 호화로운 삶을 즐기며 애인에게 자기연민 가득한 편지를 쓰고, 점점 약해지는 군대를 위해 더 웅장한 공격 작전을 계획하면서 스스로를 위로했다. 여기에는 포위된 프셰미실 요새 해방을 위한 처절한 노력이 포함되었는데, 이는 지친 병사들, 겨울 날씨, 그리고 직접적인 접근을 불가능하게 하는 카르파티아산맥에 있던 러시아군의 유리한 위치를 고려하지 않은 것이었다.[67] 콘라트는 굴하지 않고 자신의 다음 작전이 "짧고 신속할 것"이라는 망상과 함께 이미 많은 피해를 입은 제3군에 가장 짧으면서 직접적인 경로인 카르파티아산맥을 통해서 공격하라고 지시했다.[68] 역사학자 리처드 디나르도는 콘라트의 계획이 "취약한 기반을 가졌다."라고 지적했다. 공격에 투입된 병력이 17만 5,000명이었지만, 이들이 지급받은 대포는 1,000문뿐이었다. 이들은 "거센 추위에 시달리며 유럽에서 가장 거친 지형을 한 걸음 한 걸음 통과하면서 러시아군의 저항에 맞서는 가운데 공격을 감행"해야 했다.[69] 툰스탈은 더 비판적이다. 그는 콘라트가 "사기가 많이 저하된 군인들에게 거의 자살이나 다름없는 행위를 명령한 것"이라고 말했다.[70] 영하의 날씨에 아직 여름 군복 차림이고 대피소나 따뜻한 음식도 없었던 병사들이 큰 피해를 입었다.[71] 이 작전이 시작되기도 전에 말이다. 작전 시작 직전에 눈보라가 들이치기도 했다. 이 공격의 결과는 예측 가능하다. 단 2주만에 사상자가 8만 9,000명이나 발생하였으며, 이러한 손실을 대가로 얻은 유의미한 이득도 없었다.[72] 콘라트는 이에 동요하지 않고 2월에 제2군을 내세워 두 번째 시도를 감행했다. 제2군은 병력 9만 5,000명 중 4만 명을 잃었다. 환경이 너무나 가혹해서 사망자 중 적의 공격에 쓰러진 이는 6,000명뿐이었고, 대부분 추위와 질병으로 사망했다. 콘라트는 3월에 세 번째 공격을 감행하려 했지만, 심각한 눈보라, 탄약 부족, 수적 열세, 러시아군의 맹렬한 반격에 직면했다. 콘라트의 군대는 방어 태세로 전환하여 현재 위치를 유지하기로 했다.[73]

하지만 이미 엎질러진 물이었다. 콘라트가 지형과 기후에 고집스러울 정도로 무신경했던 탓에 오직 프셰미실 요새 해방이라는 그의 잘못된 계획 하나에 사상자가 80만 명이나 발생한 것이다.[74] 이렇듯 엄청난 대가와 노력에도 불구하고, 식량과 무기가 부족했던 프셰미실 요새는 결국 3월 말에 장군 9명, 참모 93명, 장교 2,500명, 병사 11만 7,000명, 민간인 노동자 2만 명, 대포 900문, 기타 물자 수 톤을 넘겨주며 러시아에 항복했다.[75] 툰스탈은 이 작전이 이중으로 비극적이라고 설명하면서, 콘라트가 "전략적 의미를 상당히 상실한" 목표를 위해, 성공할 가망도 없는 공격 작전을 지시했다고 지적했다.[76] 한겨울에 카르파티아산맥을 통과하며 공격 작전을 펼치려던 콘라트의 비참한 노력은 오스트리아-헝가리군에 남아 있던 힘마저 소멸시켰다. 툰스탈의 말을 빌리자면, 콘라트의 무능함은 여덟 달 동안 진행된 전투 끝에 "오스트리아-헝가리군을 절멸의 끝으로 몰아갔다."[77] 이후 오스트리아-헝가리가 이룬 유일한 군사적 성공은 독일이 주도권을 잡은 합동 공격에서 달성되었다.

앞서 언급했듯이, 콘라트의 실패는 단지 적이 너무 강했기 때문이라고 말하기 어렵다. 1914년 오스트리아-헝가리군이 세르비아나 러시아에게서 유의미하고 장기적인 승리를 거두는 데 실패하는 동안, 독일군은 타넨베르크, 마수리안호수 그리고 로즈 등에서 벌인 수많은 전투에서 러시아군을 물리쳤다. 이 전쟁에서 가장 성공적인 대규모 작전이었던 1915년 고를리체-타르노프 공세에서 이것이 다시 증명되었다. 1915년 봄, 수많은 명민한 관찰자들은 이미 오스트리아-헝가리가 독일의 전폭적인 도움 없이는 무너지리라 감지하고 있었다.[78] 따라서 독일군 참모총장 에리히 폰 팔켄하인은 동부 전선에 주된 노력을 쏟으리라 결심했다. 그는 이 작전을 이끌 인물로 독일 최고의 군사령관인 아우구스트 폰 마켄젠을 선택했다. 그는 방해만 될 콘라트의 개입을 최소화하기 위해 그에게 계획을 가급적 오랫동안 알려 주지 않기로 했다. 시작 3주 전에야 비로소 주 전투 세력인 독일군을 측면에서 지원하기 위해 오스트리아-헝가리의 제3, 제4군을 준비

시켜 달라고 통보했다.[79]

5월 초 마켄젠의 기습 공격으로 독일군은 하루에 16킬로미터씩 전진할 수 있었고, 동부 전선 또한 변화하면서 이 작전은 성공했다. 러시아는 첫 주에만 포로 14만 명을 포함하여 총 21만 명을 잃었다. 어느 바이에른 사단은 프셰미실 요새를 해방시키기까지 했다. 5월 중순, 러시아군은 남쪽의 카르파티아산맥에서 비스와강 북쪽까지 이어지는 전선에서 160킬로미터 이상 후퇴했다. 러시아군 사상자는 1915년 5월에만 41만 2,000명에 달했다. 이 작전은 여름 내내 지속되었고, 북쪽과 남쪽까지 확장되었다. 마침내 총 485킬로미터를 진군한 뒤 동쪽의 빌나 근처에서 멈췄다. 총 85만 명에 달하는 러시아인이 포로가 됐다.[80] 동부 전선에서 이룬 가장 큰 승리였다.

좋은 소식을 절박하게 기다리던 빈은 콘라트를 새로 만든 계급인 상급대장으로 진급시켰지만, 이 승리에서 그의 역할은 미미했다. 공격 개시 전 마켄젠은 콘라트를 만났을 때 콘라트가 자신에게 명령을 내리려면 팔켄하인의 사전 승인을 받아야 하며, 마켄젠 본인은 이 전투에 참여한 합스부르크 군대에 어떤 명령이든 내릴 수 있는 완전한 권한이 있음을 확인시켰다.[81] 심지어 콘라트조차 이 엄청난 대승이 자신이 경쟁자로 인식하던 동맹의 업적이었기에 씁쓸했다고 시인했다. "독일군의 침투가 얼마나 불쾌한지 말로는 표현할 수 없지만, 가슴이 머리를 따라야 했네."[82] 이후에도 콘라트와 그의 추종자들은 고를리체-타르노프 공격 구상을 발전시킨 공을 콘라트에게 돌리고자 했지만, 최근 연구에 따르면 전략적 결정은 팔켄하인이 내렸으며, 마켄젠이 모든 주요 전술을 지휘했다는 사실이 확인되었다. 이것은 전쟁 내내 보였던 독일군 지휘체계의 패턴이었다.[83]

독일군의 뛰어난 리더십과 전투부대는 1915년 말에 세르비아를, 1916년에 루마니아를 패배시켰고, 1917년 말에는 이탈리아의 카포레토에서 성공적인 공세를 진행했다. 콘라트의 역할이 작을수록 작전은 더 성공적이었다. 고를리체-타르노프에서와 마찬가지로 독일군은 합동 작전에서 콘라트의 개입을 최소화하기 위해 노력했다. 비현실적이고 과대망상적인 콘라트의 작전 계획에 개입하는 것을 철저히 회피했다.[84]

이 전쟁의 남은 기간에 콘라트는 초반에 보였던 무능한 전략적·전술적 리더십을 계속 보여줬다. 그는 티롤 전선과 이손초 전선에서 이탈리아군을 상대로 한 전투를 제대로 지휘하지 못했다. '배신자' 이탈리아를 처벌하고자 하는 그의 열정 때문에 약화된 동부 전선의 병력은 1916년 브루실로프 공세에 전혀 대비하지 못했다. 이는 많은 인명과 국토의 손실을 야기했다. 콘라트는 베를린에 지원을 간절히 요청했고, 독일의 도움과 러시아의 보급 문제가 겹치면서 그는 완전한 패배를 면할 수 있었다.[85]

이 시점에 오스트리아-헝가리의 정치인들은 콘라트를 제거하기 위해 공모하기 시작했다. 그의 해임이 지연된 것은 대체할 인물을 누구로 할지 합의가 이루어지지 못해서였다.[86] 1916년 11월 프란츠 요제프 1세 황제가 사망한 뒤 새 황제가 된 카를 1세는 콘라트를 축출하고 직접 지휘권을 잡아 군을 재정비했다. 카를 1세는 알려지지 않은 이유로 콘라트를 이탈리아 방면에 보내 쥐트티롤(티롤 남부, 현 이탈리아의 볼차노)에 있던 한 부대를 이끌게 했다.[87]

부임 이후 콘라트는 즉시 원상태로 돌아갔다. 대대적인 공격 작전을 설계하는 과정에서 병력, 자원, 지형, 기후는 전혀 고려하지 않았다.[88] 합스부르크가에는 다행스럽게도 전문적인 독일군이 그해 말에 도착해 대성공을 거둔 카포레토 작전을 구상하고 실행하는 데 주도적인 역할을 했으며, 이 과정에서 콘라트는 전혀 개입하지 못했다.[89]

1918년 1월 말, 콘라트는 티롤에서 이탈리아군을 총공격하자고 제안했다. 하지만 여느 때와 마찬가지로 콘라트의 계획은 현실에 기반한 것이 아니었다. 현재 군사력에 더해 15개 보병사단과 2개 기병사단이 필요했다. 플랜더스에서 더글러스 헤이그가 그랬듯이 콘라트의 상관이자 새로운 참모총장인 아르츠 폰 슈트라우센부르크 장군은 실제로 그에게 지원병을 보내지 않기 위해 노력했다.[90] 그럼에도 불구하고 1918년 봄 아르츠는 여러 이유로 콘라트의 간청을 들어주었다. 이 전쟁에서 콘라트의 마지막 대규모 공격은 그의 첫 전투와 마찬가지로 처참하게 끝났다. 이틀간 제11군이 아스티코강과 피아베강 사이에 있던 80킬로미터에 달하는 전선에서 공격을 감행했고, 결국 생존자들이 주둔지로 돌아왔을 때 얻은 것이라고는 4만 5,000명이 넘는 장교와 병사 사상자뿐이었다. 결국 1918년 7월 15일 독일군이 마른 근처에서 이 전쟁의 마지막 공세를 개시하던 날 콘라트는 해임되었다.[91]

그가 이탈리아 전선에 끼친 부정적인 영향은 오랫동안 회자되었다. 헤르비히는 "피아베 전투는 영토 획득이나 상실과 관련해서는 결정적이지 않았지만, 오스트리아-헝가리군의 남은 전력을 파괴해 버렸다."라고 설명했다. 향후 몇 달 동안 오스트리아-헝가리군은 탈영으로 병력이 40만 6,000명에서 23만 8,900명으로 줄어들었다. 헤르비히는 "오스트리아-헝가리군은 '콘라트의 마지막 공격' 직후 와해되기 시작했다."라고 결론지었다.[92] 콘라트는 준비되지도 않은 제국을 그토록 열정적으로 전쟁에 몰아넣었고, 전시 동원도 망쳤으며, 작전을 계속 잘못 관리했다.

콘라트의 삶과 경력에는 흥미로운 기록들이 덧붙었다. 콘라트 본인도 1925년 72세에 사망할 때까지 출간된 5권짜리 방대한 자서전을 썼다.[93] 그의 전 애인이자 두 번째 부인인 지나 또한 다른 추종자들과 마찬가지로 남편을 충성스럽게 옹호했다. 오스트리아 제1 공화국 시절에 콘라트는 민족주의 역사학자들에게 상징적인 존재가 되었다. 특히 전직 장교들은 콘라트와 옛 합스부르크 군대의 '영광'을 부풀리는 경향이 있었다.[94] 그런 전직 장교이자 작가인 누군가는 콘라트를 "오이겐 대공(시부아 공자 외젠) 이래 오스트리아의 가장 위대한 지휘관"이라고 불렀다.[95]

하지만 최근 들어 헤르비히, 툰스탈, 디나르도, 손트하우스 등 저명한 역사학자들은 콘라트를 더욱 부정적으로 평가하고 있다. 이 학자들은 콘라트가 전쟁 전에 보인 호전성과 전시 전략·전술 리더십을 비판한다. 그들이 설명하기를, 콘라트는 전략 개발도, 계획 수립도, 사용 가능한 병력과 물자를 고려한 현실적인 작전 지휘도 하지 못했다. 전쟁 동안 그의 군대가 활동하던 다양한 전선의 현실에서 점점 멀어졌다는 점도 언급했다. 적에게 과대망상적인 공격을 퍼부으려는 집착 때문에 그는 적절한 병력 비율, 충분한 화력, 지형, 기후, 보급, 정보 활동, 부대 훈련, 군의 사기와 같은 필수 요소들을 습관적으로 무시했다. 제1차 세계대전에서 콘라트의 리더십은 자신의 능력을 과도하게 부풀리면서도 적들의 능력은 과소평가하고, "전쟁의 안개와 마찰"*도 고려하지 않는 지휘관을 연구하는 이들에게나 좋은 소재다. 콘라트는 역사적으로 가장 '위대한 리더'와는 거리가 멀며, 많은 증거가 오히려 그가 최악이었음을 말해 준다.[96]

---

* 클라우제비츠의 말로, 전쟁터에서의 불확실성과 최악의 상황 등을 이른다.

루이스 브레러턴
LEWIS BRERETON

존 J. 아바티엘로

루이스 브레러턴, 1943.

루이스 브레러턴은 필리핀 극동공군이 파괴된 사건을 주제로 제2차 세계대전 후 더글러스 맥아더와 벌인 논쟁 때문에 제2차 세계대전에서 가장 논란이 많은 공군 군인으로 알려져있다. 브레러턴은 1941년 11월부터 맥아더 휘하 항공대 사령관이었다. 그가 착임한 지 한 달 뒤, 일본군 항공기가 그 휘하의 B-17 폭격기 약 3분의 1, 전투기 3분의 2를 파괴했는데, 파괴당한 항공기 중 대부분은 이륙도 못해봤다. 이 참사에 대한 논란은 브레러턴이 1946년 《브레러턴 일지*The Brereton Diaries*》를 출간하면서 점화되었다. 이 책에서 브레러턴은 그 사건에 관한 자신의 분석을 제시하여 자신의 명예를 보호하고자 했다. 즉, 맥아더와 참모장 리처드 서덜랜드가 너무 과도하게 주의하고 작전을 지연시킨 듯이 서술한 것이다. 이 논쟁은 이 두 인물이 사망한 1960년대 중반까지 지속되었다.

필리핀 전투 패배는 제2차 세계대전에서 브레러턴이 지휘한 군사 작전 중 유일한 실패 사례가 아니었다. 1943년 8월 타이덜웨이브Tidal Wave 작전에서 북아프리카 제9 공군 사령관이던 브레러턴은 플로이에슈티 유전에 B-24 폭격기 군단을 보냈지만, 추축국의 석유 생산에 일시적인 피해밖에 입히지 못한 채 폭격기 177대 중 53대를 잃었다.[1] 1944년 7월 코브라 작전 당시에는 노르망디에서 연합군을 지원하는 제9 공군 사령관이었는데, 그의 항공기 일부가 아군인 미군 보병을 폭격하기도 했다.[2] 1944년 9월에는 연합군 공수사단들과 이들을 지원하는 수송기들로 이루어진 제1 공수군을 이끌었는데, 이들은 마켓 가든Market Garden 작전에서 라인강의 다리를 확보·점유하는 데 실패했다.

브레러턴은 지휘관으로서 이 네 재앙에 따른 책임이 있다. 흥미롭게도 이 전투들이 왜 실패로 이어졌는가를 다루는 역사학자들 중 결정적 요인으로 브레러턴을 짚는 이는 별로 없다. 그의 상급자나 하급자 들을 탓하는 사람들이 아주 많다. 예를 들어, 최근 이루어진 '1943년 플로이에슈티 공습 연구'는 브레러턴을 거의 언급하지 않고, 그의 하급자들 몇 명이 계획 수립과 정보 수집 과정에서 실수했으며 목표를 지나치게 높이 세웠다고 비판한다.[3] 하지만 이러한 설명은 착각을 불러일으키기 쉽다. 결국 어떤 조직의 패배와 승리에 따른 책임을 져야 하는 자는 상급자인 사령관이다. 브레러턴은 목표 달성에 실패했거나 사상자가 너무 많아 모든 긍정적 효과를 상쇄시킨 중요한 네 전투들을 이끈 자였기에 최악의 지휘관 목록에 오를 자격이 있다.

이 장에서는 브레러턴의 짧은 일대기와 필리핀, 플로이에슈티, 코브라 작전 등에서의 근무와 역할을 다루고 난 뒤, 마켓 가든 작전을 집중 조명해 깊이 있게 다루면서 이 작전이 실패하는 과정에서 그가 맡았던 역할을 살펴볼 것이다. 이 모든 전투에서 중요한 것은 브레러턴이 내린 결정들, 상하 관계 그리고 군사 작전에 항상 존재하는 "전쟁의 안개와 마찰" 상황을 이해하는 것이다. 또 한 가지 중요한 점은 조지 마셜, 드와이트 아이젠하워, 헨리 '햅' 아널드가 무능함이나 리더십 부족 등을 이유로 지휘관들을 해임하던 와중에도, 브레러턴은 단 한 번도 해임 대상으로 고려되지 않았다는 점이다.[4] 제2차 세계대전 동안 미 공군 리더십에서 아쉬운 부분은 대규모 공군 조직을 이끌 만한 고급 지휘관들이 적었다는 사실이다. 높은 지위에 올라간 이들도 영국 측 높으신 분들을 상대해야 했기에 전면에 나설 수 없었다.[5] 이러한 요소들의 조합이 브레러턴을 해임하는 걸 막았을 것이며, 그가 대실패를 수 차례 겪은 후에도 진급할 수 있었던 배경이었다.

브레러턴의 군사 경력은 미국해군사관학교를 졸업한 1911년 육군 해안포병대(Coastal Artillery Corps)로 교차임관되면서 시작되었다. 아나폴리스(미국해군사관학교의 별칭)에 있을 때 그는 자신이 배멀미를 심하게 한다는 사실을 깨달았지만, 그 사실이 미 육군 통신대(Signal Corps)의 비행 부서에 지원하는 것을 막지는 못했다. 1912년 항공학교에 들어간 그는 군용 비행사 기장(Military Aviator Badge)을 받은 첫 육군 조종사 14명 중 1명이었다. 미국이 제1차 세계대전에 참전하면서 브레러턴은 워싱턴과 프랑스에서 중요한 지휘·참모직을 수행할 기회를 얻었다. 아울러 프랑스에서는 포병 관측의 대가가 되었다. 곧 그의 능력을 알아 본 윌리엄 '빌리' 미첼이 그를 비행대장에서 비행단장으로 진급시킨 뒤, 집단군 항공 본부에 작전장교로 부임시켰다. 전쟁 중 그는 전투에서 보여 준 뛰어난 리더십과 포화 속에서 보인 용맹함으로 명성을 얻었다. 적 전투기가 쫓아오는 상황에서 포병들의 사격을 조정해 주고 정찰 임무를 수행해서 훈장도 받았다.[6]

전간기(두 차례 세계대전 사이 기간)는 브레러턴에게 호의적인 시기가 아니었다. 파리 주재 미국 대사관의 항공 참사관으로 부임한 그는 생각 없이 돈을 낭비했고, 상관인 육군 무관과도 잘 지내지 못했다. 1920년대에 브레러턴은 제3 공격전대를 이끌었고, 육군 항공단 전술학교에서 강의도 하면서 제2 폭격대를 지휘하고, 육군지휘참모대학교도 다녔다. 이 시기에 그는 결혼 문제와 경제적 문제를 겪었고, 불안장애로 의학의 도움을 받기도 했다.[7] 이러한 문제와 1925년 말 유명했던 군법회의에서의 빌리 미첼과의 친분 때문에 명성이 흠집 나기도 했다.

파나마 운하 지역에서 근무하고 1930년대 육군지휘참모대학교에서 강사로 활동하면서 브레러턴은 경력을 회복했다. 그는 1936년 8월 대령으로 진급했다. 1939~1941년에는 2개 비행단을 지휘하면서 육군 사단들과 하는 훈련을 지원했는데, 이로써 지상과의 협력 경험을 쌓을 수 있었다. 1941년 6월에 소장으로 진급한 그는 9월에 루이지애나 기동연습에서 제3 공군을 이끌었다. 많은 지상·항공 지휘관들이 이 훈련으로 향후 추축국과의 전투에서 빛을 발할 경험을 쌓을 수 있었다.[8]

루이스 브레러턴

1941년 10월 초, '햅' 아널드와 칼 스파츠는 브레러턴을 워싱턴으로 소환했다. 브레러턴은 기동훈련 때 보여 준 성과가 좋지 못해 경질당하리라 예상했다. 브레러턴과 그의 항공대 동료들은 루이지애나주에서의 대규모 군사 훈련 동안 전투 상황 관련 훈련을 했으며, 준비가 심각할 정도로 부족하다는 사실을 절감하고, 지상·항공 부대 간의 협력 미숙과 같은 교훈을 많이 얻었다.[9] 하지만 브레러턴은 해외 파견 준비를 하라는 지시를 받았다. 더글러스 맥아더는 브레러턴이 루이지애나주에서 획득한 시설 준비 및 항공대에서의 군수 경험이 필리핀의 공군력을 구축해 나가는 데 상당히 유용하리라 여겼기에 그더러 극동공군을 지휘하라고 했다.[10]

　　브레러턴은 1941년 11월 2일 필리핀 수도 마닐라에 도착한 즉시 관할 부대 재정비와 시설 구축에 착수했고, 더 많은 항공기, 조종사, 부품, 레이더 세트, 대공포를 요청했다. 극동에서 일본의 적대 행위를 막기 위해 B-17 폭격기 부대를 주둔시키려고 설계된 비행장을 방어하려면 이 자원들은 필수적이었다.[11] 하지만 태평양 전쟁이 발발한 뒤, 클라크 항공대 기지에 있던 B-17 19대 중 12대는 신형 P-40E 전투기 34대와 함께 1941년 12월 8일 대낮에 땅에서 일본 항공기에 폭파당했다.[12]

　　《1941년 12월 8일: 맥아더의 진주만December 8, 1941: MacArthur's Pearl Harbor》의 저자 윌리엄 바치는 12월 8일 브레러턴이 맥아더와 소통하지 못하던 것을 고려하면 적절한 결정을 내렸다고 말했다. 극동의 다른 고급 지휘관들과 마찬가지로 브레러턴은 새벽 4시쯤 진주만 공격이 일어났다는 통지를 받았고, 그 즉시 휘하 지휘관들에게 항공기를 비상대기시키라고 명령했다. 그는 초반에 맥아더의 사령부가 작성한 레인보우5 전쟁 계획에 따라 대만의 일본 비행장과 여타 시설들을 공격하기 위해 허락받으려 했으나 실패했다.[13] 같은 날 오전 마침내 대만 공격 승인이 떨어진 후 브레러턴의 클라크 기지 부대는 작전을 준비하려고 항공기에 폭탄과 연료를 탑재하다가 치명적인 공습을 당했고, 작전은 실행되지 못했다. 바치의 말을 빌리자면, "극동공군 사령관 브레러턴은 12월 8일 오전 대만의 일본 항공대 기지에 전면적인 폭격을 가하려고 자신의 권한을 총동원했던 것 같다. 이는 그의 부하들도 기대했던 것이다."[14] 브레러턴은 부하들을 준비시키려고 노력하면서 더 나은 전략을 강력하게 주장했지만, 이 끔찍한 결과에 지휘관으로서 책임을 져야 하는 이도 브레러턴이었다.

수 주간 필리핀에 일본군이 상륙하는 것을 막기 위해 노력하던 브레러턴은, 맥아더에게서 남은 병력을 이끌고 오스트레일리아로 가라는 명령을 받았다. 브레러턴은 미국·영국·네덜란드·오스트레일리아군에서 고급 지휘관으로 근무했고, 이후 중국과 버마(미얀마)에서 미군 작전을 지원하기 위해 인도의 제10 공군도 맡았다. 1942년 여름, 전쟁부는 브레러턴과 그의 몇 대 남지 않은 B-17 폭격기를 북아프리카로 보내 에르빈 롬멜의 아프리카 군단과 대치하고 있던 영국군을 지원하게 했다. 이곳에서 브레러턴은 제9 공군으로 이름이 바뀔 중동공군을 창설했고, 미국에서 도착하는 미 항공대 병력을 흡수하면서 영국 왕립공군과 영국 육군이 어떻게 긴밀히 협력하는지를 배울 수 있었다. 그의 전투기와 폭격기 들은 버나드로 몽고메리의 엘 알라메인 작전을 지원함으로써 북아프리카 전선의 흐름을 바꿨다.

1943년 여름, 브레러턴의 제9 공군과 북서아프리카에서 활동하던 제12 공군은 허스키Husky 작전의 일환으로 시칠리아와 이탈리아에서 폭격 임무를 수행하고 있었다. 하지만 《북아프리카 공중작전The North African Air Campaign》의 저자 크리스토퍼 라인의 말을 빌리자면, 시칠리아 전투에 접어든 지 2주 만에 연합군 수뇌부는 브레러턴의 B-24 폭격기 부대 2개를 끌어내 영국에 있던 제8 공군에서 B-24 폭격기 부대 3개로 보강한 뒤 루마니아의 플로이에슈티 정유소를 저고도에서 폭격하기 위한 훈련 프로그

램을 시작했다.[15) 저고도 폭격은 지상의 대공포화에 취약하고 목측비행 (Visual Navigation)이 어려워서 미국이 유럽에서 중重폭격기로 작전을 할 때 일반적으로 사용하는 방식은 아니었다.

'햅' 아널드와 그의 육군항공대 계획사단(Plans Division)이 주도한 플로이에슈티 폭격 계획은, 추축국의 석유 생산 기지를 합동 폭격 작전의 필수 목표물로 봤다. 타이덜웨이브 작전의 주 설계자는 제이컵 스마트 대령으로, 아이젠하워와 연합참모본부에 1943년 6월 저고도 폭격이 필요하다고 설득한 인물이었다.[16) 이 작전에서 브레러턴의 역할은 워싱턴에 있는 그의 상급자들이 초안을 짜고 연합군 최상위 지휘관들이 지휘하는 작전에 병력을 공급한 것이다.

앞서 언급했듯, 플로이에슈티 공습은 부분적으로만 성공했고, 수많은 폭격기와 인력을 잃었다. 이렇게 큰 피해가 난 데에는 몇 가지 요인이 있다. 우선 악천후 때문에 폭격대가 더 높이 날아야 해서 독일군의 레이더망에 들어간 점, 또한 두 B-24 폭격기 집단이 저지른 비행 중 오류, 경계 태세에 돌입한 독일군 전투기와 대공포의 적극적 방어가 그것이다. 제98 폭격대에서만 폭격기 31대 중 26대를 상실했다. 이 임무에서 복귀하지 못했던 대원 532명 중 330명이 전사했고, 70명이 중립국이던 터키에 억류되었으며, 나머지는 포로가 되었다.[17) 이 공습으로 플로이에슈티의 주요 시설들에 피해를 입힐 수는 있었지만, 이 정유소는 완전 가동 중이 아니었다는 사실에 주목해야 한다. 추축국은 이미 대비했던 대로 폭격을 당하지 않은 지역에서 석유를 증산함으로써 피해를 쉽게 상쇄할 수 있었다.[18)

그렇다면 플로이에슈티 폭격 작전 실패의 책임을 왜 브레러턴이 져야 할까? 크리스토퍼 라인은 이 저고도 폭격 계획이 문제가 있다는 하급자들의 의견을 귀담아듣지 않은 것이 그의 잘못이라고 지적한다. 브레러턴은 이론적으로는 스마트의 저고도 폭격 계획을 뒤집어 버리고 더 보편적인 고고도 폭격 계획을 세울 권한이 있었다. 하지만 제9 공군 지휘관이던 브레러턴은 개인적으로 워싱턴에 있던 참모총장의 계획을 실행하는 데 완전히 몰두하고 있었음을 기억해야 한다. 브레러턴은 기습할 수 있다는 점이 저고도 폭격 계획의 중요한 이점이라고 봤다.[19] 미국 공식 공군 사학자인 크레이븐과 케이트는 육군항공대의 공식 역사서에서 플로이에슈티 공습이 "이 전쟁에서 가장 뛰어난 항공 작전 중 하나"라고 말하면서, "뛰어난 구상, 철저한 준비, 그리고 실행 과정에서 영웅적 면모를 보여 준 모범 사례로, 이에 비교할 수 있는 작전이 거의 없다."라고 했다. 이 공습은 제2차 세계대전 중 미국의 첫 대규모 저고도 폭격 임무였으며, 이전의 다른 공습에 비해 폭격기들이 날아간 거리 또한 가장 길었다.[20] 아널드는 1949년에 발간한 자서전에서 "이 전쟁에서 실패 가능성을 충분히 인지한 채 이처럼 치밀하게 계획되고, 목표물 식별 과정에서 실수했음에도 이토록 용맹하게 수행된 임무는 없었다."[21]라고 회고했다. 하지만 전쟁이 끝난 뒤 칭송을 받았다는 점과는 별개로 플로이에슈티 폭격 작전은 실패했으며, 이는 브레러턴이 책임져야 한다.

플로이에슈티 공습 한 달 후, 브레러턴은 제9 공군 본부 일부를 영국으로 데려갔다. 이들은 노르망디 상륙 작전에서 지상군 지원 임무를 수행할 예정이었다.[22] 브레러턴은 시설을 짓고 전폭기, 중(中)폭격기, 마지막으로 공수 작전에 사용될 수송기 들로 이루어진 부대를 구성했다. 1943년 말 연합국은 곧 있을 침공 작전을 위해 AEAF(Allied Expeditionary Air Force, 연합국원정공군)를 창설했는데, 거기서 브레러턴의 제9 공군은 중요한 부분을 맡았다. 아이젠하워 아래에 있던 영국 왕립공군 중장 트래퍼드 리맬러리가 이끌던 AEAF는 브레러턴의 제9 공군, 영국 왕립공군의 제2 전술항공군, 영국 방공본부(전 전투기사령부) 그리고 공수부대를 위한 여러 항공수송중대로 이루어진 제38 집단군으로 구성되었다.

브레러턴은 미군 공수사단과 하는 여러 훈련도 병행하면서 휘하 부대를 훈련시켰고, 오버로드Overlord 작전에 대비해 예비 전투 작전도 수행했다. 1944년 6월 6일로 넘어가던 5일 밤, 브레러턴의 제9 병력 수송 사령부가 악천후하에서 야간에 제82, 제101 공수사단을 코탕텡반도 상공으로 수송했다. 나쁜 날씨 때문에 6월 6일에는 근접 공중 지원 작전을 하기가 어려웠다. 오버로드 작전 지원을 맡은 브레러턴의 초기 성과는 미 육군 장군들 사이에서 그의 명성에 악영향을 끼쳤다.[23] 하지만 노르망디 교두보가 확대되면서 그는 프랑스에 제9 공군 비행장을 설치했고, 보카쥬(사람이 가꾼 작은 숲)에서 독일군을 격퇴시키는 데 애를 먹던 미군에 중요한 근접 항공 지원을 제공했다.

7월 중순, 연합군의 고위급 지휘관들은 압도적인 제공권을 이용해 노르망디에서 독일군의 방어선을 뚫는 계획을 구상했다. '코브라 작전'으로 불린 이 계획은 독일군 진지를 집중 폭격함으로써 교착 상태를 타개하고자 제8 공군의 중重폭격기와 브레러턴의 제9 공군을 포함한 AEAF의 전술공군력을 사용할 예정이었다. 날씨 때문에 원래 예정된 7월 24일 작전 수행이 어렵자 오마 브래들리 장군과 리맬러리 장군은 마지막 순간에 이 작전을 취소했다. 연합군에는 유감스럽게도, 브레러턴의 P-47 전투기 몇 대와 제8 공군의 폭격기 편대 하나가 퇴각 명령을 듣지 못하고 제30 사단의 보병들 위에 폭탄을 투하했다.[24] 이 실수로 미군 사상자 수십 명이 발생했다.[25] 다음 날 날씨가 좋아지자 연합군 지휘관들은 중重폭격기 1,500대, 중中폭격기 380대, 전폭기 약 600대로 정면공격을 개시했다. 또 다시 아군이 피해를 입었다. 한 번은 브레러턴의 중中폭격기 42대가 미군이 있던 곳에 폭탄을 투하했다. 7월 25일 아군 때문에 발생한 미군 사망자는 102명, 부상자는 380명이었다. 사망자 중에는 노르망디 전투를 참관하던 지상군 사령관 레슬리 맥네어 중장도 포함되었다.[26]

제9 공군 사령관으로서 브레러턴은 이 미군 사상자들과 관련하여 직접적인 책임이 있었다. 하지만 그가 개인적으로 잘못했다고 말하기는 어렵다. 미 육군 수사관들은 모든 폭격 사고가 항공기 승무원들 탓이라고 판단했다.[27] 고위급 장교들을 포함해서 작전 기획에 참여한 모든 당사자는 아군 근처에 있는 적을 조준하는 게 얼마나 위험한지를 인지하고 있었다. 작전을 기획한 자들은 이 점을 고려하여 공격 직전에 미군 보병들을 전선에서 후퇴시켰고, 폭격기들이 파도처럼 몰려올 때와 폭격 지점을 꼼꼼하게 점검했다. 다시 말하자면, 이 작전은 더 높은 곳에서 내려왔으니까 브레러턴의 잘못이 아니었다. 브레러턴 본인도 7월 24일 아군의 폭탄 파편으로 부상을 입을 뻔한 연합군 고위 지휘관 중 한 명이었음을 주지할 필요가 있다.[28] 연합군 지휘관 대부분은 미군의 희생을 유감스럽게 여기면서도, 산업화된 세계대전에 따르는 대가라고 여겼다.[29] 그럼에도 브레러턴은 항공대의 훈련, 계획, 작전 수행과 관련해서는 책임이 있었다.

제9 전술항공사령부 준장 엘우드 케사다가 이끄는 브레러턴의 전폭기들은 이후 연합군이 노르망디에서 빠져나오는 걸 도왔고, 통신 절차도 혁신해 근접 항공 지원과 무장정찰을 굉장히 효율적으로 실시하여 기갑부대의 진격에 추진력을 더했다. 이러한 성공 이후였던 1944년 8월 8일 브레러턴은 미국·영국·폴란드 공수부대들, 공수부대 본부 2개, 이들을 전장으로 수송해 줄 미군과 영국군 수송부대로 구성된 신생 제1 연합공수부대를 이끌게 되었다.[30] 1944년 여름, 조지 마셜 장군과 '햅' 아널드 장군은 잘 훈련된 미국·영국 공수부대를 대담하고 전략적인 작전에 투입해 전쟁을 빨리 끝내자고 아이젠하워를 들볶았다.[31] 이에 아이젠하워는 FAAA(First Allied Airborne Army, 제1 연합공수부대)를 창설했고, 미 육군항공대가 이를 지휘하게 했다. 브레러턴은 본부 신설과 공수 작전을 해 본 경험이 있었고 영국군과의 관계도 좋았기에 이상적인 적임자였다.

FAAA는 특별했다. 지상·항공부대 및 다양한 국가의 군대와 연합한 아이젠하워 휘하 원정군(Expeditionary Forces)의 상설 본부였기 때문이다. 필립 마이링어는 브레러턴의 명백한 승급이 "아널드와 스파츠가 전술공군에서 브레러턴의 리더십에 환멸을 품었음"을 보여 준다고 했다.[32] 어쨌든 브레러턴은 이 새로운 조직이 즉시 전투를 준비하도록 에너지를 집중했다.

노르망디에서 빠져나온 뒤 공수 작전이 여러 번 취소된 이후 브레러턴의 FAAA는 1944년 9월 중순에 드디어 활약하게 된다. 9월 10일 연합군의 북측에서 제21 집단군을 지휘하던 몽고메리는 네덜란드 동부에서 실행할 작전에 FAAA를 사용하게 해 달라고 아이젠하워를 설득했다. 모든 첩보에 따르면 독일군은 지리멸렬한 채 명백하게 패퇴하고 있었다.[33] 몽고메리는 독일군이 독일 국경에서 재집결하기 전에 연합군이 선제공격을 해야 한다고 생각했다. 이에 따라 개시될 마켓 가든 작전에서 영국군 제30군단의 차량 2만 대가 외길을 따라 전진하고 있을 때 브레러턴의 공수 사단 3개는 여러 곳에서 도하 지점을 확보할 터였다. 마켓MARKET은 공수 작전을, 가든GARDEN은 제30군단의 지상 공격 작전을 의미하는 암호였다. 최종 목표물은 적 점령지의 103킬로미터 안에 있는, 라인강을 가로지르는 아른헴의 다리였다. 이곳에서 제30군단은 우측으로 방향을 틀고, 나머지 영국 제2군 병력은 연합군 기갑부대가 활약하기에 이상적인 지형인 독일 북부 평원으로 간다는 계획이었다. 몽고메리가 구상한 작전은 성공만 한다면 1944년 크리스마스 이전에 전쟁을 끝낼 수 있을 것이었다.

마켓 가든 작전 개시일인 1944년 9월 17일 공수부대 낙하는 매우 정확하게 이루어져 적군에 파괴된 수송기 수는 상당히 적었다. 하지만 작전은 결과적으로 실패했다. 독일군은 예상과 달리 격렬하게 저항했고, 좁은 회랑을 비집고 들어오는 연합군에 서둘러 반격했다. 작전 이틀째에 시작된 악천후는 전투 내내 지속되었고, 이는 공수 지원, 물자 수송, 연합군 전술공군의 근접 항공 지원을 막았다. 9월 25일에서 26일로 넘어가던 밤에 2,000명도 되지 않는 영국군 공수부대원들이 라인강을 건너 후퇴했고, 이로써 작전이 끝났다. 아른헴의 영국·폴란드 공수부대에서는 전사자가 약 1,500명이나 발생했고, 포로 및 도주자도 6,500명이나 있었는데, 이들 중 3분의 1이 부상자였다. 영국군 제1 낙하산여단과 함께 강하한 군인 1,743명 중 단 136명만이 안전하게 후퇴했다. 이에 더해 미군 제82, 제101 공수사단에서는 전투가 벌어졌던 일주일 동안 사상자가 3,500명이나 발생했다.[34] 전쟁사학자 찰스 맥도널드는 이 작전이 아슬아슬하게 실패했기 때문에 비판이나 논란이 적었다고 말했다.[35] 마켓 가든은 대담하고 위험한 작전이라서 성공했다면 연합군에 엄청난 이익을 가져다주었을 것이다. 이 작전을 개시하기로 결정한 것 자체가 원래 길고 꼼꼼한 준비 끝에 압도적인 병력을 투입하던 몽고메리나, 측면이 노출된 채로 일격을 가하기보다 광범위하고 전면적인 전략을 선호했던 아이젠하워의 본래 성향에 맞지 않았다. 하지만 아무리 변호하려 한들 마켓 가든은 역시나 실패한 작전이다.

이 참사에서 브레러턴의 역할을 이해하는 것이 중요하다. 이 작전의 전반적인 개념은 몽고메리와 그의 참모진이 기획한 작품이었고, 브레러턴은 위에서 주어진 계획을 몸 바쳐 수행해야 하는 위치에 있었다. FAAA 사령관 브레러턴이 져야 할 책임은 무엇이었을까? 이 다소 특이한 조직에서 그의 역할은 대체로 '계획'이었는데, 브레러턴은 작전의 결과에 영향을 미친 다섯 가지 결정에 책임이 있었다. 브레러턴에게는 강하 지점 선택, 부대 투입 순서, 공수부대의 전술적 목표 선정에 관한 책임이 없었다. 이는 브레러턴을 대리하던 프레더릭 브라우닝 중장이 감독하는 병력 수송 사령부와 공수사단 지휘관들의 몫이었다. 영국 육군의 선임 공수부대원이던 브라우닝은 네덜란드에서 공수부대를 이끌 예정이었다.

브레러턴의 참모진과 예하 부대 참모진들은 이 작전의 실행계획을 일주일 만에 수립해야 했다. 다행히 이로부터 얼마 전 아른헴 근처에 영국군 1개 사단을 낙하시키는, 좀 더 소규모 작전인 코멧Comet 작전이 기획되었다가 취소되었다. 이들은 이 기존 계획을 최대한 참고했다. 군軍 수준에서 브레러턴은 다음과 같은 문제로 골머리를 앓았다.

첫째, 공수부대 낙하가 낮에 이루어져야 하는가, 밤에 이루어져야 하는가? 브레러턴은 여러 이유로 낮을 선택했고, 이것은 옳은 결정이었다. 햇빛이 공수부대원들에게 더 정확한 방향 조절을 가능하게 해 주었는데, 이는 디데이(1944년 6월 6일) 하룻밤 전에 배웠던 어려운 교훈이었다. 더욱 정확하게 낙하하면 공수부대원들은 더 빨리 집결하여 목표물을 향해 더 빨리 출발할 수 있을 것이고, 이는 즉시 점유해야 하는 도하 지점을 공격할 때 필수적이다. 또한 전쟁 당시에는 독일군의 야간전투기가 주간전투기에 비해 대형 항공기에 더 위협적이었다. 작전 첫날에 1,000대가 넘는 전투기들이 제9 병력수송사령부의 C-47 수송기들을 호위하면서 근접 항공 지원과 대공포 제압을 해 주었다. 특히 후자는 첫날 매우 효과적이었다.[36] 이는 밤에는 불가능했을 것이다.

강하·착지 구역으로 향하는 경로도 브레러턴이 FAAA 사령관으로서 결정을 내렸던 영역이다. 1944년 9월, 휘하 수송기들과 거기에 탑승한 공수부대원들은 전부 영국 남부에서 이륙했다. 수송기들의 이동 경로는 독일군의 대공화포를 피하면서 조종사들이 확인할 수 있는 뚜렷한 지형적 특징도 제공하도록 주의 깊게 선정해야 했다. 선택지 중 하나는 북해를 건넌 뒤 독일군의 대공화포 집중도가 상대적으로 낮았던 네덜란드를 가로지르는 것이었다. 이는 '북부 경로'라고 불렸고, 영국에서부터 전체적인 거리를 고려하면 가장 짧은 경로였다. 이 경로 중 약 130킬로미터는 적이 통제하는 지역에 있었다.

두 번째 선택지는 영국 해협을 건넌 뒤 연합군이 통제하는 벨기에를 넘어서 목표 지역인 북쪽으로 가는 것이었다. 이 '남부 경로'로 가면 거리와 시간 면에서 독일군이 통제하는 지역을 덜 지날 터였다(지정된 강하·착지 구역이 어디 있느냐에 따라 32~96킬로미터 정도를 지나게 된다). 하지만 수송기가 독일군이 언제든지 대공포를 동원할 수 있는 전투 지역을 건너가야 한다는 단점도 있었다. 브레러턴은 이 두 경로가 모두 위험하다고 판단했고, 둘을 동시에 사용해서 수송기 편대들 간의 충돌을 막고 혼잡도 줄이고자 했다.[37]

독자는 FAAA가 왜 수송기 기지와 공수부대 강하 지점 간의 비행거리를 줄이기 위해 프랑스에 전진배치하지 않았는지 궁금할 것이다. 주된 이유는 C-47 수송기들과 글라이더들이 쓸 새로운 항공대 기지를 짓고 공수부대원들이 쓸 막사도 준비하는 데 필요한 물자를 수송하는 능력이 현저히 부족했기 때문이다. 독일 국경으로 진격하는 연합군 사단들에 물자를 보급하는 것도 심각하게 벅찬 일이었고, 프랑스의 아이젠하워 직속 병력에 가해지던 보급 부담을 늘릴 수도 없었다. 그렇게 하려고 했다면 수주에 걸친 계획과 수개월간에 걸친 실행이 요구되었을 것이다. FAAA는 9월 말에 첫 C-47 수송기 편대들을 프랑스로 이동시켰고, 1945년 2월에야 비로소 대부분을 유럽 대륙으로 옮길 수 있게 된다.

다시 마켓(공수) 작전으로 돌아가자면, 브레러턴의 첫 두 결정 덕분에 강하 첫날 훌륭한 성과를 낼 수 있었다. 낮에 수송기 편대들은 더 촘촘하게 날았고, 강하 또한 더 집중적으로 이루어졌다. 미군과 영국군의 전술공군은 대공포를 효과적으로 제압했다. 미군 공수부대원들을 실은 수송기 편대들은 작전 첫날 수송기 33대와 글라이더 13대만 잃었고, 영국군은 단 1대도 잃지 않았다. 이는 항공기 손실률이 2.8퍼센트였음을 의미하는데, 당초 예상 손실률은 30퍼센트였다.[38] 공수사단 지휘관들은 첫

강하 작전을 칭찬했고, 제8 사단의 제임스 개빈 준장은 사단 역사상 최고의 착지였다고 말했다.[39)]

마켓 작전에서 브레러턴의 중요한 세 번째 결정은 그가 한 행동이 아니라 하지 않은 행동에 관한 것이었다. 브레러턴은 휘하 수송부대가 첫날 왕복 작전을 두 차례 수행하도록 할 수 있었지만, 한 번만 하도록 했다. 이 제안은 브레러턴의 제9 병력수송 사령부를 지휘하는 폴 윌리엄스 소장이 한 것이었다. 강하 지점까지 왕복으로 비행하면 대여섯 시간 정도 걸렸다. 그런 비행을 하루에 두 번 한다면 야간비행이 어느 정도 불가피할 터였다. 중간에 공수부대원들이 탑승하는 과정도 있기 때문이다. 윌리엄스는 야간비행에 약하기로 악명 높던 자기 부하들이 일출 전에 출격해 대형을 갖추거나 어두워지기 전에 기지로 복귀할 수 있을지 걱정했다. 또한 수송기 부대가 급격히 확장되면서 인력이 부족한 정비반이 두 차례나 되는 수송 작전 동안 전투 피해를 복구하고 정례적 재급유와 정비 작업을 제시간에 하지 못하리라 우려했다. 마지막으로 전투 작전 시 조종사들과 승무원들의 피로도 걱정했다. 즉, 하루에 두 번 수송하는 임무는 조종사들에게 너무 과도한 요구라는 것이었다.[40)] 브레러턴은 윌리엄스의 제안을 받아들였다.

브레러턴은 계획 단계에서 글라이더에 이중 견인 방식을 사용하지 않기로 결정했다. 수송기 승무원들은 C-47 수송기 1대가 글라이더 2대를 견인하는 방식인 이중 견인을 실험만 해 봤다. 조종사이기도 했던 브레러턴은 그러한 방식이 위험하다는 것을 잘 알고 있었다. 글라이더 견인기의 조종사와 부조종사는 15분마다 조종간을 교대로 잡아야 했다. 이는 견인기의 엔진이 기체를 공중에 띄우려고 애쓸 때, 편대 비행 과정에서 발생하는 다른 비행기 프로펠러의 기류 속에서 조종간을 잡고 있기가 힘들었기 때문이다. 이중 견인 대형은 충돌에도 더 취약했다.[41)] 착륙 지점까지 긴 비행을 해야 하니 만치 브레러턴은 안전을 문제 삼아 이중 견인 방식을 배제했다.

마지막으로 브레러턴은 수송기가 목표물 근처에 있을 때 우군이 당할 피해를 방지하기 위해 근접 항공 지원을 하지 말라고 프랑스에 있던 연합군 전술공군 부대에 지시했다. 코브라 작전 때의 경험이 이 결정에 영향을 미쳤을 것이다. 게다가 영국에 있던 수송기 기지에서 날씨 때문에 이륙이 지연되고, 프랑스에 있던 연합군 전술공군 본부와의 소통 문제도 있었으며, 강하·착지 지점에서 악천후에 시달렸기 때문에 작전 첫 며칠간 근접 항공 지원이 심하게 부족했다. 브레러턴도 계획 단계에서 아이젠하워에게 영국과 유럽 대륙의 날씨가 완전히 다를 수 있다고 경고했었다.[42] 조율 문제에 더해, 브레러턴이 근접 항공 지원과 공수 작전에 대한 중요한 결정을 내리고 있어야 할 시기인 9월 19~20일에 전장을 방문하면서 그와 참모진 간의 소통이 끊어졌다. 독일군이 공격적으로 반격하고 있어 적절하지 않았던 시기에 브레러턴은 에인트호번을 방문했고, 그래서 일시적으로 무전을 할 수 없었다.[43]

계획 단계에서의 마지막 세 결정들은 브레러턴이 이미 위험한 작전을 수행하면서도 위험을 감수하는 것에 반감을 가지고 있었음을 보여 주었다. 공수 작전의 핵심 속성 중 하나는 교량이나 비교적 높은 지대 등 지리적으로 적합한 핵심 목표물을 확보하기 위해 가능한 많은 병력을 투입·기습하는 대담한 실행력이다. 브레러턴이 보수적이어선 안 될 시기였던 것이다. 물론 생긴 지 아직 45일밖에 안된 본부에서 작전을 신속하게 계획하는 것이 참모들에게 과도한 부담을 주었을 것이다.[44]

결국 '햅' 아널드의 분석팀은 마켓 가든 작전이 처음부터 "과도하게 낙관적이었던 정보 파악"과 주어진 임무에 비해 조정이 잘되지 않은 지상군 때문에 처음부터 문제가 있었다고 했다. 크레이븐과 케이트에 따르면

"마켓 가든 작전 전체에서 가장 성공적이었던 부분이 공수 단계였다."[45] 마켓 가든 작전을 포함해 1944년 8월 2일부터 12월 31일까지를 다룬 브레러턴의 고과표에서 아이젠하워는 그를 "개인적으로 아는" 육군 중장 32명 중 공수 지휘관으로서 4위, 야전 지휘관으로서 10위로 등급을 매겼다. 또한 브레러턴의 성과를 "뛰어남"이라고 평가했으며, 그가 "공중·지상 협력과 공수 작전 경험이 많은 진중하고 성실한 장교"라고 언급했다.[46] 이것은 사실 가벼운 칭찬이다. 사실상 마켓 작전 직후 브레러턴 본인의 의견이 실상을 가장 잘 드러낼 것이다. 작전이 끝나고 여러 주 뒤에 '햅' 아널드의 참모장에게 쓴 편지에서 브레러턴은 FAAA의 지휘 체계에 불만을 표했다.

> 나는 그[아널드]에게 작전 계획이 지금까지 이 본부에 알려지지 않았고, 우리는 육군집단계획참모부(Army Group Planning Staff)의 지배하에 있었으며 앞으로도 그럴 것이라는 사실을 설명하려 했소. 제1 연합 공수군(FAAA)의 계획과 지상참모부의 계획이 완벽하게 일치해서 조율하면 되는 수준에 도달하기 전까지는 공수 작전 아이디어를 제대로 구상하고 실행시킬 가능성이 낮아 보이오.[47]

여기서 브레러턴은 자신의 책임을 몽고메리가 있는 사령부로 돌리려고 했다.

마켓 가든 작전 이후에도 브레러턴은 여전히 FAAA 지휘관이었고, 미군 공수사단은 히틀러의 아르덴 공세 때 연합군 진지를 방어하는 데 일조했다. 이 전쟁에서 브레러턴의 마지막 핵심 전투는 바시티Varsity 작전이었고, 이때에도 몽고메리가 라인강을 도하할 때 주간 강하를 통해 베젤 근처에서 지원했다. 브레러턴은 마켓 가든 작전과 바시티 작전 사이에 수송부대를 조심스럽게 훈련시켰다. 또한 아른헴 전투에서 얻은 교훈을 1945년 3월 바시티 작전의 모든 단계에 적용했다.[48] 바시티 작전은 제2차 세계대전에서 가장 성공적인 공수 작전이었지만, 이 승리의 대가는 이전의 실패들이었다.

전쟁이 끝난 뒤, 브레러턴은 제1, 제3공군을 포함한 미국 본토에 기반을 둔 항공 사령부를 이끌었고, 공군 중장으로 1948년 9월 1일 퇴역한 뒤 다양한 자문 위원단과 위원회에서 활동했다.[49] 그리고 1967년 7월 20일에 사망했다.[50] 전쟁 이후 몇 년 동안 브레러턴은 자신의 명성을 지키기 위해 많은 노력을 기울였다. 그는 제2차 세계대전에 참전한 미군 장교 중 회고록을 쓴 첫 인물이다. 그의 인사 기록이 담긴 폴더는 공식 기록들이 복무 내용을 정확히 반영하도록 보장해 줄 훈장과 포상 관련 문의들로 가득 차 있다.[51]

루이스 브레러턴은 제2차 세계대전에 참가한 위대한 공군 지휘관들의 반열에 오르지 못했다. 공군역사학자 필립 메이링어는 브레러턴을 두고 "유능하지만 뛰어나지 않은 전투 지휘관"이라고 말했다.[52] 브레러턴은 위에서 지시가 내려오면 몸 바쳐 수행하려고 했던 충성스러운 부하였다. 대규모 공군 조직을 지휘한 장성으로서 그의 역할은 조직자이자 계획자였다. 클라우제비츠의 "전쟁의 안개와 마찰"이 그의 필리핀, 플로이에슈티, 코브라, 마켓 가든에서의 대실패라는 결과에 영향을 미쳤을 수 있다. 하지만 브레러턴 본인도 능력이 부족했다. 패배의 책임은 오직 지휘하는 장군이 지는 것이다.

'리더십', '관리', '지휘'라는 단어는 군사 작전에 익숙하지 않은 사람에겐 동의어로 보일 수 있지만, 사실 완전히 다른 뜻을 지니고 있다. 리더는 조직이 목표를 달성하도록 이끌기 위해 조직 구성원들에게 공식적이든 비공식적이든 영향을 끼치는 사람으로 정의될 수 있다. 관리자는 조직이 목표를 달성하도록 만들기 위해 자원을 효율적으로 활용하는 사람이다. 반면에 국방부에서는 '지휘'를 "군사 조직에서 지휘관이 합법적으로 계급이나 임무에 의거해 하급자들에게 행사하는 권위"라고 정의하고 있다.[53]

다른 말로 하자면, 지휘관은 리더십을 발휘하고 관리 기능을 수행하지만, 자기 부대와 하급자 그리고 맡은 임무에 따른 책임을 궁극적으로 진다. 즉, 지휘관으로서 브레러턴은 자신이 권위를 행사한 부대, 이끌었던 병사, 주어진 임무에 따른 책임을 져야 했던 것이다. 그는 필리핀의 극동 공군, 북아프리카와 북서유럽의 제9공군, 또 북서유럽의 제1 연합공수군 병사와 항공기 들에 따르던 책임을 져야 했다. 맥아더, 아널드, 아이젠하워, 몽고메리 등 연합군 지휘관들이 그에게 부여한 중요한 임무들에 따르는 책임도 있었다. 그는 제2차 세계대전에서 실패한 작전을 한 번도 아닌 네 번이나 이끈 지휘관이었기에, 역사상 최악의 지휘관이라 할 수 있다.

조지 A. 커스터
GEORGE A. CUSTER

데이비드 W. 밀스

조지 A. 커스터, 1865.

조지 A. 커스터는 미국사에서 가장 잘 알려진 장군이다. 그가 유명한 데에는 다양한 이유가 있다. 첫째는 남북 전쟁 당시 의용군에 소속되었던 그가 23세에 최연소 준장, 1년 뒤 소장이 되면서 얻은 악명 때문이다. 둘째는 커스터를 당대의 유명인사로 만들 정도로 높았던 언론의 관심 때문이다. 언론은 커스터를 공격적으로 다뤘고, 커스터 본인도 이들의 관심을 추구하면서 취재할 소재를 많이 제공했다. 마지막으로 남북 전쟁 이후 '미국 원주민들에게 맞서는 전쟁영웅'이라는 이미지를 굳건히 했고, 그에 따른 유명세를 이용해 더 높은 자리에 오르면서 많은 경제적 보상도 얻고자 했다.[1] 1876년 리틀빅혼Little Bighorn에서의 죽음으로 그는 미국 대중 사이에서 전설적인 지위를 얻었다.

군인으로서 커스터는 전술적으로 유능했고, 전투 중 포화 세례를 당하면서도 침착했으며 지적이었지만, 훌륭한 장교는 아니었다. 작전을 수행하고 눈앞의 적군을 쫓아 버리기 위해 과감히 위험을 감수하면서 용맹함을 수 차례 증명했던 그더러 그 누구도 비겁하다고 하지는 못할 것이다. 공격이 그의 특기였고, 그래서 커스터는 두려움의 대상이었다. 하지만 다른 기병 지휘관에 비해 가장 많은 사상자를 낸 사람도 그였다.[2] 그의 용맹함은 무모함에 가까웠고, 불필요한 위험을 감수하면서 자신의 목숨 뿐 아니라 병사들의 목숨 또한 위험에 처하게 했다.[3] 커스터는 실력이 있었다기보다는 운이 좋았고, 결국 무모함 때문에 자신의 무덤을 팠다. 그의 가장 큰 실수는 리틀빅혼에서 일어났다. 그는 더 우월한 적군의 규모와 위치를 제대로 정찰해 파악하지도 않고 공격을 감행해 장교, 사병, 민간인, 원주민 정찰병 등 268명이 사망하게 했다. 이는 미국이 국경 전쟁에서 겪은 최악의 패배였다. 때문에 사후 얻은 유명세에도 불구하고 전쟁 사상 최악의 장군 중 하나라고 할 수 있다.

커스터의 충동적인 행동은 어린 나이에 시작되었다. 항소심 판사이자 오하이오주 시오 마을의 크리얼Creal 학교 동창 리처드 M. 보르히스에 따르면 커스터는 젊을 때 동급생 중 리더였지만, 누군가가 도전해오면 충동적으로 반응했다고 회고했다. 커스터는 다른 학생들과 지속적으로 거친 놀이와 몸싸움을 했다.[4] 심지어 웨스트포인트에서 공부할 때에도 무모함을 보였다. 당시 유망한 사관후보생들에게 웨스트포인트는 무상 대학 교육 기회를 뜻했지만, 커스터에게는 자신을 길들이려고 애를 쓰는 교수진이라든가 책임자와 기싸움을 할 기회였다. 커스터는 결코 멍청하거나 무능한 사관후보생이 아니었으나, 학교의 행정 책임자들이 그가 선을 어디까지 넘으면 퇴학을 시킬까 시험해 볼 겸 놀 시간을 최대한 확보하려고 꼴찌로 졸업하기로 결심했다. 그는 웨스트포인트 시절에 벌점을 726점이나 받았다. 이는 학급에서 가장 높은 벌점이었다. 믿을 수 없는 사실은 최악의 성적을 받은 과목이 마지막 해의 기병 전술이었다는 것이다. 그는 동급생 34명 중 마지막으로 졸업함으로써 목적을 달성했는데, 이미 많은 이들이 졸업 후 남군에 입대한 뒤였다. 역사학자들은 그가 웨스트포인트 시절을 버티고 군대에서 임무를 받기까지의 능력을 "커스터의 운"이라고 불렀는데, 실제로 이 운은 여러 어려운 상황에서 그와 함께했다.[5]

섬터 요새 공격 사건 후 남아 있던 1861년 졸업생 45명은 입대를 위해 전쟁부에 신고했다. 커스터의 1862년 동급생들은 전쟁을 수행하기 위해 조기 졸업했는데, 기병 전술 과목을 겨우 통과한 커스터는 제2 기병연대로 보내졌다. 워싱턴에 도착한 커스터는 연대에 들어갔고, 제1차 불런 전투에 참여했다.[6] 커스터는 전쟁 초기에 다양한 임무를 수행했다. 또한 그가 원하는 곳에 갈 수 있는 자유를 주는 임무를 선택했다. 그가 받은 임무 중 가장 고된 것은 사단 공병참모였다. 이때 커스터는 링컨의 열기구군 사령관 새디어스 소비에스키 콘스턴틴 로의 지도를 받으며 열기구를 타고 300미터나 올라가야 했다. 어느 날 로는 커스터가 열기구 안에서 얼굴이 하얗게 질린 채 사시나무 떨듯 떠는 것을 봤다고 회고했다. "나는 즉시 그의 용맹함을 알아봤다. 하지만 그의 용기는 충동적인 것이었다." 커스터는 공병 임무를 받았지만, 특정 부대에 소속되지 않아서 전투에 참가할 수 있었다. 그는 적지를 정찰하거나, 사단을 위해 장애물을 우회하며 기동하거나, 전투가 한창인 곳에 파견되는 부대에 들어가는 것을 자원했다.[7]

커스터의 용맹함을 알아본 조지 B. 매클렐런 장군은 이 젊은 중위에게 면담을 요청했다. 몇 주간 전투를 치렀기에 군복이 더러웠지만, 커스터는 그토록 존경하던 장군을 만나게 되어 너무나 기뻤다. 면담이 끝날 때쯤 매클렐런은 커스터에게 참모 자리를 제안했다. 커스터는 이를 받아들였고, 의용군 대위 계급의 보좌관 자리에 올랐다. 매클렐런은 자신의 새로운 보좌관을 총애했고, 전투 상황을 명확히 파악하기 위해 그를 전선으로 보낼 정도로 애착을 가졌다. 그는 이후 "커스터는 지치지 않고 두려움을 모르는, 무모하고 씩씩한 소년에 불과했다. 하지만 그의 정신은 위험 속에서도 언제나 맑았고, 포화가 쏟아지는 상황에서도 보았던 것을 명확하고 분명하게 보고했다."라고 회고했다.[8] 심리학자 두에인 슐츠는 커스터가 성공하고자 하는 강렬한 야망 그리고 명예와 유명세를 향한 억제할 수 없는 탐욕에 이끌렸다고 서술했다. 명성을 얻기 위한 가장 쉬우면서 위험한 방법은 최전선에서 군대를 이끄는 것이었다. 최전선의 병사들이 겪는 모든 위험을 커스터도 공유했지만, 거의 불가능해 보이는 상황에서도 살아남는 등 전투 중에는 상당히 운이 좋은 편이었다. 이런 용맹함 덕분에 병사들은 그를 잘 따랐다.[9] 하지만 굳이 자기 자신과 병사들을 위험에 빠트릴 필요는 없었다. 병사들이 너무나도 존경했던 바로 그 장점들이 이후 리틀빅혼에서 수많은 병사들을 죽음에 몰아넣게 된다.

커스터는 작은 부대에서 전쟁을 경험하는 대신 고위급 간부로 근무하길 원했다. 그래서 포토맥군 사령관 조지프 후커 장군과 새로 구성된 기병사단 사령관 앨프리드 플레전턴 장군의 찬조를 얻으려 노력하기 시작했다. 5월 초 그는 상황에 따라 두 상관의 지시를 모두 따르면서 의용군 대위로 근무했다. 5월 말까지 어려운 임무를 계속 수행하던 이 젊은 장교의 명성은 드높아지고 있었다.[10]

조지프 후커가 사임한 후에 이어진 개편 과정에서 플레전턴이 기병사단 3개와 예비여단으로 이루어진 새로운 기병대를 이끌게 되었다.[11] 이 개편을 완수하기 위해 조지 G. 미드 장군은 기병여단들을 지휘할 새로운 여단장 3명을 임명·진급시키도록 승인해 달라는 플레전턴의 요청을 인가했다. 커스터도 이 진급에 포함되었다. 23세였던 커스터는 미시간 기병여단의 지휘관이자 미군에서 가장 젊은 장성이 되었다. 커스터는 이렇다 할 지휘 경험도 없었고, 부대 내 많은 장교는 자신이 커스터 위에 있어야 한다고 생각했기에 이는 더욱 흥미로운 선발이었다. 하지만 커스터는 수완을 잘 발휘했다. 그는 이 지위를 위해 태어난 듯 명령을 내리고, 모두 그것에 복종하길 기대했다.[12] 커스터는 새 역할에 맞는 복장을 갖췄다. 그의 군복은 검정 벨벳 바지와 금색 레이스로 장식된 코트, 감색 셔츠, 목에 두른 붉은색 스카프, 검정 모자였다. 커스터는 전장에서 자기 부대는 물론 적군의 눈에도 띄고자 했다.[13]

커스터가 지휘권을 잡았을 때는 마침 게티즈버그 근처 전투에 참여할 수 있던 시기였다. 커스터는 남군 기병대 장군 J. E. B. 스튜어트가 전투에 참여하지 못하도록 막았다. 북군 기병은 중요한 교차로를 보호하고 있었는데, 남군보다 병력이 적었음에도 커스터는 스튜어트의 기병대에 피비린내 나는 공격을 감행했다. 양측 누구도 결정적인 승리를 거두지는 못했지만, 그날 미드 부대를 후방에서 공격하려던 스튜어트 부대의 시도는 좌절됐다. 커스터의 전술이 보편적인 것은 아니었지만, 그 용맹함이 북군을 구했을 수도 있다. 하지만 이 행동에는 큰 대가가 따랐다. 장교를 포함하여 29명이 전사했으며, 123명이 부상을 입었고, 67명이 실종된 것이다. 당시 전투에 함께했던 기병 지휘관 데이비드 그레그 준장과 비교해 커스터는 병사를 여섯 배나 많이 잃었다. 남북 전쟁에서 커스터의 행동에 관해 저술한 에드워드 G. 롱에이커에 따르면, 커스터는 상황이 대담함을 요구할 때 그렇게 행동하려고 했다. 병사들을 지휘해야 할 때는 항상 최전선에서 이끌며 그들과 운명을 함께하고자 했다.[14]

게티즈버그에서 남군이 패하자 동부의 새로운 사령관 율리시스 S. 그랜트는 북군이 항상 패했던 남부에서 전투를 지속하기로 했다. 하지만 남군에 식량을 제공하는 비옥한 농경지가 있던 셰넌도어 계곡은 남부의 사활을 결정하는 곳이었다. 1864년에 실시한 작전 초반에 패배를 겪은 그랜트는 필립 셰리든을 지휘관으로 세우고서 커스터 여단을 비롯한 많은 병력을 지원했다. 다시 전투의 최전선에 세워진 이 젊은 장군은 적군 하나가 근거리에서 쏜 총탄에 맞아 거의 목숨을 잃을 뻔하기도 했다. 커스터는 아슬아슬한 순간에 말을 일으켜 세웠고, 총알은 그의 다리를 스치고 지나갔다. 커스터의 어느 참모장교는 "그는 계속 위험을 경멸했으며, 아주 불필요한 방식으로 스스로를 노출하길 좋아했다."라고 회고했다.[15] 이 전투는 버지니아에서 북군이 거둔 첫 승리였으며, 전쟁이 끝나가고 있다는 걸 처음으로 알렸다.

멀리 남쪽에서는 윌리엄 T. 셔먼이 진군하고 있었는데, 그에겐 새로운 장교가 필요했다. 그랜트는 셔먼의 기병을 이끌 사람으로 커스터의 상관인 제임스 윌슨 사단장을 지명했다. 사단장이 된 이래 사단에서 인기가 없던 윌슨에게 이것은 좋은 기회였다. 이후 셰리든은 커스터를 사단장으로 임명했고, 이로 인해 미시간 여단은 엉망이 되었다. 병사들은 커스터를 매우 잘 따랐으며, 그의 지휘하에서 열심히 싸우고, 임무도 잘 수행했다. 하지만 총 전사자가 350명, 부상자도 1,275명이 나올 정도로 수많은 병사가 희생당했다. 다른 기병여단은 이 정도의 피해를 입지는 않았다. 하지만 커스터는 자신이 직접 이끌지 않는 전투에는 아무도 보내지 않았다. 그는 결의 있고 인기가 많은 지휘관이었지만, 그의 전쟁 수행 방식에는 큰 대가가 따랐다. 이와 함께 그의 여단에는 명예와 승리가 함께할 수 있었다. 그의 결점 없는 리더십에 감사를 표하기 위해 셰리든은 그랜트에게 커스터를 명예소장으로 진급시키라고 권했다.[16]

1865년 봄 전투가 시작되자 북군은 또다시 버지니아에서 남군 사령관인 리를 추격했다. 이때 커스터는 웨인즈버러, 딘위디코트하우스, 파이브 포크스 등에서 벌어진 전투에서 뛰어난 기량을 보였다. 커스터의 병력은 리의 후퇴를 가로막았다. 이때 남군 참모장교 로버트 심스 소령이 막대기에 건 흰 수건은 남부 세력이 내건 첫 항복기였다. 심스는 리 장군이 정전을 요구했다고 말했고, 커스터는 리가 무조건 항복하지 않는다면 이를 받아들일 수 없다는 말과 함께 확답을 받으려고 심스를 돌려보냈다. 하지만 커스터는 심스의 귀환을 기다리는 대신 적진으로 진격했다. 리의 오른팔인 제임스 롱스트리드 장군을 찾은 커스터는 항복을 요구했으나, 그는 거부했다. 커스터는 굴욕감을 품어 주눅이 든 채 북군 쪽으로 말을 몰아 돌아왔다.[17]

평화가 찾아온 뒤 재건 시대(남북 전쟁 이후 혼란이 잦아들고 산업화가 진전된 시기) 남부 점령 과정에서 커스터는 뉴올리언스에 파견되었다. 셰리든은 여전히 텍사스주에서 활동하던 남군 습격대원들을 제거하라는 명령을 받았고, 그래서 이 작전에 도움이 될 커스터를 부른 것이다. 셰리든은 커스터와 상당히 우수한 연대 5개(제1 아이오와군, 제2 위스콘신군, 제7 인디애나군, 제5 및 제12 일리노이군)에 소속된 기병대원 4,000명을 휴스턴으로 보냈다. 이 기병대원들은 제대하길 원했으므로 여전히 군대에 머물러야 하는 상황에 큰 불만을 품었고, 남부에 있는 것도 끔찍하게 싫어했다. 무엇보다 더 이상 규율을 따르고 싶어 하지 않았다. 이들은 규율 위반 사건도 여러 건 저질렀다. 그래서 지휘관과 대원들 간의 사이가 소원해졌다. 1865년 8월 8일, 부대는 루이지애나주를 떠나 텍사스주 휴스턴 근처에 있는 헴프스테드로 떠났다.[18] 텍사스주에 도착한 뒤 배급된 식량에 불만을 품은 몇몇 병사들이 지역 농부들의 식량을 훔쳤다. 그러자 커스터는 이들에게 태형을 명했다. 부대원들은 배려심 없고 무심한 커스터를 미워하기 시작했고, 그의 무능함과 병사에게 무관심하다는 점을 비난했다. 전쟁 시에는 기병대원 사이에서 인기를 누렸던 커스터는 병사들의 증오를 받아들이기 힘들었다.[19]

제5 일리노이군은 9월에 제대 후 귀가해 버렸고, 10월에는 헴프스테드에 남은 제12 일리노이군을 제외한 부대가 오스틴으로 떠났다. 커스터가 그곳에서 삶을 즐기는 동안 부대원들은 도시를 순찰했다. 12월에는 커스터를 포함한 일부 장군들이 제대했고, 커스터는 제5 기병연대 대위로 돌아갔다. 이들은 1월에 미시간주의 먼로로 가기 위해 텍사스주를 떠났지만, 커스터는 재건 현황을 보고하기 위해 연방의회에 간 후, 사업 경력을 쌓을 기회를 탐색하기 위해 뉴욕으로 향했다. 그는 정치 경력 또한 고려했지만, 잠정적으로는 잠시 제쳐두었다. 마침내 1866년 7월 의회가 제7에서 제10부대까지 추가적인 기병연대 창설을 승인하면서 그의 미래 문제는 해결되었다. 그는 중령 계급인 제7 기병연대 임시연대장 자리를 수락했고, 캔자스주로 파견되었다.[20]

커스터는 리틀빅혼의 파멸적인 결과가 있기까지 적대적인 원주민 무리를 '보호구역'으로 몰아내면서 개척자, 광부, 철도 관계자 들을 보호하라는 명령을 받고 대평원을 순찰하는 등 재건에 힘쓰며 많은 시간을 보냈다. 커스터는 1866년 10월 캔자스주 라일리 요새에 도착했는데, 곧이어

앤드루 J. 스미스 대령이 연대를 지휘하기 위해 도착했다. 하지만 이듬해 2월 스미스가 상부 아칸소(Upper Arkansas) 구역을 맡으면서 연대의 지휘권이 다시 커스터에게 돌아갔다. 라일리 요새의 병력은 백인 정착민과 철도 회사 들이 이 지역에서 안전하게 자리잡을 수 있도록 원주민들을 평원에서 보호구역으로 몰아내야 하는, 단순히 표현하면 '힘든 임무'를 맡고 있었다. 커스터의 병력은 1867년 3월 제37 보병연대와 함께 남부 지역 부족들을 아칸소강 남쪽으로 몰아내기 위해 출격했다.[21] 커스터의 무모함을 가장 잘 보여 주는 사건이 이 시기에 일어났다. 바로 1867년 10월 허락도 없이 부대를 이탈한 것이다. 윌리엄 T. 셔먼 장군은 윈필드 S. 행콕 소장의 지휘하에 있던 커스터에게 평화를 유지하면서 캔자스주 서부 지역 정착민들을 보호하라고 명령했다. 그가 캔자스주의 가장 서쪽 전초지인 월리스 요새에 도착했을 때 원주민들이 그곳을 포위하고 있었다. 식량, 의약품, 탄약이 부족했고, 콜레라도 창궐했다. 그럼에도 포위전이 한창이던 7월 15일 커스터는 병사 75명을 이끌고 동쪽으로 360킬로미터 떨어진 하커 요새로 향했다.[22]

커스터는 월리스 요새에 지원을 요청하러 갔었다고 주장했지만, 실제 이유는 자신을 보기 위해 캔자스주를 찾아왔다가 행방불명된 아내를 찾기 위해서였다. 성급한 커스터는 단지 아내를 찾기 위해 직무에서 이탈하고, 휘하 병사들마저 탈진과 탈영으로 몰아넣은 것이다. 하커 요새로 가는 길에 원주민들이 그의 병사 2명을 죽였다는 소식을 들었지만, 그는 부인을 찾는 데에만 정신이 팔려 전사한 병사들의 시신을 찾으려 하지도 않았다. 마침내 라일리 요새에 있던 집에서 그녀를 찾은 후 그들은 하커 요새로 돌아갔지만, 커스터는 체포당했다. 1867년 8월 27일 그랜트는 커스터에게 9월 중순에 열릴 리븐워스 요새의 군법회의에 출석하라고 명령했다. 증언은 9월 17일에 시작해 10월 11일까지 지속되었다. 결국 그는 무단이

탈 등 여러 혐의에 따라 1년간 전액 감봉과 직무 정지를 선고받았다.[23]

커스터가 부재한 사이에 행콕은 평야 지역의 평화를 되찾지 못했고, 셔먼은 그를 해임시켰다. 필립 셰리든 소장도 남부에서 재건 정책을 진행했지만 인기가 없었다. 따라서 행콕이 서쪽에서 하던 그 역할을 수행하도록 커스터를 데려왔다. 행콕과 마찬가지로 셰리든도 플랫강과 아칸소강 사이의 평화를 수호하고, 그곳의 원주민들을 보호구역으로 옮기는 임무를 맡고 있었다. 셰리든은 원주민들을 평야에서 성공적으로 몰아낼 인물을 찾지 못했다. 그래서 커스터의 직무 정지가 끝나기 2개월 전에 임무로 복귀하라고 요청했다. 커스터는 1868년 9월 30일 리븐워스 요새에 도착했다.[24]

셰리든은 1868년 여름에 원주민들을 색출하면서 난항을 겪었기에, 겨울까지 작전을 지속하고자 했다. 이유는 단순했다. 원주민 전사들은 여름에 말을 잘 타고 다니기 때문에 찾기 어려웠지만, 겨울에는 여자 및 아이 들과 함께 야영을 해서 찾기 수월한 데다 전사들도 겨울에 작전을 수행하는 데 익숙하지 않았기 때문이다. 셰리든은 1868년 11월 원주민들을 몰아낼 겨울 작전에 커스터와 제7 기병연대를 보냈고, 이들은 17일 서플라이 기지에 도착했다. 정찰대는 원주민들이 고립된 정착민 마을을 공격하는 데 이용하는 북쪽으로 난, 아마 캔자스주로 향하는 길을 발견했다. 커스터는 병사와 정찰병 800명을 이끌고 서플라이 기지를 떠나 원주민들을 쫓아 와시타강에 있던 대규모 원주민 야영지에 도착했다. 이 야영지의 추장은 검은주전자였는데, 이들은 존 M. 치빙턴이 주도했던 1864년 샌드크리크 학살의 희생자들이었다.[25]

커스터는 훗날 리틀빅혼에서 사용할 방법으로 검은주전자의 야영지를 공격했다. 커스터는 적의 야영지와 전사들의 수를 파악하지도 않고 부대를 둘로 나누어 마을을 양 끝에서 각자 공격하게 했다. 아울러 더 작은 부대들은 포위망을 완성했다. 커스터의 병사들은 11월 27일 일출 직후 공격을 개시해 약 50명을 사살했다. 일부 원주민들은 탈출할 수 있었지만, 조엘 엘리엇 소령과 그의 기병대원 20명이 그들을 추격했다. 커스터나 엘리엇은 몰랐지만, 샤이엔족과 어래퍼호족 그리고 키오와족의 야영지가 강변 하류에서 몇 마일 떨어진 곳에 있었다. 그곳 전사들이 엘리엇의 병력에 맞서면서 분쟁이 잇따랐다. 엘리엇과 기병대원들은 전부 사망하거나 영구적인 부상을 입었다. 와시타강 야영지에 있던 커스터는 이 사실을 모르고 있었다. 이 와중에 엘리엇 부대를 격파한 이들과 합류한 전사 수백 명이 마을에 남아 있던 기병대원들을 포위하기 시작했다. 커스터는 엘리엇이 멀쩡하게 잘 있으리라 생각하면서 후퇴해 12월 2일 서플라이 기지로 돌아갔고, 그곳에서 행군 중인 엘리엇 부대의 남은 병사들을 발견했다.[26] 커스터 부대는 귀환할 때 위대한 승리를 했다며 열광적인 찬사를 받았다.

치명적일 수 있던 상황에서 부대를 빼낸 것은 칭찬받을 만하지만, 어떤 곳에 주둔한지도 모르고 규모도 모르는 적군을 공격하기로 한 커스터의 경솔한 결정은 해명이 필요했다. 그가 정찰을 더 했다면 몇 마일 떨어진 곳에 있던 다른 야영지를 발견했을 것이고, 다른 방식으로 공격해 엘리엇과 그의 부대를 살릴 수 있었을지 모른다. 와시타강에서 승리하면서 그는 기습 공격과 대담함에 더욱 자신감을 품었고, 자신의 행동을 무모한 것이 아니라 영광스러운 것이라 여겼다. 미국 여론도 이를 공유하면서 커스터가 원주민을 와시타강가에서 보호구역으로 몰아내고 정착민들을 지켜낸 영웅이라 여겼다.[27]

원주민들과 벌인 다음 전투의 무대는 블랙힐스였다. 수Sioux족 원주민들에게는 신성한 지역이었던 이곳에서 금광이 발견되자 백인 광부들은 돈을 벌 수 있는 장소로 여겼다. 탐광자 수천 명이 이 지역에 들어와서 보호를 요구하고 있었다. 1875년 가을, 율리시스 S. 그랜트 대통령 행정부의 핵심 인사들이 다코타 테리토리 문제를 논의하기 위해 모였다. 미국 정부는 수족에게서 이 지역을 구매하려고 했지만 실패했다. 수족이 블랙힐스를 포기하게 할 유일한 방법은 군대를 보내 군사력을 과시하는 것이었고, 그랜트도 이에 동의했다. 커스터는 1874년 7월 블랙힐스로 8주간 원정을 떠났다. 목적은 원주민들과 싸우는 것이 아니라 그곳에 있는 금을 비롯한 여러 자원을 파악하는 것이었다. 이 임무는 성공적이었고, 그는 상급자들에게 이 지역에 귀금속과 목재가 많다고 보고했다.[28]

　1874년과 1875년은 조용했지만, 곧 시끄러워질 예정이었다. 그랜트는 임기 첫 2년 동안 서부 원주민들과 평화롭게 협상하기 위해 노력했지만, 1875~1876년 겨울이 오자 인내심을 잃고 더 적대적인 접근법을 택했다. 블랙힐스로 모여든 광부들은 정부가 라코타족에 내준 신성한 땅을 침범하고 있었는데도, 그랜트는 1875년 12월 모든 라코타족과 샤이엔족에게 1876년 1월까지 '그레이트 수 보호구역(Great Sioux Reservation)'으로 돌아가라고 명령했다. 그 이후에는 군대가 이들을 보호구역으로 보내기 위해 어떤 조치든 취할 수 있었다. 셰리든과 또 한 명의 전설적인 개척지 전사 조지 크룩 장군은 커스터를 비롯한 여러 뛰어난 장교들과 함께 계획을 구상했다. 하지만 계획 수립 단계에서 커스터는 워싱턴에 불려가 의회에서 증언해야 했다.[29]

　워싱턴에서는 한동안 스캔들이 끓고 있었다. 전쟁부 장관 윌리엄 벨냅이 서부에서 원주민 보호사무소 교역 관리자 역할을 남용하면서 부정부패를 저지르고 있다는 주장이 제기된 것이다. 사업은 꽤나 잘됐고, 교역 허가증을 얻으려는 이들의 경쟁도 대단했다. 벨냅이 기존에 부여된 허가증을 모조리 회수하고 높은 가격에 재발급하려고 하자 대통령의 동생 오빌 그랜트가 뇌물만 주면 누구에게든 허가증을 교부하기 시작했고, 이에 불만이 들끓기 시작했다. 하원에서는 이 사안을 조사하기 위해 청문회를 열기로 했고, 이 스캔들에 관련된 교역소 중 한 곳인 에이브러햄링컨 요새(Fort Abraham Lincoln)의 연대장이던 커스터를 증인으로 불렀다. 커스터는 수 차례나 증언했지만, 사실상 루머나 떠도는 말밖에 옮길 게 없었다. 하지만 그 화려한 명성 덕분에 언론에서는 스타로 모셔댔다. 당시 그랜트 대통령을 비판하는 사람들은 이 스캔들을 빌미로 대통령에게 비난을 퍼부었다. 그 뒤 언론이 오빌 그랜트의 명예를 훼손했고 부패하기까지 했다며 규탄하던 커스터를 비난하는 데도 이 스캔들을 활용했다. 커스터에게 분노한 대통령도 이후 모든 작전에서 그에게는 지휘관 자리를 맡기지 않았다. 셰리든은 에이브러햄링컨 요새에서 후퇴할 동안 지휘권을 앨프리드 H. 테리 장군에 맡겼다. 하지만 그랜트는 이후 마음이 풀려 커스터에게 지휘권은 아니더라도 공격 작전 시 동부에서 동행할 수 있게 해주었다.[30]

이 작전은 매우 단순했다. 원주민 전사들은 몬태나 남동부에서 사냥을 하면서 블랙힐스 서쪽 어딘가에 있었다. 따라서 이 공격 작전은 적의 퇴로를 차단하기 위해 세 방향에서 실시해야 했다. 커스터의 제7 기병대로 보강된 테리 부대는 오늘날의 노스다코타주에 있던 에이브러햄링컨 요새에서 출발한 뒤 서쪽으로 향할 예정이었다. 존 기번 장군의 몬태나 부대는 동쪽에서, 크룩의 와이오밍 부대는 남쪽에서 공격할 계획이었다. 하지만 크룩 부대는 리틀빅혼 전투 8일 전 원주민 전사들의 분견대를 만나 후퇴해야 했다. 그런데도 크룩은 다른 지휘관들에게 자기 부대가 후퇴한다고 알리지 않았다. 이 작전에서 아마도 가장 큰 문제는 이 부족들이 식량 부족으로 대규모 병력을 집결시키지 못하리라 섣불리 추정한 것이었다.[31]

이 군대는 테리가 지휘권을 나눌 당시 5월 대부분과 6월의 절반을 적 찾기에 소진했다. 테리는 커스터에게 기번이 옐로스톤강을 따라 빅혼강

어귀를 거쳐 리틀빅혼까지 올라가는 동안 로즈버드강을 따라 리틀빅혼으로 올라가라고 명령했다. 두 부대는 대략 6월 26일 정도에 만날 예정이었다. 테리는 분당 350발을 쏠 수 있는 자신의 개틀링 기관총 2대를 주겠다고 했지만, 커스터는 이 무기가 너무 번거롭다고 생각했다. 커스터와 병사들은 말이 걸어 다닐 때 흔들린다는 이유로 군도도 놓고 갔다. 테리는 커스터에게 제2 기병연대로부터 4개 중대를 지원받으라고 제안했지만, 커스터는 이러한 지원군도 거절했다. 그가 거절했던 이유가 모든 공로를 제7 기병연대가 차지하기를 원해서였는지, 테리와의 관계가 좋지 않아서였는지는 확실하지 않지만, 그는 분리된 각 부대가 원주민들을 발견하더라도 스스로를 지킬 수 있으리라 예측했다. 흔히 알려진바와는 달리, 테리는 커스터가 적을 발견하면 필요한 모든 조치를 취할 수 있는 권한을 주었다. 그러니 꼭 테리를 기다릴 필요는 없었다. 물론 테리가 헤어질 때 "커스터, 너무 욕심부리지 말고 우리를 기다려 주게!"라고 소리쳤지만, 커스터는 "아니, 됐소."라고 답했다.[32]

며칠 동안 커스터 부대는 원주민의 흔적을 발견하면서 리틀빅혼까지 이어진 합류 지점으로 갔다. 커스터의 병사들은 적 진지에 접근하기 위해 1876년 6월 23일에서 24일로 넘어가는 밤 내내 말을 탔다. 6월 25일 내내 쉬고, 26일 동트기 전에 공격을 개시하는 것이 당초 계획이었다. 기번 또한 6월 26일에 도착하여 커스터 부대를 지원할 예정이었다. 커스터는 야영지에 전사 800명이 있다고 추정했지만, 실제로는 천막 900~1,200개가 있었고, 그 안에는 전사 2,500명을 포함해 총 7,000명이 있었다.[33]

1876년 6월 25일 밤새 행군한 뒤, 커스터의 정찰대 지휘관은 적 야영지를 발견했으며, 계곡에는 여태까지 그 누가 보았던 것보다 큰 원주민 마을이 있다고 보고했다. 어느 정찰대원이 2~3일간 싸울 수 있을만큼 적이 있다고 보고하자, 커스터는 교만하게도 하루면 된다고 말했다. 그는 안개가 껴 자세히 볼 수 없는데도 원주민 야영지를 먼 거리에서 바라봤다. 커스터는 추가 조사도 하지 않고 정찰대원들의 경고를 무시한 채 항상 그래왔듯 운을 믿고 야영지를 즉시 공격하기로 결정했다. 적이나 야영지의 규모를 몰랐으면서도 오히려 다른 부대가 도착하기를 기다리다가 적이 도망칠까 봐 걱정하기까지 했다.[34]

그는 또다시 "커스터의 행운"에 의존하려 했던 것이다. 이미 남북 전쟁 때도 여러 번 그랬고, 와시타강에서 검은주전자의 부족과 전투할 때에도 그랬듯, 커스터는 성급하게 전투를 명령했고, 병사들이 마주치는 모든 적을 물리칠 수 있으리라 믿었다. 제7 기병연대는 당시 장교 31명, 기병대원 566명, 정찰대원 50명과 민간인으로 구성되었다. 특이한 사실은 커스터의 형제 톰과 보스턴, 매제 제임스 캘훈 중위 그리고 조카 어티 리드를 포함한 커스터의 친인척도 몇 명 있었다는 것이다. 또한 마크 켈로그라는 〈비스마르크 트리뷴Bismarck Tribune〉의 기자도 동행하고 있었다.[35] 이들은 모두 리틀빅혼에서 커스터와 함께 사망했다.

오전 11시 7분, 커스터는 부대를 공격종대 3개와 지원종대 1개로 나누었다. 공격종대 3개는 야영지까지 나란히 이동했다가 서로 보이지 않을 때까지 천천히 퍼졌다. 커스터가 장교 213명과 C, E, F, I, L 중대로 이루어진 우측 종대를 이끌었다. 그의 임무는 적 야영지에 접근할 때까지 강 동쪽에서 이동하면서 그 안으로 들어가 공격을 개시하는 것이었다. 마커스 리노 소령이 장교 140명과 A, G, M 중대 그리고 정찰대원 35명으로 이루어진 중앙 종대를 지휘했다. 그의 임무는 커스터가 중앙을 공격하는 동안 야영지의 남쪽 끝을 공격하는 것이었다. 프레더릭 벤틴 대위가 장교 115명과 D, H, K 중대를 이끌고 좌측 종대를 지휘했다. 그는 강을 건넌 다음 야영지 서쪽을 따라 말을 몰면서 적이 도망치는 걸 막아야 했다. 그리고 다시 강을 건너온 다음 야영지에서 전투하고 있을 커스터를 지원할 예정이었다. 토머스 맥두걸 대위와 1개 중대는 보급품 수송용 가축들을 지키는 임무를 배정받아서 공격에는 참여하지 않았다.

커스터는 원주민들을 공격할 때 와시타강에서와 같은 방식을 사용했다. 하지만 이번에 그가 공격하던 마을은 천막이 400개 정도였던 그때 그 마을보다 두세 배 더 컸다.[36] 이번에는 적이 있던 곳의 지형, 병력 규모, 대열, 의도를 전혀 몰랐기에 주의를 기울여야 했다. 게다가 병사들이 흩어져있었기 때문에 알아서 계획을 잘 따르고 있으리라고 믿는 수밖에 없었다. 하지만 커스터는 조심성과는 거리가 먼 사람이었다.

적과 처음 마주친 부대는 리노 부대였는데, 결과는 좋지 않았다. 원주민들은 놀라긴 했지만, 곧 정신을 차리고 공격해 기병대원들을 완전히 패퇴시켰다. 리노의 병사들은 하루종일 전투 불능이 되었다. 리노는 "비겁하게 도망쳤고, 커스터 부대가 격파되는 것을 허용했다."라고 평생 비난을 받았다. 벤틴의 명성에도 흠집이 났다. 그는 의도적으로 커스터를 늦게 지원했다고 비판받았다. 그는 남쪽을 정찰하면서 그 어떤 야영지도 발견하지 못했고, 말에게 물을 주느라 두 번이나 멈췄다. 두 번째 급수터에서 총성이 들렸고, 머지않아 벤틴은 커스터에게서 "빨리 오라."라는 명령을 받았다. 벤틴 부대는 걷거나 종종 속보로 가면서 느릿느릿 움직였고, "빨리 오라."라는 명령을 한 번 더 받았다. 벤틴이 리노 부대를 만났을 때 리노 부대는 패닉과 혼돈에 빠진 채 전의를 상실한 상태였다. 리노와 벤틴은 커스터에게 갈지 말지 상의했는데, 다른 장교들이 재촉하기 전까지는 가지 않으려는 것 같았다. 결국 가기로 결정했지만, 그들과 커스터 부대 사이에 있던 수많은 적들 때문에 결정을 뒤집고 방어 태세를 취했다.[37]

이미 정찰대원들이 계곡에 원주민 전사가 어마어마하게 많다고 수 차례 경고했는데도 커스터는 들은 체도 하지 않았다. 어느 정찰대원은 커스터에게 적이 많으니 군대를 나누지 말라고 조언했지만, 커스터는 "정찰은 네가 하고, 전투는 내가 하겠다."라고 답했다.[38] 심지어 어느 정찰대원은 주변 언덕에서 적의 마을을 내려다보라고 커스터를 불렀으나, 원주민 마을을 본 커스터는 "낮잠을 자고 있군. 잡을 수 있겠어!"라고 말할 뿐이었다. 커스터는 "빨리 와서 병력을 합쳐야 한다."라는 전갈을 벤틴에게 갖다주라면서 부관을 보냈지만, 벤틴은 이미 리노와 함께 방어 태세를 취하며 목숨을 건 전투를 벌이고 있었기에 명령을 따르지 못했다. 벤틴·리노 부대는 다음 날 아침 일찍 마지막 공격을 저지할 수 있었고, 정오 무렵에는 원주민들이 떠나갔다.[39]

1876년 6월 25일 커스터 부대의 생존자가 아무도 없기에 당일 커스터에게 무슨 일이 있었는지 증언할 사람 또한 한 명도 남지 않았다. 전투 이틀 뒤, 기번의 중대가 빅혼 계곡으로 올라갔다. 이들은 버려진 마을과 나체로 널브러진 채 훼손되기까지 한 커스터 부대 병사들의 시신들을 발견했다. 심지어 말의 시체까지 끔찍하게 훼손되어있었다. 벤틴·리노 부대 생존자들이 전투 지역에 곧 도착해 시신을 묻어 주었다. 당시 시신 처리 기록이 일지로 남아 있는데, 일부 전사자는 목걸이, 문신, 또는 치아 충전물로만 식별할 수 있었다. 마크 켈로그 기자는 신발 한 짝으로 식별되었다. 거의 모든 시신이 훼손되었지만, 커스터는 예외였다. 그는 가슴과 관자놀이에 총알을 한 발씩 맞았지만 자살을 의미하는 화상 자국은 없었다. 그의 시신이 왜 훼손되지 않았는지는 여전히 미스터리다.[40]

커스터는 당시에 영웅 대접을 받았지만, 그의 재앙적인 말로는 어느 정도 예견되었다. 셰리든은 커스터가 용맹하다며 칭찬했지만, 상황을 분석하는 능력이 부족하고 너무 성급하게 공격한다면서 "그를 통제할 누군가가 있어야 한다."라고 항상 주장했다. 셔먼은 1867년 커스터를 "젊고, 무모하리만큼 용맹하다. 기병 장교로서는 훌륭하지만, 판단력이 좋은 편은 아니다."라고 평가했다. 리틀빅혼에서 커스터가 전사했다는 소식을 들은 셰리든은 셔먼에게 "잘못된 생각, 특히 커스터가 가진 과도한 용맹함으로 빚어진 불필요한 희생이었다고 생각하네."라고 썼다. 마지막으로 커스터를 별로 좋아하지 않았던 그랜트는 셔먼에게 "나는 이번 학살이 커스터 본인이 야기한 불필요한 희생이라고 생각하오."라고 썼다.[41]

과거에는 항상 통했던 커스터의 전술은 "정확히 판단할 수 없다면 적극적으로 공격하라."라는 것이었다. 남북 전쟁 때는 최전선에서 병사들을 직접 지휘함으로써 인기를 얻었다. 그는 운이 좋아서 공격을 거의 항상 승리로 매듭지을 수 있었고, 이로써 자기 전술이 늘 성공하리라는 잘못된 믿음을 가지게 되었다. 하지만 개인적인 용맹함이나 무분별한 공격성은 적의 상황을 신중하게 고려하는 것을 대체할 수 없다. 운이 능력을 대체할 수도 없다. "커스터의 행운" 덕분에 커스터는 남북 전쟁에서 여러 번 목숨을 건졌지만, 그 과정에서 많은 병사가 대신 대가를 치러야 했다. 결국 리틀빅혼에서 그의 행운이 바닥났으며, 병사 수백 명은 지휘관의 거만함과 무모함 때문에 죽어야 했다. 그래서 커스터는 사상 최악의 지휘관 중 한 명이라 말할 수 있다.

4장

정치꾼

전쟁은 사람을 한 번 죽이지만, 정치는 사람을 여러 번 죽인다.

– 윈스턴 처칠, 영국 총리

마르쿠스 리키니우스 크라수스
MARCUS LICINIUS CRASSUS

그레고리 S. 하스포도어

마르쿠스 리키니우스 크라수스의 로마 시대 흉상

고대의 전쟁 지도자 중에는 재앙적 패배에 따른 결과를 자신이 지휘했던 병사들과 함께 맞이한 이들이 종종 있었다. 하지만 운명의 여신은 유독 카레 전투의 로마군 사령관 마르쿠스 리키니우스 크라수스에게 박한 듯했다. 그는 파르티아 군대가 아들의 머리를 창끝에 꽂아 전시하며 행진하는 모습을 목격하기도 했다. 이후 크라수스는 말에 탄 적군과 교섭하기 위해 걸어갔다. 로마의 가장 영향력 있는 인물 중 하나가 말도 못 타고 걸어갔다는 사실은 그의 운명이 얼마나 기구해졌는지를 보여 준다. 회담에서 크라수스가 살해당한 후 파르티아군의 장수 수레나스는 그의 시신을 훼손했다. 그는 크라수스의 오른손과 머리를 절단하고 녹인 금을 고인의 입에 부은 뒤 왕에게 전리품으로 선사했다.[1] 오로데스 2세와 아르메니아의 아르타바데스 2세가 평화 조약에 합의한 뒤 그들은 기념으로 에우리피데스의 〈바커스의 여신도들〉을 관람했다. 한 비극 배우가 마지막 장면에서 즉흥적으로 크라수스의 머리를 무대 소품으로 사용하기도 했다. 또한 수레나스는 친로마 성향이던 메소포타미아 지역 대도시 셀레우키아에서 로마인들이 승리를 축하할 때의 의식을 흉내내기도 했다. 여장을 한 크라수스를 닮은 포로를 등장시켜 개선장군(Imperator, 위대한 업적을 세운 로마 장군에게 주어지는 칭호)인 수레나스의 말에 답하게 했다.[2]

크라수스의 평판은 고향에서도 별로 좋지 않았다. 그러나 카레에서의 패전은 로마가 개시한 공격 전쟁에서 겪은 것 중 가장 큰 패배였으며, 크라수스는 가장 유력한 시민이었기에 카레는 대중의 관심을 끌었고, 대중은 설명을 요구했다. 크라수스를 옹호해 주는 자들도 분명 있었겠지만, 압도적인 패배는 수치스러운 약점으로 남았다. 역사와 대중은 승자를 선호한다. 그리고 크라수스에게는 동쪽에서 그가 벌이던 활약을 불쾌해 하던 정적들이 있었다. 더군다나 책임을 지휘관에게 전가하면 이 재앙의 더 근본적인 원인을 고찰하는 불편함도 피할 수 있었다. 따라서 크라수스에게 책임을 전가하는 서사가 신속하게 등장했다. 남아 있는 몇 안 되는 역사 기록들은 그를 탐욕에 이끌리고 명성에 굶주린, 판단력이 부족한 지도자로 묘사한다. 그러한 기록의 저자 대부분은 역사가 도덕적 교훈을 준다고 여겼고, 마찬가지로 이 참사에서도 크라수스의 인격적 결함들이 드러났다고 보았다.

고대의 저자들이 겪었듯이 이 대격변을 크라수스의 결정을 중심으로 설명하려는 유혹을 당할 수 있다. 실제로 크라수스는 공화국의 탈을 쓴 제국의 변방에서 정치적·군사적 권위를 결집했고 온전히 혼자서 패배를 유발하기에 이상적인 위치에 있었다. 리더는 군대를 움직일 수 있으며, 따라서 지휘받는 이들의 승리 여부는 리더의 책임이라는 사실이 자명하다. 패배가 클수록 리더십이 나쁘고, 승리가 클수록 리더십이 훌륭하다. 이런 식의 해석대로라면 크라수스 또한 무능한 지휘관 반열에 올라야 할 것이다. 하지만 이것은 실수일 수 있다.

엘리엇 A. 코언과 존 구치는 단 한 사람을 실패 원인으로 간주하려는 인간의 자연스러운 경향은 "몰래 혼란을 고백하는 것과 다를 바 없다… 설명으로 위장한 비참한 절규"라고 말했다.[3] 물론 이 패배에 따르는 책임은 크라수스가 대부분 지는 것이 맞지만, 단지 그만을 비난하는 것은 카레 전투 결과의 원인을 과도하게 단순화한 것이다. 크라수스의 패배는 공화정 후기 로마군의 강점과 약점을 포함해 더 많은 것을 드러낸다. 마르쿠스 리키니우스 크라수스는 멍청하지도, 감정에 휩싸이는 사람도 아니었다. 그는 전반적으로 유능한, 적어도 평범한 로마군식 전쟁 방식의 산물이었다. 하지만 진정 천재적이었던 파르티아군 사령관 수레나스 앞에서는 평범한 것으로는 충분하지 않았다.[4] 카레 전투의 엄청난 패배는 개인적·집단적 패배가 혼합된 것이다.

기원전 54~53년 크라수스의 파르티아 원정은 전쟁을 보는 공화정의 문화적 태도와 로마의 전쟁 수행 방식을 반영했다. 그중 세 가지가 두드러진다. 첫째, 전쟁과 정치는 불가분의 관계다. 둘째, 로마의 전쟁은 심하게 공격적이고, 결정적인 전투를 추구했다. 마지막으로 전쟁이 굉장히 일반적이었다.

공화정 로마에서 전쟁과 정치는 긴밀하게 연결됐다. 국가를 위해 봉사하며 세운 전공은 고위 공직에 오를 수 있는 리트머스지 역할을 했다. 이는 부와 정치적 통찰력에 더해, 공화정 내에서 권력을 축적하고자 했던 모든 이에게 필수였다. 크라수스는 공화정의 일등 시민이 되고자 하는 욕망 때문에 무공을 획득하고자 했다.

젊은 원로원 의원 크라수스는 독재자 루키우스 코르넬리우스 술라 펠릭스를 도와주면서 군사 경험을 쌓았다. 특히 기원전 82년 결정적인 콜리네 성문 전투에서 술라 부대의 우익을 지휘한 것을 계기로 무관으로서의 명성도 떨치게 되었다.[5] 하지만 무엇보다도 기원전 73~71년에 노예들의 우두머리 스파르타쿠스가 일으킨 전쟁(제3차 노예 전쟁)에서 그가 보여준 지휘가 그의 군사적 왕관을 두드러지게 하는 보석이었다. 몇 개 군단이 패배한 이후에야 원로원과 로마 시민들은 크라수스를 특별 지명했고, 노예 반란을 진압하는 데 요구되던 거의 무한한 권한을 부여했다.[6] 그는 사비를 들여 병사 수천 명을 무장시킨 뒤 전장에 있는 부대에 추가시켰다. 스파르타쿠스에 비해 크라수스는 조심성 있고 유능한 장군이었다.

크라수스의 첫 임무는 군대의 사기를 회복시키는 것이었다. 로마의 유력 가문 출신임에도 크라수스는 포럼(고대 로마에서 집회가 이루어지던 광장)의 연단에 걸린 아버지의 머리를 목격하는 등 힘겨웠던 젊은 시절을 겪은, 단련된 남성이었다.[7] 리더로서 그의 강인함은 무자비하고 혹독한 훈련과 전투에서 안 좋은 성과를 보인 부대에 가한 '10분의 1형刑'에서 나타났다. 10분의 1형은 제비뽑기로 10명 중 1명을 뽑은 뒤, 전우들더러 그를 공개적으로 처형하라고 시키는 고대의 관습이었다. 10분의 1형으로 죽는 걸 면한 병사들도 불명예스러운 자들이었기에 군대의 주둔지 바깥에서 노숙하면서 명예를 회복할 때까지 가축 사료인 보리만 먹으며 버텨야 했다. 이로써 크라수스가 굉장히 진지했음을 알 수 있고, 사용한 방법 또한 효과가 있었다.

크라수스가 작전에 임하는 방식도 합리적이었다. 스파르타쿠스의 군대를 지속적으로 괴롭히면서 적병의 수가 적거나, 분산되었거나, 로마군이 전투에 적절한 지형에 주둔하는 등 조건이 로마군에 유리할 때만 싸웠다. 크라수스는 기원전 71년 실라루스강 전투에서 승리를 거두었다. 이후 반란을 꾀하는 노예들에게 교훈을 주려고 포로 수천 명을 십자가형에 처했다.

이 모든 행위의 목적은 정치적 이득이었다. 크라수스는 전쟁의 영광과 그것이 가져오는 인기를 탐했다. 그는 이미 막대한 부와 상당한 정치적 능력을 가지고 있었다. 오직 그의 경쟁자들만큼 화려한 군사적 명성만이 부족했다. 이는 로마에서 정치적 힘을 구성하는 필수 요소였다.

크라수스는 군사적 성취를 쌓는 와중에 부와 정치적 영향력을 쌓는 데도 집중했다.[8] 부를 축적할 때도 그가 스파르타쿠스 봉기를 진압하는 과정에서 보여 준 실용적이고 강인한 방식을 사용했다. 부동산 수익이 원로원 의원들의 배를 불려 주던 시절, 크라수스는 술라의 추방인 공표* 덕분에 시세보다 싸게 부동산을 획득하면서 큰 이익을 봤다.[9] 그는 또한 노예를 구매하고 훈련시킨 뒤 대여하는 사업을 했고 광산도 소유하면서 로마의 부동산 재벌로 등극했다.[10] 플루타르코스는 크리수스의 유일한 악덕이 탐욕이라고 했지만, 그것마저 로마의 다른 야심가들과 크게 다를

---

* 로마에서는 '국가의 적'으로 간주되는 사람들의 이름을 공표하고 재산을 몰수한 뒤 헐값에 처분했다.

바 없는 수준이었고, 오히려 더 성공적이고 성실했다고 할 수 있다.[11] 크라수스 본인은 절제된 생활을 하면서 자신의 부와 여타 지원 수단을 사용하여 정치적 영향력을 키워 나갔다. 그는 무이자 대출 제공으로 피보호자(Clientes)를 모았고, 강력한 말솜씨로 법정에서 변호사 역할을 해 주거나 다른 방식의 후원을 그들에게 제공했다.[12] 강력한 비공식 정치 네트워크를 성장시킨 것이다. 율리우스 카이사르도 한때 크라수스의 피보호자였다. 이에 더해 로마 시내 모든 시민에게 사비로 3개월 동안 식량을 제공하고 연회를 베풀면서 시민들을 선동하기도 했다.[13]

공화정 말기 로마의 정치 상황은 복잡했는데, 그 자세한 내용을 쓰는 것은 이 글의 목적에서 벗어난다. 이러한 사건들을 공부하는 사람이 알아야 할 핵심은 바로 그나이우스 폼페이우스 마그누스, 율리우스 카이사르 그리고 크라수스 간의 권력 다툼이다. 기원전 59년에 이 세 인물은 이른바 '제1차 삼두정치'라는 비공식적 권력 분담 동맹을 결성했다. 기원전 56년 4월, 이들은 루카Luca(현재 Lucca)에서 회동해 동맹을 다시금 확인했다. 이 회담의 가장 중요한 결과는 크라수스가 개전권을 가진 시리아 총독이 되었다는 사실이다. 그는 자신의 정치적 입지를 확보하고, 이를 발전시키기 위해 반드시 전쟁에서 승리해야 했다.

공화정 로마에서 전쟁과 정치의 불가분성이 크라수스가 파르티아와 전쟁을 치르게 했다면, 그의 전술적 접근에 영향을 미친 것은 장군들이 전쟁을 공격적으로 주도하고 유지하고 이용할 것이라는 로마의 기대였다. 한쪽의 행위가 상대로 하여금 반응하도록 강제하는 것이지 그 반대가 아니기에 군사적으로는 말이 된다. 더 구체적으로 표현하자면, 로마인들은 보통 적이 로마군의 장단에 맞추도록 하면서 적은 자기가 원하는 방식으로 행동하지 못하게 했다. 이에 더해 빠르고 결단력 있게 행동해야 한다는 정치적인 압박도 있었다. 단순하게 말하자면 로마의 장군들은 "싸워야 한다."라는 기대를 받고 있었다. 최종 승리에 수년이 걸리더라도, 로마의 장군들은 자신들이 최선을 다해 노력하고 있음을 보여야 했다.

크라수스는 파르티아와 어떻게 전쟁할지 고민할 때 이 모든 사실을 확실히 이해하고 있었다. 승리해야 한다는 압박감은 당연히 있었다. 하지만 그것이 다가 아니었다. 로마인들은 신속하고 결단력 있는 행동에 가산점을 줬다. 명예를 최대한 드높이려면 반드시 신속해야 했다. 이에 반해 크라수스가 즉각적이고 직접적인 조치를 거부하는 낌새만 보였어도 그의 정적들은 비겁함의 징표라며 득달같이 달려들었을 것이다. 그러므로 유리한 상황에서 싸우려는 마음과 속력을 내려는 마음 사이에서 균형을 잡는 것이 이 작전의 관건이었다. 크라수스는 첫 번째로 유리하다고 간주한 전투에서 결정적 승리를 쥐고자 했다.

크리수스가 '승리할 수 있을 만큼 유리함'을 계산한 방식은 로마군과 관련된 그의 자신감과 개인적 경험에서 비롯된 것이었다. 로마군은 특출난 사령관의 지휘하에서는 작전을 유연하게 수행할 수 있었지만, 기본적으로는 규격화된 조직과 전술에 의존했다. 따라서 이 체제의 강점이라 여겨지던 것이 자신감 과잉을 유발할 수 있었다. 로마의 전쟁사에는 군대를 적군에 최대한 접근시키기만 하면 알아서 승리할 것이라 믿었던 지휘관들이 가득하다. 로마군은 실제로 매우 훌륭하여, 대개 그럴 수 있었다. 하지만 적의 사령관이 한니발, 아르미니우스(토이토부르크 전투에서 로마군을 패배시킨 게르마니아 장군), 또는 수레나스 등이라면 이야기가 달랐다. 적들이 로마군의 강점을 피하면서 자신의 강점을 극대화하면, 이런 도전에 적응··응수할 수 있는 민첩한 리더십이 필요했다.

로마군 장군이 내리는 가장 중요한 결정 중 하나는 특정한 군사적 위협 그리고 지형에 따라 필요한 군사력의 유형과 규모를 파악하는 것이었다. 작전을 수행할 환경에 맞춰진 군대는 지휘관이 예기치 못한 상황과 맞닥뜨렸을 때에도 이에 대응할 수 있는 수많은 선택지를 갖추고 있었다. 자신감이 과도한 지휘관들은 병력 구조를 미세하게 조정하는 것이 얼마나 중요한지를 간과하며, 군단을 최대한 많이 동원하고 중장보병(갑옷과 큰 방패 등으로 중무장한 보병)으로 뚫고 나아가기만 하면 된다고 생각했다. 실제로 병사들이 뚫고 나아간 경우는 많았다. 하지만 로마군이 치른 전쟁은 초반의 잦은 패배, 뒤이은 회복, 주어진 위험한 상황에 적응, 이후의 최종적 승리로 특징지어졌다. 이런 경향의 원인은 대부분 군대 자체로도 충분히 승리할 수 있으리라는 교만에 가까운 자신감 과잉이었다. 이것은 탁월한 체제가 울리는 규칙적인 경고음이었지만, 마르쿠스 크라수스는 이에 대비하지 않았다.

로마의 전쟁 방식은 카레 전투의 결과와 그 전투에서 크라수스의 역할을 결정하는 데 중요하게 작용했다. 첫째, 전쟁과 정치의 긴밀한 관계 때문에 크라수스가 정치적 라이벌들을 상대로 경쟁력을 유지하려면 전공을 세워야 했고, 카레에서 파르티아와 전쟁을 할 시기도 이에 따라 결정되었다. 둘째, 신속하고 결단력 있는 행위를 기대하는 분위기가 만연한 상태에서 개전권을 획득했다는 것은 머지않아 최종 결전이 벌어지리라는 것을 의미했다. 크라수스는 그렇게도 원하던 전쟁의 공을 가져다줄 결정적 전쟁을 간절히 바라며 시리아로 향했다. 마지막으로, 크라수스는 중장보병에 기반을 둔 로마군을 엄청나게 신뢰했다. 그의 신뢰에는 합당한 근거가 있었지만, 기병 위주의 파르티아군을 상대하게 될 그가 전장 환경이 가지는 중요성을 간과하게 만들었다. 이 모든 것에도 불구하고, 단지 문화만이 전쟁의 성패를 좌우하는 것은 아니다. 그 대신 전쟁이 벌어지는 틀을 분명히 할 뿐이다. 진정 탁월한 지휘관들은 그들의 사회가 강요하는 문화적 한계에 쉽게 적응하지만, 그보다 부족한 이들은 적응하지 못한다. 결국 성패에 따르는 최종 책임은 그 사람에게 있다.

기원전 56년, 크라수스와 폼페이우스는 로마에 루카 회담의 결과를 강압적으로 밀어붙였다. 두 사람 모두 공화정 로마에서 가장 강력한 공직인 집정관 자리를 차지하고 있었다. 카이사르의 갈리아 전쟁 개전권은 5년 연장되었고, 폼페이우스는 스페인의 영토 2곳을 받았다.[14] 가이우스 트레보니우스라는 호민관(고대 로마에서 시민들의 권리를 대변하던 직책)이 제안한 법에 의해 크라수스는 5년간 시리아 통치권을 얻었고, 전쟁을 개시하고 조약을 체결할 권리 그리고 7개 군단 병력을 받았다.[15] 크라수스는 환갑이 넘었고, 마지막으로 유의미하게 참전한 것이 기원전 73~71년 스파르타쿠스 전쟁이었는데도 군사적 명예와 거기에 따를 부에 한껏 들떠 있었다.[16] 그는 법이 보장하는 7개 군단을 모집하기 시작했다. 그의 신병 모집 노력은 성공적이었다. 이로써 폼페이우스의 지휘하에 동쪽에서 벌어진 전쟁에 참여했던 60대 고참병들과 대체로 경험이 부족한 장병들로 구성된 부대가 탄생했다.[17] 크라수스는 원정에 반대하는 의견에도 불구하고 기원전 55년 11월 자신감을 가득 품고서 자기 군대를 만나러 로마를 떠났다.

기원전 55년 11월 항구도시 브룬디시움(현재 브린디시) 남쪽으로 이동하던 크라수스는 파르티아의 군사력을 전혀 염려하지 않았다. 전쟁 내내 그의 태도는 과도한 자신감으로 물들어있었다. 이 죄에 가까운 무능함이 그가 내리는 의사 결정의 틀이 되었다.

크라수스의 첫 임무는 7개 군단을 전투 지역에 배치하는 것이었다. 제국의 변방 안에 또는 밖에 군사를 배치하고 유지하는 능력, 즉 전략적 기동성은 로마군의 뛰어난 특징 중 하나였고, 크라수스는 이를 잘 관리했다. 시리아로 가는 것은 군단병 약 3만 4,000명과 이들의 모든 장비를 약 2,400킬로미터나 이동시켜야 하는 복잡한 임무였다. 예를 들어, 이 정도 규모의 군대에 매일 규정대로 식량을 제공하려면 식량이 적어도 3만

3,900킬로그램이나 필요했다.[18] 군수품이 부족하다는 보고가 없는 것으로 미루어 보면, 크라수스는 이 부분을 전문적으로 성공시킨 것 같다. 하지만 시리아에 도착하는 것은 또 다른 일이었다. 해로가 육로보다 훨씬 빨랐지만, 지중해의 겨울 날씨는 예측 불가해서 위험했다. 이러한 위험을 최소화하기 위해, 또 최대한 신속히 이동하기 위해 크라수스는 병사들을 그리스로 이동시키는 데에만 선박을 사용했다. 도착 후 이들은 소아시아(현재 아나톨리아)를 행군해서 넘어간 뒤 속국인 갈라티아를 거쳐 시리아에 갔다. 플루타르코스에 따르면 이 해로를 이용한 도박은 선박 중 "다수가" 상실되는 등 큰 대가를 치르게 했다.[19] 그럼에도 기원전 54년 중반에 도착하고 얼마 뒤 바로 작전을 실행할 수 있을 정도로 피해는 크지 않았다.[20]

시리아에 군대를 배치한 건 대체로 성공적이었지만, 전쟁 초반의 다른 측면들은 그렇지 못했다. 크라수스는 기원전 54년에 실시한 작전을 '전쟁을 구체화하는 단계'로 여긴 것 같다. 즉, 이때는 지휘관이 결전에서 반드시 승리하기 위해 상황을 조성하는 활동을 지휘하는 시기였다. 이때 크라수스는 나중에 쓸쓸한 결과를 가져올 실수를 저질렀다. 크라수스는 작전지에 도착한 뒤 추진력 유지가 중요하다는 걸 간과함으로써 파르티아인들이 공격에 대비하는 걸 허용하고 말았다. 그는 대체로 첩보의 중요성도 무시했다.[21] 강력한 정치적·군사적 연합을 결성할 필요성 또한 무시했다. 그는 승리를 보장받은 사람처럼 행동했다.

시리아 도착 초반에는 모든 일이 순조로웠다. 그는 유프라테스강 쪽으로 군대를 신속하게 행군시켰고, 그 과정에서 보조 병력인 경보병대와 현지인 기병을 통합시켰다. 또한 강에 다리를 놓고 파르티아령 서부 메소포타미아에 진입했다. 북쪽에 있는 속국인 아르메니아를 거치는 대신 속주인 시리아에서부터 움직였다는 사실로 미루어 볼 때, 그의 전략은 가장 빠르고 직접적인 경로로 진격하여 파르티아와 전투하는 것이었다. 거친 아르메니아 땅을 거쳐갔다면 더 느렸을 수 있지만, 로마와의 동맹을 더 굳건히 하면서 아르메니아 군대, 특히 기병대를 흡수할 수도 있었을 지도 모른다. 반대로, 서부 메소포타미아를 침략하는 것은 전쟁 기간을 아주 많이 늘리고, 파르티아의 왕위를 두고서 자신의 형제와 다퉈 로마군에 유용한 상황을 제공하던 미트리다테스 3세(4세)를 돕기 위한 가장 짧은 경로도 제공할 것이며, 대담함과 결단력마저 보여 줄 수 있었으리라. 따라서 로마에 정치적으로 유용했을 것이다. 아울러 로마군은 작전을 수행하면서 동맹군에는 의존하지 않았는데, 이러한 전략은 문화적 거만함을 어느 정도 반영한다고 볼 수 있다.[22]

그 이유가 뭐든 간에, 크라수스는 서부 메소포타미아로 행군했고, 그 지역 총독 실라케스와의 전투를 원했으며, 이크나이 근처에서 그를 쉽게 패배시켰다. 이 소규모 전투에서 승리함으로써 파르티아와의 전쟁 또한 쉬울 것이라는 크라수스의 신념은 더 강해졌을 것이다. 이렇게 그리스인들이 지배하던 서부 메소포타미아의 도시들도 로마 편으로 넘어왔다. 제노도티움만이 저항했다. 크라수스는 이곳을 신속하게 약탈하면서 로마의 힘을 과시했고, 병사들과 자신을 위한 전리품도 얻을 수 있었다. 마치 로마군은 무적인 것 같았다.[23]

하지만 이들은 무적이 아니었다. 크라수스는 기원전 54년에 수행한 작전을 이듬해를 위한 서곡 정도로만 여긴 것이 분명했다. 그는 정복한 지역을 보병 7,000명과 기병 1,000명으로 요새화했고, 나머지 병사들을 시리아에 있는 겨울 숙영지로 철수시켰다. 이렇게 한 데에는 몇 가지 합당한 이유가 있었다. 그가 계속 승리했지만, 아직 전쟁터에서 파르티아군 주력을 상대해 본 적이 없었기 때문이다. 그의 군대는 주요 전투를 치러 본 경험도 없었다. 수적으로 우세하던 실라케스의 군대에게서 취한 승리와 제노도티움 획득으로 로마군의 사기가 올랐을지는 몰라도, 병사들은 별로 시험을 당하지 않았다. 로마가 통치하는 지역에서의 겨울 숙영지, 수비대 임무 그리고 소규모 작전은 훈련할 시간을 허락했다. 게다가 훌륭한 군사적 명성을 지닌 크라수스의 아들 푸블리우스 리키니우스 크라수스가 정예 기병 1,000명을 거느리고 갈리아에서 오고 있었다. 파르티아 군의 힘을 고려하면 기병이 절실히 필요했다. 따라서 크라수스는 아들을 지휘관으로 등용하길 고대하고 있었을 것이다. 요약하자면 기원전 54년에 전투를 하면서 다음 해에는 로마군이 더 강력해질 것이라 기대할 수 있었다.[24]

하지만 플루타르코스는 크라수스가 셀레우키아와 바빌론이 있는 중앙 메소포타미아로 진격하지 않은 것을 그의 가장 큰 실수라고 평가했다.[25] 더 강력하게 밀어붙이는 것에는 이점이 있었다. 크라수스가 서부 메소포타미아를 공세적으로 밀어붙였다면 파르티아를 기습하는 효과가 나타났을 것이고, 파르티아가 유효한 군대를 동원하는 데에도 시간이 걸렸을 것이다. 하지만 크라수스는 수년 전 스파르타쿠스 진압 작전에서도 체계적인 접근법을 보였다. 즉, 오직 상황이 로마에 유리할 때만 전투를 한 것이다. 당시에는 이런 방식이 효과가 있었고, 그는 아마 이번에도 그럴 것이라 믿었다. 하지만 만약 파르티아가 준비되지 않은 상황에서 미트리다테스 3세와 연합하기 위해 중앙 메소포타미아로 대담하게 진입했다면 파르티아는 강화를 청했을 것이고, 크라수스는 목적을 달성함으로써 명예를 얻었을 것이다. 파르티아도 다음 해에 로마인들을 환영할 준비를 확실하게 했을 것이다. 그러나 기원전 54~53년 겨울에 미트리다테스는 내전에서 패하고 목숨도 잃었다. 그의 죽음으로 파르티아의 시선을 돌릴 수 있는 소중한 수단이자 로마의 잠재적 동맹군이 사라졌다. 시간은 그 누구도 기다려 주지 않는다는 사실을 크라수스도 곧 알게 된다.

크라수스는 군사적 성공의 초석이 되는 '적시에 정확하게 수행하는 정보 활동'의 중요성을 무시했다. 이에 관한 그의 가장 중대한 실수는 파르티아와 그 군사력을 현실적으로 평가하지 않은 것이다. 이는 대체로 과도한 자신감에서 비롯되었지만, 로마인들이 전통적으로 정보 활동을 크게 강조하지 않은 탓이기도 하다.[26] 그는 파르티아인들이 아르메니아인들과 비슷하여 패배시키기 쉬우리라 생각했던 듯하다.[27] 로마인들은 이전에도 같은 지역에서 성공적인 전투를 치른 경험이 있던 만큼, 크라수스가 관심만 있었다면 적군과 전투 환경을 분석해 가치 있는 통찰을 얻을 수 있었을 것이다.[28] 하지만 그는 그렇게 하지 않았다. 결과적으로 그의 결정은 로마군에 맞서는 파르티아 측의 대응이 아니라 자신과 로마군의 계획만을 반영했다. 그에 따른 직접적인 결과는, 카레에서 그의 군대에 보조 기병, 창병, 궁수가 불충분했다는 것이다. 정보 활동의 실패가 재앙을 야기하지는 않았지만, 불충분한 정보를 기반으로 한 의사 결정은 거기에 명백히 일조했다.

이에 더해 크라수스는 카레 전투 전에 효과적인 정치적·군사적 동맹을 만드는 데 실패했다. 이는 "로마군은 우월하다"라는 과도한 자신감 그리고 로마의 기존 동맹국들에 대한 불신 때문이었다. 이것을 가장 잘 보여 주는 사례는 로마의 새로운 동맹국인 아르메니아와 관련이 있다. 기원전 53년 봄, 아르메니아 왕 아르타바스데스 2세는 기병 6,000명을 이끌고 크라수스의 숙영지로 왔다. 당시 회동은 플루타르코스가 기록한 단 여섯 문장을 제외하면 알려진 게 거의 없다.[29] 아르타바스데스 2세는 크라수스가 로마군이 아르메니아를 거쳐 가게 한다면 기병 1만 6,000명과 보병 3만 명에 더하여 병참 지원까지 해 주겠다고 제안한 듯하다. 플루타르코스에 따르면, 아르타바스데스 2세는 이 제안을 성사시키려고 다음과 같은 달콤한 이야기도 했다고 한다.

크라수스가 아르메니아를 통과해 파르티아를 침공하도록 설득하려 했다. 따라서 왕이 자기가 제공할 수많은 병력을 직접 지휘할 수도 있었다. 그러면 산과 계속 이어지는 산등성이, 말이 잘 움직이지 못하는 지역이 많은 파르티아의 유일한 강점인 기병과 마주쳐도 안전하게 전진할 수 있을 터였다.[30]

하지만 크라수스는 최근 정복한 서부 메소포타미아를 통과한다는 계획을 바꾸기를 거부했고, 아르타바스데스 2세는 떠나갔다.

카레에서 발생할 사건을 미루어 볼 때, 플루타르코스는 이것을 크라수스가 저지른 또 다른 실수로 해석했지만, 이 회동은 몇 가지 의문을 남겼다. 첫째, 아르타바스데스 2세는 지원 조건을 제시했지만, 자신의 제의가 받아들여지지 않자 그냥 갔다. 아르타바스데스 2세는 두 강력한 이웃나라 사이의 위험한 위치에 있었다. 위험을 분산시키는 것이 그에게도 유리했겠지만, 군사 협력 조건을 선제적으로 제시하는 것은 로마의 보복 가능성을 고려하면 다소 경솔한 행동이었다. 둘째, 《영웅전》에서 크라수스가 그 행동(조건을 제시하는 행동)을 용인한다. 로마의 지도자 중 하나였던 크라수스는 항상 자신이 원하는 것을 얻는 데 익숙했을 것이고, 그 위치에서 오는 특권도 원했으리라. 로마군이 파르티아로 진격할 때 아르메니아인은 1명도 참여하지 않았다. 왜 크라수스는 명백한 지원, 적어도 기병 6,000명 중 일부라도 아르메니아 왕에게 요구하지 않았을까? 이때에도 크라수스는 과도한 자신감 때문에 동맹국 기병을 최대한 합류시키는 것이 중요하다는 걸 간과했다. 그는 아르메니아의 도움 없이도 이길 수 있다고 생각한 듯하다. 하지만 아르메니아와 그의 라이벌 폼페이우스의 관계 때문에 아르메니아를 신뢰하지 않았을 수도 있고, 아르메니아의 군사적 능력을 높게 평가하지 않았을 수도 있다. 크라수스는 중대한 이해가 걸린 권력정치에 통달한 인물이었다. 피보호자-후원자(Clientes-Patronage) 관계를 다루는 데도 노련했다. 만약 크라수스가 서부 메소포타미아로 함께 진격할 아르메니아군 파견대를 강력히 요구했다면 아르타바스데스 2세가 거절했으리라 상상하기 힘들다.[31]

당시 아르메니아, 로마는 파르티아와 따로따로 전쟁을 치를 듯했다. 만약 둘 모두 공격적으로 나서면 파르티아는 두 적을 상대해야 했지만, 당시 통신 기술로는 긴밀한 협업이 불가능했기 때문에 공세 또한 분산됨을 의미했다. 아르메니아 왕이 로마의 목표에 과연 얼마나 헌신할 수 있을지를 충분히 의심할 만했다. 아르타바스데스 2세가 '도박'을 회피했다면, 크라수스는 파르티아의 심장부로 혼자 진격했을 것이다. 아르메니아의 입장에서는 결국 누가 자국을 지배할 세력이 될지만 결정할 전쟁이니 스스로 피를 흘릴 필요가 없었다.

요약하자면, 크라수스는 기원전 53년 5월 파르티아의 심장부로 진격하기 전에 성공에 필요한 조건을 설정하면서 최선을 다하지 않은 것이 분명하다. 그는 확신으로 무장한 채 마지막 결전을 기다렸다. 그가 자신감이 그토록 높지 않았거나 변덕이 그렇게 심하지 않았더라면 기원전 54년 가을에 작전을 포기하는 것, 파르티아 측의 계획을 최대한 많이 조사하는 것, 효과적인 동맹 관계를 공고히 하는 것, 또 그 과정에서 병사들을 추가로 확보하는 것이 중요하다는 사실을 더 심각하게 고려했을 것이다. 그의 자만은 과도하게 낙관적인 가정, 기대, 계산으로 이어졌다.

파르티아는 이 유예 기간을 곧 다가올 폭풍우에 대비하기 위해 사용했다. 파르티아 왕 오로데스 2세는 로마의 위협이 얼마나 중대한지 분석했다.[32] 그래서 크라수스군 주둔지에 전쟁을 회피하기 위한 마지막 노력이라는 명분으로 특사를 보내 정보를 수집했다. 예상대로 특사는 로마군의 계획과 준비에 관한 가치 있는 통찰을 가지고 돌아왔다.[33] 이렇게 획득한 정보를 기반으로 오로데스 2세는 로마와 아르메니아를 물리치기 위해 단순한 전략을 세웠다. 주요 야전군을 덜 위험한 세력인 아르메니아쪽으로 보내 신속히 싸우면서, 남아 있는 더 적은 병력을 귀족인 수레나스가 지휘하게 하여 로마군을 지연시킬 예정이었다. 아르메니아를 제압한 뒤, 두 병력은 크라수스와의 결정적 전투를 위해 합류할 예정이었다.[34]

기원전 53년 봄, 크라수스는 상대가 자신이 오는 것을 철저히 대비하고 있다는 걸 전혀 모르고 자신감에 찬 채 제우그마에서 유프라테스강을 건넜다. 9년 뒤 3월의 이데스*에 율리우스 카이사르와 만나게 될 가이우스 카시우스 롱기누스와 푸블리우스 리키니우스 크라수스가 병사 약 4만 명을 선두에서 이끌었다. 이는 보병군단 7개, 보조경보병과 투창병 4,000명, 최우수 갈리아 말 1,000필을 포함한 기병 4,000명으로 이루어졌다.[35] 강을 건넌 뒤 크라수스는 더 남쪽인 크테시폰, 바빌론, 셀레우키아로 갈지, 서쪽에 있는 파르티아 중심부로 들어갈지를 선택해야 했다.[36] 그는 서쪽으로 가기로 했다. 플루타르코스는 어떤 아랍인 부족장이 크라수스가 카시우스의 조언을 따르지 않고 사막으로 가도록 결정하게 했다고 주장하면서 크라수스의 이런 결정을 비판했다.[37] 하지만 크라수스의 행군은 대상隊商들이 주로 사용하는 경로를 따라 봄철에 범람하는 강 쪽으로 가는 것이었다. 로마군은 몇몇 요새화된 마을을 통과했는데, 그중 대표적인 곳이 카레였다.[38] 아무런 흔적이 없는 사막을 행군하는 대신, 크라수스는 그가 원하던 결전을 최대한 빨리 보장해 줄 통행이 많은 길을 택했다. 게다가 아랍인 부족장은 다음과 같은 현명한 조언도 해 주었다. "현재 수레나스와 실라케스가 전면에 투입되었으니, 싸우고자 하신다면 파르티아 왕의 병력이 합류하여 파르티아군이 사기를 회복하기 전에

---

* 로마 달력에서 15일로, 카이사르가 3월 15일에 롱기누스를 비롯한 원로원 의원들에게 암살당함.

서두르셔야 합니다."[39] 이로써 크라수스의 욕망과 선입견이 더 강화되었을 것이다.

크라수스의 대형을 파악한 수레나스는 벨리크강에서 먼 쪽에 병력을 배치했다. 크라수스의 정찰대원들은 행군하는 로마군을 따라다니던 파르티아인들이 전투를 벌이니까 도망치더라고 계속 보고했고, 이로 인해 그 어떤 전투도 손쉽게 이길 것이라는 크라수스의 신념이 더 강해졌다.[40] 이 모든 착각은 기원전 53년 6월 9일 아침에 뒤엎어졌다. 로마군 척후병들이 궤멸했고, 기병으로 구성된 대규모 적군이 빠르게 다가온다는 소식을 정찰병들이 전해온 것이다. 이것은 그날 크라수스가 경험할 일련의 충격 중 하나에 불과했다.[41]

크라수스는 초반에 상대적으로 잘 대응했다. 적군은 전장에서 수동적으로 쉽게 당할 생각이 없었다. 그래도 파르티아인들이 진지하게 싸우고자 한다는 사실을 알게 되었을 때 크라수스가 무슨 생각을 했을지는 대략 짐작해 볼 수 있다. 그는 카시우스 및 푸블리우스와 함께 짤막한 지휘관 회의를 했다. 두 지휘관은 군대를 평지에 긴 열로 넓게 배치하고, 측면에는 기병을 세우는 표준 대형을 제안했다. 크라수스는 처음에 동의했다가 잠깐 생각한 뒤 마음을 바꾸고 속이 빈 정사각형 대형을 구성하라고 명령했다. 각 측에 12개 코호트(대대)를 세우고, 그 사이사이에 기병을 산발적으로 배치하고, 보급품 수송용 마차와 예비대를 사각형 한복판에 위치시킨 것이다.[42] 망설였음에도 불구하고 크라수스는 스파르타쿠스와의 전쟁 이후 첫 번째 전투에서의 시험을 분명히 통과했다. 정사각형 대형을 구성하는 이유는 보병이 기병과 맞닥뜨렸을 때 기병들이 공격할 수 있는 측면의 틈을 제공하지 않으려는 전통적 대응 방식이기 때문이다. 아울러 대형에 기병을 균일하게 배치함으로써 각 부분이 기병의 지원을 받을 수 있으며, 협공도 할 수 있었다.[43]

진격은 더 신중한 결정에 따른 것이었다. 로마군은 진격하면서 작은 개울에 도착했다. 크라수스의 장교 대부분도 휴식을 위해 멈추고 상황을 판단한 뒤 다음 날 전투를 하자고 제안했다. 아들의 격려를 받은 크라수스는 계속 진격하라고 명령했다.[44] 그 이후 발생한 일에 비추어 보면, 더 신중하게 결정해야 했다. 크라수스는 적군이 후퇴하면 자신이 그토록 바라던 전쟁을 못하게 되리라 두려워했을 수도 있다. 잠깐이라도 멈춘다면 '싸우는 장군'을 기대하는 로마에서 굉장한 비난을 받으리라는 것을 알고 있었다. 중요한 사실은, 그 어떠한 문헌에도 보병에 적합한 지형에서 기병을 상대하라거나 후퇴하라는 제안이 적혀있지 않다는 사실이다. 신중하라고 조언하던 자들도 나중에는 격전을 지지했다. 전투는 로마의 문화적 DNA의 일부였다.

수레나스의 군대는 오후에 중후한 전쟁용 북을 치면서 로마군 진영에 접근해왔다. 엄청난 먼지구름 속에서 경기병 한 무리가 등장했다. 이들은 둘로 나뉘어 각각 로마군 정사각형 대형의 양쪽으로 향했다. 이때 여태까지 궁기병들이 가리고 있던 수레나스의 카타프락토스(중장기병)들이 예복과 가죽을 벗어던지고, 햇빛 아래 찬란하게 빛나는 갑옷을 과시하면서 진격이라도 할 것처럼 로마군 대형 앞쪽으로 왔다. 이 모든 것은 로마군을 불안하게 하기 위한 작전이었다.[45]

하지만 로마군은 불안해하지 않았다. 모서리를 맞댄 방패 여러 겹으로 이루어진 견고한 벽 앞에서 카타프락토스들은 물러났다. 크라수스는 이에 경보병대를 보냄으로써 응수했다. 이들은 곧 화살 세례를 받고 다시 정사각형 안으로 후퇴했다.[46]

첫 교전이 완수되자 수레나스의 병사들은 계획을 실행하기 시작했고, 전투는 리듬을 찾아갔다. 파르티아 경기병 9,000명은 밀집해있는 로마군 병사들에게 일제 사격을 가하면서 포위하고자 했다. 궁기병들은 불이 붙은 화살을 격렬히 퍼부으면서도 로마군의 필룸(투창) 사정거리 바깥에 머물기 위해 주의했다. 로마군 병사들은 방패와 갑옷을 뚫고, 심지어 팔다리를 땅바닥에 박아 버리기까지 하는 파르티아제 합성궁의 위력을 실감했다. 반격이 불가능한 중보병들은 무력하게 선 채로 공격을 당해야 했기에 사기는 거의 사라져 버렸다.[47] 로마군은 파르티아군 화살이 다 떨어져 고통이 곧 끝날 것이라 기대했겠지만, 수레나스가 선견지명을 발휘하여 만든 '궁수들을 위한 이동식 재보급 체계'가 그 기대를 끝장냈다. 수레나스의 궁기병들은 가장 가까운 낙타에 가서 화살통을 하나 더 가져왔다.

이를 목격한 크라수스는 패배가 가까워졌음을 직감했다. 몇 시간 전만 하더라도 그는 필연적인 승리를 향해 달리는 로마 병사 4만 명을 선두에서 이끌고 있었다. 이제는 그가 무슨 조치라도 취하지 않는다면, 병사 수천 명이 죽임을 당할 터였다. 상황이 이렇게 갑작스럽고 극적으로 변하자 감정도 요동쳤다. 충격적인 반전 앞에서 크라수스는 최전방의 병사와 다를 바 없었다.[48] 절박한 상황에서는 절박한 대책이 필요했다. 이후에 벌어진 사건도 패배의 손아귀에서 승리를 빼내려 했던 간절함의 일부였다. 크라수스는 푸블리우스에게 기병 1,300명(갈리아에서 온 정예 기수 전부 포함), 궁수 500명, 8개 코호트 등 총 5,000명 정도의 병사를 동원해 공격하라고 명령했다.[49]

푸블리우스 파견대가 공격하자 맞은편에 있던 파르티아 궁기병들은 혼란스럽게 후퇴했지만, 파견대가 간 방향은 카타프락토스 1,000명이 대기하던 곳이었다. 전세를 역전시킬 수 있다는 기대감과 파르티아군이 후퇴하는 모습에 파견대는 본군이 지원해 줄 수 있는 거리를 벗어나 추격하기 시작했고, 이에 수레나스는 카타프락토스들을 보냈다. 갈리아인 기병들의 처절한 노력에도 불구하고 이후 벌어진 교전에서 중무장한 파르티아 병사들은 너무나도 강력했다. 푸블리우스 파견대의 남은 병력은 작은 언덕으로 후퇴했지만, 대부분 불화살을 맞고 전멸했다. 단 500명 만이 포로로 잡혔고, 푸블리우스와 귀족이던 장교들은 항복에 따른 불명예 대신 자결을 택했다. 파르티아군은 푸블리우스의 목을 쳤고 창에 꽂은 뒤 공격을 재개하기 위해 크라수스의 군대 쪽으로 방향을 틀었다.[50]

같은 시간, 크라수스는 푸블리우스 덕에 잠시 얻은 유예 기간 동안 군대를 기병에게서 지키기 위해 언덕으로 이동시켰다. 그 이후에야 전령이 도착해 푸블리우스 파견대가 겪은 비극을 보고했다. 만약 그가 아들이 승리를 거두고서 돌아오리라 기대했다면, 그의 기대는 박살났으리라. 플루타르코스는 "크라수스는 [그때부터] 모순된 여러 감정들에 휘둘렸고, 차분히 판단할 수도 없게 되었다."[51] 하지만 부대에 진격을 명령하기도 전에 전쟁용 북소리가 파르티아 궁기병의 귀환을 알렸다.

창에 꽂힌 푸블리우스의 머리가 보이는 장면이 카레 전투의 종국이었다. 이제 파르티아군은 밤이 오기 전까지 사기를 잃은 로마군에 다시 먼 곳에서 활을 쏴댈 것이고, 더 많은 병사들이 죽을 터였다. 로마군은 승리는커녕 패배할 것이 확실했다. 자신의 생애에서 가장 암울한 시간에 크라수스는 신경을 가다듬고 앞에 나섰다. 그는 말을 타고 최전선을 돌아다니면서 사기를 북돋웠다. 그 덕분에 즉각적인 궤멸을 막을 수 있었다. 곤경 앞에서 사령관이 마땅히 보여야 할 용기, 그것이 그에게 남은 전부였다.[52]

이 전투의 막바지 단계에서 크라수스가 카리스마 있는 리더십을 발휘하게 해 준 것이 뭐든 간에, 밤이 찾아오자 그것은 그를 떠났다. 플루타르코스에 따르면 패배와 아들의 죽음이 그를 무기력함과 우울로 몰아넣었다. 파르티아군은 야간전투를 선호하지 않았기에 야영지로 복귀했다가 아침에 돌아올 예정이었다. 카시우스와 보좌관 옥타비아누스는 겁에 질린 크라수스가 정신을 차리게 하려 했으나 실패했다. 남은 병사들을 살릴 방도를 구하기 위해 우울한 결정을 내려야 했다. 카시우스와 옥타비아누스는 포위당한 카레로 철수하라는 명령을 내리면서 부상병 4,000명을 두고 갔다. 파르티아군이 돌아오면 자신들이 어떻게 될지 잘 알고 있던 부상병들의 처절한 울음소리를 들은 로마군은 한때 자신만만하던 모습과는 달리 무질서하게 전장을 떠났다. 이제 로마군은 더 이상 조직된 단일체가 아니었다.[53]

시리아로 퇴각하는 과정을 제대로 관리하지 못했던 것이 지휘관으로서 크라수스의 가장 큰 전술적 실패다. 패배 후 압박감에 빠진 채 철수하는 것은 어려운, 아마도 가장 어려운 작전이다. 자칫 혼란에 빠질 수 있는 분위기를 완화할 수 있는 강인한 리더십이 요구된다. 적어도 지휘관은 행군 시간이나 경로를 구체화하거나, 경로에서의 안전을 보장하고 집결 장소를 지정하는 등 작전 통제권을 긴밀하게 유지하고 있어야 한다. 하지만 전투 이틀 뒤에는 이 모든 것을 대체로 찾아볼 수 없었고, 잘못된 시작과 무질서만 남았다. 결과적으로 후퇴 과정은 엉망이었다. 플루타르코스가 설명하기를, 크라수스는 상황을 통제하기보다는 끌려다닌 것 같았다.[54]

파르티아군은 전쟁터에 남은 부상병들을 학살하고, 낙오자들을 모으고, 고립된 로마군을 처단하면서 승리를 재확인했다. 수레나스는 줄어들긴 했어도 여전히 응집된 세력을 가진 크라수스가 도망간다면 로마군이 돌아올 수도 있음을 인지했고, 이에 따라 크라수스를 우선 목표로 삼았다. 결국 로마에서 가장 강력한 인물 중 하나인 크라수스는 항복 교섭 중 발생한 불명예스러운 난투극에서 목숨을 잃는다.[55]

기원전 54~53년에 벌어진 카레 전투는 로마의 공격 전쟁에서 발생한 패배 중 최악으로 손꼽힌다. 병사 4만 명 중 1만 명이 로마령 시리아로 돌아왔고, 1만 명이 포로가 되었고, 2만 명이 전사했다.[56] 고위급 장교 중에서 살아남은 자는 카시우스밖에 없었다. 이 재앙 후 로마의 동쪽 지역은 파르티아가 원했다면 침략당했을 것이다. 크라수스의 죽음으로 제1차 삼두정치가 막을 내렸고, 이에 따라 카이사르와 폼페이우스가 주도권을 장악하려고 경쟁했다. 이는 공화정의 몰락으로 이어졌다. 이 때문에라도 크라수스는 사상 최악의 지휘관으로 기억될 만하다. 그게 옳든 옳지 않든, 리더는 결과로 평가받는다. 그러니 카레에서 당한 패배의 무게가 크라수스의 명성을 그렇게도 짓누르는 것이다.

다른 한편으로는 로마의 전쟁 문화 또한 재앙을 불러온 조건이었다. 퇴각을 잘못 관리해 전투의 결과를 더 악화시킨 크라수스를 비난할 수도 있지만, 크라수스는 그 이전에 로마 기준에서 파격적인 결정을 내린 적이 없었다. 결국 그가 패한 이유는 로마의 전쟁 방식을 너무 정직하게 따랐기 때문이다. 정치적으로 중요했던 군사적 명성은 기회를 쫓던 크라수스가 병사들을 중대한 전쟁에 몰아넣게 만들었다. 크라수스가 로마 공화정을 떠받치는 또 다른 기둥들인 부와 정치적 영향력을 키우는 데 쓴 시간을 고려하면, 로마군을 지휘하기에는 전쟁 경험이 부족했을 것이다. 궁극적으로 2세기 동안, 즉각적이지는 않더라도, 로마군의 승리는 중장보병에 기반하고 결정적 전투에 집중하는 체계가 우월하다는 맹신을 만들어 냈다. 로마의 역사적 성공 사례들은 크라수스에게 마음의 짐처럼 붙어다니며 비현실적인 기대와 자만심에 가까운 과도한 자신감을 만들어냈을 뿐만 아니라, 그를 괴롭히는 존재마저 되어 버렸다. 그는 무능해서라기보다는 이런 점 때문에 적군을 과소평가하게 된 것이다. 돌이켜 보면 카레 전투는 비극의 전통적 요소들을 전부 갖추고 있다. 주인공인 크라수스가 로마의 권력자로 등극할 수 있게 해 준 덕목은 그의 추락을 야기할 씨앗도 내포하고 있었다.

마지막으로, 크라수스의 사례는 전쟁 및 전투에 관련된, 문화적으로 수용 가능한 체계적 접근법을 맹목적으로 신뢰하는 것은 재앙적 결과를 초래할 수 있음을 상기시킨다. 사회 체계는 문화적 배경 내에서 진화하며, 그들이 해결하도록 설계된 문제들을 다룰 때 가장 잘 작동한다. 최고의 체계는 넓은 범위에서 공통적인 문제들을 해결한다. 넓은 범위에서 운영되는 군사 조직도 효율적으로 작동하려면 체계와 절차가 필요하다. 하지만 전쟁은 이성과 기술 모두가 적용되는 인간의 역동적 행위다. 뛰어난 지도자들은 이를 인지하고 있으며, 자신이 달성하려는 임무의 구체적 맥락에 맞는 해결책을 짠다. 카레 전투는 전쟁이 혹독한 학교임을 보여 준다. 교장이 수레나스 같은 재능을 가진 자라면 더 혹독할 것이다. 사람은 적군이 작전에 영향을 미친다는 사실을 간과하곤 한다. 이러한 교훈은 카레 전투가 끝난 기원전 53년 6월 9일과 마찬가지로 오늘날에도 중요한 시사점을 가지고 있다.

니키아스
NIKIAS

제임스 투시

요아힘 폰 잔드라르트, 니키아스의 초상, 17세기 판화

테베의 이스메니아스는 제자들에게 플루트를 잘 연주하는 사람과 못 연주하는 사람 둘 다를 보여 주면서 "이렇게 연주해야 한다." 또는 "이렇게 연주하면 안 된다."라고 말했다. 안티게니다스는 청년들이 형편없는 연주를 들어보고 나면 훌륭한 연주를 더 즐길 수 있다고 생각했다. 나는 우리에게 책망 받은 자들과 형편없는 자들의 이야기가 있더라도 더 나은 자들의 삶을 관찰하고 모방해야 한다고 생각한다.

- 플루타르코스, 〈데메트리오스의 삶〉, 1.6 [1]

플루타르코스는 《영웅전》에서 알렉산드로스 대왕과 율리우스 카이사르처럼 같은 주제에서 다양한 차이를 보여 주는 비슷한 인물들을 짝짓는다. 그는 인격의 치명적인 흠결 때문에 실패한 대표적인 지휘관으로 아테네의 정치인이자 장군인 니키아스를 기원전 53년 카레 전투에서 패하면서 파르티아제국 원정을 실패로 끝낸 탐욕스러운 지도자 크라수스와 짝짓는다. 카레 전투에서의 패배는 칸나이 전투(기원전 216년) 이래 로마군이 겪은 최악의 패배였다. 플루타르코스는 〈니키아스〉에서 니키아스의 선의와 시민들을 향한 부성애를 언급하며 아리스토텔레스가 그를 아테네의 최고 시민 중 하나로 꼽았음을 상기시킨다. [2] 그러나 니키아스 일대기의 전반적 분위기는 지휘관 겸 개인인 니키아스를 명백하게 비난하고, 니키아스가 지휘했던 펠로폰네소스 전쟁(기원전 430~405년) 당시 실패한 사라쿠사 원정을 설명하면서 절정에 달한다.

플루타르코스의 기준에서 니키아스는 형편없는 리더라는 평가를 받는다. 플루타르코스가 다루는 주제가 고대 그리스 신화에 근간을 둔 것부터 로마 공화국 말기까지를 포괄하고 있기에, 그에 따르면 니키아스는 고대 최악의 지휘관임이 명백하다. 하지만 역사를 통틀어서도 최악의 지휘관일까? 이 장에 서술할 니키아스의 경력과 시칠리아 원정 이야기는 그의 정치적·전술적 무능함이 전략에 어떤 영향을 미쳤는지 잘 보여 준다.

니키아스는 펠로폰네소스 전쟁을 거치며 아테네의 부와 권력이 절정에 달했을 때 위대한 페리클레스가 이끄는 정당의 당원으로 활동하며 정치적으로도 정점에 이르렀다. 니키아스는 전쟁 초반이던 기원전 424년 라코니아해변의 키테라섬을 획득하고, 423년에는 트라키아의 마을 몇 곳을 점령하고, 427년에는 메가라해변의 미노아섬을 차지하고, 425년에는 코린트를 습격하고, 426년에는 보이오티아해변 습격도 성공시킨 지휘관이었다. 그래서 성공적인 전공을 보유한 듯했다.[3] 이 작전들의 대부분은 방어가 허술한 섬들을 차지하거나 파괴하기 위해 짧은 기습을 감행하는 것이었다. 이것은 전부 페리클레스의 전략으로, 스파르타가 주도하는 펠로폰네소스 동맹에 경제적·정치적 비용을 부가하고, 아테네가 처한 전략적 상황을 개선하기 위한 것이었다. 하지만 플루타르코스는 니키아스의 성공이 실력보다 운에 의한 것이었다고 주장하기까지 한다. "그래서 니키아스는 문제가 있거나 장기적인 지휘를 맡지 않으려 했고, 직접 원정을 나갈 때면 자신의 안전을 최우선으로 했다. 그 결과 그는 대개 승리를 거둘 수 있었다."[4]

플루타르코스는 기원전 425년 필로스 원정에서 스파르타군에 맞서길 거부한 니키아스의 소심한 태도를 묘사함으로써 자신의 주장을 뒷받침한다.[5]

기원전 425년, 스파르타 연합군을 기습하기 위해 아테네의 한 기동부대가 펠로폰네소스반도의 남서쪽 구석에 있는 작은 항구인 필로스에 도착했다. 필로스가 그리스 서부로 통하는 아테네의 이상적인 통신기지가 될 장소임을 깨달은 이들은 요새를 짓기 시작했다.[6] 필로스에 아테네군이 주둔하면 근처 메세니아에 있던 스파르타인의 땅을 위협할 수 있었기에 스파르타인은 이를 용납할 수 없었다. 스파르타는 아테네에 대항하기 위해 작은 파견대를 보냈다. 아테네군 사령관 데모스테네스는 극적인 승리를 거둠으로써 스팍테리아섬에서 스파르타군을 차단하고 "스파르타가 휴전을 원한다."라는 전갈을 아테네로 보냈다. 같은 해 스트라테고스(그리스에서 장군을 칭하는 말)로 선출된 니키아스는 더 신중한 접근법을 선호했다. 그래서 이 사안을 결정하기 위한 원정대를 이끄는 대신 위원회를 파견해 문제를 조사하게 하자고 제안했다. 그의 핵심 정적인 클레온은 니키아스의 소심함을 욕하면서 즉각 공격하자고 주장했다. 니키아스는 자신의 적이 허풍쟁이처럼 보이게 할 의도로 한발 물러나 클레온에게 작전권을 주겠다고 제안했다. 클레온은 처음에는 거절했지만 허풍이 지적당했음을 깨닫고 작전 지휘권을 받아들였다. 그는 20일 만에 승리를 거두겠다고 주장하여 라이벌들의 비웃음을 샀다. 하지만 니키아스에게는 불행하게도, 클레온은 약속을 지켰다. 클레온과 데모스테네스는 스팍테리아에서 승리를 거두었고, 스파르타인들을 강화 협상 테이블로 데려왔다. 클레온의 승리는 니키아스에게 정치적 후퇴를 강요했고, 니키아스의 과도한 조심성과 정치적 계산 착오마저 드러나게 만들었다.

> 니키아스의 명성은 클레온의 승리로 상당히 훼손당했다. 군인이 방패를 두고 떠나는 것도 나쁘지만, 니키아스가 겁을 먹고 자진해서 지휘권을 넘겨주는 식으로 정적에게 이렇듯 중요한 성공을 이룰 기회를 준 것은 더 수치스러웠다.[7]

니키아스의 행동은 폴리스(도시국가) 전체에 영향을 미쳤다. 니키아스는 희극 작가 아리스토파네스의 풍자극에 여러 번 등장하기까지 했다.[8] 플루타르코스는 심지어 니키아스 때문에 클레온의 선동이 일종의 정치 스타일이 되었고, 이를 시민들이 더 받아들이게 됨으로써 도시(아테네)가 큰 해를 입었다고 주장하기도 했다. 아테네에서 리더에게 허용되는 행동의 기준이 낮아졌고, 이는 향후 몇 년 내로 알키비아데스*와 같은 정치인이 권좌에 올랐을 때 더 재앙적인 결과를 낳을 터였다.[9]

이후 니키아스는 스파르타와의 강화 협상 과정에서 핵심적인 역할을 맡았으며, 이로써 휴전을 얻어냈다. 하지만 이것은 펠로폰네소스 전쟁의 영구적인 해결책이 아니었다. 이 평화는 불안정한 것임이 드러났으며, 휴전이 오래 지속될수록 협상이 나쁜 거래처럼 보였다. 아테네 시민 사회와 정치권에서 평판이 나빠지는 것을 두려워한 니키아스의 주된 특성이 이때 그 흉한 얼굴을 드러냈다.[10] 암피폴리스 전투에서 클레온이 전사한 뒤, 휴전 거의 직전에 평화를 반대했던 주요 인물 중 하나인 알키비아데스가 니키아스의 핵심 정적이 되었다. 그는 장군으로 선출되어 스파르타를 완전히 끝장낼 대담한 전쟁을 이끌었는데, 이것은 결국 스파르타가 승리한 기원전 418년의 만티네이아 전투였다.

이후 젊은 귀족이었던 알키비아데스와 그의 정파는 아테네의 군사력을 사용할 수 있는 기회를 계속 모색했다. 지중해 한복판에 있는 거대한 섬인 시칠리아가 스파르타와 인종적·문화적 연결고리가 있는 도시인 시라쿠사의 영향력 아래에 들어갈 것처럼 보이자 아테네는 개입을 고려했다. 바로 이때 니키아스가 무능했다는 증거를 찾을 수 있다. 니키아스는 아테네가 시칠리아 원정과 시라쿠사 공격으로 팽창을 도모하는 것을 결정할 공적 토론에 참여했다. 알키비아데스와의 열띤 논쟁에서 니키아스는 현상 유지를 주장했지만, 시라쿠사와의 전쟁을 회피하는 것에 관해서는 유권자들을 설득하는 데 실패했다. 민회는 시칠리아의 국정에 영향을 미치기 위해 니키아스를 지휘관으로 하는 기동부대를 파견하라고 결

---

* 아테네의 정치가이자 군인. 펠로폰네소스 전쟁에서 아테네가 패하는 원인을 만들었다.

정했다. 니키아스는 수사학적 방법을 동원해 집으로부터 그렇게 먼 곳에서 전쟁을 제대로 수행하려면 훨씬 더 큰데다 돈도 많이 들인 군대가 필요하다고 주장했다. 그는 이로써 유권자들이 침공을 겁내리라 기대했다. 하지만 이 전략은 오히려 역효과를 냈다. 시민들은 설득당한 것이 아니라 훨씬 큰 기동부대로 지원해 주겠다고 했고, 니키아스 본인의 반대에도 불구하고 니키아스를 지휘관으로 임명했다.[11] 펠로폰네소스 전쟁 중 아테네가 시도했던 가장 큰 원정에서 니키아스의 능력은 아테네 육·해군의 능력을 반영했다. 초반에는 흔들림이 없지만, 전투가 지속될수록 약해지고 무절제해지면서 결국 패배로 이어졌다. 투키디데스는 이 패배가 펠로폰네소스 전쟁에서 아테네가 패한 주된 이유라고 주장했다.[12]

아테네 의회가 원정을 승인하고 난 뒤, 징집병과 자원병 들이 함대와 육군 부대를 채웠다. 상당히 인기가 높았던 기원전 415년 시칠리아 원정에서도 징집이 어느 정도 필요했다.[13] 원정을 떠나는 사람들은 일반적으로 개인이 소유한 장비와 3일치 식량을 가져와야 했다.[14] 장정들은 아테네의 대표적인 공공 집회 장소에 집결했는데, 아고라(광장), 아크로폴리스(신전이 있는 언덕) 근처의 프닉스언덕, 리체움*이 대표적 집결지였다.[15] 수병들은 피레우스 항구에 자신의 선박을 끌고 왔다.[16] 원정을 이끌도록 선출된 장군들은 정치적 민감도나 군사적 필요성에 의거해 징집병을 선발했다. 다르게 말하자면 젊은 병사들과 노련한 고참병들을 섞었다.[17] 예측할 수 있듯, 시칠리아 원정과 같이 규모가 큰 육·해군 합동 작전을 위해서는 이런 작전을 해 본 경험이 있는 병사들도 어느 정도 데려갔을 것이다. 펠로폰네소스 전쟁 첫 15년 동안 행한 기습들을 고려하면 고참병 구하기는 문제 없었을 테니까 말이다.

---

* 고대 그리스에서 아리스토텔레스가 철학을 가르치던 학교. 아테네의 리케이온 신전 부근에 있었던 데에서 유래함.

아마 원정 경험이 있는 장군이 이 작전에 더 적합했으리라. 알키비아데스는 주요 육·해군 합동 작전을 지휘해 본 적이 없지만, 니키아스나 라마쿠스는 경험이 있었다. 라마쿠스는 멀리 떨어진 흑해까지 가는 원정을 두 차례나 경험했었다. 첫 경험은 펠로폰네소스 전쟁이 시작되기 전인 기원전 431년이었고,[18] 두 번째는 기원전 424년에 했다.[19] 니키아스는 멜로스와 보이오티아, 키테라, 멘데-스키오네 등으로 원정을 세 차례나 다녀왔다.[20]

원정대는 병사들을 소집하고, 선박에 장비를 갖춘 뒤 목적지까지 항해했다. 이 경로는 세 단계로 나뉘었다. 아테네에서 코르키라(약 722킬로미터), 코르키라에서 레기움(약 600킬로미터), 그리고 레기움에서 목표 지역(약 135킬로미터)으로 가는 여정이었다. 함대는 아테네를 비롯한 여러 장소에서 출발해 코르키라에 집결했다. 투키디데스는 여정의 이 부분에 대해서는 침묵한다. 예전에는 펠로폰네소스 주변을 항해할 때 아테네 선박들은 적대적이거나 빈 해안선을 마주했고, 각자 알아서 대응해야 했다. 어떠한 우호적 마을도 한 함대 전체에 식량을 제공할 수 있을 정도로 큰 시장을 갖추지는 않았을 것이다. 이전의 원정들도 서해안의 우호적인 지역에 도착할 때까지 먹을 식량을 충분히 갖추고서 했을 것이다. 그래도 매일 밤 물과 휴식을 위해 멈춰야 했다. 시칠리아 원정에서 동행한 육군의 규모를 고려하면 안전에는 문제가 없었을 것이며, 우호적인 지역들도 도움을 주었을 것이다.

아테네는 펠로폰네소스 전쟁 극초기에 시칠리아로 작은 원정대를 보냈었다. 이후 아테네군은 펠로폰네소스 서해안의 필로스와 남해안의 키테라를 정복했다. 이 두 장소가 펠로폰네소스 주변 해군의 이동을 위한 중간 기착지 역할을 했다. 아테네와 동맹함대는 물이나 식량을 구하기 위해 이 두 곳에서 머물렀을 수 있었다. 데모스테네스는 기원전 414년 시칠리아로 가면서 키테라 맞은편 해안에 요새를 지었다.[21] 트리에레스(세 층으로 이루어지고 노로 추진하는 배)로 이루어진 함대가 아테네에서 코르키라로 가는 데에는 총 4일 정도 걸렸을 것이다.[22]

여정의 두 번째 부분은 함대가 코르키라에서 재집결할 때 일어났다. 니키아스와 다른 두 장군은 병참 업무를 수월하게 하기 위해 함대를 3개로 나누었다.[23] 이들은 이탈리아 남해안과 시칠리아 동해안을 정찰하고 휴식 장소를 파악하기 위해 선박 3척으로 이루어진 정찰함대를 보냈다.[24] 함대는 코르키라에서 풀리아반도까지 134킬로미터나 직행하는 경로를 따라가 타렌툼(현재 타란토) 근처에 정박하여 재정비했다.[25] 이 경로를 함대 전체가 따라가려면 하루가 걸렸으리라.[26] 타렌툼 근처에서 하룻밤을 지낸 후, 원정대는 이탈리아의 뒤꿈치에서 발가락(동남부에서 서남부) 쪽으로 천천히 이동했다.

남해안 마을 대부분이 접근을 거부한 듯했으나,[27] 고대 그리스 역사가 디오도로스는 투리이와 크로톤이 친절한 편이었다고 설명한다.[28] 어떤 경우에든 함대는 많은 선박을 정박시켜야 했을 것이다. 선박들은 목적지인 레기움(현재 레조디칼라브리아)을 향해 이탈리아의 해안을 계속 따라갔다. 다양한 선박이 혼합된 동맹함대의 느린 속력을 고려하면 여정은 6일 정도 걸렸을 것이다.[29]

물자 수송은 꽤나 까다로운 일이었다. 트리에레스 각각에는 노 젓는 사람과 선원 약 270명이 있었다. 수송선의 선원은 더 적었지만 그래도 여전히 꽤 큰 규모였고, 병사 약 6,000명 이상이 승선하고 있었다. 밥을 먹어야 할 병사와 선원이 많았기에 대규모 수송선단이 필요했고, 이는 전례 없는 규모였다.

이렇게 많은 사람에게 식량을 공급해야 하는 문제는 시칠리아 동북쪽 도시인 메시나 맞은편에 있는, 이탈리아의 남서쪽 구석의 레기움에 도착했을 때 더 중요해졌다. 레기움이 작전기지로 사용된 이유는 시라쿠사와 적대 관계였던 렌티니라는 도시와 레기움, 아테네 사이의 관계 때문이었다.[30] 아테네는 기원전 440년부터 레기움과 상호 지지 조약을 맺었고, 이는 전쟁 초반이던 기원전 427년에 갱신되었다.[31] 레기움은 시칠리아의 북해안 또는 동해안에서의 작전을 지원하는 데 이상적인 위치에 있었다. 하지만 시칠리아 원정대를 구성하던 군대가 훨씬 큰 규모라서 위협적이었기 때문인지는 몰라도, 과거 레기움에 정박했던 아테네 함대에 하던 것과는 달리 시칠리아 원정대에는 시장 하나만 열었다.[32] 선박 3척으로 구성된 정찰팀이 더 안 좋은 소식을 가지고 돌아왔다. 명목상 아테네를 시칠리아로 초대한 세게스타라는 도시가 더 이상 약속했던 금전적·군사적 지원을 제공할 수 없다고 했던 것이다.[33]

이 시점에서 아테네 장군 3명은 전쟁위원회를 열고, 시칠리아 침공 전략을 결정했다. 니키아스는 동맹인 셀리노스와 세게스타를 지원하기 위해 무력 과시 후 빠르게 귀향하는 방식을 주장했다. 알키비아데스는 병력 일부를 데리고 시칠리아의 도시들과 동맹을 맺어 시라쿠사에 대항하자고 제안했다. 라마쿠스는 시라쿠사가 아테네의 공격을 대비하고 있지 않아 취약할 것이라고 말했다. 그는 시라쿠사를 즉시 공격하자고 제안했고, 그 첫 번째 단계가 시라쿠사 근처에 작전기지를 만드는 것이었다. 처음에는 알키비아데스의 안이 채택되었다.[34]

원정대가 겪은 여정의 마지막 단계는 레기움에서 시라쿠사 근처 작전기지까지였다. 라마쿠스는 상륙 장소 및 전초기지로 시라쿠사 북부에 있던 메가라-히블리아를 선호했다.[35] 하지만 니키아스는 카타나(현재 카타니아)의 친親시라쿠사 정부를 축출한 뒤, 트리에레스 60척으로 이루어진 별동대로 거대한 항구를 장악하자고 설득했다. 최종 공격 시 가까운 작전기지로 사용하기 위해서였다.[36]

카타나에서 아테네군은 제해권을 차지하기 위해 움직였다. 본질적으로 이들의 고속 트리에레스 60척은 원정대가 그리스 동해안에서 시칠리아까지 긴 항해를 하는 동안 제해권을 쥐고 있었다. 그 과정에서 시라쿠사의 개입을 예상하진 않았지만, 시라쿠사 민회에서도 아테네인들에 대적할 계획을 논의했었기에 그 가능성이 무시되지는 않았다.[37] 시라쿠사의 장군 헤르모크라테스는 현명하게도 육·해군 공동 원정대가 가장 취약할 때는 목적지로 가면서 길게 늘어져있을 때라고 판단했다.[38] 하지만 그의 제안은 무시되었다. 아테네가 카타나로 주력 함대를 진격시키기 전에 시라쿠사의 항구를 정찰할 때, 아테네 측의 제해권 장악에 도전할 만한 전함을 찾지 못했다. 시라쿠사 측에는 규모 있는 함대도, 아테네의 공격에 대처할 전함도 없었기에 아테네 해군은 애당초 시칠리아 원정을 반대하지 않았다. 이들은 시라쿠사 근처에 병사들을 상륙시킬 준비를 아무 문제 없이 할 수 있으리라 봤다.[39]

아테네군은 시라쿠사를 향한 마지막 남진을 앞두고 카타나에서 멈췄다. 이는 알키비아데스의 본국 소환과 니키아스의 외교 전략으로 주의가 산만해진 탓이었다. 그럼에도 기원전 415년에 전투 기간이 끝날 때쯤, 마침내 아테네군이 움직였다. 육지로 진격하는 것도 가능했지만, 시라쿠사에 기병이 많았기 때문에 이 선택지는 기각되었다.[40] 시라쿠사군을 눈앞에 둔 상륙 작전도 바람직하지 못했다. 이는 페르시아 전쟁 이후 발전해 온 아테네의 표준 상륙 작전에 어긋났기 때문이다.

시칠리아 원정대는 시라쿠사의 기병을 상륙지에서 카타나로 몰아낼 전략을 사용했다. 시라쿠사의 기병대가 북쪽으로 진격하고 나머지 시라쿠사군도 그쪽으로 가는 동안, 아테네군과 동맹군의 함대는 밤에 어둠 속에서 카타나를 떠났다. 그들의 병사들은 어떠한 저항도 받지 않고 시라쿠사의 대大항구 서쪽 가장자리에 상륙할 수 있었다.[41] 상륙지 서쪽은 제우스를 모신 신전인 올림피움에 딸린 지역 근처였는데, 언덕이 많았다. 남쪽과 동쪽에는 늪이 많았고, 북쪽에는 아나푸스강이 있었다. 아테네 군은 함대 주변에 울타리를 치고, 아나푸스강에 놓인 가장 가까운 다리를 파괴했으며, 남쪽에도 요새를 지어 후방을 노리는 공격을 막으려 했다.[42] 이러한 예방 조치를 취했기에 상륙 후 최초 거점이던 해안선은 직접 공격에서 꽤 안전했다. 특히 기병에게서 보호받을 수 있었다. 이곳에는 식품 구매를 위한 시장이 없었기 때문에, 육군 병사들과 선원들이 쓸수 있도록 많은 보급선이 물자를 풀고 시장을 세우려면 상륙 거점이 굉장히 중요했다. 선박들은 카타나나 그밖의 우호적인 시칠리아 도시로 돌아가 더 많은 물자와 병력을 아테네 기지로 가져올 수 있었다.

아테네군이 병사들을 상륙시키고 교두보를 지은 후, 시라쿠사 기병이 카타나에서 돌아와 남은 육군 병력과 합세했고 아네테와 싸우기 위해 시라쿠사의 남동쪽, 즉 아테네 거점의 북쪽에 있던 평야로 진군했다.[43] 아테네는 아마 주도권을 유지하기 위해, 아니면 물자를 다 풀고 교두보 설치를 완료하기 위해 초반에는 전투를 거부했다. 다음 날 아테네군은 숙영지에서 빠져나왔고, 이들의 팔랑크스(사각형 방진)가 시라쿠사의 팔랑크스와 마주하면서 격전을 벌였다. 아테네군은 여전히 1,400명 정도인 시라쿠사 기병의 위력을 경계하고 있었고, 이에 따라 병력을 2개로 나눠서 배치했다. 숙영지를 보호하고 예비대 역할을 할 하나는 정사각형 방진을, 다른 하나는 8열로 이루어진 팔랑크스를 구성했다. 아테네군은 기병을 단 30명만 데리고 시라쿠사에 왔기에, 해당 지역의 지형, 전술적 배치, 함께 데려온 투석병, 궁수, 펠타스트(작은 방패를 사용하는 경보병) 등 약 1,400명 정도에 의존해 시라쿠사 기병에 맞서야 했다.[44]

격전 결과는 아테네의 승리였다. 시라쿠사군의 좌익과 중앙이 각각 아르고스(아테네의 동맹도시)와 아테네의 중장보병에게 패배했기 때문이다.[45] 하지만 아테네의 승리는 그다지 결정적이지 못했다. 패퇴하는 시라쿠사 보병들을 추격하는 것은 그들이 도시로 진격하는 걸 가로막던 수많은 기병 때문에 불가능했다.[46] 원정부대에 기병이 부족했던 것도 아테네군이 겨울에 시라쿠사 포위 작전을 시작하는 대신 카타나로 후퇴하기로 결정한 표면적 이유였다.[47] 이들은 시칠리아의 동맹도시나 아티카(고대 그리스 남동부)에서 더 많은 기병을 데려오고자 하였고, 향후 작전 시기에 맞춰 그렇게 할 수 있었다.[48]

니키아스와 라마쿠스가 공동으로 지휘하는 상황에서, 시칠리아 원정대는 적당히 성공한 상태였다. 아테네와 동맹국들은 커다란 육군과 함대를 소집했고, 어마어마한 규모의 보급품 수송선단도 함께 있었다. 이들은 에게해에서 시라쿠사까지 약 1,600킬로미터를 폭풍우나 적대적 공격으로 인한 손실 없이 항해했다. 레기움에서 작전기지를 위한 물자 보급 준비는 제대로 이루어지지 않았지만, 약간 지체한 후 이들은 시칠리아에서 시라쿠사의 주력군에 훨씬 가깝고 유용한 카타나 기지를 확보했다. 카타나에서 이들은 어떤 저항도 당하지 않고서 병력 전체를 상륙시켰으며, 시라쿠사의 대항구에 매우 강력한 교두보를 확보했다. 이후 격전 끝에 시라쿠사군을 패배시켰고, 이로써 원정군의 생존력을 보장할 수 있었다. 그 이후 겨울을 나기 위해 카타나로 이동했다.

이듬해 봄, 아테네군이 겨울 동안 간신히 소집한 기병들은 남쪽에 있는 시라쿠사가 내려다보이는 고지대인 에피폴라에를 순찰하던 시칠리아 기병대를 패배시켰다. 그런 다음 아테네군은 전진하면서 흩어져 시라쿠사를 포위해 타지역과 완전히 차단했다.[49] 시라쿠사군은 대항용 벽을 쌓아 아테네군의 차단벽을 뚫으려 했다. 이 선이 서로 가로지르는 부분에 서 있었던 충돌에서 라마쿠스가 전사했지만, 니키아스는 아테네의 방어력을 충분히 오래 강화하여 포위선을 완성할 수 있었다.[50] 아테네 함대

니키아스 249

는 새로 만들어진 시라쿠사 함대를 대항구에 가둠으로써 시라쿠사를 봉쇄했다.

이 시점에서 펠로폰네소스 측 파견대와 함께 시칠리아로 보내진 스파르타의 장군 길리포스가 등장했다. 아테네군의 포위에도 불구하고, 그는 들키지 않고서 포위선을 뚫고 지나갔다.[51] 그는 병력을 상륙시키고 상황을 파악한 뒤, 즉시 시라쿠사군에 아테네의 포위선을 뚫기 위한 대항용 벽을 다시 쌓으라고 제안했다. 첫 번째 시도는 실패했지만, 길리포스는 포기하지 않았다. 그는 실패에 따른 책임을 본인이 받아들이면서 두 번째 공격을 감행했다. 이번에는 시라쿠사군의 강점인 가볍게 무장한 병력에 더 의존했다. 다음번 시도에서는 니키아스의 무질서한 방어 때문에 아테네군이 밀려나면서 포위선이 깨졌다.[52]

이때 니키아스는 이 패배로 임박한 재앙을 예측할 수 있었다. 그래서 상황이 아테네에 좋지 않음을 설명하고 원정대를 시칠리아에서 철수시키든가 대규모 지원군을 보내 달라고 요청하는 전갈을 보냈다.[53] 니키아스는 또한 건강 악화를 이유로 자신을 해임해 달라고 요청했다.[54] 아테네는 작전 규모를 두 배로 늘리기로 결정한 뒤, 가장 경험이 많은 지휘관인 데모스테네스를 첫 번째 원정대와 규모가 비슷한 두 번째 원정대와 함께 파견했다.[55]

시라쿠사에 도착한 노련한 지휘관 데모스테네스는 대실패를 막으려면 빠른 행동이 필요하다는 걸 깨달았다.[56] 그의 함대가 도착했을 때, 갓 구성된 시칠리아 함대는 해전에서 아테네 함대를 거의 패배시켰다. 데모스테네스는 시라쿠사를 포위한 아테네군이 위기에 몰렸음을 인지했고, 오직 대담한 행동을 해야 전세를 뒤집어 우위를 점할 수 있다고 보았다. 그는 위험을 감수한 야간공격을 이끌었는데, 시라쿠사군이 세운 대항용 벽의 일부를 점령할 수 있었지만, 시칠리아 측의 반격 때문에 후퇴해야 했다.[57]

바로 이 시점에 데모스테네스는 니키아스가 원정군을 구제불능한 상태로 이끌었음을 깨달았다. 그와 함께 온 대규모 지원 병력이 있었는데도 데모스테네스는 시칠리아에서 철수하자고 주장했다. 시칠리아에 있던 원정군 병력은 아티카의 새로운 요새에서 스파르타군의 침략으로부터 아테네를 방어하는 데 사용되는 것이 나을 수 있었다.[58] 결단력이 부족했던 니키아스는 일단 반대했지만, 시라쿠사를 도우러오는 군대가 그리스에서 도착하는 것을 보고는 철수를 받아들였다.[59]

신들이 곧 아테네의 운을 배신할 예정이었던 것처럼, 그때까지만 해도 니키아스의 긍정적인 특징으로 간주되었던 종교적 신실함이 니키아스를 배신했다. 아테네군이 퇴각 준비를 하던 중 월식이 발생했고, 성직자들과 논의한 니키아스는 27일 뒤에 뜰 다음 달月을 기다리라는 이들의 제안을 받아들이기로 했다.[60] 그 이후 시라쿠사 함대는 일련의 치열한 격전 끝에 아테네군을 패배시켰다. 이제는 시라쿠사 함대가 아니라 아테네 함대가 항구에 갇혔다.[61] 아테네 육군은 후퇴를 위해 다른 해안선으로 진격해 나가려 했다. 그러나 길고 혼란스러운 후퇴 과정에서 추격해오는 시라쿠사군에 압도당하면서 처참하게 패배했다. 원정대의 남은 생존자들은 붙잡혀 노예가 된 뒤 팔려가거나 채석장에서 노역을 해야 했다.[62]

니키아스에 관한 기록은 그가 역사상 최악의 지휘관인 이유 두 가지를 보여 준다. 첫째, 역사적·전술적으로 무능한 리더들은 많았지만, 전투의 성과 하나만으로 전략적 능력을 평가하는 건 어려울 수 있다. 전술적 근시안이 전략적 통찰력을 가려 조국인 카르타고와 남부연합이 대대적으로 파멸하도록 이끈 사령관이 된 한니발 바르카와 로버트 E. 리를 떠올려 보라. 이와 마찬가지로 베트남 전쟁에서 미군이 승리한 전투들은 미군이 전쟁터에서 철수함으로써 전략적으로 무의미해졌다. 니키아스는 전술적 능력이 부족했지만, 더 심각한 문제는 실무와 전략적 수준에서의 결정적 실패였다.

특히 장군이 전쟁의 전략적 방향과 전투 방식을 결정할 수 있다면, 전술적 어리석음과 전략적 어리석음의 조합이야말로 진정한 무능함의 특징처럼 보일 것이다. 전략적 결정의 영향과 그것의 형편없는 실행이 작전에 미치는 영향은 그러한 패배에 따른 책임을 져야 하는 지휘관의 입장에서는 이중의 저주다. 니키아스의 무능함은 완전한 재앙이 된 시칠리아 원정에서 잘 드러났으며, 이 패배로 아테네는 펠로폰네소스 전쟁에서 전략적으로 파멸했고, 아테네가 지중해와 그리스에서 가졌던 패권도 이로써 막을 내렸다.

저들의 군사적 무능에 의한 전략적 영향에 더해, 시대를 불문하고 리더의 능력은 당대의 기준으로 측정해야 유용하다. 현대 전쟁사 책들과 자서전들은 장군의 공적 평가로 채워져 있지만, 더욱 체계적인 분석이 한층 유용할 것이다. 서문에서 언급했듯《군사적 무능함의 심리학》에서 노먼 딕슨은 부실한 전투 지휘 능력을 설명할 때 지능 부족이라는 전통적 시각은 잘못되었으며, 지휘관의 성격이 그 어떠한 개인적 원인보다도 더 설득력이 있다고 주장한다. 딕슨의 생각을 니키아스에게 적용해 보면, 그가 현대적 기준에서 절망적으로 무능한 지휘관임을 알 수 있다.

니키아스는 '자원 낭비'라는 딕슨의 개념을 표상화했다. 시칠리아의 상황에 개입할지를 논의하는 정치적 토론에서 아테네 시민들이 시라쿠사를 공격하지 않도록 설득하기 위한 니키아스의 수사학적 전략은, 이 임무가 성공하려면 과도한 규모와 비용을 요구하는 기동부대가 필요하리라고 주장하는 것이었다.[63] 그 결과 시민들은 지원을 두 배나 보강하기로 했고, 대규모 원정이 이루어진다는 생각이 흥분을 고조시켰다. 필로스에서의 작전에서 클레온과의 불일치와 마찬가지로 니키아스의 정치적 실책은 아테네 사상 가장 큰 원정대를 파견하는 결과를 낳았다. 이는 다른 군사적 필요성도 있었던 점과 시칠리아에서의 대실패를 떠올리면, 엄청난 자원 낭비이자 최소 병력 투입(Economy of Force)과도 대립된다. 여태까지 아테네의 성공적인 전략은 함대를 곁에 둔 채 적을 향한 직접적인 소규모 원정을 실행하는 것이었다. 기존에 스파르타가 이용한 아테네의 약점은 아테네의 군사적 위협으로 유지되던 느슨한 도시국가 연합체인 '델로스 동맹', 그리고 아테네의 많은 인구를 먹여살리는 데 필수적인 에게해 북부와 그 너머로 이어지는 보급선이었다. 주 전역에서 멀리 떨어진 곳에 해군과 육군의 절반 이상을 보내는 것은 군사력을 쓰레기통에 버리는 짓이었다. 니키아스도 원칙적으로는 이를 알았겠지만, 아테네의 유권자들이 그렇지 못하다는 사실은 깨닫지 못했다. 그리고 더 중요한 것은 이들이 진실을 받아들이게 하지 못했다는 사실이다.

  니키아스가 정보를 다루는 방식도 그의 무능함을 보여 주는 또 한 가지 중요한 요소다. 정보를 확보하지도, 수많은 첩보원들을 활용하지도 못한 것이 이에 해당된다. 시칠리아 원정은 처음부터 기괴한 오해를 기반으로 개시되었다. 수년 동안 시칠리아의 도시들과 연락해왔는데도 아테네 지도층은 기원전 415년 당시 시칠리아의 지정학적 현실을 이해하지도, 아테네 대중과 민회 구성원들에게 이를 적절하게 설명하지도 못했다. 아테네 측 대표단은 아테네에 원조를 요청한 시칠리아의 도시 세게스타를 방문했을 때 세게스타 사람들이 실제보다 부유하다고 믿었으며, 그래서 이들에게[64] 금전적 지원 및 다른 시칠리아 도시들과의 동맹까지 약속받았다. 아테네군이 시칠리아에 해방자로서 와준다면, 격하게 환영받을 터였다. 이 어리석은 사태가 벌어질 때 니키아스는 시라쿠사로 원정대를 보내는 것이 굉장히 안 좋은 생각이라고 시민들을 설득하지 못했다.[65] 니키아스는 아테네의 좋아보이지만 사실은 위험한 전략을 건실하게 비판했지만, 아테네 사람들과 그 인구통계학적 변동이 젊은 유권자들 쪽으로 기울고 있는데도 정세를 심하게 잘못 판단했다. 이 젊은 유권자들 중 1명이 노련한 참전용사이자 귀족인 알키비아데스였다. 그는 명예욕으로 들끓었지만 아직 고위급 지휘관 자리에 앉아 볼 기회가 없었다.[66]

민주주의에서 전략은 단순히 방법과 수단, 지속적 이득, 또는 행동 계획이 아니다. 전략적 아이디어를 정치적 행동으로 옮기는 과정에서 핵심 요소는 설득이다. 모든 민주적 전략가는 주권을 지닌 자(유권자)가 올바른 행동을 하도록 설득해야 한다. 순수한 민주주의 국가였던 고대 아테네에서는 시민들이 민회에 모여 직접 결정을 내렸다. 유력한 정치인이자 고위급 장교였던 니키아스는 현명한 결정이 무엇인지를 시민들이 깨우치게 할 책임이 있었다. 그는 그러지 못했고, 그와 그의 조국 아테네는 큰 대가를 치러야 했다.

니키아스는 원정 전에 정보를 주의 깊게 수집했고, 시칠리아가 아테네를 지원해 주리라는 현지인들의 낙관적인 의견에 마땅히 회의적이었지만, 그의 우유부단한 성격은 원정 성공에 필요한 핵심 정보를 무시하게끔 만들었다. 전장에 도착했을 때 시라쿠사인들이 기습에 놀랐을 뿐만 아니라 전쟁 준비를 하지 않았음이 명백하자, 라마쿠스는 기습과 충격의 효과가 일시적임을 내다보고서 즉각적인 전면전을 주장했다.[67] 하지만 니키아스는 상륙 후 무력 시위를 한 뒤 아테네로 돌아가고자 했다.[68] 알키비아데스는 시라쿠사에 작전기지를 세우고, 공격 개시 전 몇 개월 동안 동맹군을 모으자고 주장했다.[69] 이 중 알키비아데스의 의견이 받아들여졌는데, 정작 본인은 신성 모독 혐의로 아테네에 소환되었다. 니키아스가 시라쿠사의 준비 부족 상태를 납득했었다면, 그리고 우호적이라 여겼던 시칠리아의 도시들이 미덥지 않음을 알았다면 라마쿠스의 대담한 제안이 빠른 승리를 가져다주었을 것임을 깨달았을 것이다.

원정대가 겨울을 보낼 기지를 지은 후 니키아스는 시라쿠사를 포위하기 시작했는데, 육지로 이어지는 보급로를 차단하기 위해 포위용 차단벽을 마을 북쪽 고지대인 에피폴라에를 넘어서까지 천천히 연장시켰다. 포위가 진전되면서 스파르타의 장군인 길리포스가 도착했고, 니키아스의 느린 대응 덕분에 길리포스는 시라쿠사로 진입할 수 있었다. 이후에 도착한 펠로폰네소스 측 선박과 군인 등 추가적인 원조도 마찬가지였다.[70] 니키아스는 진행 상황을 알고 있었지만, 이 정보가 조심스럽고 꾸준한 포위와 자신의 외교적 협상 방안에 배치되었기 때문에 무시했다. 이러한 인지 부조화가 그의 소극적이고 우유부단한 성향을 더 심화시켰다.

니키아스는 시라쿠사의 특정 정파가 통제권을 잡게 한 뒤 아테네와 협상을 하도록 설득하여 저렴하고 쉬운 승리를 얻을 수 있다고 믿었고, 이 때문에 배치되는 증거가 제시되어도 고집을 부렸다. 이러한 고집은 그의 작전 실행에도 영향을 미쳤다. 시라쿠사 포위를 지시할 때 그는 더 멀리 떨어진 곳에 성벽 하나를 세우는 대신 시라쿠사를 둘러싼 성벽의 남쪽 가장자리 가까이에 차단벽을 짓도록 결정했다. 포위선을 가까이서 관리하기도 더 쉬웠고, 보급로에도 더 가까워서였다. 하지만 시라쿠사의 성벽에서 더 멀리 떨어진 곳에 성벽을 쌓았다면 포위선의 주요 목표인 시라쿠사의 육지 쪽으로 면한 부분을 더 빨리 차단할 수 있었을 것이다. 니키아스는 자신의 협상력이 시라쿠사의 정파 중 하나를 항복하도록 설득할 수 있다고 믿었기에 더 느리고 가까운 선택지를 택했다. 그는 이 원정이 끝날 때까지 그 설득이 가능하다고 믿으면서 시라쿠사에게서 주도권을 탈환하길 거부했고, 임박하는 재앙마저 무시했다. 그러면서 시라쿠사 내부에서 일어날 쿠데타가 봉쇄를 끝낼 것이라 생각했다.[71]

니키아스의 우유부단함과 나중에 그에게 주어진 어떤 이점들도 활용하지 못한 점이 아마도 그의 주된 흠결이었다. 기습 효과를 이용하지 못한 것도 그가 보인 리더십의 주요 결점이었다. 플루타르코스는 니키아스가 초반에 지속적으로 원정대 지도자 자리를 포기하려 한 점과, 결정이 내려졌음에도 작전을 계획하고 실행하는 과정에서 계속 보였던 그의 우유부단함을 비판했다.

그는 일단 전쟁을 포기하도록 아테네인들을 설득하는 데 실패했고, 사령관직에서 해임해 달라고 요청한 것도 받아들여지지 않았다. 즉 아테네인들이 그를 집어 들고 원정대의 우두머리로 앉혀 놓은 것이다. 하지만 그의 과도한 우유부단함은 그 자리에 어울리지 않았다.[72]

그가 계속 작전에 부정적인 태도를 보이자 장교와 병사 들은 우울해졌고, "사기가 추락했다."[73]

이에 더해 니키아스는 원정대가 시칠리아에 처음 도착했을 때도 시라쿠사를 즉시 공격하자는 라마쿠스의 조언을 거부했다. 원정군이 튼튼한 교두보를 만들고 난 뒤에는 니키아스의 느리고 꼼꼼한 성격이 작전 수행 방식을 특징지었다. 심지어 아테네군이 첫 번째 주요 육상 전투에서 전술적 승리를 거두었더라도 니키아스는 이 승리를 더 확장시키지 못했다. 아테네군이 카타나로 철수하여 겨울을 안전하게 보내는 동안 시라쿠사군은 후퇴하여 병력을 재정비할 기회를 얻었다.

시칠리아 원정의 재앙적 결말은 니키아스의 성격적 결함 두 가지를 더 잘 보여 준다. 아테네에 보고할 때 원정대에서 발생하던 상황을 왜곡했고, 부적절한 시기에 일어난 월식이 초자연적인 존재가 일으킨 것이라는 믿음을 가진 게 그것이다. 기원전 414년, 길리포스의 리더십과 펠로폰네소스 및 시칠리아의 지원 세력이 작전에 영향을 미치기 시작했다. 길리포스의 전략으로 포위는 끝났고, 노련한 코린트인 선원들이 모는 트리에레스들이 유입되면서 시라쿠사 해군이 강화되었다. 이제는 마치 아테네군이 포위된 것 같았다. 아직 아테네군이 바다를 장악하고 있었지만, 점점 더 적군을 통제하기가 어려워지고 있었다. 전세가 기울었음을 니키아스가 깨달았을 때, 그는 아테네에 상황을 보고하면서도 자신은 문제에 따른 책임을 지지 않으면서 이탈리아를 거친 긴 보급로 때문에 군대가 지쳤으며, 작전이 너무 오래 지속되었다고 주장했다. 그는 아테네 민회에 다음 행보를 결정해야 한다고 말했다. 지금 원정대를 철수시키든지, 시칠리아에 있는 병력을 지원할 대규모 원조를 다시 한 번 보내든지 하라고 했다. 그는 또한 건강상의 문제를 들며 자신을 직책에서 해임해 달라고 요구했다.[74] 그는 지휘를 맡은 장군이었음에도 작전 관련 결정을 정부에 맡긴 것이다. 그가 정보를 왜곡한 것은 책임을 면하기 위해서였다.[75] 그가 고향으로 보낸 편지에서 가장 심한 거짓말은 지휘관으로서 적시에 포위를 실행하지 못한 것, 제대로 된 봉쇄를 위한 함선의 대열을 유지하지 못한 것, 길리포스와 코린트 함대가 아테네 함대 몰래 들어올 수 있게 허용한 것 등 본인의 실책들을 언급하지 않은 것이다. 니키아스는 이탈리아를 거치는 보급로가 보급품 부족 문제의 원인이라고 주장했지만, 자신이 최전방에서 멀리 떨어진 기지에 모든 것을 쌓아 두었다는 사실을 언급하지는 않았다. 이후 시라쿠사군의 습격으로 아테네의 물자와 돈은 대부분 노획당하거나 파괴당했다.[76] 니키아스는 아테네 민회에 원정을 취소하거나 또다시 큰 비용을 들여 지원 병력을 파견하는 선택지를 줌으로써 자신이 비난을 받지 않으면서 민회가 철수를 선택하도록 유도했다. 하지만 니키아스는 또 사람들의 마음을 잘못 읽었다. 아테네 민회는 한 번 더 지원을 강화하기로 결정했고, 데모스테네스라는 뛰어난 사령관이 이끄는 병력을 파견했다. 위에도 자세히 썼듯이, 두 번째 원정대는 아테네의 전운을 회복시키는 대신 작전에 든 전반적인 비용을 증가시켰다.

니키아스는 병사들을 대실패로 이끌었다. 이는 시칠리아 원정의 비극이자 펠로폰네소스 전쟁 전반의 변곡점이었다. 투키디데스의 결론은 역사학자가 남긴 기록 중 가장 신랄하다.

> 이것은 이 전쟁을 통틀어, 그리고 내가 보기에는 그리스 역사 전체에서 가장 중요한 사건이었다. 승자에게는 견줄 수 없는 승리, 패자에게는 견줄 수 없는 재앙이었다. 이는 흔히 말하는 "완벽한 전멸"이었다. 모든 전선에서 모든 방법으로 격파당하고, 극심하고 끔찍한 고통이 따랐으며, 육군과 함대 등 모든 것이 파괴되었다. 돌아온 사람은 매우 적었다. 이것이 시칠리아에서 일어난 사건이다.[77]

500척이 넘는 함선과 4만 명이 넘는 병사, 현금으로 환산하면 수백만 달러가 동원된 두 원정은 전부 패배로 끝났다. 아테네에는 10년 정도 더 싸우기에 충분한 자원이 있었는데도 말이다. 숙적인 페르시아는 아테네 제국을 문턱에서 제거할 기회를 놓치지 않았다. 페르시아는 스파르타 해군에 아테네 함대를 파괴하고, 델로스 동맹을 갈라놓고, 민주주의 정부를 전복시키도록 돈을 지원했다. 아테네는 여전히 그리스·로마 세계에서 중요한 도시로 남았지만, 과거의 위대함을 되찾지는 못했다. 니키아스의 시칠리아 원정 실패가 끼친 전략적 영향은 가히 재앙이었고, 니키아스는 무능한 지휘관의 특징을 명백하게 반복적으로 보여 주었다. 그는 처음부터 끝까지 일관되게 자신의 상황을 제대로 이해하지 못했다. 그는 병참, 전술, 작전에도 서툴렀다. 계속 우유부단함을 보이며, 시라쿠사의 약점을 활용할 수 있는 황금 같은 기회를 놓쳤다. 적군이 회복하고 재정비할 시간을 줘서 시라쿠사가 거의 패배에 가깝던 전세를 결정적 승리로 바꾸도록 허용했다. 그의 우유부단함은 원정 실패에 따른 비난을 두려워하면서 더 확대되었다. 결국 그의 무능함은 전장에서의 패배뿐 아니라 시칠리아에서 아테네 육군과 함대에 속한 모든 병사가 절멸되는 결과를 낳았다.
그리고 이 대참사는 아테네제국의 추락으로 이어졌다.

툴루즈 백작 레몽 6세
RAYMOND VI, COUNT OF TOULOUSE

로런스 W. 마빈

1218년 툴루즈에서 레스터 백작 시몽 드 몽포르의 죽음을 발표하는 레몽 6세, 쥘-자크 라바투트 조각, 툴루즈 시청(Capitole de Toulouse) 소장, 1894.

1156년에 태어난 레몽 6세는 1195년부터 1222년까지 프랑스 툴루즈 지방의 백작이었다.[1] 그가 최악의 지휘관 반열에 오를 자격이 있는 이유는 그가 통치한 지역이 겪은 최대 위기, 즉 알비 십자군 전쟁(1208~1229년) 때 그가 보여 준 태도와 행실 때문이다. 그에게 이름을 물려준 고조할아버지 레몽 4세는 프랑스 남부에서 제1차 십자군(1095~1099년)에 참가했던 최고위 귀족이었다. 하지만 그의 선조나 수많은 동시대 인물과는 달리, 레몽 4세는 제3차 십자군(1189~1193년)이나 제4차 십자군(1198~1204년)에 참전하지도 않고 중년기를 거쳤다. 같은 계급 남성들과는 달리 레몽은 절대 자신의 목숨을 걸지 않았고, 신앙을 위해 시간이나 돈을 희생하지도 않았다. 그는 프랑스 남부에 있던 자택에서 지내며 지역 정치와 사소한 다툼에 관여할 뿐이었다. 당시 그 지역은 문화적으로도 언어적으로도 프랑스가 아니었기 때문에 현대 역사학자들은 이를 우씨땅Occitan 발음으로 "옥시타니아Occitanie"*나 "랑그독Languedoc"이라고 부른다.[2]

　　십자군 시대(1095~1291년)는 교황 우르바노 2세가 성지 예루살렘에서 셀주크튀르크에 고통받는 동료 신자들을 돕고, 예루살렘을 이슬람의 압제에서 해방시키자고 라틴계 기독교 국가들에 촉구하면서 시작되었다. 참여를 유도하기 위해 교황은 참여자에게 면죄부를 제시했다. 이후의 교황들도 이를 반복했고, 멀리 떨어진 지역에서 더 가까운 곳을 대상으로 한 경우까지 십자군 모집을 확대했다.[3] 1208년 교황 인노첸시오 3세는 "카타리파(Cathars)" 또는 "알비파(Albigensians)"로 알려진, 라틴계 기독교 유럽 국가의 중심에 있던 '내부의 적'을 향한 군사 행동을 촉구했다.[4] 그 결과로 일어난 알비 십자군은 두 가지 동기가 있었다. 첫째, 목표가 기독

---

* 옥시타니아는 일반적으로 루아르강 남쪽의 프랑스로 정의되며, 프로방스, 드롬비바레, 오베르뉴, 리무쟁, 기엔, 가스코뉴와 랑그독 및 이탈리아의 발레다오스타주, 에스파냐의 아란계곡 등이 해당한다.

교회의 예루살렘 통제권 획득 또는 회복 중심이었던 중동행 십자군과는 달리, 옥시타니아에서는 "이단을 없애야 한다."라는 것 외에는 목표가 없었다. 카타리파는 그들이 전복시켰다고 여겨지는 지역 문화의 구성원이었기에, 카타리파가 활동하는 지역의 정치인들에게 카타리파를 견제하긴 커녕 존재하도록 허용한 책임을 묻는 것을 제외하면 군사적 목표를 세우는 것이 불가능했다. 옥시타니아의 카타리파는 교황청을 수십 년간 걱정시켰고, 1181년에는 라보흐 지역 마을의 카타리파 때문에 소규모 군사 원정을 한 적도 있었지만, 1208년에 교황청 관계자인 피에르 드 카스텔노 암살 사건이 일어나기 전까지는 단결된 군사 행위로 이단을 퇴출시키자고 사람들을 설득하지 못했었다.[5] 교황의 부름은 20년간의 유혈 충돌을 촉발시켰다.

알비 십자군이 특수했던 두 번째 이유는 이 십자군 참가자들이 면죄부를 받은 방식이다. 제1차와 제3차 십자군 사이에 면죄부를 받는 방식은 점점 유연해졌지만, 알비 십자군은 면죄부를 특히나 쉽게 받을 수 있어 악명이 높았다.[6] 1210년 옥시타니아의 교황 특사단(교황의 지역 대표들)은 명확한 작전에 참가하거나 근무해서라기보다는 군대에 40일간 있었다는 것만으로 면죄부를 지급한 듯하다.[7] 이로써 의도치 않게 훨씬 먼 성지로 가면서 위험을 겪는 대신 국내 십자군으로 떼우려는 이들이 크게 증가했다. 십자군 참가자들은 구체적인 (그리고 짧은) 근무 일수만 채우면 충분했고, 다소 불편한 시기가 오면 군을 떠나 버리는 경우도 많았다.[8]

교황은 피에르 드 카스텔노 암살이 레몽 4세의 영지에서 발생했다는 이유로 레몽에게 책임이 있거나 그가 암살을 사주했다고 주장했다. 그가 연루되었다는 직접적인 증거가 없었는데도 말이다. 레몽은 1208년 이전까지는 이단과 큰 관련이 없었고, 다른 남부 귀족들과 마찬가지로 이단을 퇴출시키겠다는 교황의 노력을 외부의 부당한 간섭이라고 보았다. 하지만 1208년 그는 파문당했고, 알비 십자군은 레몽이 그 지역의 명목상 대표이자 교황 특사 암살의 책임이 있다는 이유로 그를 겨냥하기에 이르렀다.

교회가 한 개인에게 부과할 수 있는 가장 심한 벌이 바로 파문이었다.[9] 교회의 눈 밖에 난 통치자는 통치권을 빼앗길 수도 있었다. 예를 들어 1077년 교황 그레고리오 7세는 신성로마제국 황제 하인리히 4세를 파문하고 황위를 박탈했다. 광범위한 반란에 직면한 하인리히는 눈보라가 몰아치던 3일 동안 교황이 머물고 있던 카노사 성 앞에서 무릎을 꿇고 사면을 간청했다.[10] 13세기 초에는 군주와 영주 들을 파문하는 경우가 더 흔해졌다. 다양한 시기에 다양한 이유로 교회는 레몽 4세보다 더 위대한 인물들도 파문했는데, 그중에는 영국의 존 왕이나 프랑스의 필리프 2세도 있었다. 하지만 대다수 사람들이 이들의 통치가 정당하다는 점에 의문을 품지 않았기에 이들은 계속 통치했다. 존 그리고 필리프와 마찬가지로 레몽도 파문을 크게 신경 쓰지 않은 것으로 보이는데, 어차피 1196년과 1207년에도 파문을 당했었기 때문이다.[11] 레몽의 1208년 파문이 이전과는 달랐던 이유는 교황이 이단 절멸을 위해 옥시타니아 침공을 명령하고 면죄부 또한 약속했기 때문이다. 단결된 군대가 펼칠 작전이 예견되면서 툴르즈의 레몽뿐만 아니라 해당 지역의 모든 귀족과 주민이 이례적인 압박에 시달렸다.

파문은 개인에게 부과되는 벌이었지만, 단순히 한 사람의 생명과 영지가 걸린 일이 아니었다. 군주와 유망한 귀족 들은 파문을 쉽게 비웃을 수 있었지만, 교회는 파문자들에게 더 부담을 주기 위해 여러 조치를 취했다. 예를 들면 파문당한 자들이 지배하는 공동체나 영지에 성무聖務금지령을 내렸다. 성무금지령은 장례식이나 미사 거행 등 특정 기독교 행사를 금지했다.[12] 지도자의 개인적 파문에 대중의 부담까지 더하려고 의도적으로 고안한 것이었다. 종교적 신념이 공개적이던 시절에 기본적인 기독교 행사를 금지하는 것은 굉장히 심각한 문제로 여겨졌다. 예를 들어 레몽의 영지와 툴루즈시에서는 알비 십자군 활동 기간 대부분 동안 여러 이유로 성무금지령이 내려졌다. 1211년에는 레몽이 지내던 곳에서 성체성사가 금지되었고, 이 때문에 '움직이는 금지령'으로 여겨졌던 그는 툴루즈에서 점점 인기가 떨어졌다.[13]

레몽의 '툴루즈 백작'이라는 직위는 사실상 굉장히 모호했다. 옥시타니아에서 권위라는 것은 당시 다른 서유럽 지역들에서와 마찬가지로 개인의 카리스마, 명성, 힘 그리고 강행 능력에 기반하여 회색 지대에 존재했다. 레몽은 자신의 직위, 가족, 가신家臣 등에 딸린 토지, 영지, 백성들에게 지배권을 행사하지는 못했지만, 오히려 영국과 프랑스 군주들 아래에서 종주권을 행사했다. 그의 통치력은 얼마나 적극적으로 강행하느냐에 따라 강해졌다가 약해졌고, 정치·가족·결혼을 통한 연합이나 다툼으로 변화하기도 했다. 종주권을 유지하기 위해서 지속적인 주의를 기울이지 않으면 피정복자들은 그것을 무시하거나 공백을 스스로 메우려고 했다. 레몽의 경우 태생이나 결혼으로 그의 종주권 아래에 들어온 영지들이 마치 목걸이에 달린 진주같이 옥시타니아의 광범위한 부분을 포괄했다. 이 영지 중 많은 마을과 귀족은 레몽에게 아무런 의무도 없었고, 의무가 있더라도 레몽이 그것을 직접 이행시켜야 했다. 툴루즈 백작의 서쪽 영지 일부, 예를 들어 아주네(과거 남프랑스의 지명. 오늘날의 로트에가론 지역과 거의 일치한다)는 영국 왕과의 오랜 다툼 후인 1196년에 레몽과 영국 왕의 여동생 조앤이 결혼하면서 비로소 그의 통제권에 들어왔다.[14] 아주네에서 레몽은 오직 아내인 조앤을 통해 종주권을 행사했고, 그녀가 사망한 뒤에는 그의 아들이자 후계자인 레몽 7세를 통해 종주권을 행사했다. 툴루즈 지역도 레몽의 손에 있지 않았다. 그가 그의 영지 중 가장 크고 중요한 도시인 툴루즈의 '백작'이기는 했지만, 그는 지역 정부 및 툴루즈의 주교와 권력을 공유하고 있었다. 이 세 인물의 사이는 순탄치 못했다.[15]

1209년 초여름, 북프랑스에서 다수의 남성이 남부에서 벌어질 성전에 참여하려고 모였다.[16] 레몽은 이제 파문이 더 이상 솜방망이 처벌이 아니라 실제로 자신의 폐위 또는 적어도 영지 침공으로 이어질 수 있음을 깨달았다. 1209년 6월, 교황 특사 몇 명이 레몽을 일련의 혐의로 소환했다. 이단 혐의를 직접 받지는 않았지만, 용병을 고용한 것과 영지에서 이단을 처벌하지 않은 것에 책임을 물었다.[17] 사면의 대가로 레몽은 동쪽 영지 내 몇몇 마을을 넘겨 주었고, 생질 St Gilles 이라는 오래된 마을 교회의 고위 성직자들 앞에서 예식 형태의 벌을 받았다.[18] 6월 22일에 레몽은 십자군에 참가했으나, 십자군의 목표는 여전히 그의 서쪽 영지였다. 군대가 남쪽으로 진군하자 레몽은 십자군 지휘관 중 사촌인 오세르 백작 피에르의 도움을 받아 십자군 지도부와 만나 화해했다.[19]

이후 전개는 레몽의 자기 보존 본능을 잘 보여 주었다. 그는 누군가를 응징하고 싶어 안달이 난 십자군에 자신의 조카이자 베지에·카르카손·알비의 백작인 레몽 로제 트랑카벨의 땅으로 가라고 설득했다. 이 둘은 가까운 사이도, 사이가 좋은 것도 아니었으며, 위기 상황에서 레몽은 자신의 후계자를 제외한 가족을 크게 신경쓰지도 않았다.[20] 십자군의 공격을 피하기 위해 경로에 있던 많은 귀족과 마을은 지도부와 평화 협정을 맺었지만, 트랑카벨은 이를 거부했고, 십자군은 그의 땅을 침략했다. 이후 발생한 베지에 습격, 카르카손 항복, 트랑카벨의 항복과 투옥과 죽음은 자기 목숨을 위해 십자군에 자기 조카의 영지를 대신 공격하라고 설득한 레몽 4세에게 어느 정도 책임이 있다.[21]

1209년 늦여름 또는 초가을, 십자군 중 선별된 주교와 귀족 들로 구성된 위원회가 북프랑스의 소귀족인 시몽 드 몽포르를 남부에서 수년 동안 꾸준히 진행되어온 이단 퇴출 작전의 사령관으로 삼았다.[22] 시몽은 트 랑카벨이 통치하던 베지에, 카르카손, 알비를 지배하는 자작이 되었으며, 이 지역을 넘어 이단에 "감염된" 다른 지역들에도 쳐들어갔다. 1209년과 1211년 사이에 이렇듯 갈등이 확장되면서 십자군은 레몽의 영지에 더 가까이 갔으며, 종주권에도 도전하기 시작했다. 이 시기에 레몽은 이론적으로는 십자군을 지지했지만, 시몽이 십자군 활동을 과격하게 추진하는 것에는 진저리치고 있었다. 그는 시몽을 최소한으로 지원했고, 이러한 행태로 또 교회의 눈 밖에 났다. 1210년 생질에서 열린 지역 위원회에서 레몽은 영지 내의 이단을 축출하라는 교황청의 지시를 따르지 않았다는 혐의로 고발당하고 또 파문당했다. 그의 지위와 영지는 또 위험에 처했다.[23]

십자군의 초기 2년 동안 정치 지도자였던 레몽은 교회의 권위에 무감한 듯 보였는데, 이는 13세기 초에는 위험한 모습이었다. 교황의 지시를 따르는 것은 굴욕적이었지만, 잠재적인 역효과를 전혀 고려하지 않고서 교황이나 교황청 관리를 무시해 버리는 것은 전략적 사고가 부족했음을 보여 준다. 더욱 결정적으로 이 시기에 레몽은 현지 성직자들뿐 아니라 지역의 다른 도시 및 마을과 관계를 맺거나 회복하려는 노력을 전혀 기울이지 않았다.

1211년 일련의 회의 끝에, 시몽이나 교회와 화해하기 위한 시도는 실패로 끝났다. 1211년 초 레몽은 알비 근처에서 알려지지 않은 이유로 시몽과 만났다. 두 사람이 서로를 싫어한다는 사실은 명백했다. 시몽은 레몽이 전혀 하지 않던 이단 퇴치를 위해 자신의 권한을 계속 확장할 명분을 찾고 있었다. 레몽은 신분이 불분명한 추종자 몇 명을 데리고 왔는데, 시몽은 그들이 자신을 해칠 것이라 믿어서 이를 회의 때 언급했지만 레몽은 자신이 데려오지 않았다고 말했다.[24] 이 회의의 유일한 결과는 두 사람의 커진 적대감이었다. 얼마 뒤, 레몽은 나르본느에서 열린 고위 성직자, 대수도원장 및 교황청 관계자 들의 위원회에 참석했다. 그곳에는 시몽을 비롯해 옥시타니아에 이해관계가 있던 아라곤의 왕 페로 2세도 있었다. 가장 구체적인 출처인 보드-세르네 수도원의 피에르 수도사에 따르면, 이 위원회는 레몽에게 사면 가능성을 구체적으로 언급하지는 않았지만 파문을 벗어날 수 있는 합리적인 방법을 제시했다. 그가 이교도들을 쫓아낸다면 그의 지위와 영지를 교회가 보장해 주겠다고 약속한 것이다. 심지어 그의 영지 중 이교도로 간주되거나 자처하는 자들이 소유한 곳을 직접 통치하도록 해 주겠다고도 말했다. 하지만 그는 이 제안과 조건들을 거부했다.[25] 아를 혹은 몽펠리에에서 열린 세 번째 회의에서 위원회는 레몽에게 그가 절대로 수용하지 않을 더 가혹한 요구 사항들을 제시했고, 이로써 향후에 있을 군사 행동을 정당화하고자 했다.[26] 역시나 툴루즈의 레몽은 당대의 정치적·종교적 현실에 적응하지 못해 자신의 영지가 침략당할 위험을 계속 감수했다.

날씨가 군대를 움직이기에 적절해졌을 때 시몽은 지체 없이 주도권을 잡고자 했다. 1211년 봄, 그는 툴루즈에서 동쪽으로 32킬로미터밖에 떨어지지 않은, 잘 알려진 카타리파의 피난처 라보흐를 포위했다. 알비 십자군이 결성되기 이전에 레몽과 트랑카벨은 라보흐의 종주권을 두고 다퉜지만, 일반적으로는 트랑카벨이 지닌 것으로 받아들여졌다. 이제 트랑카벨을 대신하게 된 시몽이 자신의 권위를 강제하면서 그곳의 이교도를 박멸하고자 했다. 하지만 레몽은 이를 자신의 종주권을 위협하는 행위로 받아들였다.[27] 시몽은 유능한 지휘관이었지만, 도시를 포위한 상황에서 군사와 물자가 부족하여 주변 지역의 병력과 군수 지원에 의존해야 했다. 레몽은 시몽을 도와주는 대신 몰래 자신의 사람을 라보흐로 보내 방어 병력을 도왔다. 레몽이 보낸 이들은 도시가 함락된 후 시몽에게 발각되었다.[28] 레몽 6세는 포위 당시 종종 등장해 툴루즈 내의 그 누구도 십

자군을 돕지 못하게 했고, 툴루즈의 물자가 시몽 측에 도달하지도 못하게 했다.[29]

툴루즈 시민군은 규모가 크고 노련해서 몽포르의 시몽에게 큰 도움이 될 수 있을 존재였다. 하지만 툴루즈 자체는 도시의 중심과 외곽 지역 간의 내분으로 십자군 지지 여부를 두고서도 분열되었다. 열성적인 정통파인 툴루즈 주교 마르세유의 풀크는 십자군을 돕고 싶었지만, 툴루즈에서는 레몽 6세만큼이나 풀크를 싫어하는 이들도 꽤 있었다. 1210년 풀크는 도시 내 이교도들에 맞서면서 십자군을 지지하기 위해 "백군"으로 알려진 별도의 민병대를 조직했지만, "흑군"으로 불린 대항군이 외곽 지역에서 반대 세력을 결성했다.[30] 라보흐 포위전 동안 풀크는 백군 민병대에 시몽을 지원하라고 명령했다.[31] 레몽은 이들의 진격을 공공연하게 막기로 했다. 백군 민병대원들이 출격 준비를 하는 중에 레몽이 나타나 가지 말라고 지시했다. 도시의 동쪽 출구에서 레몽은 말 그대로 몸을 던지고 "지나가려거든 내 팔을 부러뜨려야 할 것"이라며 이들이 떠나는 것을 막으려고도 했다. 백군은 마치 해산할 것인 양 잠깐 그의 말을 따랐지만, 다른 문 앞에 집결하여 출발했다.[32] 얼마 후 레몽은 다시 라보흐에 나타나 포위 작전에 따르는 고된 조건 때문에 사기가 줄고 있던 일부 민병대원들에게 일찌감치 툴루즈로 돌아가라고 설득했다. 툴루즈에서 온 지원 물자는 소진되었다.[33]

시몽은 제대로 지원을 받지 못했는데도 라보흐를 손에 넣었다. 이 승리 이후 시몽은 툴루즈에서 직접 작전을 수행하기 위해 서쪽으로 이동했다. 툴루즈와 그곳의 명목상 백작은 십자군에 대항하기 위한 결집을 전혀 이루지 못했지만, 시몽은 대비하고 있다고 추정해 도시를 포위했다. 툴루즈는 다른 도시들에 비해 압도적으로 컸기 때문에 이 포위는 이전의 것과는 달랐다. 이제 툴루즈의 레몽은 지역을 보호해야 한다는 의무감을 품었다. 시몽의 군대가 도시에 접근해오자 몇몇 다른 남부 지역 영주들과 부하들, 툴루즈 민병대 그리고 스페인 용병대와 함께 툴루즈에서 5킬로미터 정도 떨어진 곳에서 십자군과 대치했다. 이 피비린내 나는 갈등으로 양측에서 사상자가 수백 명이나 발생했다. 접근해오는 군대를 막을 수 없었던 레몽의 군사들은 도시 안으로 후퇴했다.[34] 포위 공격을 받은 툴루즈는 잘 방어하여 시몽이 얼마 뒤 작전을 포기하도록 만들었다. 시몽의 공격성과 점점 떨어지는 인기, 그리고 툴루즈 포위 공격 실패 이후 보인 나약함 때문에 많은 마을과 군주가 그의 권위를 무시하게 되었다. 이는 역으로 툴루즈의 레몽에게 힘을 실어 주었다.

시몽의 군사적 명성은 더럽혀지고, 십자군들이 40일 복무가 끝나자 떠나 버렸기에 그의 병사 수는 대폭 줄어들었다. 레몽은 1211년 늦여름에 공세를 취하기로 했다. 그의 작전과 전술적 목표는 시몽의 약해진 군대를 찾아서 패배시키는 것이었다.[35] 그것이 교황청과의 관계에 전략적으로 도움이 되지 않더라도 말이다. 13세기 초반의 다른 지휘관들과 마찬가지로 레몽 또한 이를 실행시킬 상비군이 없었다. 그가 모집한 군대는 여기저기서 데려온 남성들, 영주들, 툴루즈 민병대 그리고 나바라(프랑스 서남부 및 스페인 북부에 걸쳐있는 지역, 옛 나바라 왕국)에서 온 용병들로 구성되었다.[36] 이 연합군은 레몽의 군사적 명성보다 고위급 귀족이라는 신분과 시몽이 끼친 위협 때문에 레몽 밑에서 근무했다.

초반에 시몽은 수도인 카르카손으로 피신했다가 그의 자문관 중 하나인 휴 드 레이시의 말을 듣고 툴루즈 서쪽으로 간 뒤 카스텔노다리 Castelnaudary에서 저항했다. 카스텔노다리는 두드러질 만큼 허술하게 요새화된 마을이었지만, 시몽은 레몽과 그의 짜깁기한 군대가 허술한 요새에 있는 게 빤히 보이는 훨씬 작은 군대를 공격할 기회를 놓치지 않을 것이라고 옳게 추정했다. 북부 십자군은 40일 복무 뒤 떠났기에 시몽이 가용할 수 있는 군사력은 레몽에 비해 매우 적었다. 심지어 카스텔노다리 주민들조차 십자군에 적대적이었기에 마을 민병대는 레몽 편에 섰다.[37]

그리하여 1211년 가을에 이루어진 군사 행동들은 완전히 다른 두 지휘관들과 그들의 인격 간의 전형적인 대조를 보여 준다. 시몽은 수년간 치열한 전쟁을 경험했던 공격적이고 자신감 넘치는 노련한 지도자였다. 반면에 레몽은 전술적 목표를 달성하기 위해 군대를 지휘하는 과정에서 경험 부족을 드러냈다. 레몽은 마을이나 성벽 일부를 밀접하게 포위하거나 봉쇄하는 대신 다소 먼 곳에 방어 진지를 세움으로써 십자군을 봉쇄하기보다 스스로를 지키는 데 더 관심이 있음을 보여 주었다.[38] 레몽이 봉쇄를 하지 않은 탓에 십자군은 마을 외부에서 계속 보급품을 들여올 수 있었다. 레몽의 군대에 속한 몇몇 귀족들이 카스텔노다리의 성문을 개별적으로 공격하자, 나머지 병사들도 천천히 움직이기 시작했다. 이미 이 시점에서 지휘관의 군사적 평판은 빠르게 추락하고 있었다.

초반에는 레몽의 병사들도 투석기(Mangonel)로 카스텔노다리 요새를 공격했지만, 돌들은 성벽에 손상을 입히지 못하고 충격에 부서졌다. 더 단단한 돌을 가져온 후에야 파괴력이 좀 생겼다. 투석기를 파괴하려고 시몽 본인이 주도해 출격했다가 패했다. 하지만 성벽에 금이 가게 할 투석기가 없는 상황에서 레몽의 군대는 물자를 소진해 버렸고, 느슨했던 결속력도 해체되어 버렸다. 레몽의 적들이 레몽이나 그의 군대에 가졌을 경외심은 날이 갈수록 경멸로 바뀌어 버렸다. 십자군은 레몽군을 조롱하면서 야외에서 싸우자고 제안했다. 보-드-세르네 수도원의 피에르 수도사가 쓴 일화 중에는 당시 상황을 상당히 잘 드러내는 내용이 있다. 레몽군에 있던 남부 출신 음유시인(Jongleur)이 레몽에게 "십자군이 성벽 바깥을 자유롭게 돌아다니도록 놔두고서 왜 군이 카스텔노다리 성벽에 돌을 투척하시나요?"라고 물어보았다는 것이다.[39]

얼마 뒤 레몽 휘하의 고급 지휘관 중 하나인 푸아 백작 레몽-로제가 레몽이 진지에 남아 있던 동안 카스텔노다리에서 동쪽으로 몇 킬로미터 떨어진 곳에 있던 십자군 보급로를 공격했다. 생 마르탱 라-랑드 전투는 절정의 순간에 보급로를 구하려는 병사 60명과 카스텔노다리를 떠났던 시몽의 결정적인 전술적 승리로 끝났다. 이는 레몽이 마을을 봉쇄하지 못했다는 걸 다시금 증명했으며, 시몽이 승리하는 데에도 도움을 주었다.[40] 이 일방적인 패배로 레몽은 넋을 놓을 정도로 놀랐으며, 그의 병력이 십자군보다 훨씬 많았음에도 사기를 잃었다. 패배한 지 얼마 지나지 않아 레몽은 포위를 끝냈다. 레몽군은 장비 대부분을 소각하거나 버리고 갔는데, 이는 그들이 전혀 그럴 필요가 없었는데도 거의 공황 상태에 빠졌음을 말해 준다.[41] 레몽이 남부의 구원자, 적어도 수호자로서 스스로를 증명할 수 있는 기회는 치욕과 함께 날아가 버렸다.

레몽은 다음 해 내내 자신의 영지 주변에서 시몽이 지배 지역을 늘리는 것을 전혀 막지 않았고, 심지어 십자군이 툴루즈에 상당히 접근해왔을 때도 마찬가지였다.[42] 1212년 말 레몽은 아라곤에 가서 사돈인 페로 2세를 만나 도움을 청했다. 페로 2세도 십자군이 옥시타니아 지역과 속국에 미칠 영향을 우려하고 있었다.[43] 1209년 페로는 카르카손 포위를 우호적으로 종결하기 위해 중재를 시도했지만 실패했다. 페로는 스페인에서 벌어진 사건들 때문에 1212년에 라스 나바스 데 톨로사 전투에서 알모아데(12~13세기에 북아프리카와 스페인을 지배한 무슬림 왕조)를 전략적으로 패배시키기 전까지는 짧은 방문을 제외하면 옥시타니아 문제에 관여하지 못했다.[44] 페로는 라스 나바스 데 톨로사 전투에서 승리한 뒤 북부에서 레몽과 자신의 속국들을 지원하기 위해 군사 개입을 할 수 있게 되었다. 자격을 갖춘 건실하고 호전적이며 성공적인 십자군 사령관이자 군주였던 페로는, 이후 작전에서 한낱 부장으로 격하된 소심한 레몽보다 시몽에게 더 걸맞은 적수였다. 시몽의 성공, 그리고 십자군의 힘을 중동으로 향하게 하려던 교황의 바람으로 알비 십자군 참여에 따른 면죄부 발행이 1213년 봄 철회되었다는 사실은 페로의 개입을 지지해 주었다.[45] 이로써 시몽의 군대는 십자군에서 시몽의 개인적 추종자 무리로 영구히 격하당했다.

1213년 여름 레몽과 툴루즈 민병대로 구성된 연합군이 퓌졸Pujol이라는 작은 마을에 있는 빈약한 시몽군 주둔지를 공격하기 위해 출격했다. 주변에는 시몽군을 구원해 주러 올 십자군이 없었다. 압도적인 병력으로 요새와 주둔지를 차지한 연합군은 십자군이 재탈환을 위해 유격대를 보내기 전에 도망쳤다.[46] 이 작은 전술적 승리는 남쪽 사람들의 대의명분을 일시적으로나마 강화시켰고, 십자군에 맞서 레몽이 어느 정도 개입해서 이룬 첫 승리이기도 했다.

1213년 말에 페로 2세는 십자군이 계속 진격하는 것을 막기 위해 자신의 아라곤-카탈루냐군을 데려왔다. 툴루즈 백작, 남프랑스의 다른 영주들과 가신들, 툴루즈 민병대원들과 함께 이들은 십자군에 대항하는 거대한 군대를 이루었다. 툴루즈에서 남쪽으로 18킬로미터 정도 떨어진 뮈레Muret라는 마을 근처에서 최후의 대결이 벌어졌는데, 수적으로 훨씬 우월한 병력이 그 어느 때보다도 공격적인 시몽에게 대항하는 상황이었다. 여기서 흥미로운 점은 전투 이전 레몽의 역할이다. 레몽이 가진 절망적인 전략적·전술적 사고방식과 그의 조언이 시몽과 대결하겠다는 페로의 결정에 별로 영향을 미치지 않았다는 사실을 드러내기 때문이다. 이 연합군은 소규모 수비대가 주둔하는 시덥잖은 요새인 뮈레를 퓌졸에서 그랬던 것처럼 포위했다. 뮈레는 쉽게 함락되었지만, 페로는 시몽이 뮈레를 구원하러 오도록 유혹하고자 했다. 훨씬 많은 병력으로 대격전을 벌여 시몽을 패배시키길 원해서였다. 전투 이전에 페로의 주재로 열렸던 마지막 전쟁 위원회에서 레몽은 페로에게 들판에서 전투를 벌이는 대신 자신이 1211년 카스텔노다리에서 했듯 주둔지를 요새화하라고 제안했다. 그렇게 하면 시몽의 군대가 공격해올 경우 연합군이 안전한 위치에서 활과 투창으로 십자군을 약화 또는 격파할 수 있다면서 말이다.[47] 아라곤 귀족인 루에시아 영주 미겔은 이 조언을 비웃었다. 그는 레몽이 대격전 대신 다른 것을 옹호한다면서 겁쟁이 취급했다. 페로도 레몽이 "두려움이나 비겁함" 탓에 그런 제안을 했다고 믿으면서 그의 계획을 고려해 보는 것조차 거부했다.[48] 그의 성향에 근거를 두고 경험으로 정제된 레몽의 조언은 전투 전에 경멸을 받으며 무시당했다. 이는 그가 당시 군사적 의사 결정에 미친 영향력이 얼마나 작았는지를 보여 준다. 이후 뮈레 전투에서 페로는 완전히 참패했다. 그는 죽음을 맞이했고, 옥시타니아-아라곤-카탈루냐 군대는 와해되었으며, 툴루즈 민병대도 괴멸되었다. 레몽은 충실하게 싸웠고, 전투에서 긍정적이든 부정적이든 그 어떤 평가도 만들어내지 않은 채 남은 생존자들과 함께 툴루즈로 후퇴했다.

전투 이후 생존자들은 다음에 취할 행동을 고민했다. 레몽은 교회와 화해하기 위해 필요한 조건이 무엇이든 수용하자고 제안했다. 그는 로마로 가서 교황에게 직접 간청할 생각이었다. 하지만 그는 대신 영국으로 가서 가스코뉴 공작이자 남프랑스의 중요한 지주였던 존 왕에게 지원을 요청했다.[49] 그곳에서 교황 특사에게 추방된 레몽은 1214년 2월 옥시타니아로 귀환했다. 그해 봄, 1209년부터 십자군의 충성스러운 지지자였던 그의 이복동생 볼드윈이 아주네에서 붙잡혀 몽토방으로 끌려왔다. 이 사태를 전해 들은 레몽은 다른 남프랑스 영주들과 함께 그곳으로 갔다. 이들과 논의한 끝에 그는 뮈레 전투에서 십자군 편에 섰다는 배신죄로 볼드윈을 교수형에 처하는 것을 지지했으며, 집행을 직접 지켜봤다.[50] 레몽과 볼드윈 사이에는 공통점이 거의 없었으며, 둘은 함께 자란 사이도 아니었다.[51] 옥시타니아에 십자군이 없었다면 볼드윈은 형이 내려주는 관대함에 의존하는 동생의 삶을 살았을 것이다. 1209년 이후 계속된 레몽의 아슬아슬한 입장은 십자군 지지자인 볼드윈을 당시 툴루즈 백작이던 레몽을 대체할 만한 매력적인 후임자, 즉 경쟁자로 만들었다. 이 둘 사이에서는 우애라고는 찾아볼 수 없었고, 레몽은 볼드윈을 영영 제거해 버릴 기회를 놓치지 않았다. 하지만 이 신속한 최종 결정은 레몽의 명성을 더욱 훼손했다. 십자군 연구 자료의 주요 출처인 기록의 저자는 레몽의 명분을 지지했다. 바로 그 기록에도 볼드윈 생포와 사형에 관한 내용이 누락되어있다. 이는 그 어떠한 주장이나 정당화도 레몽의 살인 행위를 변호할 수 없었기 때문이다. 다른 문헌에도 레몽의 행동은 비난받아 마땅하다고 적혀있다. 당시의 과격한 기준에 비추어 보더라도 말이다. 혹자는 레몽을 "제2의 카인"이라고 불렀다.[52] 13세기의 세계는 오늘날의 서구 세계보다 더 잔혹했지만, 레몽은 적어도 교수형 대신 더 명예롭거나 덜 고통스러운 방식으로 혹은 시간이 좀 더 지난 뒤에 사형시키거나 투옥시키는 등 볼드윈을 다르게 취급할 수 있었다. 볼드윈을 신속히 사형시킨 점과 그 방식 때문에 레몽은 당대 사람들에게서 혐오감을 샀다.

1215년 제4차 라테란 공의회*가 열렸을 때 레몽의 운은 바닥을 치고 있었다. 이 거대한 교회 공의회는 광범위한 주제의 사안들을 다루었는데, 그중에는 1211년 이후 시몽이 차지한 레몽의 영지를 어떻게 처분할 것인지도 포함되었다. 레몽과 그의 아들도 참석했지만, 자기 행위를 직접 변호하지는 않았다. 다른 이들은 "레몽의 개인적인 종교적 신념이 의문시된 적이 없으며, 고로 그의 재산을 몰수하는 것은 불공정하다."면서 레몽을

---

* 로마의 라테란 대성당에서 열린, 5회에 걸친 세계 교회 회의. 제4차 회의에서는 알비파 등 여러 이단을 처벌하고, 신자는 1년에 적어도 한 번 고해성사와 성체 배령을 해야 한다고 규정했으며, 성지 회복을 위한 십자군 원정을 명령했다.

옹호하기도 했다. 레몽에게 가장 호의적인 기록에 따르면, 교황은 그의 정통파적 신념에 의문을 가진 것은 아니며, 단지 영지에서 이단을 제압하기 위한 노력을 시몽처럼 적극적으로 하지 않았음을 인정했다.[53] 결국 교황은 시몽이 레몽에게서 빼앗은 영지와 종주권 대부분을 유지할 수 있게 해 주었다.[54] 제4차 라테란 공의회가 열렸을 시점에 레몽은 60세가 다 됐고, 그의 처지를 동정하는 사람은 아무도 없었지만, 십 대였던 그의 아들 레몽 7세의 문제는 또 다른 이야기였다. 레몽의 소극성, 안 좋은 선택들, 불운은 그의 아들이 모든 것을 잃게 만들었다.

레몽 본인도 이 사실을 인지한 듯했다. 이후 몇 년 동안 영지를 탈환하는 투쟁에서 아들에게 더 큰 역할을 주었기 때문이다. 론강 유역에 있던 레몽의 영지 동부에서는 일련의 회의가 열렸다. 그 땅 중 많은 지역은 시몽에게 빼앗기지도 않았고, 제4차 라테란 공의회가 시몽에게 넘기지도 않았다. 레몽 부자도 훗날 있을 시몽의 침공을 두려워 하고, 아울러 이 부자가 부당한 대우를 당했다고 여겼던 많은 영주의 지지를 확보할 수 있었다. 충성과 자금 지원 약속을 받은 레몽 부자는 1216년 봄에 레몽 7세가 태어났던 보케흐를 기습 포위했다. 론강 동쪽 기슭에 있던 보케흐의 시몽군 주둔지는 서쪽에 있던 시몽의 세력 중심지와는 멀리 떨어져 있었고, 이 때문에 빠른 대응이 어려웠다.[55] 레몽 7세가 아버지를 대신해 보케흐 포위를 담당하는 동안 레몽 6세는 추가적인 지원과 자금을 획득하기 위해 스페인으로 향했다.[56] 이는 지휘권의 중심이 아버지에게서 아들로 이동했음을 보여 주었다. 레몽 7세는 이미 아버지보다 더 활기차고 카리스마 있음을 증명했다. 아버지의 사령관 경력은 영 좋지 않았다. 아들이 보케흐에서 패배했다면, 그가 젊기에 경험이 부족해서였을 것이다. 레몽 6세에게는 남은 기회가 더 이상 없었다.

레몽 7세에겐 그의 아버지에게서는 볼 수 없었던 적극성, 결의, 전술적 통찰력이 있었다. 보케흐 포위는 개인적·상징적으로 중요한 군사적 승리였다. 오래 지속된 잔혹한 포위로 시몽의 구원 시도는 저지되었으며, 보케흐가 레몽 7세에게 항복했을 때 시몽이 풍기던 무적의 분위기도 깨져 버렸다. 한편 저 멀리 스페인에 있던 아버지 레몽 6세는 이 승리에서 그 어떠한 공도 차지하지 못했다. 보케흐에서 패배한 시몽은 툴루즈가 자신의 권위에 반란을 일으키기 일보 직전이라 믿으며 툴루즈로 갔다. 보케흐에서의 패배가 형편없는 전략적 판단으로 이어진 것이다. 스페인에 있던 레몽 6세의 애매모호한 메시지 때문에 촉발되었을 수도 있지만, 툴루즈 시민들은 특히 1215년과 1216년 시몽이 도시의 방어력을 약화한 이래 시몽에게 자신들의 충성심을 증명하고자 했다.[57] 시몽의 선의를 회복하려면 그의 요구에 따라 인질에 더해 다음 해까지 어마어마한 돈도 지불해야 했다. 같은 시기에 레몽 7세는 론강 유역을 따라 동쪽 마을들에서 명성을 쌓아 가고 있었다. 1217년 시몽은 변절자들 때문에 동쪽 영지에서 싸워야 했다. 이로 인해 툴루즈에 관심을 보일 수 없게 되자 주민들이 그의 착취에 공개적으로 저항했다. 1217년 8월 레몽 6세는 스페인에서 돌아왔고, 1217년 9월에는 소규모 군대와 함께 툴루즈시에 입성했다.[58]

레몽 6세는 툴루즈에서 영웅 대접을 받았다. 시몽 본인의 실수와 조급함이 툴루즈 사람들로 하여금 10년 전만 하더라도 증오하던 사람을 지지하게 만들었다. 그렇지 않았다면 절대 상상할 수도 없을 일이었다. 이후 몇 개월 동안 레몽 6세는 "도시를 탈환한 뒤 사람들을 벌주겠다."라고 맹세한 시몽에게서 도시를 방어하는 것을 지원했지만, 지휘하지는 않았다. 레몽은 지휘관이 아니라 정치인처럼 행동했다. 그는 도시 방어를 위한 시정부 창설을 지지했고, 시몽의 공격을 버티기 힘들 것이라는 조언도 했다. 그는 프로방스에 있던 아들에게 툴루즈로 오라고 촉구하기도 했다.[59] 포위 동안 레몽 6세는 남프랑스 측 저항의 상징이었지만, 군사적으로는 아무런 전공을 세우지 않았다. 1217년 9월에 시작한 제2차 툴루즈 공방전은 투석기에서 날아온 돌이 시몽을 죽이며 1218년 6월에 끝났다. 십자군은 시몽의 아들 아모리 드 몽포르에 의해 계속되었지만, 1218년 이후에는 세력이 상당히 기울었다.

시몽이 사망한 이후 60대가 된 레몽 6세는 자신의 날이 끝났으며, 이제는 아들이 한때 자신의 것이었던 걸 탈환해야 함을 인지하면서 남프랑스에서 지속되던 반격에서 아무런 역할을 하지 않았다. 1222년 레몽 6세는 파문자 신분으로 사망해 교회에서의 장례식도 거부당했다.[60] 이후 몇 년 동안 프랑스 왕이 이 지역에 직접 손을 댔는데, 이는 아모리가 십자군을 지휘하는 부담에서 벗어나고자 권리를 포기했기 때문이다. 1229년 파리 조약으로 레몽 7세는 그가 탈환한 영지를 유지할 수 있었고, 이를 국왕 루이 8세의 아들 알퐁스와 결혼한 그의 딸이자 후계자였던 잔Jeanne에게 물려주었다.[61] 상속 조건은 알퐁스와 잔이 후계자 없이 사망할 경우 툴루즈 백작의 영지는 프랑스 왕실에 귀속된다는 것이었는데, 1271년 실제로 그렇게 되었다. 한때 자체적인 관습과 언어를 지닌 준독립 지역 옥시타니아의 종주권은 이렇듯 프랑스의 통치권으로 대체되었다.

레몽 6세는 악하진 않았지만, 비겁하고 이기적이었다. 정치적·군사적 리더십이 긴밀하게 얽혀있어 기관이나 국가가 아닌 개인에게 충성하던 당시 상황에서 그는 영감을 불러일으킬 카리스마나, 교회와 우호적 관계를 유지하면서 영지를 보호할 능력이 부족했다. 지휘관이었던 그는 지역의 마을, 주민, 귀족 들의 충성과 신의를 얻지 못했고, 그의 적인 시몽에게 밀려났다. 그는 교회가 이단에 보이던 적극적 반감을 무시하는 것이 얼마나 위험한지를 문 앞에 군대가 쳐들어오기 전까지는 깨닫지 못했다. 1209년 자신의 목숨을 지키기 위해 십자군을 조카에게 보낸 것은 이기적인 행동으로 인식되었다. 1209년과 1211년 사이에 공식적으로는 십자군을 지지하면서도 이들을 저지하고자 어설프게 행동했다. 1211년에 진행된 그의 반격은 치욕스러운 대실패로 끝났으며, 그가 수적으로 열세인 적에 밀린 겁쟁이 사령관으로 완전히 인식되는 계기가 되었다. 1213년에 뮈졸을 점령한 것 외에는 유의미한 군사적·정치적 성과가 없었으며, 그 이후 그가 누린 승리들은 다 아들의 공로였다.

옥시타니아의 엘리트들은 파르타주Paratge(귀족의 지위)라는 개념을 중시했는데, 이는 혈통과 정신의 귀족성, 관대함, 자신의 소유물을 보호하고자 하는 의지를 포괄하는 느슨한 개념 또는 품성이었다.62) 《카타리 전쟁의 노래 Song of the Cathar War》라는 옥시타니아 문헌은 이 용어를 자주 사용하지만, 레몽 6세에게 적용하기에는 무리가 있다.63) 그는 이 용어가 포괄하는 품성들을 거의 갖추지 못했으며, 결코 13세기 전쟁과 기사도 덕목의 모범도 아니었다. 레몽의 부족한 전략적·전술적 판단은 몇몇 사소한 경우를 제외하면 자신에게도 피해를 입혔다. 그는 13세기든 현대든 어느 기준에 비추어 봐도 크게 유능하다는 인상을 보이지 못했다. 그러니 사상 최악의 리더 반열에 올라 마땅하다.

5장

덜렁이

친구는 당신의 실수를 숨겨 주기 위해 삼키고,

적은 당신의 실수를 접시 위에 올린다.

- 아랍 속담

노기 마레스케
NOGI MARESUKE

대니 오르바츠

적의 성을 공격하는 것은 최악의 하책이다.(其下攻城)

– 《손자병법》, 111.3

　군사적 무능함은 역사적 맥락과 분리할 수 없다. 지휘관 대다수는 천재도 바보도 아니지만, 설령 그렇더라도 외부적 조건들은 그들의 성공이나 실패에 큰 영향을 미친다. 나폴레옹과 같이 "뛰어난" 사령관도 능력이나 지혜만큼 운, 다른 이들의 실수, 군대의 구조적 이점, 그들이 활동한 환경 덕분에 성공했다고 할 수 있다. 동시에 (솜 전투와 파스샹달 전투로 유명한) 더글러스 헤이그와 같이 안 좋은 명성을 얻은 장군들은 당대 사람들 대부분이 해결할 줄 몰랐던 전례 없는 문제에 직면했다.[1]

　이 장에서는 군사적 무능함의 전형적 사례로 러일 전쟁에서 일본제국 제3군 사령관이었던 노기 마레스케 장군의 활약을 탐구할 것이다. 그는 뤼순 공방전(1904년 7월부터 1905년 1월까지)을 형편없이 이끌었다. 결국 승리하긴 했지만 말이다. 그의 무능함은 인격적 결함뿐 아니라 제도적 제약, 외부 환경, 하급자들의 결점 때문이기도 했다. 하지만 노기의 실패와 정직하게 대면하고 그것을 더 악화시킨 맥락을 파악하는 대신, 일본 및 해외 학자들은 그를 일본의 군인정신을 구현한 훌륭한 지도자로 추앙했다. 이러한 무비판적 판단이 노기의 실수를 역사적 맥락 밖으로 끄집어내고 영속화해 "군사적 교훈"으로 탈바꿈시켰다. 결과는 대참사였고, 양차 세계대전 모두에 영향을 미쳤다.

　러일 전쟁은 두 제국이 동아시아 세력권을 분할하는 긴 협상에 실패한 후인 1904년에 시작되었다. 2월 9일 일본은 조선 제물포 및 만주 뤼순항(Port Arthur)에 있던 러시아 해군 태평양 함대를 공격했다. 이 기습 공격은 다면적인 결과를 불러왔다. 제물포에 있던 함선들은 섬멸할 수 있었지만, 뤼순항에 있던 함대는 섬멸하지 못했고, 낡은 증기선들을 침몰시켜 항구를 봉쇄하는 작전도 실패했다. 러시아 함선들은 피해를 입긴 했지만 파괴되진 않았다. 이론적으로 뤼순항을 떠나 안전한 블라디보스토크항으로 피신할 수 있었지만, 뤼순항을 봉쇄 중인 일본 해군과의 교전에서 패배할까봐 두려웠던 현지 사령관 빌헬름 비트게프트가 정박시켰다. 비트게프트는 앞으로 있을 전투에 대비해 함선을 보존하는 것이 낫다고 주장했다.

제물포에 상륙한 구로키 다메모토의 제1군은 한반도를 신속하게 점령했다. 러일 전쟁에서 처음으로 주요 육상전이 발생했던 5월 1일, 구로키의 제1군은 압록강을 건너가 러시아군을 깔끔하게 패배시켰다. 일본 전술가들은 압록강 전투에서 큰 활약을 했다. 까다로운 도강 및 기습 공격을 성공시키고, 적절한 병력 집중과 능숙한 지형 활용으로 적을 포위했다. 치욕스럽게 패배한 러시아군은 고립된 뤼순항을 놔둔 채 북쪽에 있던 랴오양의 지휘 본부로 후퇴했다. 일본 제2군을 이끈 오쿠 야스카타 장군은 5월 5일 랴오둥 반도의 얀다오塩大墺에 상륙한 뒤 난산 전투에서 러시아군에 또다시 패배를 안겨 줌으로써 랴오둥 반도로 진입하는 좁은 회랑을 확보했다. 이제 일본군은 랴오둥을 지배하고, 뤼순항도 육지와 바다 양쪽에서 봉쇄했다.[2]

일본은 당초 만주군 총사령관 오야마 이와오 원수와 총참모장 고다마 겐타로 장군의 계획에 따라 뤼순항을 우회하고자 했다. 그들은 비교적 적은 병력으로 마을의 러시아군을 봉쇄하고(고다마는 "대나무 울타리"라 불렀다), 나머지 병력을 북쪽의 랴오양으로, 이후에는 만주의 펑톈(奉天, 현재 선양)이나 하얼빈 쪽으로 진격시키고자 했다. 일본은 이 중요한 거점들을 점령함으로써 시베리아 동부를 러시아 극동 지역과 차단하여 차르를 협상 테이블로 데려오고자 했다.[3]

하지만 일본 해군의 간섭으로 상황은 바뀌었다. 연합합대 사령관 도고 헤이하치로 제독은 몇 달 안에 러시아 발트 함대가 극동으로 항해해와서 뤼순항 해상 봉쇄를 풀고 비트게프트의 함대와 연합하리라고 우려했다. 그렇게 되면 해상에서 일본이 누리던 우위가 끝나면서 참담한 상황이 발생할 터였다. 8월 10일 도고는 황해 해전에서 러시아 함대 중 대부분을 파괴했지만, 잘못된 정보 때문에 다 망가진 러시아 함대가 여전히 위협적이라고 믿었다. 항해가 거의 불가능했던 적 함대를 망상에 가깝게 두려워했기에 도고는 육군이 뤼순항을 점령하게 함으로써 위험을 상쇄시키고자 했다.[4]

해군의 거듭된 요청에 만주군 지휘관들인 오야마와 고다마는 계획을 변경했다. 둘은 이를 위해 신설된 제3군으로 뤼순항을 침공하기로 했다. 은퇴 후 거의 잊힌 채 조용히 살던 노기 마레스케 장군에게 제3군을 이끌라고 했다. 노기의 경력에는 승리와 패배가 섞여있었지만, 그중 하나가 그의 명성에 특히 먹칠을 했다. 1877년 세이난 전쟁*에서 그는 병사들을 무모하게 이끌고 가다 포위를 당했고, 제국군기를 적에게 빼앗겼다. 그는 이 불명예스러운 일을 설욕하기 위해 할복을 허락받으려 했지만, 메이지 덴노에게서 "삶이라는 선물"을 받았다. 하지만 그의 감정은 회복되지 못했다. 강한 자살 충동을 안고 산 노기는 정식 군사 교육을 받은 적은 없지만 독일에서 18개월간 유학했었다. 그런 그에게는 한 가지 장점이 있었다. 야마구치현 출신이던 노기는 번사藩士를 맡았기에 제국 육군 참모총장 야마가타 아리토모 및 여타 수뇌부 사람들과 가까웠다.[5]

야마가타 그리고 육군의 여타 지휘관들은 '전략가 노기'를 높이 평가하지는 않았지만, 뤼순항을 점령할 수는 있으리라 여겼다. 청일전쟁 (1894~1895) 당시 노기는 단 1개 연대로 적의 저항을 거의 받지 않고서

* 메이지 유신을 주도했던 사이고 다카모리를 필두로 메이지 신정부에 저항했던 일본 사무라이들이 1877년(메이지 10년)에 일으킨 반란.

적진을 하루 만에 점령했다. 하지만 그는 당시 청나라군 총사령관이 재빨리 탈출해 버리는 바람에 혼란에 빠진 군중과 원시적 수준의 성벽만 갖춘 무방비한 마을을 마주했을 뿐이었다. 이제는 현대적인, 잘 무장되고 강력하기까지 한 군대를 상대해야 했다.[6] 그럼에도 대부분은 노기가 빨리 처리하기를 기대했다. 도쿄의 시민들은 심지어 화려한 등불을 준비하고 승리를 축하하는 행진을 연습했다. 하지만 등불은 모두의 예상보다 더 오래 보관되어야 했다.[7]

뤼순항은 만만치 않은 요새였다. 일부분이 바다와 맞닿아 있었고, 방어선이 4개였다. 오래된 마을 주변에는 넓은 수로가 있었다. 수로에서 약 3.5킬로미터 떨어진 곳에는 오래된 중국 성벽으로 이루어진 제2 방어선이 있었다. 이 방어선은 현대식 토루들과 사계射界들이 맞물린 영구진지 여러 개로 요새화되어있었다. 송수산, 이룡산, 반룡산, 동계관산, 망대望臺와 같은 동쪽 요새들이 특히 더 강력했다.[8] 그리고 동쪽과 서쪽에서 고지가 마을을 감싸고 있는, 급히 요새화된 언덕들로 이루어진 제3 방어선이 있었다. 이 동쪽 방어선은 북쪽의 봉황산부터 남쪽의 대고산과 소고산까지 이어졌기에 취약했다. 서쪽에는 210고지, 나마코고지, 아카사카고지, 203고지 등 임시 요새를 갖춘 중요한 고지 몇 군데가 있었다. 특히 마지막 고지인 203고지가 중요했는데, 여기서는 뤼순항을 탁 트인 시야로 볼 수 있었다. 장거리 중포를 갖춘다면 항구와 요새를 모두 제약 없이 포격할 수 있었다.[9]

하지만 노기에게는 장거리포가 없었다. 공성용 11인치 곡사포를 운반하던 해군 수송선 히타치마루가 6월 17일 블라디보스토크 소함대의 장갑순양함에 격침당해서였다.[10] 이 러시아군 요새의 두꺼운 방어벽을 뚫고 항구의 함선들을 효율적으로 포격하려면 중화기가 필요했기에 상황은 심각했다. 일본군이 탄약 구매에 쓰던 예산은 매우 적었기에 노기는 그가 가지고 있던 포탄을 아껴 써야 했다. 요새화된 적진을 공격할 때는 막대한 준비포격이 필요하다고 여겼기 때문에 노기의 참모 중 일부는 재앙이 임박했다며 두려워했다.[11]

7월 말에서 8월 초, 제3군은 요새 북쪽과 동쪽의 비교적 약한 제3 방어선을 점령하고, 심지어 러시아군의 반격도 막을 수 있었다. 대고산에 마련한 새로운 진지에서 일본군은 마을과 항구에 포격을 가하기 시작했다. 8월 20일 러시아군의 제2 방어선에 세 차례 이뤄진 공격 중 첫 번째 공격을 개시했다.[12]

도쿄의 참모본부는 노기에게 청일전쟁 때 그랬던 것처럼 뤼순항을 북서쪽에서 공격하라고 조언했다. 하지만 제3군 사령관은 이에 반대했다. 그는 이룡산, 동계관산, 반룡산, 망대 동북쪽 구역에 첫 번째 총공격을 감행하려고 했다. 이 경로는 육군의 보급용 철로와 가까워 편리해서였다. 또한 일본군이 청일전쟁 당시 북서쪽에서 공격했기에 러시아군도 이런 일이 다시 일어나리라 기대할 터였다. 그래서 러시아군이 예상하지 못할 북동쪽에서 공격하는 편이 낫다고 봤다. 가장 중요한 이유는 노기가 요새를 한 번에 점령할 기회를 노렸다는 것이다. 망대에서 오래된 마을의 중심으로 곧장 이어진 협곡이 있었다. 제3군은 최대한 빨리 요새를 점령하라는 명령을 받았기 때문에 이 최단 경로가 가장 적절하다고 판단했다. 노기는 1894년에 그랬듯 뤼순항을 신속하게 점령할 수 있으리라 확신했다.[13]

하지만 노기는 러시아의 북동쪽 요새를 상당히 과소평가하고 있었다. 우선 도로가 포장된 덕분에 병사, 물자, 탄약을 신속하게 수송할 수 있었다. 노기는 영국 관전무관과 일본군 장교 들이 충분히 제공한 정찰 정보와 여러 번 거듭한 경고를 무시했다. 그래서 강력해진 러시아군이 기관총은 10배, 화포는 465 대 364로 우위를 점했다는 사실을 인지하지 못했

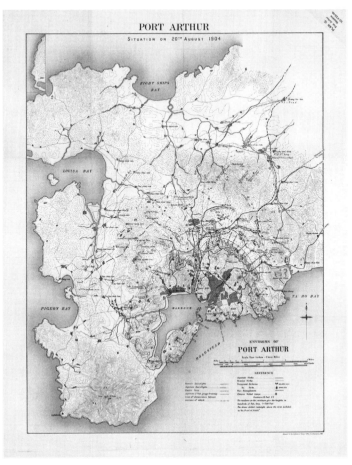

1904년 8월 20일 뤼순항 주변 지도

다. 또한 러시아군은 아마 노기의 본부 내에 첩자를 두고 있었을 것이다. 뤼순항 사령관 아나톨리 스테셀 장군은 일본군의 총공격 방향을 알고 있었고, 이에 따라 병력을 배치할 수 있었다.[14]

총공격은 명백한 재난이었다. 5일간 격렬하게 전투한 후인 8월 24일, 노기는 주 목표물이었던 망대를 점령하지 못한 채 1만 8,000명(휘하 병력의 3분의 1 정도)을 잃었다. 그의 병사들은 적의 기관총 앞에 파도처럼 "육탄" 돌격을 했다. 이 공격은 훗날 사쿠라이 타다요시 등 참전용사들이 회고했던 자살공격 중 하나였다.[15] 주변 언덕에 있던 일본군은 망대에서 지속적으로 포격을 당했고, 최대 30퍼센트에 달하는 끔찍한 전사율을 기록했다. 양측 군대 모두 지쳤기에 노기는 일단 전투를 중단시키자는 장교들의 제안을 수용했다. 아울러 증원 병력이 도착하면 총공격을 재개하기로 했다.[16]

이 공격으로 일본군은 너무나 큰 대가를 치렀고, 그 결과도 너무 참담해서 비밀로 해야 했다. 공격 전날 노기의 참모진은 현명하게도 서방과 일본에서 파견된 기자들을 불러 뤼순항이 함락되기 전까지는 본사에 아무런 보고도 하지 말라고 명령했다.[17] 일본 대중의 사기에 미치는 잠재적인 영향을 제외하고도, 노기의 실패는 일본군의 전반적 전략을 뒤흔들었다. 영국의 공식 전쟁사 기록에 따르면, 노기의 군대가 뤼순항에 묶여있지 않을 수 있었다면 오야마 이와오 원수가 랴오양 전투에서 이 군대를 사용할 수 있었을 것이다. 영국 측 기록은 일본군이 더 강한 병력을 가지고 있었다면 러시아군을 단지 북쪽으로 밀어내는 것이 아니라 격파할 수 있었을 것이라고 서술한다.[18]

이 실패한 제1차 총공격 이후, 노기는 진격을 보호하기 위해 터널, 갱도, 참호로 땅 밑에서 요새를 폭파하려 했다. 9월이 되자 마침내 제3군은 일본 본토의 요새에서 가져온 11인치 곡사포 총 18문을 받았다. 9월 20일, 일본군은 급수 시설이 있는 보루를 점령하여 뤼순항으로 가는 물을 차단할 수 있었다. 이제 러시아군은 중국인들이 요새 내부에 만든 우물을 사용해야 했다.[19] 하루 뒤 서쪽에서 노기의 부대는 203고지 북쪽에 있는 나마코고지를 점령했다. 그 고지 위에서는 항구가 일부만 보였기에, 대포로 선박들에 피해를 약간 입힐 수 있었다. 그 대가는 일본군 사상자 4,700명이었다. 제1사단이 203고지의 남쪽 경사지를 잠시 차지하기

도 했지만 러시아군의 반격에 곧 빼앗겼다.[20]

10월 26일, 노기는 러시아군 요새의 동부 구역을 따라 제2차 총공격을 개시했다. 그의 목표는 덴노의 생일인 11월 3일 이전에 요새를 점령하는 것이었다. 이번에는 몇 개월 동안 병사들이 고생해서 만든 터널과 참호를 사용할 수 있었다. 이들의 계획은 3일 동안 러시아군 진지를 중포로 포격한 뒤, 진지를 둘러싼 도랑을 흙으로 메워 수월하게 공격하는 것이었다. 일본군은 참호가 충분히 뻗어나가지 않은 것을 알고 있었지만, 남은 50미터를 기습으로 극복하여 수적 우위로 적을 무찌를 수 있을 거라 기대했다. 하지만 일본은 또 정보 수집에 실패했다. 도랑은 노기와 참모진들이 예상한 것보다 더 넓었다. 정보원의 불확실한 보고로 오해한 것이다. 11인치 곡사포로 장기간 포격하는 것은 러시아군 요새에 피해를 입히고 정신적 부담도 안겼지만, 이들을 파괴하지는 못했다. 솜 전투를 비롯한 제1차 세계대전에서 벌어질 포격이 어떨지를 예측하게 해 준 이 실망스러운 결과는 곡사포의 기술 문제뿐 아니라 수송 문제이기도 했다. 탄약이 부족했던 일본군은 발사 간격을 벌림으로써 러시아군이 요새를 정비할 시간을 주었던 것이다. 심지어 일본군 대포들은 계속된 포격에 포열이 뒤틀려 정확도가 떨어졌고, 포탄이 빗나가 아군이 몰살당하기도 했다.[21]

일본군 수천 명은 아무런 값어치 없는 죽음을 맞이했다. 도착하는 지원군은 훈련이 미흡한 경우가 많아 사상자를 대체하기가 점점 어려워졌다. 일본 대중이 뤼순항의 전략적 중요도가 실제보다 더 높다고 여기게 되면서 제2차 총공격 실패는 국가적 스캔들로 비화되었다. 군중은 도쿄에 있는 노기의 집에 돌을 던졌고, 고위급 장군들은 그의 해임을 청원했다. 메이지 덴노의 개인적 개입으로 노기가 자리를 유지했다는 말도 전해진다.[22]

도쿄의 육해군 참모본부는 노기에게 무익한 북동쪽 공세를 그만두고

203고지와 같은 서부 전초지에 집중하라고 설득했다. 203고지에서는 이 공방전의 가장 중요한 목표인 러시아 함대 파괴가 가능했기 때문이다. 일본 해군이 지구를 반바퀴나 돌면서 오고 있던 발트 함대에 대적하려면 적어도 두 달간 건선거(선박이 들어올 때 물을 채우고, 들어온 뒤에는 물을 뺄 수 있는 시설)에 함선을 집어넣고 정비해야 했다. 그러니 시간이 매우 촉박했다. 노기의 임무는 일본 해군을 뤼순 봉쇄라는 과업에서 해방시키는 것이었지만, 이를 제대로 달성하지 못했다. 그럼에도 노기는 계획 변경을 거부했고, 북동쪽 요새들에 똑같은 정면공격을 또 한 차례 실시하겠다고 고집했다.[23]

노기를 설득하지 못한 육해군 참모진은 만주군 지휘관들인 오야마와 고다마에게 압력을 가하기 시작했다. 하지만 노기의 직속 상관들은 고집 센 부하를 지지해 주었다. 11월 9일, 그들은 공격 방향을 중도에 변경하거나 화력을 두 목표물로 분산시키는 것이 현명하지 못하다고 조언했다. 그 대신 오야마와 고다마는 일본에 유일하게 남은 예비사단인 제7사단으로 노기의 병력을 지원하고 탄약도 더 많이 보내 달라고 요청했다. 참모진은 잠시 저항했지만, 결국 받아들였다. 그래서 11월 말 노기는 제3차 총공격을 개시할 수 있었다.[24]

11월 26~27일, 3차 총공격은 임박한 참사의 징후를 보이기 시작했다. 요새들을 향한 공격은 역시나 실패했으며, 사상자가 3,800명이나 발생했다. 노기는 우울증에 시달렸으며, 수면 부족으로 지쳤다. 도쿄에서 온 참모장교와의 대화에서는 심지어 더 적절한 사람에게 사령관 자리를 기꺼이 넘기겠다는 의사도 밝혔다. 아니나 다를까, 아무도 지원하지 않았다.[25]

육군 참모부장 나가오카 가이시 장군이 마침내 기존 전술을 지속하면 참사가 발생할 것이라고 오야마와 고다마를 설득하는 데 성공했다. 동쪽에서 병사들을 요새에 던져 넣는 대신, 노기는 203고지로 모든 화력을 집중해야 했다. 이에 따라 11월 27일 노기는 얼마나 큰 대가를 치르든 상관없으니까 새로 도착한 제7사단의 지원을 받아 고지를 점령하라고 명령했다. 노기는 보병대가 중포에 익숙해지기도 전에 전진을 명령했고, 이로써 경험이 없던 제7사단 병사들은 잔디 깎는 기계에 썰려 나가는 잔디처럼 쓰러졌다. 공격은 실패했다. 포격은 이전에도 효과가 별로 좋지 않았지만, 그것마저 없이 진격하는 것은 자살 행위였다. 제3군은 이런 식으로 일본의 전략예비군을 자기네 병사들만큼이나 빨리 소모하고 있었다.[26)]

　이제껏 노기를 보호했던 총사령관 오야마는 이제 분노를 드러내며 그에게서 등을 돌렸다. 11월 30일, 제3군 본부로 분노가 담긴 전보를 보내 노기의 중대한 전술적 실수를 비난한 것이다. 오야마는 고위급 장교와 예비군 들을 전선에서 너무 멀리 두어 러시아군의 반격에 신속하게 대응하지 못한 책임을 노기에게 넘겼다. 또한 203고지를 점령하지 못한 것도 들어 그를 비판했다. 하지만 오야마와 고다마 자신들도 얼마 전까지만 하더라도 이 사안에 관해서 노기를 지지했던 것을 생각하면 다소 위선적이다. 어찌 되었든 오야마는 노기의 부대를 세세하게 통제하기 위해 지원군(보병여단)과 지시사항을 들려 총참모장인 고다마 장군을 뤼순항으로 보냈다. 오야마는 노기에게 무슨 사안에 관해서든 고다마가 내리는 지시를 따르라고 경고했다. 문제가 생길 시 고다마는 노기를 해임하고 제3군의 지휘권을 공식적으로 인수할 권한도 받았다.[27)]

　고다마는 11월 30일에 지치고 분노한 채 뤼순항에 도착했다. 노기는 눈물을 머금고서 모든 권한을 그에게 넘겼다. 이후 고다마는 노기와 그의 장교들에게 모욕적 발언과 명령을 내리며 훈련병 다루듯 했다. 그는 노기의 장교들에게 11인치 곡사포를 203고지 기슭으로 가져오라고 지시하면서 이번 공격을 위해 탄약이 충분히 배분되게끔 신경썼다. 포격이 비처럼 지속된 지 여러 날 뒤였던 12월 5일 참호와 영웅적 끈기로 제3군은 러시아군의 강력한 방어선을 뚫고 203고지를 점령했다. 일본 병사 1만 2,000명이 가장 잔혹했던 이 공방전에서 목숨을 잃었다. 대부분의 전투를 담당했던 제1, 7사단은 사실상 절멸되었다.[28]

203고지에서 일본군은 포탄을 퍼부어 러시아 함대를 완전히 파괴해 버렸다. 전쟁사학자 리처드 코너턴은 함대가 파괴되면서 요새 또한 그 중요성을 잃었다고 썼다. 일본군은 203고지 위에서 거의 모든 목표물을 포격할 수 있었기에 마을도 큰 피해를 입었다. 제3군 참모부장 오바 지로는 이 중요한 고지를 점령한 이후 동쪽 요새를 여전히 잘 방어하고 있던 러시아군 병사들의 저항이 현저히 약해진 걸 관찰했다. 스테셀은 나중에 "노기에게 203고지를 빼앗긴 이후에야 항복할 생각을 했다."라고 고백했다.[29] 참호 및 정면공격의 조합으로 12월 18일 및 1월 1일에 이룡산과 망대도 각각 일본군에 넘어갔다. 스테셀 장군은 지저분한 싸움과 대학살을 피하기 위해 뤼순항을 1월 2일 노기에게 넘겼다. 최종적으로 러시아군은 병사 3만 1,306명을, 일본은 병사 6만 명 이상을 잃었다.[30]

이제 만주 북부에서의 전투에 참여할 수 있게 된 노기 장군은 영웅이 되었으며, 해임당할 가능성은 거의 사라졌다. 그의 무능함이나 12월 초 전투의 성공이 고다마에 의해 섬세하게 통제된 것임을 아는 사람은 극히 적었다. 오야마의 참모장교인 다나카 기이치 중령(훗날 총리)과 참모부장 나가오카 가이시는 노기를 해임하라고 요구했으나, 고다마는 이를 거절했다. 노기를 해임하면 제3군의 명성이 훼손되고 뤼순항에서의 승리도 바랠 것이기 때문이었다.[31]

하지만 노기는 더욱 깊은 우울증에 시달렸다. 난산과 뤼순항에서 수많은 병사와 함께 그의 두 아들마저 전사한 뒤 그는 사기가 완전히 꺾였다. 덴노에게 보고할 때 "그는 목이 메어 말을 제대로 할 수 없었고, 눈에는 눈물이 가득 차올랐다. 보고를 마치고 나서는 죽게 해 달라고 간청했지만, 덴노는 죽음을 기다리라고 답했다." 노기는 육군대신 데라우치 마사타케(초대 조선 총독)에게 쓰는 편지에서 "폐하와 국민들에게 이토록 비과학적이고 비전략적인 주먹구구식 전투에 관한 변명조차 할 수 없습니다." 라고 고백했다. 노기는 무능한 장군이지만 도리는 아는 인간이었다. 죽은 병사들에게 가진 마음의 짐은 1912년 9월 13일 그가 자결할 때까지 그를 괴롭혔다.[32]

뤼순항 공방전에서 노기는 지리멸렬한 모습을 보였다. 하지만 한 장군의 개인적 약점이 군사적 무능함으로 변하기 위해서는 외부적 조건들도 함께 작용한다. 노기는 그의 모든 개인적 결함이 강화되게 한 필연적 상황에 놓인 것이다.

우선 육군과 해군에게서 최대한 빨리 뤼순항을 점령하라는 압력을 받았다. 성급함은 합리적 판단에 절대 도움이 되지 않는다. 노기의 참모장 이치지 고스케도 도쿄의 참모본부에 성급한 공격은 실패로 이어질 수 있다고 경고했다.[33] 이에 더해 심각하게 부실했던 첩보 문제도 있었다. 제3군에 주어진 단 한 장뿐이던 지도에는 러시아군의 새 방어벽이 포함되지도 않았고, 동쪽의 상설 방어 진지가 임시적인 것으로 잘못 표시되어있었다. 그 결과 노기와 그의 참모들은 그들의 진격로 안에 있는 러시아군의 방어력, 즉 흉벽의 높이와 도랑의 너비 등을 과소평가했다. 제1차 총공격 이전에 러시아군 요새의 강력함을 목격한 일부 야전군 지휘관들은 "겁을 먹었다."라는 오해를 살까 봐 노기가 과소평가를 한다고 지적하길 꺼렸다. 일본 육군 문화에서는 적군을 무모하게 과소평가하는 것을 장려하는 전투 낙관주의가 법이었다.[34]

게다가 공방전은 육군의 원래 계획이 아니었기에 참모본부는 현대적인 공방전이 어떻게 진행될지 충분히 조사하지 못했다. 그래서 기존 지식은 아무 쓸모가 없었다. 두꺼운 콘크리트 위에서 폭발물을 실험하지 않았고,

노기 마레스케

최신 참호 및 갱도 관련 기술도 연구하지 않았으며, 굴삭 장비 관련 예산도 참모본부의 제5부(축성 담당)에서 거부당했다. 이러한 제도적 결함들은 노기가 있든 없든 참사로 이어졌을 것이다. 노기뿐 아니라 그의 상급자인 육군 총사령관 오야마 원수 또한 이 공방전의 어려움을 과소평가했다. 그는 늦어도 1904년 8월까지 뤼순항을 한 번에 점령할 수 있으리라 믿었다.[35]

노기의 통제에서 벗어난 보급품 관리·공급 문제도 병사들을 힘들게 하면서 전투력을 잃게 만들었다. 앞서 언급했듯, 노기의 군대는 탄약이 말도 안 되게 불충분했다. 음식 또한 마찬가지였다. 해군 군의관들은 거의 또는 오직 잘 도정된 흰 쌀밥만 먹은 부대에서 끔찍한 각기병이 유행하는 현상을 오랫동안 관찰해왔다. 이는 녹색 채소를 섭취하거나, 쌀에 보리를 섞으면 완화되는 것이었다. 하지만 육군 의무부는 세균이 각기병을 일으킨다는 예전 이론을 신봉했다. 따라서 수송하기가 더 까다로웠던 보리쌀을 보급하길 거절했다. 그 결과 노기의 병사들은 공방전 내내 각기병에 시달렸다.[36]

마지막으로 노기에게는 그를 보좌해 줄 능력 있는 참모진이 없었다. 일본 육군 내에서는 참모총장과 참모차장이 지휘관들의 일일 업무를 지정해 주는 것이 일반적이었기에 특히 문제였다. 노기와 마찬가지로 제3군의 많은 고위급 장교들은 집안, 분파, 개인적 충성 등을 기준으로 지명되었다.[37] 무능한 지휘관이었던 이치지 고스케 참모장은 노기가 조슈번 출신이라는 점을 지적하면서 자신이 사쓰마번 출신이라는 점을 이용해 균형을 잡았다.* 이치지는 또한 만주군 총사령관인 오야마 원수의 친척이기도 했다. 이치지는 대포가 자신의 전문 분야라고 주장했지만, 현대 포격에는

---

* 조슈번과 사쓰마번은 1866년 삿초 비밀협약을 맺고 에도 막부를 상대로 함께 반란을 일으켰다.

완전히 무지했다. 놀랍게도 초반에 그는 11인치 공성용 곡사포가 "필요 없다."라고 참모본부에 전보를 보내며 수령을 거부했다. 러시아의 태평양 함대를 파괴한 주역인 이 포들은 육군성과 참모본부의 끈질긴 요구로 제 3군에 온 것이다.

이치지의 참모부장 오바 지로는 노기와 마찬가지로 조슈번의 가신家臣 이었다. 그는 이치지의 무능을 덮어 주기 힘든, 진부하고 무능한 장교였다. 계속 "어려우니까요."라고 떠들면서 실패한 전술이 반복되는 것을 옹호했다. 그는 제3군의 비판을 듣는 대신, 이들을 탁상공론으로 사기를 저하시키는 책상물림들이라고 비난했다.[38] 이치지와 오바는 공방전에서 터널이나 참호를 파고 갱도를 사용하는 것이 중요하다는 사실에 비해 필수적인 군사공학이나 축성 관련 배경지식이 전무했다. 이러한 전투에서 군대 내 최고 전문가로 여겨진 우에하라 유사쿠 소장은 제3군에 배치되지 않았다. 참모본부는 유사쿠를 성격이 매우 까다로운 그의 장인어른이 이끄는 제4군으로 보냈다. 오직 우에하라만이 그와 일할 수 있다고 여겨서였다. 이런 개인적 고려들이 중시된 환경에서는 군사적 무능함이 방치된 정원의 잡초처럼 확산될 수밖에 없다.[39]

노기는 가혹한 일정, 위에서 끊임없이 내려오는 압력, 부족한 장비, 결함이 많은 정책, 부실한 첩보 그리고 제 기능을 못 하는 참모 등 힘든 환경에서 근무했다. 그는 또한 강력한 현대식 방어벽과 집중된 화력을 갖추고서 진지를 구축한 적군에 맞서야 했다. 이러한 상황에서 군대는 비합리적인 명령에 의문을 제기하고 상부에 더 많은 자원과 지원을 강하게 요구할 수 있을 정도로 충분한 정치력을 가진 지휘관이 필요하다. 주어진 것으로도 일을 해낼 수 있는, 혁신적인 전술로 적군을 기습할 수 있는 지휘관도 필요하다. 유능한 참모진이 없었던 제3군의 사령관 노기는 공방전, 군사공학, 고지가 많은 지형에 관한 전문 지식을 갖춘 장교가 되어야

노기 마레스케

했지만, 그는 그중 어느 것도 아니었다.

노기의 약점·결함·실패의 목록은 거의 끝없이 이어지지만, 군사 지도자에게 가장 중요한 특성인 '전략적 사고'부터 시작하는 것이 좋을 것 같다. 전략은 목적과 수단 사이에서 조화를 이루어내는 기술이다. 그렇다면 뤼순항 공략 작전들의 목적은 무엇이었을까? 노기 휘하의 참모부장 오바지로는 자신의 일기에 요새를 점령하는 것과 러시아 해군 태평양 함대를 파괴하는 것이 달성할 수 있는 두 가지 목적이라고 서술했다.[40] 첫 번째 목적을 달성하면 두 번째 목적도 달성하게 되는 것이다. 일본군이 요새를 점령하면 러시아 함대는 육상에서 공격 당할 테니 바다로 도망쳐야 한다. 그런데 일본 해군이 황해에서 승리한 8월 10일 이후에는 항해가 불가능했다. 하지만 203고지에서 포격하면 일본군이 요새를 점령하지 '않고도' 러시아 함대를 파괴할 수 있었다. 이는 9월 말에 11인치 곡사포가 도착하고 나서야 가능해졌다.

만주군과 참모본부에서 노기에게 내린 명령은 요새를 점령하는 것이었다. 하지만 뤼순항 자체는 전략적 가치가 없다는 사실이 잘 알려져있었고, 공방전의 유일한 이유는 러시아 함대를 파괴하는 것이었다.[41] 전략적 상상력이 부족한 노기는 이를 이해하지 못했고, 자신이 받은 명령을 말 그대로만 받아들였다. 노기는 11월 말까지 요새로 가는 최단거리를 찾고 있었기 때문에 203고지를 중요하게 여기지 못했다. 참모본부가 이러한 해석이 틀렸음을 지적하면서 러시아 함대를 파괴하는 것이 최우선이라고 강조했지만, 노기는 고집을 꺾지 않았다. 그는 정식 명령을 받았고, 그걸로 끝이었다. 더 문제였던 것은 노기가 상급자인 만주군 총사령관 오야마와 총참모장 고다마의 지지를 받았다는 것이다. 참모본부가 11월 말 마침내 203고지를 공격하도록 노기와 그의 상급자들을 설득했을 때에는, 러시아군이 방비를 상당히 강화해서 요새를 점령하기가 더 어려웠다.[42]

노기의 가장 굳건한 지지자이자 변호인인 조난 마사요시는 노기가 명령을 경직되게 해석하고, 203고지와 같은 북서부 언덕이 아닌 동쪽에서 요새를 공격하겠다고 결정한 것을 합리화하려 했다. 조난은 제3군 장교들의 일기와 일대기를 근거로 요새의 서쪽이 방비가 더 굳건했으며, 노기에게는 부실한 병력, 탄약, 대포밖에 없었다는 점을 고려하면 다른 선택지가 없었다고 주장했다.[43] 하지만 조난의 주장에 동조하더라도, 노기가 보여 준 무능함에는 변명의 여지가 없다.

노기가 203고지나 러시아 함대를 전혀 고려하지 않고 북동쪽에서 요새를 공격해야 했다고 가정해 보자. 설사 그렇더라도 노기와 참모들은 올바른 정보, 공성용 중重곡사포, 충분한 탄약 없이 요새를 정면공격하는 건 자살 행위라는 사실을 알고 있었어야 했다. 노기의 부하들이 진격할 수 있던 유일한 방법은 요새를 공격하면서 참호와 갱도를 파는 것이었다. 그러면서 그들이 러시아 진지에 도달할 때까지 노기는 기다려야 했다. 일본군은 이렇게 위를 엄폐하면서 지하에서 접근해야만 동쪽 요새를 공략하거나 밑에서 폭파할 수 있을 터였다. 하지만 땅의 대부분이 단단한 돌로 이루어졌고, 만주 가을의 낮은 기온이 땅을 더욱 단단하게 만들었기 때문에 이는 물론 고된 작업이었다.

12월 중순이 되어서야 동쪽 구역에서 정면공격이 가능할 정도로 참호를 충분히 멀리까지 팠다.

> 8월, 10월, 11월에 전사한 자들은 아무런 목적도 없이 내던져진 셈이었고, 12월 중순까지 아무런 공격이 이루어지지 않았더라도 결과는 같았을 것이다. 요새는 같은 날에 함락되었을 것이고, 수천 명이 목숨을 잃지는 않았으리라.[44]

실제로 12월에 이룽산을 비롯한 동쪽 요새들을 마침내 점령한 것은 참호 및 지하 폭발, 포병과 보병의 합동공격 덕분에 가능했다. 이는 12월 중순까지는 불가능했다.

노기와 참모진은 군사공학이나 공방전에 무지했기에 요새를 함락하기 위해서는 터널과 참호, 갱도를 파는 데 집중해야 한다는 사실을 이해하지 못했다. 런던에서 온 〈데일리 메일〉 기자 벤저민 노레가드는 이러한 작업이 "그[노기]에게는 너무 느렸고, 다른 대부분의 필사적인 야외 전투보다 훨씬 더 많은 끈기와 인내를 요구했다. 그들[일본군 병사들]도 좋아하지 않았고 이해하지 못했으며, 장교들 대부분도 마찬가지였다."[45] 아슈미드-바틀릿은 "일본군 총사령관이 가장 기본적인 공학책이라도 읽어본 뒤 장군들에게 그 내용을 따르라고 명했더라면 같은 기간에 더 적은 노력과 비용으로 뤼순항을 점령했을 것이다."라고 주장했다.[46]

노기 옹호자들이 주장하듯, 노기는 작전 시작부터 존재하지 않는 걸 언급한 잘못된 정보를 가지고 있었다. 그 자체는 그의 잘못이 아니었다.[47] 하지만 분노한 나가오카 가이시 중장이 지적했듯, 노기는 최신 정보를 수집하기 위한 노력을 전혀 하지 않았다. 병사들의 용기를 북돋기 위해 전선을 자주 방문한 건 사실이지만, 상황을 직접 파악하려고 간 건 아니었다. 그의 참모장 이치지와 여타 장교들은 전선을 전반적으로 검열하는 걸 꺼렸다. 그 대신 노기의 참모진은 미숙한 보병장교들에게 정보를 수집해오라고 했다. 이 장교들은 정보보다는 영웅적인 공격에 더 관심이 있었다. 이에 따라 참사로 끝났던 세 번의 정면공격 이후에 비로소 요새의 구조, 대포의 위치, 러시아군의 병력 배치 같은 필수 정보를 충분히 수집할 수 있었다.[48]

정보에 무관심했던 노기는 틀에 박힌 사고방식으로 모든 개혁 요구를 무시하면서 같은 실수를 계속 반복했다. 정면공격이 그가 아는 유일한 전술인 것 같았다. 노기 옹호자들의 주장과는 달리, 참모본부는 정면공격이나 착검돌격을 강제하지는 않았다. 가장 기본적인 군사교과서조차도 대안으로 쓸 전술들을 제시하고 있었다.[49]

노기는 자기가 명령한 공격을 관리하기 위한 개입을 거의 하지 않았다. 항상 변화하는 전장의 조건에 따라 명령을 조정하려고 하지도 않았다. 따라서 취약한 곳에 침투하거나 기습을 하는 등 다른 전술을 거의 시도해 보지 않았다. 그의 총공격은 제1차는 8월 19일, 제2차는 10월 26일, 제3차는 11월 26일, 즉 항상 월말에 시행되었다. 이렇게 예측 가능한 일정으로 진행했으니 기습이 성공할 수 있을 리 만무했다.[50] 한 번은 참모장교들의 만류를 무시한 채 3차 총공격 중에 야간기습을 위해 특공대를 구성하려 했지만 대실패로 끝났다. 오바가 경고했듯이 특공대원들은 각각 다른 사단에서 차출되어 서로를 거의 몰랐으며, 결집력도 떨어졌다. 설상가상으로 이들은 다스키襷를 착용했기에, 즉 결의를 나타내려고 하얀 띠를 가슴에 두르고 있었기에 밤에 쉬운 목표물이 되었다. 특공대는 목표 달성은커녕 11월 26일, 공격 첫날밤에 러시아군에 절멸당했다.[51]

노기의 변호인 일부는 그가 능력이 매우 출중하고 카리스마 있는, 인기 있는 지도자라고 말했다. 이는 옳은 지적이다. 제3군에서 활동하던 〈로이터〉 특파원은 노기가 "문자 그대로 항상 최선을 다해 자기 군대를 지휘했다. 그는 장교들의 신뢰와 애정을 받았으며, 모든 병사도 그를 따랐다. 그들이 그렇게 싸울 수 있었던 것도 그 덕분이었다."라고 했다.[52] 하지만 이것이 문제이기도 했다. 카리스마 있는 장군은 부대를 원하는 방향으로 이끌 수 있을지는 모른다. 하지만 이 방향이 잘못되었을 때 카리스마는 장점보다 단점이 더 많다. 노기의 자기 위안은 그의 장교들도 기만했다. 예를 들어 제1사단의 한 중위는 8월 20일에 있었던 정면공격 전에 자신과 전우들이 22일까지는 뤼순항에 진입할 것이라고 일기장에 기록

했다. 군 지휘관의 망상은 언제나 위험하며, 그가 카리스마 있고 인기도 누린다면 주변을 전염시키기 마련이다.[53]

노기의 이런 무능함을 고려하면 비록 끔찍한 대가를 치렀더라도 노기가 승리한 것 자체가 놀라운 일이다. 이는 공방전이라는 전투 형태로 설명할 수 있다. 외부와 단절된 요새는 결국 무너지기 마련이고, 다른 방법들이 실패하더라도 굶기면 나오게 되어있다. 공방전 마지막 단계에서 고다마는 노기를 가르쳤다. 또 마지막 이유로는 뤼순항의 러시아군 사령관 스테셀 장군이 노기보다 더 무능했다. 하지만 러시아군이 패배한 이유(이 또한 어마어마했다)를 분석하는 것은 이 장의 범위를 넘어선다.

누구나 약점과 맹점이 있으며, 심지어 매우 유능하다고 여겨지는 장군들도 마찬가지다. 이러한 약점들은 전쟁 상황에서 "무능함"이 된다. 만약 어떤 장교가 조수간만을 모르는 반면 산의 지형에 능통하다면, 그는 고지에서는 활약하겠지만 바다에서는 참패할 수 있다. 정신력이 약한 장군은 보편적이고 예상 가능한 적들을 상대할 때는 잘 싸울 수 있지만, 적의 행동이 "각본을 벗어나면" 흔들릴 수 있다. 효율적인 제도와 유능한 장교들은 최상급 사령관의 특정한 약점을 완화하거나 가릴 수 있다. 마찬가지로 제대로 기능하지 않는 제도나 무능한 하급자들은 사령관의 약점을 악화시킬 수도 있다.

용맹함, 끈기, "각본을 따르는" 임무 수행이 보상을 받는 일반적인 전쟁터였다면 노기에게 아무런 문제가 없었을 수도 있다. 유능한 장교들과 함께했다면 본인은 잘하지 못했던 일상적 실무를 하급자들에게 맡기고 자신은 리더십과 카리스마로 부대에 영감을 주었을 수도 있다. 하지만 임기응변적 대응, 유연성, 적극적 참여를 요구했던 전장의 조건들은 노기의 약점을 더 강화했다. 결과는 재앙이었다.

전후 노기의 명성이 이 재앙을 영속화했다. 대포들이 멈추기도 전에 그는 범접 불가한 우상이 되어있었다. 예를 들어 신문들은 "국가 안보"를 이유로 그가 덴노에게 보냈던 전후 보고서의 부끄러운 문구들을 삭제했다.[54] 심지어 군대 내부의 기밀 보고서들도 자기 검열을 실시했다. 지휘관들은 자기 부대의 공격정신을 자랑하면서 물자 관리·보급이라는 세부 사항은 과소평가했다. 연대 역사서들은 포위 공격 때 만연했던 보급·탄약 관련 실수를 설명하지 않았다. 노기는 국내외에서 화려한 훈장과 칭송만을 가득 받았다. 1912년 그의 자살 이후 그는 병사들의 정신과 용맹함을 구체화한 "군신軍神"으로 선언되었다.[55]

그런 의미에서 일본 제국 육군이 노기에게서 위험한 교훈을 얻었다는 사실이 놀랍지도 않다. 참전용사 사쿠라이 타다요시는 저서 《육탄肉彈》에서 뤼순항 전투에서의 승리가 일본의 희생정신에서 기인한 것이라고 주장했으며, 물질에 맞선 정신의 승리를 칭송했다.[56] 군대에서는 1915년부터 1923년까지 참모총장이었던 우에하라 유사쿠와 동일시된, 점점 강고해지던 파벌이 기술의 중요성을 격하하면서 "군사적 영성靈性"을 강조하고 있었다. 이 파벌은 군인들이 덴노에게 신비주의적 충성심과 복무 중 목숨을 바칠 의지를 가지고 있기만 한다면 뤼순항에서와 같이 더 무장되고, 수도 많으며, 강력한 적을 상대할 수 있다고 보았다.[57] 노기는 이 모든 결함을 가지고 있었지만, 그렇다고 자신이 선택한 전술을 이상화하지는 않았다. 당대 대부분의 일본 및 타국 지휘관들과 마찬가지로 돌격정신과 공격성을 추구하긴 했지만, 총공격을 추구한 것은 대안이 없어서였다. 심지어 자신의 전술이 "비과학적이고 비전략적이다."라고 고백하기도 했다. 사적이긴 했지만 말이다. 그의 후임자들은 노기가 어쩔 수 없어서 내렸던 선택을 적극적으로 수용하면서 태평양 전쟁이 끝날 때까지 일본 육군을 괴롭혔던 군사적 오만함에 빠졌다.

뤼순항에서 얻은 교훈은 외국에서도 막심한 피해를 일으켰다. 일본인뿐만 아니라 해외의 군사 전문가 및 종군기자 들도 노기를 존경하게 되었기 때문이다. 영국 관전무관단 단장이자 장군이었던 이언 해밀턴 경은 노기가 "태도와 외모의 온화한 품격을 뚫고 나오는 철학적 용맹함을 지닌 위대한 인격자"라고 말했다.[58]

군사 전문가들 사이에서 노기는 "일본정신"의 힘으로 승리한 것이었다.[59] 아무튼 19세기 말에 군사 전문가들 사이에서 불타오른 문제는 미래 전장에서 현대적인 화기가 미칠 영향이었다. 뤼순항이 준 교훈은 "옛날식" 집단 보병 공격이 현대적인 방어 시설, 기관총, 대포 앞에서는 무용지물이라고 주장하던 자들을 침묵시키는 데 활용되었다. 주류 비판가들은 결의, 기세, 사기만 있다면 집단 보병 공격이 충분히 가능하다는 사실을 뤼순항이 증명했다고 보았다.[60] 영국의 공식 러일 전쟁 보고서는 요새화된 진지를 공격하는 것이 어렵다는 걸 인정하면서도, 노기의 총공격이 실패한 이유를 전술적 오류, 공격하는 병력들 간의 조정 부족 또는 단순한 불운 탓으로 돌렸다. 이 보고서는 마지막에 "요새의 포위와 방어는 항상 그랬듯이 본질적으로 중요하다. 승리냐 아니면 패배냐는 주로 어느 한쪽이 보여 주는 정신에 달렸기 때문이다. 이 전투는 영웅적 헌신과 최고의 용맹을 보여 주는 본보기로 영원히 남을 것이다."[61]라고 결론을 내렸다.

노기가 뤼순항 전투에서 궁극적으로 승리하고 일본이 이 전쟁에서 승리하면서 논쟁의 여지가 거의 없는 명확한 통찰 하나가 망가졌다. 일본 육군과 마찬가지로 영국과 독일의 군사 전문가들도 "공격정신"이 일본을 승리로 이끈 주역이라고 결론지었다.[62] 노기가 결국 뤼순항을 점령했기 때문에 그것을 위해서 치러야 했던 비용은 대체로 잊혔다. 실제로 그의 "기백이 넘치는" 공격은 승리의 근본 이유로 칭송 받았다. "노기가 더 빨리 더 적은 희생으로 포위된 요새를 점령할 수 없었을까?" 묻는 사람은 매우 적었다. "공격정신"에 집착하는 경향은 제1차 세계대전 및 그 이후에도 있을 참혹한 정면공격에서까지 여러 나라의 군대들을 그림자처럼 쫓아다닐 터였다.

로마누스 4세 디오게네스
ROMANUS IV DIOGENES

앤드루 홀트

로마누스 4세를 모욕하는 알프 아르슬란, 조반니 보카치오, 《*Les Cas des nobles hommes et femmes*》, 15세기, 프랑스 국립 도서관, MS Français 232, fol. 323.

1071년 비잔티움(동로마)제국군과 셀주크제국군 간에 벌어진 만지케르트 전투만큼 역사적으로 중요한 전투는 없을 것이다.[1] 비잔티움의 황제 로마누스 4세 디오게네스가 술탄 알프 아르슬란에게 패배한 사건은 비잔티움의 수도 콘스탄티노플에서 정치적 위기를 야기했고, 잇따라 짧은 내전이 발생했으며, 이후 몇 년 동안 소아시아가 개방되어 셀주크 세력이 점령하고 정착할 수 있게 되었다. 이로써 비잔티움은 서방에 군사 원조를 요청했고, 1074년 그레고리우스 7세가 셀주크튀르크와의 전쟁에서 동방 기독교인들을 돕기 위해 서방 군대 5만 명을 소집하여 직접 이끌겠다고 제안했다.[2] 그레고리우스가 제안한 원정은 실현되지 못했지만, 1090년대에 셀주크군이 비잔티움령 소아시아의 주요 전략적 요충지인 도시와 마을에 위협을 지속하자 군사 원조 요청이 재점화되기도 했다. 비잔티움의 황제 알렉시오스 1세 콤니노스가 원조를 계속 요청하자 교황 우르바노 2세는 1095년 제1차 십자군을 창설했고, 아울러 더 광범위한 십자군 운동이 탄생했다.[3]

하지만 만지케르트 전투의 중요성은 제쳐두고, 이 장의 목적은 로마누스 4세 디오게네스의 전쟁 리더십이 왜 역사상 최악의 리더십에 포함되어야 하는지를 주장하는 것이다. 로마누스가 이렇듯 불명예스러운 칭호를 받아 마땅한 이유는 그가 전략적·전술적 판단 오류를 너무나 많이 저질렀기 때문이다. 분명히 해두자면, 만지케르트에서 로마누스는 패배했고, 이 패배가 이후 수년간 비잔티움제국에 재앙적 운명을 불러왔다는 사실이 그의 전쟁 리더십에 부정적 견해를 가지게 된 근거는 아니다. 훌륭한 군사 지도자가 타당하고 합리적인 판단을 내리더라도 중요한 전쟁에서 패배할 수는 있다. 그런데 로마누스는 틀림없이 어리석은 실수로 분류될 일련의 잘못들을 다양하게 저질렀고, 점점 더 큰 과실을 범했다. 이는 더 현명한 지휘관이라면 저지르지 않았을 전투로 이어졌다. 게다가 이 실수 중 다수는 승패를 결정지을 수 있는 것들이었다.

　로마누스가 패배하기까지 이어진 상황과 소아시아에서 비잔티움 세력의 붕괴는 그가 1068년 권좌에 오르기 전부터 발생하고 있었다. 43년 전 바실리우스 2세(서기 976~1025년 통치) 치세 말기에 비잔티움제국은 군사력과 안보 면에서 절정에 도달했다. '불가리아 학살자'로 알려진 바실리우스 2세의 긴 통치는 제국을 강력하게 만들어 주었고, 서기 955년 이전부터 그의 선임자들이 시작한 팽창이 더 빨리 이루어지게 했다. 게다가 이 시기에는 우월한 군사 조직과 유능한 행정 구조 덕분에 제국이 번성하는 동안 적들은 쇠퇴하고 있었다.[4] 이 시기 비잔티움제국은 불가리아, 조지아와 아르메니아 동부 그리고 동남쪽 무슬림 지역, 이렇게 다른 세 지역으로 확대되었다.[5] 비잔티움 군인들은 본인이 지켜야 할 질서와 규율을 자랑스러워 했고, 종종 전쟁터에서 군대를 직접 이끌었던 바실리우스 2세 같은 황제들에게서 영감을 받았다.[6]

　비록 10세기 중반부터 1025년까지 많은 승리를 경험했지만, 각 행정 구역에서 징병된 군관구(Theme) 군대를 내세우는 전통적인 비잔티움 군사 조직은 이 시기에 여러 행정 구역에서 제기된 문제 때문에 상당한 변화를 겪었으며, 이는 바실리우스 2세 치세 이후 비잔티움제국이 쇠퇴기를 맞이하는 데 의도치 않은 영향을 미쳤을 수 있다.[7] 10세기 후반에 비잔티움 군대는 훨씬 더 공격적인 전술을 수용했다. 이는 앞서 언급한 국토 팽창으로 생긴 요구를 충족시켰다. 이러한 노력에는 특정 시기에만 투입될 수 있는 군관구 군인들보다 작전을 더 효과적으로 수행할 수 있는 전문적인 용병 같은 군인이 필요했다.[8] 10세기 후반과 11세기 초에는 전문적인 용병들이 제공하는 새로운 조직, 유능한 지도자, 효과적인 보급과 전술 능력이 비잔티움제국의 많은 군사적 승리에 기여했다.[9]

　그러나 비잔티움 군대에 외국 및 제국 내 용병이라는 새로운 요소들을 받아들이고 의존하려는 움직임이 계속되면서 군관구 군대들은 점차 외면받았다. 특히 1025년 바실리우스 2세가 붕어한 이후에는 군관구 군대를 무시하는 경향이 심해졌다.[10] 11세기 중반까지 비잔티움제국 군대는 용병, 오래된 군관구 군대, 외국인 부대의 혼합체로 변해갔다. 예를 들어 바실리우스 2세 때 그의 호위대로 창설된 '바랑인 친위대(Varangian Guard)'는 러시아와 스칸디나비아 출신들로 이루어진 용병 군단이었고, 11세기에는 브리튼 제도 출신 용병도 추가되었다.[11] 바실리우스 2세 같은 유능한 지도자들이 이끌었는데도 이러한 상황은 규율, 충성, 헌신의 수준을 다양화했고, 결국 1071년 만지케르트 전투에 이르기까지 여러 문제를 노출시켰다.

이에 더해 1025~1071년에 진행된 군사적 쇠퇴 또는 약화에는 다른 두 가지 주요 원인도 있었다. 바로 광범위하게 이루어진 민간-군사 분야의 갈등이 끼친 파괴적 영향과 비잔티움의 군사 요충지이자 소아시아 내 점령 지역을 위한 완충지대인 아르메니아를 상실한 일이었다. 바실리우스 2세 이후 비잔티움의 황제와 야망 가득한 장군들은 권위와 인기를 두고 경쟁하면서 서로를 불신했는데, 이는 콘스탄티누스 9세 치세인 1042~1055년에 동안 심화되었다. 용병에 의존하는 것에 더해 황제들은 군대의 예산을 박탈하고 유능한 지휘관들을 황제에 더 충성하는 무능한 이들로 교체함으로써 장군의 권위를 약화시켰다.[12]

더군다나 바실리우스 2세 치세 이후 이탈리아의 통제권을 탈환하기 위한 노력과 대규모 건축 사업, 궁정에서의 사치에 많은 비용이 낭비되면서 황실 재정이 고갈되었는데, 이는 소아시아에서 비잔티움의 안보에도 영향을 미쳤다. 예를 들어 콘스탄티누스 9세가 통치하는 동안에는 황제가 금화의 가치를 떨어뜨려 군인들이 받던 봉급의 가치 또한 급격히 줄어들었고, 이는 병사들의 사기에도 악영향을 미쳤다. 더 중대한 일은 1053년에 벌어졌다. 콘스탄티누스는 아르메니아 쪽 국경을 수비해 셀주크튀르크가 소아시아로 진출하는 것을 막고 있던 군관구 병사 5만 명을 해산시켰다. "돈을 아끼기 위해서"였다. 2년 뒤인 1055년경 토그릴 베그가 통치하던 셀주크튀르크는 이 상황을 이용해 거의 아무런 저항도 받지 않고 아르메니아와 동부 소아시아를 침공했다.[13]

비잔티움을 혐오하던 《아르메니아 연대기 Zhamanakagrutyun》 저자 '에데사의 매슈(Matthew of Edessa)'는 이러한 상황을 신랄하게 평가하면서, 11세기 아르메니아의 약화와 패배의 원인이라고 주장했다. 예를 들면 "나약한" 비잔티움인들이 아르메니아를 보호하고 있던 용맹한 군인들을 해산시키고 황제에게 더 충성하는 "거세된 장군들과 병사들"로 교체했다고 적었다. 매슈에 따르면

> 그들[비잔티움 지도자들]은 용맹하고 강력한 남성을 발견하면, 그의 눈을 멀게 하거나 바다에 던져서 익사시켰다… [그들은] 용맹한 청년들을 거세하여… 이들은 여성처럼 나약하고 부드럽게 말했다… 이들 때문에 모든 충실한 자들은 노예같이 되었다.[14]

역사학자 앨버트 프렌들리는 이 파괴적인 과정의 결과 민간인들로 이루어진 비잔티움 지도부는 더 이상 군부를 두려워하지 않게 되었지만, 이는 적들도 마찬가지였다고 지적했다.[15]

비잔티움의 군사적 무능함과 쇠퇴는 새로운 위협이 나타나 상황을 더 복잡하게 만들고 있던 11세기에 일어난 것이었다. 이러한 위협을 가하는 적들에는 셀주크튀르크뿐만 아니라 1050년대 중반에 비잔티움의 아풀리아 지역과 칼라브리아 지역을 노리기 시작한 노르만족과 흑해 북쪽 스텝 초원의 튀르크 계통 유목민인 페체네그족도 포함되었다.[16] 하지만 로마

누스와 그의 군사적 지도력을 고려하면 비잔티움제국의 가장 중대한 관심사는 튀르크족이 부상하는 상황이었다. 실제로 역사학자 앤서니 캘델리스가 주장했듯, "셀주크의 정복은 7세기 아랍의 정복 이후 근동 지방에서 가장 중요한 역사적 순간"이었다.[17]

비잔티움은 1055년 셀주크튀르크와 조약을 맺을 수 있었지만, 소아시아와 그 주변 지역이 침략 당하는 것을 막을 수는 없었다. 이후 수년간 말라티아, 세바스티아, 아니를 포함한 많은 비잔티움 도시들이 튀르크족에 공격당하거나 약탈당했다.[18] 비잔티움 영내에 튀르크가 가한 공격은 대개 성공적이었지만 그럼에도 이 시점까지는 그렇게 집중적이진 못했다. 습격 대부분이 셀주크군을 보충해 준 튀르코만(튀르크족과 가까운 유목민족)에 의해 이루어졌기 때문이다. 토그릴과 같은 튀르크족 지도자들은 이러한 전사들을 튀르크제국의 언저리, 즉 비잔티움 영역에서 돌아다니며 약탈을 하게 허용해 줌으로써 달랬다. 셀주크 측 지도자들이 이들을 완벽하게 통제했을 리는 만무하다. 주로 그들에게 더 큰 영향력을 행사하면서 대규모 습격을 할 기회도 노리기 위해 튀르코만인들의 습격을 가끔 이끌기 시작했을 수는 있다.[19] 이 시기에 셀주크는 소아시아의 비잔티움보다는 이집트의 파티마 왕조에 관심이 더 많았다. 하지만 비잔티움의 시각에서 튀르크의 습격은 극적인 대응책을 요구하는 중대한 안보 문제였다.[20]

알프 아르슬란은 1063년 그의 삼촌 투으룰이 사망한 뒤 셀주크제국의 제2대 술탄에 올랐다. 통치 초반에는 다른 삼촌 및 그의 형제의 권력 주장에 대항해 셀주크 술탄으로서 지위를 확보하는 것과, 그가 군사적으로 의존한 유목민인 튀르코만 쪽 추종자들을 유지하는 데 집중했다.[21] 알프 아르슬란은 튀르코만 병사들을 이끌고 코카서스의 기독교 왕국들을 침공하곤 했다. 이는 튀르코만 병사들에게 몰두할 거리를 주면서 약탈 욕

구까지 만족시켜 주기 위해, 그리고 파티마 왕조라는 주적에 집중하면서 제국의 변방을 지키는 데에도 도움이 되리라 봤기에 그들의 협조를 이끌어내려던 행위였다. 튀르크족 수니파 출신 무슬림 술탄 알프 아르슬란이 이끄는 이러한 노력들은 동시대 무슬림에게 지하드(성전)로 알려졌고, 알프 아르슬란이 자신의 종교적 헌신을 내보여 권위를 정당화할 기회도 주었다.[22] 비잔티움 국토에서 벌인 튀르크족의 주된 공격 중 하나는 1067년에 일어났다. 이때 셀주크군이 카이사리아에 도착해 마을을 약탈하고 성당을 파괴하면서 제국 전체에 불안을 퍼뜨렸다.[23] 튀르크족이 가하는 위협에 대응해야 한다는 여론이 강해졌지만, 콘스탄티누스 10세는 그 해에 사망해 버렸고, 대응해야 한다는 압박은 후임자인 로마누스 4세 디오게네스에게 전가되었다.

로마누스는 부유하고 고귀한 가문 출신에 인기 많은 장군으로, 선황제 콘스탄티누스 10세의 황후였던 에브도키아와 혼인한 뒤 1068년 1월 황제의 자리에 올랐다.[24] 권력을 잡은 직후 그는 제국의 질서, 소아시아의 안보와 통제력 재정비에 착수했지만, 이러한 그의 노력은 다양한 요인에 방해 받았다. 로마누스의 중요한 고문이자 그의 정권에 관한 현존 정보 중 최고급 정보들을 작성한 자이며 비잔티움의 당대 역사학자이기도 한 미하일 아탈리아티스는, 얼마나 많은 황제의 친척이 이익을 추구하기 위해 황제에게 조언을 하고 영향력을 행사하려 했는지를 묘사했다.[25] 이에 더해 로마누스는 특히 비잔티움제국이 의존하던 외국인 병사들과 용병들의 심각하고 상당하던 군사적 적대감도 손봐야 했다. 예를 들어 바랑인 친위대는 로마누스가 비잔티움 병사들을 편애하는 것을 증오했는데, 황제와 군대 사이의 이런 적대감과 불신은 로마누스가 튀르크족에 맞서 일련의 군사 작전을 시작했던 통치 기간에 많은 문제를 야기했다.[26]

로마누스는 경험이 많은 군인이었기에 황제가 된 것이고, 비잔티움의 안보를 회복시킬 계획을 수립할 능력도 있다고 자신했다. 전임자들과는 달리 방어 태세를 취하는 대신 비잔티움 국경 밖에서 튀르크족과 싸우고자 했는데, 이러한 전략은 1068~1071년에 그가 직접 지휘한 세 차례 원정에 반영되었다.[27] 1068~1069년에 있었던 첫 원정에서 로마누스는 튀르크족이 취한 군사적 이익을 무효화하기 위해 당초 아르메니아로 향했지만, 원정 동안 시리아에서 전개되던 상황을 우려하게 되면서 그쪽으로 전력을 집중시켰다. 시리아에서는 그의 노력으로 안티오크 같은 일부 핵심 요충지들이 강화되었지만, 동시대 기록에 따르면 비잔티움 군대는 많은 기회를 놓치고 형편없는 성과를 거뒀다. 군사재판소의 일원으로서 로마누스의 원정에 동행한 아탈리아티스는, 당대 사람 중 황제에게 가장 호의적인 인물이었는데도, 원정 당시 병사들의 비겁함, 무능함, 낮은 사기를 비판했다.[28]

  1069년에 있었던 두 번째 원정은 첫 번째 원정보다 성취한 것이 적었다. 로마누스의 주된 목표 하나는 원래 비잔티움제국 편에서 잘 싸우다가 인정과 보상을 받지 못해 불만을 품은 유럽인 용병 크리스피노스가 아르메니아에서 주도한 반란을 제압하는 것이었다.[29] 크리스피노스는 로마누스 황제와 화해하고자 했지만, 황제가 이를 거부했다. 그 결과 유능한 지휘관과 그의 부하들은 추방을 당했고, 이들은 약탈을 일삼으며 지역을 불안정하게 했다.[30] 이 원정 동안 황제와 튀르크족의 전투는 효과가 전혀 없었다는 사실이 드러났다. 적군 바로 앞에서 부대원이 후퇴·이탈하고, 심지어 장비까지 적군에 빼앗기는 등 종종 수치스러운 사건도 벌어졌다.[31] 이후 로마누스는 튀르크군이 이코니움(현재 코니아)을 노리고 카파도키아로 진격해온다는 것을 알게 된 뒤, 아르메니아 원정을 중단하고 카파도키아로 돌아갔다. 하지만 너무 늦게 도착해서 이코니움 약탈을 방지할 수 없었고, 심지어 느리게 이동하는 튀르크군을 차단하는 데도 실패했으며, 킬리키아 산맥을 통해 탈출하면서 약탈에 시달리기까지 했다. 더 이상 할일이 없어 낙심한 로마누스는 군대와 함께 수도인 콘스탄티노플로 철수했다. 이 두 원정 동안 로마누스의 노력들은 그의 주된 비판자이자 정적, 11세기 왕실 고문, 역사학자, 성직자로 정치적 영향력이 강했던 미하일 프셀로스의 맹렬한 비판을 받았다. 프셀로스는 많지 않은 적군 포로를 대가로 비잔티움 전사자를 수천 명이나 발생시킨 두 번째 원정이 특히 비생산적이었다고 지적했다.[32]

로마누스는 재위 기간 중 첫 2년 동안 두 원정을 직접 이끌었는데도, 1070년에 수도의 정적들이 책략을 사용하자 더 이상 원정을 계속할 수 없었다.[33] 하지만 여전히 황제였던 그는 비잔티움 동쪽의 국토를 안전하게 지켜 주리라는 기대를 받았기에 장군들에게 임무를 부여했다. 로마누스는 튀르크족을 상대할 동부 군대를 지휘할 인물로 마누일 콤니누스를 지명했다. 마누일은 초반에 능력을 인정받았다. 아탈리아티스는 이것이 로마누스의 질투심을 자극했고, 그래서 로마누스가 마누일에게 포위당해 있던 히에라폴리스(현재 만비즈)를 해방시키라면서 그의 병력 중 대부분을 시리아로 보냈다고 지적했다.[34] 이 결정으로 마누일의 병력은 심각하게 줄어들었고, 술탄 알프 아르슬란에게 반항하던 그의 친척이자 튀르크족 지도자인 에리스겐은 세바스티아에서 마누일을 패배시키고 붙잡아 치욕을 줄 수 있었다. 감금된 마누일은 알프 아르슬란에 대항할 동맹을 구성해 보자며 콘스탄티노플로 데려가 달라고 에리스겐을 설득했다. 이에 술탄은 총독인 아프신을 보내 반란자 에리스겐을 넘기라고 요구했다. 비잔티움이 이를 거부하면 소아시아에서 대대적 약탈을 방지해온 비잔티움-셀주크 조약을 무효화하겠다고 선언했다. 로마누스는 거부했고, 튀르크군은 비잔티움 국토를 공격하면서 많은 지역을 파괴했다.

아프신은 1071년 봄에 알프 아르슬란에게 돌아가 비잔티움은 자기 병력을 막을 방법이 없으며, 자기가 원한다면 소아시아를 당장 차지할 수 있다고 보고했다. 비잔티움에는 다행스럽게도, 술탄은 당시 소아시아를 차지할 마음이 없었다. 그의 관심은 파티마 왕조에 있는 적과 이집트 침공 준비에 있었다. 1070년 후반 또는 1071년 초에 호라산에서 출발한 술탄은, 남진 과정에서 후방이 공격 당하는 것을 막기 위해 만지케르트(현재 말라즈기르트) 및 여타 아르메니아와 비잔티움의 도시들을 점령하고자 했다.35) 이러한 행동은 콘스탄티노플을 상당히 동요시켰으며, 로마누스로 하여금 세 번째이자 마지막 동쪽 원정을 이끌도록 만들었다.

1070년 로마누스는 콘스탄티노플에서 마누일 콤니노스와 같은 장군들이 튀르크족에 대항할 능력을 발휘하는 걸 가로막은 전략적 결정들을 내렸지만, 동시에 비잔티움 군대의 사기와 능률을 향상시키기 위한 노력도 기울였다. 예를 들면 로마누스는 군인들이 체납된 봉급을 확실히 보상받도록 했고, 일부 군사 장비를 교체해 주었으며, 군대를 위한 새로운 훈련법을 도입하고, 추가 용병도 모집했다. 1068년과 1069년의 두 차례 원정에서 로마누스는 개혁과 전문적인 병사의 필요성을 확신하게 되었던 것이다. 그리하여 그의 군대에는 용병들이 불어났다.36) 로마누스는 만지케르트 원정 동안 충성심이 의심스러운 이 외부인 군대에 의존하게 되었고, 이는 결국 그의 파멸을 불러왔다.

로마누스는 또한 콘스탄티노플의 정치적 상황을 우려했고, 만지케르트 전투 준비 때에도 이 상황을 고려하지 않을 수 없었다. 젊은 공동황제인 미하일 7세(콘스탄티누스 10세의 아들)에게 영향력을 행사하던 미하일 프셀로스와 부유하고 강력한 두카스 가문 구성원들이 그의 경쟁자였다. 이 중 한 명이 카이사르(부황제) 겸 비잔티움 원로원 의원으로 활동한 존 두카스다. 로마누스는 존 두카스의 장남인 안드로니코스 두카스를 장군으로 임명해 만지케르트 원정에 참전하도록 했다. 아마 두카스 가문이 그의 부재 동안 쿠데타를 일으킬 가능성을 낮추려고 안드로니코스를 인질로 삼은 것이다. 하지만 황제의 죽음을 바라는 정적을 군 수뇌부에서 이토록 중요한 자리에 배치한 것은 이후 큰 실수였음이 드러났다.

이러한 상황에서 비잔티움 군대 개혁의 효과를 확신한 로마누스는 마침내 1071년 3월 세 번째이자 마지막 원정을 떠났다. 로마누스는 불과 한 달 전에 술탄 알프 아르슬란과 휴전에 동의했다. 이는 그에게 튀르크 원정을 준비할 시간을 조금 더 주었고, 술탄이 주적인 파티마 왕조에 집중할 수 있게 되었다고 믿게 했다. 로마누스의 목표는 소아시아와 아르메니아 간의 국경을 튀르크족의 침입에서 보호하는 것이었고, 아울러 반Van 호수 지역을 향후 알프 아르슬란 군대와의 전투를 위한 잠재적인 집결지로 확보하는 것이었다.[37]

로마누스 군대의 규모에 대해서는 다양한 수치가 존재하는데, 현대 역사가들은 일반적으로 종군 민간인(군인의 배우자나 부모, 자식 또는 군인들에게 재화나 서비스를 제공하는 상인 등이 대부분이었다)을 제외하고 4만 명에서 4만 8,000명 사이로 추정한다. 중세 비잔티움 문헌들은 훨씬 더 많은 수인 수십만 명을, 즉 확실히 부풀려진 수치를 제시한다.[38] 실제로 몇 명이었건 간에 타그마타(근위대), 소아시아와 시리아의 군관구 병사들, 소아시아 지주들의 사병, 아르메니아 병사들, 그리고 자기네 지휘관을 따르는 수많은 외국인 용병 군대로 구성되었다. 당시에는 상당히 큰 규모였다.[39]

로마누스가 군대를 징집하고 소아시아를 횡단할 때, 원정대는 많은 문제에 시달렸다. 소아시아에서는 튀르크족의 습격으로 징집병들이 도시에서 지방으로 쫓겨났고, 그래서 이들을 효율적으로 징집하기가 어려웠다. 비잔티움 군대가 크라이아페게 기지에 도착한 뒤에는 규율이 없는 프랑크족 용병들이 주변 지역을 습격하기 시작했다. 이에 로마누스가 직접

나서서 프랑크족 부대를 혼내 주었다. 게다가 세바스티아에서 테오도시오폴리스(현재 에르주룸)로 이동하던 로마누스의 병사들은 1년 전 마누일 콤니노스가 실패한 작전에서 전사한 비잔티움 병사들의 시체가 여전히 방치된 것을 목격했고, 사기와 자신감이 손상되었다. 그들은 또한 해당 지역의 농업 기반을 파괴한 전쟁과 튀르크족의 습격으로 황폐해진 지역을 통과하면서 보급에 어려움을 겪었다. 이로 인해 군대는 매일 병사 수만 명에게 보급할 수 있을 정도로 충분한 보급품을 운반해야 했다.[40] 이러한 위기 끝에, 로마누스와 그의 군대는 콘스탄티노플에서 출발한 지 5개월이 약간 지난 8월 말에 반호수에 도착할 수 있었다.

반호수에 도착하자 로마누스는 그의 군대를 나눈다는 운명적인 결정을 내렸다. 자신이 최정예 병사 2만 3,000명과 함께 만지케르트로 진격하는 동안, 요십 타카니오티스 장군에게 남은 2만 5,000명(추정치)을 거느리고 클리아트(현재 알라트)를 탈환하게 한 것이다. 이 결정은 로마누스의 행보를 듣기 전까지 알레포를 포위하고 있던 알프 아르슬란이 로마누스의 군대에 맞서기 위해 아르메니아 국경으로 서둘러 가다가 무리한 도강과 병사들의 탈영으로 많이 약화되었다는 첩보에 근거한 것이기도 했다.[41] 술탄이 그가 소집할 수 있는 군대 전부를 이끌고 도착하기 전에 로마누스는 클리아트와 만지케르트 양쪽의 통제권을 빨리 확보해야 했다. 로마누스와 그의 군대는 셀주크 병사들을 포함한 소규모 수비대에게서 성벽으로 둘러싸인 요새도시 만지케르트를 재빨리 탈환했고, 다음 날 약 47킬로미터 떨어진 클리아트에 있던 그의 군대와 합류할 계획을 짜고서 밤새도록 도시 외곽에 진을 쳤다.

로마누스가 반호수에 있으면서 내린 결정의 근거가 된 정보는 잘못된 것이었다. 알프 아르슬란은 여전히 상당한 병력을 지휘하고 있었다. 아르메니아로 이동하면서 무슬림 병력 수천 명을 추가했기 때문이다. 만지케르트 외곽에 진을 치고서 먹을 걸 구하던 비잔티움군은 처음엔 그저 튀르코만 측 약탈자인줄 알았으나 실은 알프 아르슬란 군대의 척후였던 셀주크군을 보고 놀라움을 금치 못했다. 이에 맞서 로마누스는 니키포로스 브리엔니오스를 파견해 그가 고작 소규모 약탈자 패거리에 불과하다고 생각한 병력을 상대하도록 했다. 브리엔니오스는 셀주크군이 예상보다 훨씬 더 만만찮다는 것을 깨닫고서 로마누스에게 지원군을 보내달라고 요청했다. 로마누스는 처음에 장군을 겁쟁이라고 비난하면서 거절했지만, 결국 지원군을 보내 셀주크군을 일시적으로 쫓아 버리는 데 성공했다. 하지만 엄청난 대가를 치렀다. 구원군의 지휘관 바실라크 바실라케스는 전투 중 포로가 되었고, 살아남은 비잔티움 병사들은 중상을 입고 돌아왔다.[42] 이는 결국 로마누스에게 사태가 심각하다는 걸 일깨워 주었다. 로마누스는 반격을 가하기 위해 병사들을 소집했지만, 그때 이미 셀주크군은 흩어진 뒤였다. 로마누스는 진영으로 돌아왔고, 그와 군대는 그곳에서 밤새 셀주크군에게 시달렸다.

로마누스의 병사들을 향한 셀주크군의 괴롭힘은 우제족 출신 용병들이 지역 상인들에게서 식량을 사려고 주둔지를 떠났던 밤에 시작되었다. 셀주크군은 우제족 병사들을 공격해 비잔티움 진영으로 급히 돌아가게 했고, 그 우제족 병사 일부는 튀르크인으로 오인 당해서 비잔티움 군대의 공격을 받았다. 그 후 튀르크군은 밤새도록 소리를 지르며 비잔티움 진영을 향해 화살을 쏘았다.[43] 이날 밤 우제족 용병 약 1,000명이 셀주크족에 투항해 비잔티움제국의 옛 주인들을 배신하고 로마누스 군대의 규모와 능력에 관한 귀중한 정보를 제공했다.[44] 이 사건은 로마누스가 의존하던 다른 많은 용병부대의 충성심과 비잔티움 군대의 전반적인 효율성을 크게 우려하도록 만들었다.

이러한 우려에도 불구하고 로마누스는 클리아트에 있던 예비병력 약

2만 5,000명이 만지케르트에 있는 다소 적은 병력을 지원할 수 있으리라 믿었기에 튀르크인들을 빨리 상대하고자 했다. 그는 이 가정을 너무 자신만만하게 믿었던 나머지 아바스 왕조의 칼리프 알-카임이 보낸 사절이 가져왔던 "늦었지만 놀라운 평화 제안"을 거절하기도 했다. 그런데 이 평화 제안은 아마도 파티마 왕조에 대항하는 술탄의 계획을 로마누스가 틀어 버리는 것을 피하기 위해 알프 아르슬란의 동의로 연장된 것일 수 있다.[45] 이 원정에 막대한 비용이 들었기 때문에 로마누스가 콘스탄티노플에 있는 정적들의 비판을 막아내려면 뭔가 내세울 것이 필요했다. 그리고 술탄의 군대와 직접 전투하는 것도 흔치 않은 기회였다. 따라서 로마누스는 전쟁을 원했지만, 그가 몰랐던 사실이 있었다. 타카니오티스와 그의 군대는 알프 아르슬란과 그의 병사들이 반호수에 도착한 것을 알고는 싸움을 포기하고 소아시아로 돌아감으로써 만지케르트에 있던 로마누스와 그의 휘하 군대를 버렸다는 사실이다. 8월 25일 로마누스는 이제 존재하지 않는 예비병력을 소환하기 위해 클리아트로 전령을 보냈다. 다음 날에는 셀주크족과 싸우기 위해 그가 직접 지휘하는 군대를 준비시켰다. 로마누스는 술탄이 더 많은 증원군을 기다리느라 전투를 피하려 한다고 믿었다.[46] 그래서 빨리 움직이고자 했다. 8월 26일 금요일 오전, 비잔티움군이 숙영지를 떠나 선제적으로 움직이면서 양측 군대는 전투를 준비했다.[47]

역사학자 브라이언 토드 케리는 만지케르트 전투가 벌어진 곳의 정확한 위치는 이 전쟁의 '유동적 성격' 때문에 확정하기 어렵다고 주장했지만, 현대 학자들은 이 전투가 만지케르트 남쪽이나 남동쪽 스텝 지역의 103평방킬로미터 범위 내에서 일어났다고 믿는다.[48] 아무튼 이 시점에서 로마누스군의 규모는 2만 명에서 2만 2,000명 사이로 추정된다. 이는 알프 아르슬란이 그때까지 모은 병력보다 더 많았을 것으로 보인다. 이것은 알프 아르슬란이 전투에 거부감을 느낀 이유와 로마누스의 과한 의욕까지 부분적으로 설명할 수 있다. 여러 출처에 언급된 전투의 다양한 요소들은 불확실하거나 불분명하며, 때때로 상충되기도 한다. 예를 들어, 전투가 벌어진 시간이 언제인지, 1차 전투가 일어나기 전에 교전이 몇 번이나 있었는지, 또는 비잔티움군과 셀주크군이 1차 전투에서 서로 몇 시간 동안 교전했는지 같은 정보는 정확하지 않다.[49)]

역사학자들은 대부분 1차 사료에 의거해 만지케르트 전투를 소재로 두 가지 서사를 만들어냈다.[50)] 미하일 아탈리아티스의 버전에 따르면, 로마누스는 후퇴하는 튀르크군을 추격하기 위해 군대를 이끌었지만, 이는 당시 거의 무방비 상태였던 진지에서 비잔티움군이 멀어지게 하기만 했다. 로마누스는 매복 공격을 우려하여 돌아서라는 명령을 내렸으나, 군대는 이를 퇴각 명령으로 오해했고, 황제가 쓰러졌다는 소문마저 퍼지면서 혼란이 벌어졌다. 아탈리아티스는 안드로니코스 두카스가 이 소문을 퍼뜨린 뒤 자기 휘하 병사들에게 진지로 돌아가라고 명령했고, 이로써 황제는 자신을 지켜 줄 병력이 없다시피한 군대 앞에 남겨지면서 튀르크군의 포로가 되었다고 주장했다.[51)] 이 서사에서는 비잔티움군의 실수 또는 지휘관들의 배반 때문에 양측 군대의 주요 교전이 발생하지 않았다. 다른 버전은 튀르크군과 비잔티움군의 더 공식적인 전투를 묘사한다. 만지케르트에서 튀르크군이 비잔티움군의 우익을 격파했고, 결국 로마누스가 생포되었으며 안드로니코스 장군 휘하의 군대가 퇴각함으로써 같은 결과를 맞이한다.[52)] 두 서사 모두에서 비잔티움군의 대부분은 타카니오티스와 함께 있었으며, 로마누스가 군대를 분할하기로 한 이전의 결정 때문에 전투에 참가하지 않았다.

술탄에게 붙잡힌 로마누스의 작은 행운은 알프 아르슬란이 여전히 파티마 왕조에 집중하고 있었고 그에 따라 비잔티움제국과의 교전을 방해물로 간주했기 때문에 비잔티움 국토를 요구하지 않았으며, 결국 적당한 몸값을 내고서 석방했다는 것이다.[53] 하지만 술탄의 이런 호의적인 반응에도 불구하고 상황은 로마누스나 비잔티움제국에 좋지 않았다. 로마누스가 알프 아르슬란에게 포로로 잡혀있는 동안 미하일 프셀로스와 두카스 가문은 미하일 7세 두카스를 합법적인 황제로 선포하기 위해 공모했다. 로마누스는 결국 적들에게 패배하고, 왕위가 전복되고, 눈도 먼 상태에서 1072년 8월에 사망했다.[54]

이 시점에서 로마누스의 치세와 만지케르트 전투 진행 과정에서 그 결과에 영향을 미친 여러 오류와 실수를 개괄할 필요가 있다. 이러한 판단 실수와 오류는 종종 중복되기도 하는 세 가지 범주로 나눌 수 있다. 로마누스의 부족한 정치적 리더십과 판단력, 근본적인 전략적 오류, 전장에서의 잘못된 전술적 결정 등이 이에 해당된다.

많은 문제가 로마누스의 부족한 정치적 리더십이나 판단력에서 생겨났다. 여기에는 안드로니코스 두카스를 장군으로 임명한 것도 포함된다. 두카스 가문은 정치적으로 강력했고, 로마누스의 주요 라이벌이었다. 그러니 로마누스가 실패하는 것을 보면서 기뻐했을 것이다. 로마누스는 안드로니코스를 곁에 둠으로써 콘스탄티노플에 있던 두카스 가문의 정치적 계략이나 책략을 제한할 수 있으리라 생각했겠지만, 이는 동시에 지독한 적을 수뇌부에 심은 셈이기도 했다.[55] 안드로니코스는 중요한 순간에 황제를 배신했다. 결국 그를 원정에 동행시키고 전략적으로 중요한 역할을 부여한 것은 매우 형편없는 선택으로 판명났다.

또한 로마누스는 충성심과 헌신이 의문시되는 외국인 병사들에게 의존하는 실수도 저질렀다. 비록 외국인 병사 고용은 과거 황제들 치세에 일반화되었지만, 이는 11세기 중반에 군관구 군대가 등한시되는 데 원인을 제공했다. 그러나 바실리우스 2세와 같은 과거 황제들은 로마누스 같은 후대 황제들이 따라하지 못한 방식으로 이 군대를 효과적으로 관리할 수 있었다. 로마누스는 비잔티움제국의 외국인 병사들과 용병에게 의존하는 정도를 크게 낮추는 식으로 군대를 개혁하는 대신, 전임자들의 틀을 그대로 유지했다. 심지어 용병 모집을 위한 노력을 확장하면서 아르메니아인, 조지아인, 아랍인, 불가리아인, 루스인, 하자르족, 우제족, 페체네크족, 노르만족, 프랑크족을 포함시켜 규모를 늘렸다.[56] 그 결과 1071년 만지케르트 전투 당시 비잔티움군은 용병과 외국군에 크게 의존하던 '병사들의 혼합체'였다. 그런데 로마누스는 비잔티움군을 명백히 편애하자 용병과 외국군은 종종 적대적으로 나왔다. 그들은 자주 말썽을 일으켰으며, 전의도 부족했다.

이러한 문제들은 만지케르트 전투 동안 여러 번 드러났다. 앞서 언급했듯이, 크라이아페게에 도착한 직후 로마누스 휘하의 나머지 군대는 제멋대로인 프랑크인 용병들을 진압해야 했다. 하지만 외국군과 관련된 가장 중대한 문제는 우제족 용병들이 일으켰다. 1071년에 우제족 용병들에게 비잔티움제국에 충성하도록 서약을 시켰으나, 만지케르트 전투 직전에 병력 1,000명이 하룻밤 사이에 셀주크 측으로 넘어간 것을 보면 충성 서약은 원정 동안 그들에게 별 의미가 없었던 것으로 보인다.[57] 우제족 부대가 왜 변절했는지는 확실하지 않다. 그날 밤 튀르크군에 발각당한 점, 튀르크군의 힘을 우려한 점, 그들이 야영지로 돌아왔을 때 비잔티움군이 공격하자 분노한 점, 또는 역사가 조너선 해리스가 암시했듯이 튀르크인과 인종적·문화적 배경을 공유했다는 점 등 여러 이유가 중복·결합한 결과였다.[58]

아마도 만지케르트 전투에서 비잔티움의 패배를 초래한 가장 주목할 만한 정치적 오산은 거느린 병력 절반만 지휘할 수 있었던, 군사적 상황이 자신에게 이상적이지 않던 상황에서 로마누스가 알프 아르슬란의 평화 제안을 거부한 것이 아닐까 싶다. 앞서 설명했듯이, 술탄은 일단 파티마 왕조에 집중할 수 있도록 비잔티움제국과는 맞서려 하지 않았으며, 그래서 만지케르크 전투 이전에 황제에게 평화를 제의했다. 로마누스는 평화를 제의 받았을 때 술탄의 군대가 얼마나 가까이에 있었는지 몰랐을 가능성이 높지만, 전하는 말에 따르면 이렇게 많은 시간과 비용을 들이고도 적과 싸워 보지 않고 돌아가면 콘스탄티노플에서 자신을 어떻게 볼지를 우려해 거절했다고 한다.[59] 로마누스에게는 불행하게도 평화 제의 거절과 분쟁 지속은 그가 패배하고 포로가 되면서 훨씬 더 큰 굴욕이 되어 돌아왔다.

로마누스는 또한 만지케르트 전투를 패배로 이끈 많은 전략적·전술적 실수를 저질렀다. 예를 들어, 그는 주요 장군인 타카네이오테스와 니케포리스 브리엔니우스가 전투하기에 더 적합한 테오도시오폴리스를 떠나지 말자고 조언한 것을 듣지 않았고, 만지케르트와 클리아트 요새를 탈환하기 위해 동쪽으로 공격적인 진격을 했다.[60] 아마도 가장 주목할 점은, 로마누스가 만지케르트에 도착한 뒤 잘못된 정보에 의존해 부대를 나눴으며, 술탄의 군대가 근처에 있다는 것도 짐작하지 못한 채 절반이 넘는 병사를 클리아트로 보낸 것이다. 사실 로마누스는 만지케르트 원정 내내 잘못된 정보에 의존한 것으로 보인다. 그가 정확한 정보를 수집하기 위한 더 나은 시스템을 만들지 못한 것과 그가 이용할 수 있던 형편없는 정보나마 더욱 신중하게 받아들이고 운용하지 못했던 것은 오롯이 그의 잘못이다.

전투에 참여한 로마누스군의 지휘와 규율은 형편없었으며, 종종 혼란에 빠졌다. 전투 중에 튀르크군은 초승달 모양 대형을 사용해 철수하는 시늉을 해 비잔티움군이 요새화된 진지에서 빠져나와 추적하게 했다. 그이후 튀르크군은 이들을 거의 포위한 뒤 기병을 동원해 비잔티움군을 각

개격파하기 쉽도록 더욱 작은 집단으로 쪼갰다. 게다가 로마누스가 퇴각 명령을 내렸을 때, 퇴각하려는 의도를 전달하기 위해 로마 황실 깃발을 거꾸로 뒤집었는데, 많은 병사가 이것을 황제가 패배하거나 죽임을 당했다는 뜻으로 잘못 해석하여 비잔티움군은 혼란에 빠지고, 전쟁터에서는 재앙이 일어났다. 로마누스는 다시 싸우기 위해 군대를 돌리라고 필사적으로 명령했는데, 안드로니코스 두카스가 이끄는 후위대는 전장을 이탈한 뒤였고, 튀르크군이 비잔티움 진영을 약탈하기 위해 후방에서 공격할 수 있게 되면서 나머지 비잔티움군의 사기도 떨어졌다.[61]

결국 로마누스는 황제 즉위 시 상속받은 문제들과는 상관없이 비잔티움 군대의 제도적 결함을 제대로 인식하고 개혁하지 못했으며, 그의 주변에 충성스러운 장교들과 헌신적인 병사들을 모아두지도 못했고, 원정 동안 유용한 정보를 수집하고 그에 따라 전략을 조정하지도 못했다. 모두 그의 리더십이 엉망진창이었음을 보여 준다. 로마누스는 경험이 많은 군사령관이었지만, 그의 병사들은 훈련도 못 받았고, 전쟁터에서 비효율적으로 관리되었다. 로마누스의 무능함은 더 신중하고 유능한 지휘관이라면 예견하고 피할 수 있었을 문제들이 발생하게 했다.

15

울슬리 경
LORD WOLSELEY

조지프 머레츠

가넷 울슬리, 제1대 울슬리 자작, 1884년경.

육군 원수 가넷 울슬리 자작의 평판은 당시에 매우 높아서 흔히 쓰이던 'All Sir Garnet(한때 영국 육군에서 쓰이던 말로, '모든 것이 문제없다.'라는 뜻)'이라는 말의 뜻은 많은 영웅의 축복을 받은 19세기 영국 대중에게조차 구구절절하게 설명해 줄 필요가 없었다. 전쟁부 장관 하팅턴은 외무부 장관 그랜빌에게 편지를 쓸 때 반어법 없이 "우리의 유일한 장군"이라고 부를 정도였다.[1] 이러한 영예 뒤에는 영국군이 활동했던 크림반도, 중국, 인도, 캐나다, 골드코스트(오스트레일리아의 도시), 그리고 가장 최근인 이집트 등 다양한 지역에서 비전과 용맹을 보여 준 특이한 운명의 장교가 있었다. 그 자체는 빅토리아 여왕 시대의 장교에게는 드문 일이 아니었지만, 이 원정들 중 여럿을 지휘한 울슬리와 같은 경우는 당시에도 드문 일이었을 것이다. 그의 성공 비결을 묻는 질문에 울슬리는 "나는 승리가 확실하지 않는 한 절대 싸우지 않소."라고 대답했다.[2]

그의 분별력은 여타 동시대인들의 것보다 뛰어났던 듯하며, 윌리엄 버틀러 장군이 완전히 편견이 없지는 않았다는 점을 감안하더라도 울슬리는 "내가 영국군에서 만난 가장 훌륭하고 똑똑한 인재"라는 버틀러 장군의 말은 그가 독특한 능력을 가진 장교임을 증명한다.[3] 사색을 즐겼던 울슬리 경은 아편 전쟁을 다룬 역사책을 출판하기도 했는데, 더 중요한 저작은 《야전 근무 군인의 수첩 The Soldier's Pocket-book for Field Service》이다.[4] 그가 인맥도 좋았다는 사실은 육군 원수 에벌린 우드 경과 육군 소장 허버트 스튜어트 경 등 참모대학을 졸업한 일명 "아샨티 동맹(Ashanti Ring)"으로 알려진 그의 모임 구성원들이 보여 준다.[5] 게다가 울슬리는 영국 장교 리더십의 트레이드마크가 된 '부하들을 향한 부성애' 또한 보여 주었다. 수단에 투입된 부대를 위해 사비로 담배를 구입해 주고, 아스완 남부 지역이나 수아킨 지역에서의 근무 일수를 따져 매일 두 배나 되는 보수를 병사들이 지급받게 해 주었다. 만약 그가 편애를 하는 사람이었다면,

중요한 사람들을 편애했다는 것을 알 수 있다. 울슬리는 아내에게 쓴 편지에서 한 군인에게 경의를 표하며 "나는 무거운 마음으로 수단의 수도인 하르툼을 떠난다오. 지난 4개월간 있었던 사건들을 돌아보면, 내 마음은 오직 하나뿐인 밝은 곳에 머물러 있소. 바로 그 병사의 훌륭한 행동이라오. 그는 멋진 사람이었소."라고 말했다.[6] 이것은 단순한 직업적인 책임감 그 이상의 것이었다. 부하들을 돌보지 않을 때는 돈을 헤프게 쓰는 형제, 혼자 사는 누이, 노쇠하고 홀몸이 되신 어머니를 친절하게 도왔다. 분명히 울슬리에겐 감탄할 만한 점이 많았다.

그러나 1884년 가을 찰스 고든 소장을 구출하기 위해 울슬리가 계획하고 조직했으며 지휘한 원정은 1885년 1월 하르툼 함락과 함께 끔찍한 실패로 끝났다. 울슬리는 즉각적인 비난을 면했지만, 그럼에도 그러한 사건이 일어난 데 따른 책임을 져야 했다. 1882년 9월 이집트 독립운동가 아라비 파샤가 이끄는 군대가 텔엘케비르에서 패한 후 이집트 군대가 해산되면서 수단에서는 이슬람 근본주의 운동가 마흐디의 봉기가 확산될 여지가 생겼다. 영국은 이에 대응하여 고든을 먼저 파견했으나, 그만으로는 불충분하다고 판명되자, 울슬리가 병사 수천 명을 지휘하게 되었다. 1885년 7월 고향으로 돌아온 울슬리는 다시 현역으로 돌아가지는 못했지만, 그가 사랑했던 군 복무를 15년 더 지속했다.[7]

3년 전에는 모든 것이 매우 달랐다. 그때는 해군본부와 전쟁부가 신중하게 계획하고 사전에 정찰하여 이집트 측 방어 진지를 파악했고, 이 정보를 기반으로 1875년 수에즈 운하와 여타 요충지들을 보호하기 위한 계획이 갱신되었다.[8] 따라서 8월에 이루어진 상륙은 서둘러 진행되었을 수는 있어도, 결코 경솔한 건 아니었다. 당시 49세였던 울슬리가 이끈 천재적인 야간 행군과 뒤이은 텔엘케비르 전투에서의 마지막 승리는 짧지만 매우 중요한 원정으로 끝났다. 아라비 파샤와 민족주의자들은 추방당했고, 케디브(오스만튀르크제국 술탄이 파견하던 이집트의 총독)의 권위는 회복되었으며, 영국은 이집트에서 우위를 점했다. 울슬리는 마땅히 영웅 대우를 받으며 영국으로 귀환했고, 남작 작위와 3만 파운드를 받았다.[9)

울슬리가 전쟁부에서 부관감으로 임무를 다시 시작할 때 즈음, 수단에서의 이집트 문제는 이집트에서 영국의 권위가 커질수록 영국에 점차 문제가 되고 있었다. 그 이유는 경제적인 것이기도 했는데, 수단의 상황에 기꺼이 개입할 의향이 있던 이집트 또한 파산했기 때문이다. 따라서 '마흐디(이슬람교에서 말하는 미래에 올 구세주)'로 알려진 종교전사이자 수니파 예언자인 무함마드 아마드 이븐 앗사이드 압달라가 봉기를 주도한 뒤 명목상 이집트 군주였던 술탄에게 수단의 지배권을 회복해 달라고 호소한 것은 이집트가 튀르크군 주둔 비용을 감당할 수 없었기 때문에 이뤄지지 않았다. 여기다 1882년에 울슬리가 지휘했던 영국군의 이집트군 해체는 복잡한 요인으로 작용했다. 케디브였던 메흐메트 타우피크는 자기 군대를 갖고자 했으나, 당시 술탄에게 고용된 전 영국군 장교인 밸런타인 베이커가 그의 군대를 개혁하고 있었다.[10)

전략적으로나 경제적으로나 나일강 상류 지역인 수단을 존치하는 것은 이집트 경제에서 나일강의 중요성을 고려하면 완전히 타당했다. 그럼에도 이는 이집트가 단기적으로 감당할 수 없는 제안이었다. 금융적 요소를 강조하던 유명한 은행가의 자손 에벌린 베링 경은 1883년 9월 이집트의 수도 카이로에 도착했다. 런던 시민인 베링은 케디브의 총영사로 일하면서 케디브의 실세가 되었다. 수단 철수와 관련해서 홍해 항구의 유지는 줄곧 영국의 중요한 목표였다. 따라서 영국 정부가 케디브에게 요구한 것은 격을 갖춘 퇴거였다. 케디브에게 그건 무조건 항복이나 다름없었다. 군대를 보낼 수 없던 케디브는 장교를 보냈다.

이때 봄베이 참모단에서 근무했던 윌리엄 힉스 중령이 등장한다. 그는

1883년 2월 마흐디의 봉기에 대처하기 전에 이집트의 수단 주둔군을 재편하려고 하르툼에 갔다. 힉스는 하르툼 남서쪽의 황량하고 무더운 코르도판에서 봉기군을 물리치는 것을 목표로 삼았다. 이 지역은 물이 부족했지만, 마흐디의 지지자는 넘쳐났다.[11] 힉스는 소규모 교전을 몇 차례 벌이면서 잘 시작했지만, 그와 병사 1만 1,000명은 1883년 11월 샤이칸에서 전멸했다.[12] 케디브는 이 이후에도 패배를 몇 차례 더 겪게 되며, 이 패배들을 겪은 후 고든을 수단으로 보내자는 요청이 올라왔다.[13]

고든의 표면적 임무는 이집트의 수단 수비대를 철수시킬 방법을 구체화하는 것이었다. 하지만 겨우 그런 일을 위해 군이 장군을 보낼 필요는 없었기에, 이는 무시해도 되는 표면적인 이유였다.[14] 타당한 결론은, 1884년 1월에 고든이 수행한 임무는 처음부터 하르툼의 군대를 지휘하기 위해 기획되었다는 것이다. 고든 장군의 초기 생각은 수단 수비대를 나일강의 베르베르족 마을과 홍해의 수아킨 항구를 통해 대피시키는 것이었다.[15] 안타깝게도 고든이 런던을 떠날 때부터 하르툼에 도착한 2월 18일까지 더 많은 불행이 뒤따랐다. 가장 두드러진 사건은 오합지졸 부대를 이끌고 있던 베이커가 엘테브에서 패주한 것이었다.[16] 이로 인해 울슬리는 영국군 증원 병력 파병을 주장하기 시작했다. 내각은 마지못해 이집트를 점령한 영국군에서 1개 여단을 파병하는 것을 승인했다.[17]

확대되는 군사적 위기는 정치적 위기도 초래했다. 영국의 근동 정책이 거의 다 망가진 것처럼 보였기 때문이다. 직접 개입은 영국을 포함한 많은 유럽 정부에서 인기가 없었고, 토리당은 글래드스턴 총리의 대對이집트 정책이 부정직하거나 불법적인 건 아니지만 무책임하다고 비난했다.[18] 영국군이 이집트에 간 것은 수에즈 운하의 안전을 보장하기 위해서였다. 그러나 수단에서의 퇴각은 훨씬 어렵다고 판명났다. 이집트의 지속적인 불안정이 주된 이유였지만, 또 다른 이유는 영국이 확실히 인도를 지배하고 있다는 위신 때문이었다. 위신 문제가 울슬리에게 큰 부담이 되었지만, 아직 하르툼에 도착하지 못한 고든이 직면한 상황도 마찬가지로 나빠지고 있었다. 울슬리는 영국이 수단을 위해 싸우지 않겠다고 선언함으로써 영국은 마흐디의 봉기에 동조하지 않는 부족들의 지원을 상실하고 있다고 주장했다. 수아킨에서 영국군도 포위되자, 울슬리는 수단 동부를 보호령으로 선포하자고 했다. 그렇지 않으면 구조자 역할을 할 고든이 자신을 구해야 할 터였다. 확실히 울슬리는 이에 대해서마저도 성공을 장담하지 못했다. 그것은 단지 나중에 훨씬 더 많은 대가를 치르면서 더 큰 실패를 겪는 걸 미연에 방지할 기회를 제공했을 뿐이다.[19]

고든과 같은 위상의 장교를 파견하기로 한 결정에는, 영국이 필요하다면 다른 장교도 파견할 것이라는 암묵적인 함의가 담겨있었다. 4월에 울슬리는 "가을에 영국군 6,500명을 나일강으로 진군시킵시다."라고 제안했다. 그러나 영국 내각은 여전히 깊게 분열되어있었다. 만약 의회가 고든 구출에 공개적으로 단호히 반대했다면 변화가 감지될 수도 있었다. 글래드스턴은 마지못해서 1884년 여름에, 자신이 이전 겨울에는 꺼렸던 약속을 수용했다. 수단은 아직 대영제국의 관심사가 아니었지만, 이집트는 확실히 관심거리였고, 영국의 동쪽 영토들도 그랬다.[20]

수단 원정은 극복해야 할 "원시적인 지역 인프라, 아주 먼 거리, 적대적인 환경 조건, 잘 파악하지 못한 지리, 그리고 확고한 적" 등을 고려하면 결코 쉽지 않을 터였다.[21] 따라서 의회는 대안을 철저히 분석하라고 요구했다. 특히 구조를 기다리는 고든은 변덕스러운 인물이었기 때문에 여전히 실패할 가능성이 있었다. 시간은 알려지지 않은 중요한 변수였고, 울슬리는 이 중요한 요소를 고려하면서 계획을 세워야 했다. 정치인들이 망설인 것은 맞지만, 일단 결정이 내려진 이후에는 민첩해야 했다.[22] 그러나 울슬리는 최전선에 있는 프레더릭 스티븐슨 장군 및 왕립 공병대 사령관 앤드루 클라크 소장 등 이집트에서 근무하는 사람들이 주장했는데도 나일강을 거슬러 올라가지 않고 하르툼에 접근하는 방안을 전부 무시했다. 클라크는 나일강과 그 후 하르툼에 도달할 수 있었던, 수아킨에서 베르베르까지를 잇는 철도를 건설하자고 제안했다.[23] 120만 파운드라는 비용 자체가 이 계획을 실행하는 과정에서 일종의 관문이었다. 철도가 지나갈 경로를 제대로 탐사해 보지 않은 것도 또 하나의 관문이었다. 정부가 고든의 전사 이후 수아킨-베르베르 철도 계획을 승인했을 때도 이러한 고려 사항은 여전히 해결되지 않았다.[24] 영국군을 투입하는 나일강 접근법과 인도군(식민지 군대)을 투입하는 수아킨-베르베르 진격 둘 다를 도입하는 것이 더 나았을 것이다. 성공했을지는 확실하지 않지만, 적어도 마흐디로 하여금 두 가지 다른 위협에 맞서게 했을 것이다. 울슬리가 왜 이 계획을 채택하지 않았는지는 정확히 알 수 없지만, 두 가지를 고려해야 한다. 첫째, 울슬리는 이 문제를 1870년 캐나다 레드리버 원정*의 재현으로 보았다. 둘째, 울슬리는 다른 장군이 하르툼에 먼저 도착하는 위험을 감수하고 싶지 않았다.

영국 정부는 아직 원정을 약속하지 않았지만, 영국군은 신속히 아스완으로 남하했다. 5월 16일 하팅턴은 해군본부와 전쟁부의 합동 실무단을 제안했다. 글래드스턴은 전쟁부더러 먼저 자체적으로 문제를 해결하라고 주장해 계획을 좌절시켰다.[25] 따라서 공식적 동의나 승인된 계획이 없는 상태에서 전쟁부는 나일강 진입 작전과 수아킨-베르베르 작전을 준비하기 시작했다. 그러나 수단 문제를 적시에 해결하지 못한 내각의 실패는 수아킨-베르베르 작전의 전망을 어둡게 했다.

---

* 캐나다의 레드리버 식민지에서 반란이 일어나자 영국 정부가 울슬리를 파견해 진압한 사건. 반란군이 대패를 걱정해 요새를 비웠고, 울슬리는 이 진압 작전에서 손쉽게 승리를 거뒀다.

7월 말, 베르베르가 5월 26일 봉기군에 함락되었다는 소식이 런던에 도착했다. 이는 수아킨을 중심으로 하던 세력을 철도가 완성될 때까지 억제할 수 있다는 가설을 무효화시켰다. 더 중요한 것은, 철도를 건설하기 위한 기회가 나일강이 범람하는 아프리카의 여름이 시작되면서 사라졌다는 것이다. 따라서 하팅턴은 스티븐슨에게 나일강을 거슬러 올라갈 수 있겠다고 전보를 보냈다. 그럼에도 스티븐슨은 수아킨-베르베르 철도 노선의 이점을 계속 주장했다. 이 주장을 지속한 것은 스티븐슨에게 좋게 작용하지 않아 그는 원정대 지휘관 후보에서 제명되었고, 울슬리가 그 자리에 앉았다.[26]

수아킨-베르베르 진격을 고집하는 스티븐슨 때문에 하팅턴과 울슬리는 분노했다. 영국이 가지지 못한 군대를 요구해서 그렇다는 것이 설명 중 하나이다. 울슬리가 전면적 원정을 피할 수 있다고 믿었다는 사실도 이유로 든다. 그러나 그 믿음은 고든이 마냥 구조를 기다리지만은 않을 것이라는 가정에 기반했다.[27] 한편, 울슬리는 이집트로 갔다. 고든을 구하기 위한 결정이 아직 내려지지 않았기 때문에, 그의 출발은 또 다른 중간 선택을 의미했다. 이집트에 도착한 후 울슬리는 하르툼이 올해 말까지 어떻게 해방될 수 있을지를 가늠했다. 전쟁부는 당장 필요한 병력을 제공하기로 동의하면서, 동골라(수단 북부에 있는 도시)를 넘어선 배치는 여전히 승인을 받아야 한다고 조언했다. 여기에서는 허세와 자기기만이 드러난다. "상당히 늠름한 영국군"을 배치하면 심각한 전투를 미연에 방지할 수 있다고 울슬리가 주장한 것이다. 울슬리를 따라하던 하팅턴도 그렇게 믿었다. 원정대의 통신선을 유지하고 보호하는 데 필요한 병력을 제외하면, 고든을 구출하는 데 3개 보병대면 충분하다고 여겼다. 그것은 상대해야 할 적의 성격을 오해한 데 따른 것이었다. 깊은 광신과 대의로 들고일어난 봉기군은 우월한 화력 앞에서도 엄청난 손실을 감수하려는 의지를 보였다. 의심할 여지 없이 울슬리는 영국군의 훈련과 사격 군기가 승리의 중요한 요인이 될 것이라고 생각했다. 그럼에도 불구하고 울슬리가 3개 대대로 진격하려 했던 가장 현실적인 이유는 이것이 지속 가능한 원정대 규모의 한계였기 때문이다.[28]

9월, 보병대대 9개가 이집트와 수단에 배치되었다. 그들은 허버트 스튜어트 준장 휘하 기병대와 합류했다. 영국·이집트 주둔군에서 선발한 기병과 자원한 보병, 낙타군단은 정예였고, 1873년 울슬리가 서아프리카 아샨티 왕국과의 전쟁 때 진행하고자 했던 방식을 반영했다.[29]

나일강 진격에는 필연적으로 경흘수선(수심이 얕은 물에서도 운항이 가능한 선박)이 필요했다. 이를 위해 울슬리는 윌리엄 버틀러 대령과 제임스 알레인 중령에게 해군본부와 함께 필요한 선박을 찾는 임무를 맡겼다. 이로써 35피트 깊이의 경흘수 포경선 800척이 확보되었다. 이 선박의 선원들은 캐나다 뱃사공, 이집트인 징집병, 해군 수병 들로 다양하게 구성되었다. 몇몇은 나이가 매우 많았고, 다른 몇몇은 기술이 부족했거나 군율을 거부했다. 이러한 문제가 존재하지 않았더라도, 이 포경선이 나일강과 그 급류를 항해하는 유일한 선박은 아니었다. 토머스 쿡의 기선은 원정대의 통신선을 유지하는 임무를 맡은 이집트 육군을 데려왔다. 훗날 버틀러는 나일강의 혼잡을 회고하며 한탄했다. 그러나 더 큰 문제는 보트에 적재할 인력·물자의 상대적 우선순위를 규정한 전반적인 계획이 부족하다는 것이었다. 그러나 전부 잘 준비되었더라도 버틀러는 모든 것이 너무나 느릿느릿하게 진행되고 있다고 믿었다.[30]

이러한 결함은 난리가 나야 물자를 확보하는 전쟁부의 관행을 반영했다. 또한 공동 작전 원칙이 없던 탓이기도 했다. 작전 속도가 느릿느릿했던 이유는, 울슬리가 모든 곳에 있는 것이 불가능해서였다. 전신기를 늘리고 더 많은 장교를 동원했다면 문제를 완화시킬 수 있었겠지만, 근본적인 실패 원인은 팀의 모든 구성원이 따를 수 있는 명확한 계획이 부족하다는 점이었다. 그런 계획을 작성하는 것은 울슬리의 책임이 아니었다. 하지만 그런 계획이 존재하도록 보장하는 것은 그의 책임이었다.

11월 말, 울슬리는 이미 원정을 지원하고 있던 병사들에게 해군여단(Naval Brigade) 창설을 제안받았다. 찰스 베리스퍼드 대위 휘하의 부대는 일반적인 여단과 비슷하지는 않았지만, 나일강에서 이루어지는 이 원정에 독특한 능력을 더해 주었다.[31] 우선 군율을 잘 따랐으며, 원정대에 물류 지원을 하기 위해 나일강을 항해하는 민간 기선 및 '너거Nuggar'라 불린 대형 항해용 범선과 다르지 않은 보트, 론치(모터가 달린 대형 보트), 스키프(소형 보트)에도 익숙했다. 불행히도 여단을 구성하는 마지막 순간에 엄청난 대가를 치러야 했다. 대열을 이루던 병사들이 통신선을 따라 흩어진 것이다.[32] 따라서 안 그래도 부족했던 시간이라는 자원이 장교들과 수병들을 집결시키는 데 더 소모되었다. 하지만 더 안 좋은 일이 이들을 기다리고 있었다.

당면한 문제 중 하나는 진격을 지원하는 데 쓸 석탄이 부족하다는 것이었다. 울슬리의 참모장 레드버스 불러 소장은 이집트 주재 영국군 참모장 제임스 도머 소장이 이 실수를 일으킨 자라고 비난했다. 울슬리는 그 오류가 불러 탓이라고 믿었다. 하지만 울슬리는 휘하 병사들이 쓸 군수물자가 잘 운반되고 있다고 여긴 점을 상당히 비난받았다.[33] 그러한 오류가 발생한 것도 감안하면, 정치적 판단력 부족도 핵심적으로 고려해야 한다. 9월에 원정대의 규모가 두 배로 늘어나고, 임무가 고든을 구하는 것으로 좁혀졌을 때, 사전에 목표를 확실히 하지 못한 상황에서 4월에 수립한 병참 계획이 잘못되었다는 게 드러났다. 석탄 부족과 더불어 상업용 기선은 신뢰성이 떨어진다는 사실도 드러났다.[34] 불러는 고든이 보유한 물자를 다 소모하기 전에 현재 교전 중인 1만 명을 위한 물자를 수송할 시간이 없다고 계산했다. 따라서 불러는 원정 규모를 줄여야 한다고 압박했다. 울슬리는 이를 받아들여 아직 영국에 있던 2개 대대에 내렸던 명령을 취소했다.[35]

더 큰 비극이 뒤따르지 않게 하기 위해서라도 고든 구출 작전을 더 빨리 진행해야 했다. 11월 초에 고든에게 쓴 편지에서 울슬리는 그제서야 나일강 진격의 한계를 인정했다. 하르툼에 도착하겠지만 제시간에 도착할 것 같지는 않았다. 그래서 울슬리는 고든에게 기병 1,500명이 사막을 건널 것이며, 코르티와 아부하마드 사이에 있는 나일강의 폭포를 피할 것이라고 통보했다. 이 조치는 곧 하려던 탐험을 위해 메템메흐에 기선 5척을 확보하려했던 고든의 계획과 일치했다. 울슬리는 윌리엄 얼 소장이 지휘하는 한 부대를 나일강을 따라 보냈다. 그동안 허버트 스튜어트의 기병대는 나일강의 제4폭포와 제5폭포를 우회했다. 불행하게도 울슬리는 12월 16일 코르티에 도착했지만, 그의 나머지 부대원들은 수 마일 뒤처져있었다.[36]

스튜어트는 1885년 1월 8일 메템메흐로 향하는 290킬로미터 여정을 시작했다. 일정이 지연된 원인은 여전히 필수적인 준비가 부족해서였다. 멀리 떨어져있던 울슬리와 불러 사이에 조율이 부족했고, 코르티에서 해군여단도 모집해야 했기 때문이었다.[37] 사막종대(Desert Column)는 정찰을 담당했기에, 해군여단이 이후 핵심적인 역할을 했다. 메템메흐를 점령해 전진기지로 쓰기 위해 바유다 사막을 건너는 것을 목표로 삼은 스튜어트의 기병대는 고든과 다시 접촉하고자 했다. 따라서 고든에게 편지를 전달할 원정대의 정보장교인 윌슨 대령도 스튜어트의 기병대에 있었던 것이다. 정확한 내용은 알려지지 않았지만, 고든에게 4월까지 구조를 기대하지 말라고 조언한 것으로 보인다.[38]

한편, 사막종대의 진격 상황은 며칠, 그리고 이후에는 몇 주 단위로 측정되었다. 이것은 전부 병참 때문이었으며, 그래서 행군 병력을 따라 중간 경유지를 설치해야 했다.[39] 지연이 불가피한 것도 아니었다. 많은 장교가 행군 와중에 점점이 있던 유적지를 둘러보았다.[40] 오전은 부드러운 훈풍과 함께 따뜻하게 시작되었지만, 오후는 더위가 지배했고, 밤은 추웠다. 스튜어트 기병대는 행군하고, 쉬고, 밤에 다시 행군했다. 행군 과정에서 사람과 짐승 모두 고통을 받았다. 이제 물 공급도 힘들어졌다. 물의 상당량은 단순히 증발해 버렸고, 우물이 발견되어도 이렇게 큰 부대의 수요를 충족시키기 어려웠다. 스튜어트는 다음 우물은 충분하기를 바라며 계속 앞으로 나아갔다. 그러한 상황에서 기강이 해이해졌다. 윌슨은 이러한 행군 방식에 비판적이었다. 부대가 낮에 행군하고 밤에 잤다면 더 많은 것을 성취했으리라고 믿었다.[41]

하르툼에서 고든은 보급품 감소에 직면하고 있었다. 배식량은 줄었지만 보급품을 늘릴 수 없었기에, 그는 수요를 줄이고자 비전투원 5,000명이 도시를 떠날 수 있도록 했다.[42] 한편, 스튜어트의 어려움은 아부클레아의 우물을 점령하고 있던 마흐디스트들*에 의해 가중되었다. 1월 17일 영국군이 방진을 형성하기도 전에 아부 사피아 휘하의 최소 8,000명에 달하는 적이 전선을 침범하는 등 격렬한 전투가 벌어졌다. 영국군 92명이 부상을 입었고 75명이 전사했다. 주요 사상자 중에는 영국 왕립기마근위연대의 프레더릭 버내비 대령도 포함되었다. 윌슨은 아부클레아 전투에 관해서 "모든 게 끝이라고 생각했을 때 구사일생으로 탈출했다."라고 썼다.[43] 함께 훈련받은 적이 없는 이집트와 영국의 수병, 보병, 기병으로 구성된 이 혼합 세력은 무기 고장도 많이 겪었다. 공격해오는 수단인들의 기세를 꺾을 수 있을 사람은 없었다. 하지만 결국 800명 이상이 스

---

* 19세기 이집트와 영국에 이중 지배를 당하던 수단에서 무함마드 아마드가 1881년 스스로를 '마흐디(구세주)'로 선언하며 시작된 이슬람 근본주의 운동의 지지자들.

튜어트의 소유물이 된 우물을 지키기 위해 쓰러졌다.[44)]

나일강이 아직 몇 마일, 며칠을 가야 할 거리에 있는 상황에서 스튜어트는 기병대에 휴식을 주고 싶었지만, 고든 역시 절망적인 상황에 놓여있음을 알고 있었기 때문에 그렇게 하지 않았다. 그리하여 기병대는 피곤에 절여진 채 메템메흐로 달리고 또 달렸다.[45)] 안타깝게도 기병대는 1월 19일 아부크루 근처에서 적과 다시 교전하면서 더 큰 피해를 입었다. 전사자 25명과 부상자 100명 이상이 발생했으며, 스튜어트도 심각한 부상을 입었다.[46)] 이러한 상황이 벌어지리라 예측했던 울슬리는 불러나 자신이 문제를 해결할 것이라고 전쟁부에 약속했다.[47)] 물론 이를 위해서는 둘다 가까운 곳에 있어야 했지만 그렇게 하지는 않았다. 지휘권은 이제 고급 장교인 찰스 윌슨에게 넘어갔는데, 찰스 윌슨은 뛰어난 과학적 재능을 가졌지만 지휘 경험이 부족했다. 윌슨은 에드워드 보스카웬 대령, 퍼시 배로우 중령, 워드롭 소령, 에어리 백작에게 가르침을 구했다.[48)] 일부는 이 행동을 가리키면서 윌슨을 "늙은 여인"과 같다고 여겼지만, 마이크 스누커는 이러한 접근 방식이 참모들과 부하 지휘관들을 현명하게 활용하는 사령관의 모습에 가깝다고 정확하게 지적했다.[49)]

사막종대는 느리지만 계속 진격했다. 많은 부상자가 발생했고, 말과 낙타는 사료와 물이 떨어진 상황에서 과로로 탈진했다. 사실, 부대가 너무 약해져서 윌슨은 점령지를 유지할 수 없으리라 우려하여 메템메흐 공격을 강력히 반대했다. 작전에 성공해도 더 많은 사상자가 발생할 것이라고 믿은 윌슨은, 메템메흐 위쪽의 나일강가에 자신의 군대를 머물게 했다.

1월 22일까지 고든에게 도달할 가능성은 빠르게 사라지고 있었다. 하르툼으로 접근하는 것을 막는 요새인 옴두르만은 함락됐다고 알려졌다. 스튜어트는 중상을 입고, 버내비가 죽었으며, 질병에 시달리던 베리스퍼드를 제외한 해군여단의 모든 장교가 죽거나 다쳤기에 원래 계획에서 유일하게 남은 것이라고는 목표밖에 없었다. 월슨은 여전히 절망하지 않았다. 기마 순찰대가 길을 확보했다고 보고하자, 월슨과 베리스퍼드, 그리고 동행한 보병들은 조심스럽게 기선에 올라 센디까지 정찰했다.[50]

또 한 번 지체한 끝에 이제 베리스퍼드가 움직이지 못하게 되자 월슨은 1월 24일이 되어서야 기선 텔엘하윈호와 보딘호를 몰고 출발했다. 이 부대는 월슨, 장교 3명, 수단인 병사 240명, 수병 소수, 그리고 영국 육군의 상징인 붉은 군복을 입은 군인 20명으로 구성되었다. 붉은 군복은 마지막 진격을 위한 울슬리의 아이디어로, 기선을 제압하기 위한 것이었다. 하지만 마흐디와 같은 자들에게는 소용이 없었다. 이는 울슬리가 적을 본질적으로 오해했음을 보여 준다.[51] 사실 하르툼은 317일간의 포위 끝에 1885년 1월 26일, 고든이 카이로를 떠난 날 함락되었다.[52] 이틀 뒤 월슨은 하르툼을 발견했지만, 적의 뜨거운 환영 탓에 도시에는 들어가지 못하고 백나일강과 청나일강이 합류하는 지점 근처까지만 접근할 수 있었다. 이 극적인 순간을 월슨은 다음과 같이 회상했다.

> 이 순간의 광경은 매우 웅장했다. 하르툼 근처에서 펄럭이는 깃발을 든 적의 무리, 옴두르만의 피난처 참호에 길게 늘어선 소총병들, 투티[섬]의 수많은 무리들, 작렬하는 포탄들과 총탄 수백 발과 이따금 더 무거운 총알로 솟구치는 물이 결코 잊을 수 없는 인상을 남겼다. 폭풍우가 몰아치는 광경을 내다보았을 때, 우리가 달아나는 것은 거의 불가능해 보였다.[53]

탈출은 가능했지만, 끔찍한 위험을 겪어야 했다.

다른 곳에서는 얼의 부대가 나일강 줄기를 따라 질서정연하게 전진했다. 제4폭포를 지나가는 것은 적의 저항에 직면하지 않아도 충분히 어려운 일이었다. 2월 3일 베르티에 하르툼 함락 소식이 전해졌다. 이 소식은 이틀 후 런던에 도착했다.[54] 의회가 쉬고 있어서 내각은 2월 6일까지 회의를 하지 않았지만, 구체적인 정보들이 여전히 부족했다. 따라서 얼은 키르베칸을 점령하고 있던 마흐디스트 1,500명과 마주치기 전에 계속 진군했다. 그는 공격하기로 결정했다. 그 결과 대대장이었던 얼과 다른 10명은 살아남지 못했고 헨리 브래컨버리 준장이 지휘를 맡게 되었다. 리버 종대는 하르툼 함락에 관한 첫 소식만 보고 받았을 뿐 고든의 운명은 듣지 못했으므로 계속 진군했다. 원정대는 이제 부족들을 징벌하겠다고 했다. 이런 거친 분위기에도 불구하고 고든이 여전히 살아있을 것이라는 희망은 남아있었다.[55] 곧 비극적인 소식이 알려졌고, 2월 24일에 울슬리는 브래컨버리에게 퇴역을 명했다.[56]

문화적으로 고든의 죽음은 결정적인 순간이었고, 글래드스턴에겐 불길한 징조가 되었다. 그나마 딱 하나 좋은 일이 있었으니, 고든이 하르툼을 점령한 동안 마흐디가 감히 이집트로 이동할 수 없었다는 점일 것이다. 그 방패막이 사라지면서 영국군은 노골적으로 노출되었다. 이전에는 단지 선택에 불과했던 퇴각이 이제 필수가 되었다. 울슬리의 군대는 진격하는 동안 전술적 승리를 거두었으나, 피도 많이 봐야 했다. 윌리엄 얼 소장과 허버트 스튜어트 소장 그리고 많은 하급 장교가 목숨을 잃었다. 더 심각했던 것은 연중 가장 더운 시기가 다가오는 동안, 더 이상 고든과 하르툼에 얽매이지 않은 마흐디를 대적할 병력이 부족했다는 점이다. 이에 따라 불러는 획득한 지 얼마 안 된 아부크루에서 2월 13일에 군대를 철수시켰다.[57]

사건 내내 울슬리는 허버트 스튜어트를 제외한 참모와 고위 장교 들의 능력을 혹평했다. 그 장교들에게 잘못이 없지는 않았지만, 그들은 울슬리의 지휘하에 있었고, 울슬리가 선호하던 것의 결과물이었다. 윌슨은 추가적인 비난을 받아들였다. 울슬리가 구원 원정 실패에 따른 책임을 윌슨과 글래드스턴에게 돌렸기 때문이다. 글래드스턴의 죄는 제때 행동하지 못한 것이었으며, 처음에 잃어버린 시간도 보상받지 못했다. 윌슨의 실수는 장교였던 자신의 직책을 감당하지 못한 것이었고, 그의 무능력이 초래한 대가는 고든 장군이 대신 지불했다.

이런 견해는 전적으로 자기중심적이었다. 윌슨이 하르툼 함락 전에 도착했을 수 있다고 치더라도, 그는 사건의 결과를 바꿀 능력이 없었다. 글래드스턴의 경우, 울슬리는 그가 원정대 파견을 꺼린다는 것을 처음부터 알고 있었다. 상급자에게 그가 원하지 않는 방침을 따르라고 강요하기보다는, 울슬리가 주어진 제약을 받아들이고 그에 따라 행동하는 것이 더 낫지 않았을까? 이 모든 상황에서 울슬리는 고든에게 하르툼에서 퇴각하라고 명령한 적이 없었다. 따라서 하급자나 상급자의 결점보다 더 중요한 것은 울슬리 본인의 결점이었다. 그는 낙타와 석탄을 병력 지원용으로 확실히 충분할 만큼 확보하지 못했고, 다른 모든 가능성을 배제하면서 나일강을 따라 진격하자고 주장했다. 울슬리가 책임자를 규명하고자 했다면 다른 곳이 아니라 자신의 막사부터 둘러봐야 했다.[58]

하르툼 함락 소식은 2월 4일 런던에 도착했다. 의회가 휴회하는 동안 신문들이 슬픔과 분노를 표출했다. 역설적이게도 더 중대하게 고려된 것은 군인이 아닌 정치인들의 실패였다. 영국 군인들이 여전히 전투에 참가하고 있었기 때문에 이것은 아주 자연스러운 일이었다. 그러므로 전략의 실패는 전술의 실패보다 더 커 보였다. 사건을 주시하던 〈타임스〉는 다음과 같이 결론지었다.

하르툼 함락은 단순히 전투에서의 패배, 수비대 붕괴, 심지어 오랫동안 엄청난 역경을 겪으면서 국가의 명예를 유지해온 영웅의 손실보다 훨씬 더 큰 의미가 있음을 본능적으로 느낄 수 있다. 그것은 정책 전반에 관한 귀류법(reductio ad absurdum, 주어진 명제를 부정했을 때 모순이 발생함을 보여서 원래 명제가 참임을 보이는 방법)으로, 우리의 흩어진 병사들을 향한 즉각적인 위험을 내포할 뿐만 아니라 제국 구석구석까지 교란할 위험한 가능성도 지니고 있는 재앙이다.[59]

이러한 위험은 제국의 통치가 합의보다 위신에 더 의존할 때 내재되기 마련이다. 글래드스턴은 2월 19일 하원 연설 때 수단에서 진행된 이집트의, 결과적으로 영국의 정책이 피란을 위한 것이었음을 상기시키며 마침내 이 사안을 언급했다. 이로써 변화가 예고되었다. 마흐디가 하르툼을 획득하고 마흐디즘 또한 만연한 상황에서 피란은 더 이상 충분한 정책이 아니었다.[60] 울슬리는 마흐디의 추종자인 오스만 디그나의 권세를 무너뜨리기 위해 수아킨에서 새로운 공세를 시작하라는 지시를 받았다. 수단 동부에서 공세를 지속하는 것과 관련된 보급 문제를 고려하여, 수아킨과 베르베르 사이에 철도를 건설하는 것이 최우선 과제가 되었다.

그러나 다른 곳에서 일어난 사건들 때문에 급격한 방향 전환이 일어났다. 아프가니스탄 국경을 둘러싼 분쟁은 펜제(Penjdeh 또는 Panjdah, 아프가니스탄 국경 근처의 도시)의 위기 및 러시아와의 전쟁 가능성을 야기했다. 따라서 4월 13일 전쟁부는 울슬리에게 하르툼을 향한 작전이 종료될 것이라고 경고했다. 일주일 후 그 명령이 전달됐다.[61] 울슬리는 영국이 지금 당장 마흐디즘을 진압하지 않으면 나중에 훨씬 더 비싼 대가를 치르게 될 것이라며 반대 의견을 냈다.[62] 울슬리의 생각은 가치 있었지만, 영국 육군은 여러 전장에서 동시에 전투를 벌일 수 있을 만큼 장비를 갖추지 못했다. 물론 울슬리에게는 개인적 동기가 존재했다. 수단에서 철수하면 고든을 구하는 데 실패할 터였다. 더 중요한 것은 울슬리의 명성 회복도 불가능해지리라는 점이었다. 울슬리는 아내에게 쓴 편지에서 "나는 힘든 시기를 보냈소. 전쟁의 즐거움을 전혀 맛보지 못한 채, 이전에는 한 번도 겪어 보지 못한 힘든 원정에서 온갖 고된 일을 겪었소. 다시는 그런 일을 겪지 않게 해 달라고 주님께 기도해 주시오."라고 한탄했다.[63] 비극적인 고든 구조 원정에 관한 기도 중 하나는 이루어졌다. 울슬리는 이후 육군 원수 자리에 오르고, 영국 육군 총사령관도 된 것이다. 이로써 다시는 전투를 지휘하지 않았다. 그가 받은 영예는 그의 행정 능력, 다른 사람들의 계획, 그리고 적절한 시기가 만들어낸 결과물이었다. 예컨대 1895년 총사령관 자리가 공석이 되었을 때 빅토리아 여왕의 셋째 아들 콘노트 공작은 그 자리에 앉기에는 경험이 너무 부족하다고 여겨졌다.[64]

울슬리는 체계적이고 사려 깊은 군인이었다. 간단히 말해서 그는 "과학적인 군인"으로 여겨졌다.[65] 이것은 많은 경우에 적절한 자질이지만, 고든을 구하기 위해서는 울슬리가 보여 준 것보다는 확실히 더 많은 활력을 가진 구세주가 필요했다.[66] 오만과 허영심, 쓸쓸함이 가득 찬 그는 마흐디와 마흐디즘의 본질을 심각하게 과소평가했다. 그는 또한 글래드스턴을 경멸했다. 이것 자체는 죄가 아닐 수 있지만, 선출된 민간인 권력자의 알려진 성향을 거스르는 것은 죄일 수 있다. 하지만 이 시기 영국의 군사 감독 구조는 형태는 있었어도 내실이 부족했기에 이 모든 것이 울슬리의 책임은 아니었다. 총참모부와 관리 감독 기관이 없는 상황에서 영국 장군들에게 너무 많은 기대가 지워졌다. 또 다른 남아프리카 전쟁(보어 전쟁)으로 이것이 종국적으로 증명되면서 육군·전쟁부 개혁, 그에 따른 제국방위위원회(Committee of Imperial Defence) 설립이 이어졌다. 내각의 감독은 확실히 이론적으로 존재했지만, 의회는 외교·전략 관련 업무에서 분리된 일정에 따라 일했다. 고든이 수단으로 떠난 1884년 1월에 의회는 휴회했고, 고든이 전사한 1885년 1월에도 다시 휴회하고 있었다.

마지막으로 시간, 공간, 운영 능력, 보급은 무시해서는 안 될 요소들이다. 의지력은 중요하지만, 너무 강한 압박을 받으면 희망 고문으로 전락할 뿐이다. 여기서 울슬리는 실패했다. 전술적으로 군대는 좋은 성적을 거두었지만, 행정적으로는 부족했다. 이것이 전부 울슬리의 잘못은 아니다. 시스템적인 문제들이 존재했다. 그럼에도 본질적인 실수는 그가 한 것이었다. 고든을 후원한 사람이 울슬리였다. 그 작전이 흔들리자 구원군을 보내라고 압박한 사람도 울슬리였다. 이전의 실패를 만회할 기회를 받았던 장군은 거의 없다. 울슬리가 바로 그중 하나였다. 1884년 가을에 시작된 원정을 구상하고 조직하고 지휘했지만, 더 큰 실패만 뒤따랐다. 지휘관으로서 울슬리는 강인한 적을 마주한 적이 없었다. 이 사실만으로도 그는 위대한 사령관으로 간주되기 어렵다. 1882년 텔엘케비르 전투에서 고군분투한 끝에 얻은 명성에도 불구하고 말이다. 그의 마지막 원정 실패는 많은 지휘관을 애통하게 했으며, 그가 군사 지도자로서 한계가 있었음을 증언하고 있다.

미주

서문

1) Michael Howard, 'The Use and Abuse of Military History', *RUSI Journal*, cvii/625(1962), 4–10p.

2) Niccolo Machiavelli, *The Prince*, trans. Hill Thompson(Norwalk, CT, 1955), 113p.

3) Alan Clark, *The Donkeys*(New York, 1962).

4) John Laffin, *British Butchers and Bunglers of World War One*(Godalming, 1998).

5) Norman F. Dixon, *On the Psychology of Military Incompetence*(London, 1976); Robert Pois and Philip Langer, *Command Failure in War: Psychology and Leadership*(Bloomington, IN, 2004).

6) Pois and Langer, *Command Failure in War*, 2p.

7) Eliot Cohen and John Gooch, *Military Misfortunes: The Anatomy of Failure in War* (New York, 2006), 232p.

8) John Keegan, *The Face of Battle*(London, 1988), 263p.

9) Stephen Roskill, *Admiral of the Fleet Earl Beatty: The Last Naval Hero*(Annapolis, MD, 2018).

1. 로만 폰 운게른-슈테른베르크

1) Leonid Iuzefovich, *Samoderzhets Pustyni: Fenomen Sud'by R.F. Ungern-Shternberga* (Moscow, 1993), 18–19p; ; Canfield F. Smith, 'The Ungernovščina – How and Why?', *Jahrbücher für Geschichte Osteuropas*, xxviii/iv(1980), 593–594p.

2) Iuzefovich, 19p; Evgenii Belov, *Baron Ungern fon Shternberg: Biogragiia, Ideologiia, Voennye Pokhody 1920–1921 g.g.*(Moscow, 2001), 17–18p; N. N. Kniazev, *Legendarnyi Baron*(Harbin, 1942), 8p.

3) Iuzefovich, *Samoderzhets Pustyni*, 19p; Belov, *Baron Ungern*, 18p; Smith, 'The Ungernovščina – How and Why?', 591p.

4) Peter Wrangel, *The Memoirs of General Wrangel, the Last Commander-in-Chief of the Russian National Army*(London, 1930), 7p.

5) Ibid.; Boris Volkov, 'About Ungern: From the notebook of a White Guard', typescript trans. Elena Varneck, 45–46p, Hoover Institution Archives, Stanford University; Smith, 'The Ungernovščina – How and Why?', 591p.

6) Robert A. Rupen, *Mongols of the Twentieth Century*(Bloomington, IN, 1964), 50p.

7) Gerard M. Friters, *Outer Mongolia and Its International Position*(Baltimore, MD, 1949), 54–56p.

8) Rupen, *Mongols*, 61p.

9) Ibid.

10) Grigorii Semenov, *O Sebe: Vospominaniia, Mysli, i Vyvody*(Harbin, 1938), 10–11p.

11) Kniazev, *Legendarnyi Baron*, 10p; Volkov, 'About Ungern', 46p.

12) Belov, *Baron Ungern*, 19–21p.

13) David Footman, *Ataman Semenov*, St Antony's Papers on Soviet Affairs(Oxford, 1955), 4p.

14) Semenov, *O Sebe*, 42–45p.

15) Ibid.

16) Footman, *Ataman Semenov*, 6–7p; Semenov, *O Sebe*, 57–63p.

17) Semenov, *O Sebe*, 63–67p.

18) Ibid., 66–69p.

19) Ibid., 79–80p.

20) Footman, *Ataman Semenov*, 17p.

21) Ibid., 17–30p.

22) Ibid., 33–35p, 43–50p.

23) Ibid., 33–35p, 38–41p.

24) Semenov, *O Sebe*, 136–137p.

25) Footman, *Ataman Semenov*, 55–57p.

26) Semenov, *O Sebe*, 81–82p; Footman, *Ataman Semenov*, 33–35p, 46–49p.

27) Urajiostoku Hakengun Sanbōbu, 'Baron Ungerun'gun sentōryoku narabijikyū nōryoku no handan ni kansuru shiryō', 1 May 1921, 4–5p, Japanese Military Archives, Library of Congress Microfilm Reel 117, no. 1061; Volkov, 'About Ungern', 46–47p; Victorin M. Moltchanoff, *The Last White General: An Interview Conducted by Boris Raymond*(Berkeley, CA, 1972), 107–108p.

28) Hakengun Sanbōbu, 'Baron Ungerun'gun', 2–3p.

29) 'Ungeru'gun sonawaretaru Nihonjin no kōdō shimatsu', Attachment in Qiqihar Consul General Yamazaki to Foreign Minister Uchida, 7 November 1921, 'Rōkoku kakumei ikken, (별책) Ungerun no Uruga nokōgeki', Japanese Foreign Ministry Archives, 1-6-3-24-13-28-1.

30) Footman, *Ataman Semenov*, 42–43p; Smith, 'The Ungernovščina – How and Why?', 594–595p.

31) Smith, 'The Ungernovščina – How and Why?', 594–595p; Volkov. 'About Ungern', 12–13p, 48–50p; A. S. Makeev, *Bog Voiny – Baron Ungern: Vospominaniia bybshago ad'iutanta Nachal'nika Aziatskoi Konnoi Divizii*(Shanghai, 1934), 13–14p.

32) Makeev, *Bog Voiny*, 13p.

33) Hilel Salomon, 'The Anfu Clique and China's Abrogation of Outer Mongolian Autonomy', *Mongolia Society Bulletin*, x/1(1971), 67–70p; Footman, *Ataman Semenov*, 36–37p; Thomas E. Ewing, 'Russia, China, and the Origins of the Mongolian People's Republic, 1911–1921: A Reappraisal', *Slavic and East European Studies*, LVIII(1980), 407p.

34) Salomon, 'Anfu Clique', 76–80p.

35) D. P. Pershin, '*Baron Ungern*, Urga, and Altan Bulak: An Eyewitness Account of the Troubled Times in Outer(Khalka) Mongolia during the First Third of the Twentieth Century', typescript trans. Elena Varneck, 3–4p, 8p, 14–18p, D. P. Pershin Papers Box 1, Hoover Institution Archives, Stanford University; M. I. Kazanin, 'Through Mongolia by Cadillac in 1920', *Canada–Mongolia Review*, ii/1(1976), 38–39p.

36) Kniazev, *Legendarnyi Baron*, 31p; Makeev, *Bog Voiny*, 14p.

37) Kniazev, *Legendarnyi Baron*, 30–34p.

38) Smith, 'The Ungernovščina – How and Why?', 593–594p; Belov, *Baron Ungern*, 101–111p.

39) Pershin, '*Baron Ungern*', 43–44p.

40) Kniazev, *Legendarnyi Baron*, 41–46p.

41) Ibid., 46–47p.

42) Volkov, 'About Ungern', 27–28p.

43) Ibid.

44) Ibid.

45) Pershin, '*Baron Ungern*', 45–46p.

46) Ibid., 44–46p.

47) Ibid., 48–52p, 56–57p, 70p; Kniazev, *Legendarnyi Baron*, 58–65p.

48) Volkov, 'About Ungern', 14–15p; *North China Herald*, 16 April 1921, 156p; 'A Letter of Ungern to General Lu Chang-Kuu, 16 February 1921', Special Delegation of the Far Eastern Republic, *Letters Captured from Baron Ungern in Mongolia Reprinted from Pekin and Tientsin Times*(Washington, DC, 1921), 15p, Hoover Institution Archives, Stanford University.

49) Riabukhin(Ribo), 'The Story of *Baron Ungern*', 3–10p; V. Sokolnitskii, 'Kaigorodovshchina', 29p, typescript trans. Elena Varneck, Hoover Institution Archives, Stanford University.

50) Riabukhin(Ribo), 'The Story of *Baron Ungern*', 6p.

51) 'A Letter of *Baron Ungern* to General Lu Chang Kuu, No. 489', 2 March 1921, Far Eastern Republic, *Letters Captured from Baron Ungern*, 10–12p; Belov, *Baron Ungern*, 101–111p.

52) Pershin, '*Baron Ungern*', 79-80p.

53) *North China Herald*, 23 April 1921, 234p; Rodney Gilbert, 'The Mongolian Campaign Farce', *North China Herald*, 18 June 1921, 794-795p.

54) Hakengun Sanbōbu, 'Baron Ungerun'gun', 4-8p.

55) 'A Letter of *Baron Ungern* to His Agents in Peking No. 986', 20 May 1921, 'A Letter of *Baron Ungern* to General Lu Chang Kuu, No. 489', 2 March 1921, Far Eastern Republic, *Letters Captured from Baron Ungern*, 10-12p.

56) Volkov, 'About Ungern', 9-12p, 15-16p.

57) Ibid., 16-21p.

58) Ewing, 'Russia, China, and the Mongolian People's Republic', 414-420p.

59) Kniazev, *Legendarnyi Baron*, 30p.

60) Iuzefovich, *Samoderzhets Pustyni*, 230-232p; Belov, *Baron Ungern*, 33-34p.

61) Iuzefovich, *Samoderzhets Pustyni*, 232p.

62) Riabukhin(Ribo), 'Story of Ungern', 12-23p.

63) Ibid., 23-25p.

64) Ibid., 26-40p.

65) Pershin, '*Baron Ungern*', 105-113p.

66) Iuzefovich, *Samoderzhets Pustyni*, 204-209p, 234-239p.

67) Smith, 'The Ungernovščina - How and Why?', 595p.

2. 네이선 베드퍼드 포러스트

1) John Scales, *The Battles and Campaigns of Confederate General Nathan Bedford Forrest, 1861-1865*(El Dorado Hills, CA, 2017), xip; Williamson Murray and Wayne Wei-Siang Hsieh, *A Savage War: A Military History of the Civil War*(Princeton, NJ, 2016), 301p; Shelby Foote, *The Civil War: A Narrative*, 3 vols(New York, 1958-1974).

2) Andrew Lytle, *Bedford Forrest and His Critter Company*(New York, 1960).

3) Brian Steel Wills, *A Battle from the Start: The Life of Nathan Bedford Forrest*(New York, 1992), xvp, 1p.

4) 전자의 예시는 다음을 참고. Lochlainn Seabrook, *A Rebel Born: A Defense of Nathan Bedford Forrest, Confederate General, American Legend*(Franklin, TN, 2010), a literal case of ancestor worship.

5) Wills, *A Battle from the Start*, 22p.

6) Ibid., xv, 16, 26, 363, 380p; James Webb, *Born Fighting: How the Scots-Irish Shaped America*(New York, 2004); Grady McWhiney, *Cracker Culture: Celtic Ways in the Old South*(Tuscaloosa, AL, 1988); James G. Leyburn, *Scotch-Irish: A Social History*(Chapel Hill, NC, 1962); Henry Jones Ford, *The Scotch-Irish in America*(Princeton, NJ, 1915); Wills,

A Battle from the Start.

7) 앤시에 대해서는 다음을 참고. Eric Walther, *William Lowndes Yancey and the Coming of the Civil War*(Chapel Hill, NC, 2006).

8) 〈뉴욕타임스〉는 1863년 6월 28일 포러스트가 굴드를 찔렀고 이를 방어하려 굴드가 총을 쐈다고 보도했다. 대부분의 포러스트 옹호자는 굴드가 이유없이 총을 발사했고 포러스트가 정당방위로 칼을 들고 돌진했다고 주장한다. Lytle, *Bedford Forrest and His Critter Company*, 165p, 340p; Wills, *A Battle from the Start*, 77p, 144–145p, 161p, 260p, 288p.

9) Wills, *A Battle from the Start*, 7–102p, 104–108p, 290p.

10) David A. Powell, *Failure in the Saddle: Nathan Bedford Forrest, Joe Wheeler, and the Confederate Cavalry in the Chickamauga Campaign*(El Dorado Hills, CA, 2010).

11) Ibid., 208p.

12) Ibid., 210p.

13) Ibid., 211p.

14) Ibid., 152p.

15) Ibid., 205p, 207p.

16) Earl Hess, *Braxton Bragg: The Most Hated Man of the Confederacy*(Chapel Hill, NC, 2016).

17) 연관된 일에 대한 더 깊은 논의는 다음을 참고. Powell, *Failure in the Saddle*, 318–327p.

18) 다음을 참고. John Cimprich, *Fort Pillow, a Civil War Massacre, and Public Memory*(Baton Rouge, LA, 2005); and Brian Steel Wills, *The River Was Dyed with Blood: Nathan Bedford Forrest and Fort Pillow*(Norman, OK, 2014).

19) 다음을 참고. Tom Parson, *Work for Giants*(Kent, OH, 2014).

20) 리의 대단함에 대한 재평가는 다음을 참고. Alan T. Nolan, *Lee Considered: General Robert E. Lee and Civil War History*(Chapel Hill, NC, 1991).

21) u.s. War Department, *The War of the Rebellion: A Compilation of the Official Records of the Union and Confederate Armies*(Washington, DC, 1880–1901), ser. 1, vol. 39, pt. 2, 121p. Hereafter, OR.

22) James Picket Jones, *Yankee Blitzkrieg: Wilson's Raid through Alabama and Georgia*(Athens, GA, 1976) 참고.

23) Wills, *A Battle from the Start*, 71–72p.

24) 두 예시를 보려면 다음을 참고. Scales, *The Battles and Campaigns of Confederate General Nathan Bedford Forrest, 1861–1865*; and Major Charles McDaniel, usaf, 'Lt Gen Nathan Bedford Forrest(CSA): Great Captain or Just Another Confederate General?', master's thesis, Air Command and Staff College, 2006.

25) 다음을 참고. Cathal Nolan, *The Allure of Battle: A History of How Wars Have Been Won and Lost*(Oxford, 2017).

26) Wills, *A Battle from the Start*, 146p, 192p, 327p, 336p, 349p, 358p.

27) OR, ser. 1, vol. 49, pt. 2, 1290p.

28) Court Carney, 'The Contested Image of Nathan Bedford Forrest', *Journal of Southern History*, lxvii/3(August 2001), 603p.

29) Neil S. Edmond, 'An Analysis of the Leadership of Nathan Bedford Forrest, C.S.A.'(unpublished MS, Command and General Staff College, 1934), Combined Arms Research Library, Fort Leavenworth, KS, 1p, 31p, 40p, 42p; Wills, *A Battle from the Start*, 302p; McDaniel, 'Lt Gen Nathan Bedford Forrest(CSA)', 20p.

30) Carney, 'The Contested Image of Nathan Bedford Forrest', 618p.

31) Ibid., 603p.

3. 존 M. 치빙턴

1) 'The Battle of Sand Creek', *Rocky Mountain News*(December 1864), repr. in *The Sand Creek Massacre: The Official 1865 Congressional Report with James P. Beckwourth's Additional Testimony and Related Documents*, ed. Bill Yenne(Yardley, PA, 2015), 56–58p; Captain Silas S. Soule to Major E. W. Wynkoop, letter, 14 December 1864, in *Sand Creek Papers: Documents of a Massacre(Annotated)* (Bellevue, WA, 2016); Lieutenant Joseph A. Cramer to Major E. W. Wynkoop, letter, 19 December 1864, ibid.

2) Mark Grimsley and Clifford J. Rogers, eds, *Civilians in the Path of War*(Lincoln, NE, 2002), 141p.

3) Gary L. Roberts, *Massacre at Sand Creek: How Methodists Were Involved in an American Tragedy*(Nashville, TN, 2016), 69p; Steven Hahn, *A Nation without Borders: The United States and Its World in an Age of Civil Wars, 1830–1910*(New York, 2016), 144–145p, 234p, 280–282p; Yenne, ed., *The Sand Creek Massacre*, 7p.

4) Hahn, *A Nation without Borders*, 282p.

5) Grimsley and Rogers, eds, *Civilians in the Path of War*, 139–142p; Reginald Horsman, *Race and Manifest Destiny: Origins of American Racial Anglo-Saxonism*(Cambridge, MA, 1981), 191p.

6) Hahn, *A Nation without Borders*, 283–284p; Yenne, *The Sand Creek Massacre*, 6p; Stan Hoig, *The Sand Creek Massacre*(Norman, OK, 1961), 3–4p.

7) Roberts, *Massacre at Sand Creek*, 69–73p; Carol Turner, *Forgotten Heroes and Villains of Sand Creek*(Charleston, SC, 2010), 53p.

8) Roberts, *Massacre at Sand Creek*, 76–78p, 123; Colonel John P. Slough report, 29 March 1862, *War of the Rebellion Official Records of the Union and Confederate Armies*, ser. i, vol. ix, part i, chapter xxi, 533p, www. collections.library.cornell.edu; Colonel John P. Slough report, 30 March 1862, ibid., 534–535p; Yenne, ed., *The Sand Creek*

Massacre, 17p; Colonel John M. Chivington to Lieutenant Colonel Samuel F. Tappan, letter, 23 October 1862, folder 3, MS collection 617, Samuel Tappan Papers, Stephan H. Hart Library and Research Center, Denver, CO; Soule to Wynkoop, letter, 14 December 1864; Cramer to Wynkoop, letter, 19 December 1864; Hoig, *The Sand Creek Massacre*, 19 – 20p; Hahn, *A Nation without Borders*, 266p; Lieutenant Colonel Samuel F. Tappan to Colonel John Chivington, letter, January 1863, Samuel Tappan Papers.

9) Roberts, *Massacre at Sand Creek*, 76 – 78p, 123p; Roster/Roll-Call of the Department of Kansas, 31 January 1864, *War of the Rebellion Official Records of the Union and Confederate Armies*, series i, vol. xxxiv, part ii, chapter XLvi, 206p, www.collections. library.cornell.edu; Colonel John M. Chivington, testimony, in *The Sand Creek Massacre*, ed. Yenne, 101p; Lieutenant Colonel Samuel F. Tappan to Colonel John Chivington, letter, January 1863, Samuel Tappan Papers.

10) Roberts, *Massacre at Sand Creek*, 77 – 78p.

11) Hoig, *The Sand Creek Massacre*, 18 – 28p; Major General S. R. Curtis to Major General H. W. Halleck, correspondence, 23 July 1864, in *The Sand Creek Massacre*, ed. Yenne, 62p; Major General S. R. Curtis to Major General H. W. Halleck, correspondence, 8 August 1864, ibid., 62 – 63p.

12) Messrs. J. S. Brown, D. C. Corbin and T .J. Darrah to Captain J. S. Maynard, Acting Assistant Adjutant General, letter, 13 June 1864, *War of the Rebellion Official Records of the Union and Confederate Armies*, series I, vol. xxxiv, part iv, chapter xlvi, 354p, www.collections.library.cornell.edu; Lieutenant Clark Dunn, 1st Colorado Cavalry, report, 18 April 1864, *War of the Rebellion Official Records of the Union and Confederate Armies*, series i, vol. xxxiv, part i, chapter xlvi, 884p, www.collections.library. cornell. edu; Major General S. R. Curtis to Major General H. W. Halleck, correspondence, 10 August 1864, in *The Sand Creek Massacre*, ed. Yenne, 63p; Major General H. W. Halleck to Major General S. R. Curtis, correspondence, 13 August 1864, ibid., 63p.

13) Curtis to Halleck, correspondence, July 23, 1864; Colonel John M. Chivington to Major S. C. Charlot, Assistant Adjutant General, Department of Kansas, report, June 11, 1864, *War of the Rebellion Official Records of the Union and Confederate Armies*, series i, vol. xxxiv, part iv, chapter XLvi, 318 – 319p, www.collections.library.cornell.edu.

14) Governor John Evans to Secretary of War Edwin Stanton, correspondence, 18 August 1864, *War of the Rebellion Official Records of the Union and Confederate Armies*, series i, vol. xli, part ii, chapter liii, 765p, www.collections.library.cornell.edu; Governor John Evans to Secretary of War Edwin Stanton, letter, 10 August 1864, ibid., 644p; Governor John Evans to Honorable W. P. Dole, Commissioner of Indian Affairs, letter, 10 August 1864, ibid., 644p; Major S. C. Charlot to Colonel John M. Chivington, 13 August 1864, ibid., 695p; Colonel John M. Chivington to Major S. C. Charlot,

letter, 18 August 1864, ibid., 766p; Major Scott J. Anthony to Acting Assistant Adjutant General, letter, August 1864, ibid., 926p; 'Chivington's Address on Sand Creek', *Denver Republican*, 6 October 1894, box 3, folder 13, Carey Papers, University of Denver; 'Statement from Col. Chivington in Regard the Battle of "Sand Creek"', *Daily Free Press*, 26 June 1866, box 3, folder 13, Carey Papers, University of Denver; Governor John Evans to Commissioner of Indian Affairs, Department of the Interior, letter, 15 October 1864, in *Sand Creek Papers: Documents of a Massacre(Annotated)*; Governor John Evans to Secretary of War Edwin Stanton, letter, 22 August 1864, *War of the Rebellion Official Records of the Union and Confederate Armies*, series i, vol. xlvi, part ii, chapter liii, 809p, www.collections.library.cornell.edu; Major General H. W. Halleck to Major General S. R. Curtis, letter, 3 September 1864, in *The Sand Creek Massacre*, ed. Yenne, 66p; Major General S. R. Curtis to Major General H. W. Halleck, letter, 28 August 1864, ibid., 66p; Governor John Evans to Secretary of War Edwin Stanton, letter, 7 September 1864, ibid., 66p.

15) 'Chivington's Address on Sand Creek', *Denver Republican*, 6 October 1894.

16) Roberts, *Massacre at Sand Creek*, 120p; Soule to Wynkoop, letter, 14 December 1864; Cramer to Wynkoop, letter, 19 December 1864.

17) Colonel John M. Chivington to Major General S. R. Curtis, correspondence, 8 August 1864, *War of the Rebellion Official Records of the Union and Confederate Armies*, series i, vol. xli, part ii, chapter liii, 613 – 614p, www.collections.library.cornell.edu.

18) Roberts, *Massacre at Sand Creek*, 123p.

19) Lieutenant Colonel Samuel F. Tappan to Colonel John Chivington, letter, January 1863, Tappan Papers.

20) Major General S .R. Curtis to Colonel John M. Chivington, letter, 28 September 1864, *War of the Rebellion Official Records of the Union and Confederate Armies*, series i, vol. xli, part iii, chapter liii, 462p, www. collections.library.cornell.edu; Colonel John M. Chivington to Major C. S. Charlot, letter, 26 September 1864, ibid., 399p; Major General S. R. Curtis to Major General H. W. Halleck, letter, in *The Sand Creek Massacre*, ed. Yenne, 67p.

21) General Field Orders No. 1, 27 July 1864, in *The Sand Creek Massacre*, ed. Yenne, 75p; Governor John Evans to Commissioner of Indian Affairs, Department of the Interior, letter, 15 October 1864, in *Sand Creek Papers: Documents of a Massacre(Annotated)*.

22) Charles E. Mix, Acting Commissioner of Indian Affairs to Governor Evans, letter, 23 June 1864, ibid.; Governor John Evans to Major S. Colley, letter, 12 July 1864, ibid.

23) Governor John Evans to Commissioner of Indian Affairs, Department of the Interior, letter, 15 October 1864, ibid.; Governor John Evans, Proclamation, 11 August 1864, ibid.; Governor John Evans, Proclamation, 27 June 1864, ibid.

24) Colonel John M. Chivington to Secretary of War Edwin Stanton, letter, 19 September 1864, in *The Sand Creek Massacre*, ed. Yenne, 68p; Major General H. W. Halleck to Colonel John M. Chivington, letter, 20 September 1864, ibid., 68p; Colonel John M. Chivington to Major General H. W. Halleck, letter, 22 September 1864, ibid., 68p; Major General H. W. Halleck to Colonel John M. Chivington, letter, 23 September 1864, ibid., 68p.

25) 'Chivington's Address on Sand Creek', *Denver Republican*, 6 October 1894; Roberts, *Massacre at Sand Creek*, 123–124p.

26) Black Kettle to Major Colley, letter, 29 August 1864, Sand Creek Papers, Special Collections, Tutt Library, Colorado College, Colorado Springs, CO, www.libraryweb. coloradocollege.edu; Major E. W. Wynkoop, testimony, 15 January 1865, in *The Sand Creek Massacre*, ed. Yenne, 81p; Major Scott J. Anthony, report, 7 November 1864, folder 9, MS collection 695, Edward Wynkoop Papers, Stephan H. Hart Library and Research Center, Denver, CO.

27) Colonel John M. Chivington to Major C. S. Charlot, Aide to Major General S. R. Curtis, letter, 26 September 1864; Major E. W. Wynkoop, testimony, 15 January 1865; Major General S. R. Curtis to Colonel John M. Chivington, letter, 28 September 1864.

28) Major E. W. Wynkoop, testimony, 15 January 1865; United States Congress, *Sand Creek Massacre: Report of the Secretary of War* (Washington, DC, 1867), 215p, 217p.

29) Ibid.

30) Ibid.

31) Ibid., 87p; Cramer to Wynkoop, letter, 19 December 1864; Major Scott J. Anthony, report, 7 November 1864, Edward Wynkoop Papers; Major Scott J. Anthony, report, 6 November 1864, in *The Sand Creek Massacre*, ed. Yenne, 70p; Major Scott J. Anthony, testimony, 14 March 1865, *Massacre of the Cheyenne Indians, Report of the Joint Committee on the Conduct of War at the Second Session Thirty-Eighth Congress*, ibid., 18p.

32) Opening Statement, *Massacre of the Cheyenne Indians, Report of the Joint Committee on the Conduct of War at the Second Session Thirty-Eighth Congress*, ibid., i–iip.

33) Major General S. R. Curtis to Brigadier General J. H. Carleton, Commanding Department of New Mexico, letter, 28 November 1864, *War of the Rebellion Official Records of the Union and Confederate Armies*, series I, vol. xli, part iv, chapter liii, 709p, www.collections.library.cornell.edu.

34) Major E. W. Wynkoop, testimony, 15 January 1865; Major Scott J. Anthony, testimony, 14 March 1865, *Massacre of the Cheyenne Indians*, in *The Sand Creek Massacre*, ed. Yenne, 16p, 18p; Mr John S. Smith, testimony, 14 March 1865, *Massacre of the Cheyenne Indians*, ibid., 7–8p.

35) Colonel John M. Chivington, second report on Sand Creek, 16 December 1864, *War*

of the Rebellion Official Records of the Union and Confederate Armies, series i, vol. xli, part i, chapter liii, 948–950p, www.collections. library.cornell.edu; 'Chivington's Address on Sand Creek', *Denver Republican*, 6 October 1894.

36) United States Congress, *Sand Creek Massacre*, 116–117p; Major Scott J. Anthony, testimony, 14 March 1865, *Massacre of the Cheyenne Indians*, 23p.

37) Soule to Wynkoop, letter, 14 December 1864; Cramer to Wynkoop, letter, 19 December 1864; Major Scott J. Anthony, testimony, 14 March 1865, *Massacre of the Cheyenne Indians*, 20–21p, 29; Major Scott J. Anthony to Lieutenant A. Helliwell, Acting Assistant Adjutant General, report, 28 November 1864, *War of the Rebellion Official Records of the Union and Confederate Armies*, series i, vol. xli, part iv, chapter liii, 708p, www. collections.library.cornell.edu; Colonel John M. Chivington, second report on Sand Creek, 16 December 1864, 948–950p; 'Chivington's Address on Sand Creek', *Denver Republican*, 6 October 1894.

38) Soule to Wynkoop, letter, 14 December 1864; Cramer to Wynkoop, letter, 19 December 1864; David Louderback, affidavit, 27 January 1865, in Hoig, *The Sand Creek Massacre*, 181p.

39) Colonel John M. Chivington, first report on Sand Creek, 29 November 1864, *War of the Rebellion Official Records of the Union and Confederate Armies*, series i, vol. xli, part i, chapter liii, 948p, www.collections. library.cornell.edu; Colonel John M. Chivington, second report on Sand Creek, 16 December 1864, 948–950p; Major Scott J. Anthony, report, 1 December 1864, *War of the Rebellion Official Records of the Union and Confederate Armies*, series i, vol. xli, part i, chapter liii, 951–952p, www.collections. library.cornell.edu; Samuel Colley, testimony, in Hoig, *The Sand Creek Massacre*, 177p; James A. Cramer, affidavit, ibid., 185p; Soule to Wynkoop, letter, 14 December 1864; Cramer to Wynkoop, letter, 19 December 1864.

40) Lieutenant James Olney, affidavit, 20 April 1865, folder 6, MS collection 695, Edward Wynkoop Papers, Stephen H. Hart Library and Research Center, Denver, CO; Soule to Wynkoop, letter, 14 December 1864; Cramer to Wynkoop, letter, 19 December 1864; John S. Smith, testimony, in Hoig, *The Sand Creek Massacre*, 178–179p; James D. Cannon, affidavit, 16 January 1865, ibid., 179p; David Louderback, affidavit, 27 January 1865, ibid., 180–181p; Lucien Palmer, affidavit, ibid., 185p; United States Congress, *Sand Creek Massacre*, 71p, 143p, 145p, 150p, 180p; Mr. John S. Smith, testimony, 14 March 1865, *Massacre of the Cheyenne Indians*, 9p.

41) Major Scott J. Anthony, testimony, 14 March 1865, *Massacre of the Cheyenne Indians*, 22–23p; Yenne, ed., *The Sand Creek Massacre*, 15p; 'Chivington's Address on Sand Creek', *Denver Republican*, 6 October 1894; Roberts, *Massacre at Sand Creek*, 134p.

42) Soule to Wynkoop, letter, 14 December 1864.

43) Ibid.; Cramer to Wynkoop, letter, 19 December 1864; Samuel Colley, testimony, 177–179p; Jacob Downing, affidavit, 21 July 1865, in Hoig, *The Sand Creek Massacre*, 183p; John S. Smith, affidavit, 15 January 1865, ibid., 179p; 'Evidence Taken at Denver and Fort Lyon by a Military Commission, Ordered to Inquire into *the Sand Creek Massacre*, November, 1864', James P. Beckwith's Testimony, 6 March 1865, Senate Executive Document No. 26, 39th Congress, 2nd session, in *The Sand Creek Massacre*, ed. Yenne; Presley Talbott, affidavit, in Hoig, The Sand Creek Massacre, 183p; United States Congress, *Sand Creek Massacre*, 77p, 142p.

44) Major Scott J. Anthony, testimony, 14 March 1865, *Massacre of the Cheyenne Indians*, 16p; Soule to Wynkoop, letter, 14 December 1864; 'Chivington's Address on Sand Creek', *Denver Republican*, 6 October 1894.

45) Samuel Colley, testimony, 178p; Major Scott J. Anthony, testimony, 14 March 1865, *Massacre of the Cheyenne Indians*, 26–27p; Mr. John S. Smith, testimony, 14 March 1865, ibid., 9p; James D. Cannon, affidavit, 16 January 1865, ibid., 180p; David Louderback, affidavit, 27 January 1865, ibid., 180–181p; L. Wilson, affidavit, in Hoig, *The Sand Creek Massacre*, 182p; Asbury Bird, affidavit, ibid., 184p; United States Congress, *Sand Creek Massacre*, 23p, 71p, 77p, 142p, 145p, 150p; Dr. Caleb S. Burdsal, affidavit, in Hoig, *The Sand Creek Massacre*, 184p; Cramer to Wynkoop, letter, 19 December 1864; Soule to Wynkoop, letter, 14 December 1864.

46) Cramer to Wynkoop, letter, 19 December 1864; Soule to Wynkoop, letter, 14 December 1864; Colonel John M. Chivington, second report on Sand Creek, 16 December 1864, 948–950p.

47) Colonel John M. Chivington, first report on Sand Creek, 29 November 1864, 948p.

48) Roberts, *Massacre at Sand Creek*, 145–151p; Major E. W. Wynkoop to Messrs Hollister and Hall, 20 April 1865, folder 7, MS collection 695, Edward Wynkoop Papers, Stephen H. Hart Library and Research Center, Denver, co.

49) Colonel John M. Chivington, testimony, 26 April 1865, in *The Sand Creek Massacre*, ed. Yenne, 101–108p; 'Chivington's Address on Sand Creek', *Denver Republican*, 6 October 1894; 'Statement from Col. Chivington in Regard the Battle of "Sand Creek"', *Daily Free Press*, 26 June 1866.

50) Major General S. R. Curtis to Major General H. W. Halleck, letter, 12 January 1865, in *The Sand Creek Massacre*, ed. Yenne, 75p; Major General S. R. Curtis to Governor John Evans, letter, 30 January 1865, ibid., 76–77p; General Field Orders No. 1, 27 July 1864.

51) Major General H. W. Halleck to Major General S. R. Curtis, letter, 11 January 1865, in *The Sand Creek Massacre*, ed. Yenne, 74p.

52) Robert C. Carriker, *Fort Supply Indian Territory: Frontier Outpost on the Plains* (Norman,

OK, 1970), 3p; Major General S. R. Curtis to Major General H. W. Halleck letter, 12 January 1865; Colonel J. A. Hardie to Major General H. W. Halleck, correspondence, 11 January 1865, in *The Sand Creek Massacre*, ed. Yenne, 74p; Roberts, *Massacre at Sand Creek*, xvp, 143p; Hahn, *A Nation without Borders*, 283p.

53) Subscription list, Colonel John M. Chivington portrait, State Historical and Natural History Society, 24 August 1898, folder 3, MS collection 994, John M. Chivington Papers, Stephen H. Hart Research and Library Center, Denver, CO; The Lee Kinsey Implement Company to Will C. Ferrill, Curator, subscription submission, 26 August 1898, folder 2, MS collection 994, John M. Chivington Papers, Stephen H. Hart Research and Library Center, Denver, CO; Roberts, *Massacre at Sand Creek*, 162p.

54) Opening Statement, *Massacre of the Cheyenne Indians*, vp; Hoig, *The Sand Creek Massacre*, 168p.

55) Ibid., 175p.

4. 데이비드 비티

1) 가장 유명한 비티의 전기 작가는 유틀란드 해전에서 비티가 보여준 작전수행 능력에도 불구하고 그를 '마지막 해군 영웅'이라고 칭송했다. Stephen Roskill, *Admiral of the Fleet Earl Beatty: The Last Naval Hero*(Barnsley, 2018).

2) Winston Churchill, *The World Crisis*, 6 vols(New York, 1923–1931), vol. i, 89p.

3) Ibid., vol. iii, 106p.

4) Roskill, *Admiral of the Fleet Earl Beatty*, 20–21p.

5) Ibid., 22–23p.

6) Andrew Lambert, *Admirals: The Naval Commanders Who Made Britain Great* (London, 2009), 339p.

7) Robert Massie, *Castles of Steel*(New York, 2003), 86p.

8) Roskill, *Admiral of the Fleet Earl Beatty*, 32–33p.

9) Massie, *Castles of Steel*, 87p.

10) Roskill, *Admiral of the Fleet Earl Beatty*, 42p.

11) Churchill, *The World Crisis*, vol. i, 88p.

12) Ibid.

13) Bernard Ireland, *Jane's Battleships of the 20th Century*(New York, 1996), 68p.

14) Ibid., 100p.

15) Ibid., 115p.

16) Churchill, *The World Crisis*, vol. i, 89p.

17) Ireland, *Jane's Battleships of the 20th Century*, 104p.

18) Ibid., 109p.

19) Norman Friedman, *The British Battleship, 1906-1945*(Annapolis, MD, 2015), 62p.

20) James Holmes, 'The U.S. Navy Has Forgotten How to Fight,' *Foreign Policy*, 13 November 2018, https://foreignpolicy.com.

21) Roger Keyes to Chief of the War Staff, letter, 23 August 1914, in *The Keyes Papers: Selections from the Private and Official Correspondence of Admiral of the Fleet Baron Keyes of Zeebrugge*, ed. Paul G. Halpern(London, 1979), 9p.

22) James Goldrick, *Before Jutland: The Naval War in Northern European Waters, August 1914–February 1915*(Annapolis, MD, 2015), 114p.

23) Roger Keyes to Chief of the War Staff, letter, 29 August 1914, in *Keyes Papers*, 12p.

24) David Beatty to Keyes, letter, 18 September 1914, in *Keyes Papers*, 28p.

25) Jack Sweetman, ed., *The Great Admirals: Command at Sea*, 1587-1945(Annapolis, MD, 1997), 354p.

26) Goldrick, *Before Jutland*, 265-266p.

27) Ibid., 268p.

28) Archibald Moore, After Action Report, 25 January 1915, in *The Beatty Papers: Selections from the Private and Official Correspondence of Admiral of the Fleet Earl Beatty*, ed. B. McL. Ranft, 2 vols(London, 1989), vol. i, 207p.

29) Sweetman, *The Great Admirals*, 354p.

30) Churchill, *The World Crisis*, vol. i, 89p.

31) Beatty to John Jellicoe, letter, 8 February 1915, in *The Jellicoe Papers: Selections from the Private and Official Correspondence of Admiral of the Fleet Earl Jellicoe of Scapa*, ed. Temple Patterson, 2 vols(London, 1966), vol. i, 144p.

32) John Jellicoe to Beatty, letter, 23 March 1915, ibid., vol. i, 152p.

33) Julian Corbett, *History of the Great War Naval Operations, Based on Official Documents*(London, 1923), vol. iii, 318p.

34) Andrew Gordon, *The Rules of the Game: Jutland and British Naval Command*(Annapolis, MD, 2012), 54-58p.

35) Corbett, *History of the Great War Naval Operations*, vol. iii, 333p-334p.

36) Ibid., 334p.

37) Ibid.

38) Gordon, *The Rules of the Game*, 613p.

39) Eric Grove, Introduction to Roskill, *Admiral of the Fleet Earl Beatty*.

40) Gordon, *The Rules of the Game*, 2p.

41) Corbett, *History of the Great War Naval Operations*, vol. iii, 355-356p.

42) Rear Admiral Pakenham to Margaret Strickland-Constable, letter, 9 June 1916, East Riding Archives and Records Service, ddst/1/8/1/17. 다음에서 인용. David Stevens, In *All Respects Ready: Australia's Navy in World War One*(South Melbourne, Vic, 2014),

215p.

43) Lambert, *Admirals*, 366p.

44) Corbett, 'Introduction', *History of the Great War Naval Operations.*

5. 기드언 J. 필로

1) General order No. 349, Headquarters of the Army, 12 November 1847, in Cadmus M. Wilcox, *History of the Mexican War*(Washington, DC, 1892), 583p; Thomas W. Cutrer, ed., *The Mexican War Diary and Correspondence of George B. McClellan*(Baton Rouge, LA, 2009), 119p.

2) Ulysses S. Grant, *Memoirs and Selected Letters*(New York, 1990), 196p.

3) Nathaniel Cheairs Hughes Jr and Roy P. Stonesifer, *The Life and Wars of Gideon Pillow*(Chapel Hill, NC, 1993), 4-7p.

4) Ibid., 8-9p.

5) Ibid., 9-11p; Robert P. Wettemann Jr, Privilege vs. Equality: Civil- Military Relations in the Jacksonian Era, 1815-1845(Santa Barbara, CA, 2009), 44-71p; Samuel P. Huntington, *The Soldier and the State: The Theory and Politics of Civil–Military Relations*(Cambridge, MA, 1957), 8-18p, 202-211p.

6) Hughes and Stonesifer, *Gideon Pillow*, 32-34p.

7) James K. Polk to Gideon Pillow, 29 June 1846, in *Correspondence of James K. Polk*, ed. Wayne Custler(Knoxville, TN, 2009), vol. xi, 231-232p; Polk to Pillow, 2 July 1846, ibid., 233-234p.

8) Timothy D. Johnson, *For Duty and Honor: Tennessee's Mexican War Experience*(Knoxville, TN, 2018), 66-67p; William Hugh Robarts, *Mexican War Veterans: A Complete Roster of the Regular and Volunteer Troops in the War between the United States and Mexico, from 1845 to 1848*(Washington, DC, 1887), 72-73p.

9) Wilcox, *History of the Mexican War*, 113-114p; Earl J. Hess, *Field Armies and Fortifications in the Civil War: The Eastern Campaigns, 1861–1864*(Chapel Hill, NC, 2005), 6-9p.

10) General Zachary Taylor to Dr Wood, 다음에서 인용. Felice Flanery Lewis, *Trailing Clouds of Glory: Zachary Taylor's Mexican War Campaign and His Emerging Civil War Leaders*(Tuscaloosa, AL, 2010), 108p.

11) St. George L. Sioussat, '*The Mexican War* Letters of Colonel William Bowen Campbell, of Tennessee, Written to Governor David Campbell of Virginia, 1846-1847', Tennessee Historical Magazine, 1(June 1915), 161p.

12) Allan Peskin, *Volunteers: The Mexican War Journals of Private Richard Coulter and Sergeant Thomas Barclay, Company E, Second Pennsylvania Infantry*(Kent, OH, 1991),

47–48p.

13) K. Jack Bauer, *The Mexican War*, 1846–1848(New York, 1974), 282–286p.

14) Justin H. Smith, *The War with Mexico*(New York, 1919), vol. ii, 44p.

15) Johnson, *For Duty and Honor*, 142–143p.

16) Ibid., 144–145p.

17) Ibid., 146p.

18) Ibid., 146–148p.

19) Ibid., 148–149p.

20) Ibid., 149–155p; Cutrer, ed., *The Mexican War Diary and Correspondence of George B. McClellan*, 119p.

21) Winfield Scott, *Memoirs of Lieutenant General Scott, Written by Himself*(New York, 1864), 440p; George B. McClellan to Sen. Daniel Sturgeon, 20 October 1847, in *The Mexican War Diary and Correspondence of George B. McClellan*, ed. Cutrer, 136p.

22) Timothy D. Johnson, 'A Most Anomalous Affair: Gideon Pillow and Winfield Scott in the Mexico City Campaign', *Tennessee Historical Quarterly*, 66(Spring 2007), 8–9p; Scott, *Memoirs of Lieutenant General Scott*, 440p.

23) Nathaniel Cheairs Hughes Jr and Timothy D. Johnson, eds, *A Fighter from Way Back: The Mexican War Diary of Lt. Daniel Harvey Hill, 4th Artillery*, U.S.A.(Kent, OH, 2002), 111p, 121p.

24) Johnson, 'A Most Anomalous Affair', 10–11p.

25) Johnson, *For Duty and Honor*, 190–191p.

26) Hughes and Stonesifer, *Gideon Pillow*, 95–96p.

27) Johnson, *For Duty and Honor*, 192–193p.

28) Johnson, 'A Most Anomalous Affair', 13–15p.

29) Ibid., 12p.

30) General Order No. 349, in Wilcox, *History of the Mexican War*, 583p.

31) Johnson, *For Duty and Honor*, 193–200p; Timothy Johnson, *Winfield Scott: The Quest for Martial Glory*(Lawrence, ks, 1998), 1p.

32) Hughes and Stonesifer, *Gideon Pillow*, 124–130p.

33) Ibid.

34) Ibid., 156–208p; John Y. Simon, 'Grant at Belmont', *Military Affairs*, 45(December 1981), 161–166p.

35) Hughes and Stonesifer, *Gideon Pillow*, 209–217p; Grant, Memoirs, 196p.

36) Hughes and Stonesifer, *Gideon Pillow*, 217–239p; Benjamin Franklin Cooling, *Forts Henry and Donelson: The Key to the Confederate Heartland*(Knoxville, TN, 1987), 200–223p.

37) Larry J. Daniel, *Battle of Stones River: The Forgotten Conflict between the Confederate

Army of Tennessee and the Union Army of the Cumberland(Baton Rouge, LA, 2012),

185p; David Evans, *Sherman's Horsemen: Union Cavalry Operations in the Atlanta Campaign*(Bloomington, IN, 1996), 143–145p.

38) Hughes and Stonesifer, *Gideon Pillow*, 300–322p.

6. 안토니오 로페스 데 산타안나

1) Will Fowler, *Santa Anna of Mexico*(Lincoln, NE, 2007), 109–113p, 133–142p.

2) Ibid., 154–155p.

3) Stephen L. Hardin, *Texian Iliad: A Military History of the Texas Revolution, 1835–1836*(Austin, TX, 1994), 120–121p.

4) Fowler, *Santa Anna of Mexico*, 143p.

5) Hardin, *Texian Iliad*, 127p.

6) Ibid., 136–149p.

7) Ibid., 157p.

8) Ibid., 173–174p.

9) Ibid., 202p.

10) Ibid., 209–210p.

11) Ibid., 210–212p.

12) Ibid., 216–217p.

13) Fowler, *Santa Anna of Mexico*, 189–190p.

14) Jack Bauer, *The Mexican War*, 1846–1848(Lincoln, NE, 1974), 10–12p.

15) Fowler, *Santa Anna of Mexico*, 253–255p.

16) Bauer, *The Mexican War*, 206–210p.

17) Timothy Henderson, *A Glorious Defeat: Mexico and Its War with the United States* (New York, 2007), 164–165p.

18) Ibid., 165p.

19) Fowler, *Santa Anna of Mexico*, 263–265p.

20) Ibid., 266–267p.

21) Bauer, *The Mexican War*, 260–261p.

22) Fowler, *Santa Anna of Mexico*, 268–269p.

23) Henderson, *A Glorious Defeat*, 167p.

24) Fowler, *Santa Anna of Mexico*, 275p.

25) Henderson, *A Glorious Defeat*, 169–170p.

26) Fowler, *Santa Anna of Mexico*, 272–273p.

27) Ibid., 280–281p.

7. 콘라트 폰 회첸토르프

1) Samuel R. Williamson Jr, 'The Origins of the War', in *The Oxford Illustrated History of the First World War*, ed. Hew Strachan(Oxford, 1998), 16p; Holger Herwig, *The First World War: Germany and Austria–Hungary, 1914–1918*(London, 1997), 9p.

2) 오스트리아-헝가리군을 의미하는 가장 일반적이고 최신의 용어는 제국이자 왕국(*kaiserlich und königlich*)의 약어인 k.u.k이다.

3) Lawrence Sondhaus, *Franz Conrad von Hötzendorf: Architect of the Apocalypse*(Boston, MA, 2000), 243p.

4) 제1차 세계대전 당시 이탈리아군에 대한 정보는 다음을 참고. John Gooch, *The Italian Army and the First World War*(New York, 2014).

5) Claudia Reichl-Ham, 'Conrad von Hötzendorf, Franz Xaver Josef Graf ', *International Encyclopedia of the First World War*, 8 October 2014, https://encyclopedia.1914-1918-online.net, accessed 6 March 2021.

6) Ibid.

7) Ibid.

8) Sondhaus, *Franz Conrad von Hötzendorf*, 99p; Holger Herwig's assessment is offered in his review of Sondhaus, *Franz Conrad Von Hötzendorf: Architect of the Apocalypse*, in *Central European History*, xxxv/1(2002), 121–123p.

9) Herwig, *The First World War*, 9p; Herwig, review, *Central European History*(2002), 121–123p.

10) Sondhaus, *Franz Conrad von Hötzendorf*, 82p.

11) Herwig, *The First World War*, 10p.

12) Ibid.

13) Carl von Clausewitz, *On War*, ed. and trans. Michael Howard and Peter Paret(Princeton, NJ, 1989), 87p.

14) Sondhaus, *Franz Conrad von Hötzendorf*, 82p.

15) Herwig, *First World War*, 9p.

16) Ibid., 10p.

17) Sondhaus, *Franz Conrad von Hötzendorf*, 96p.

18) Herwig, *First World War*, 10p.

19) Graydon A. Tunstall Jr. *Planning for War against Russia and Serbia: Austro-Hungarian and German Military Strategies, 1871–1914*(New York, 1993), 92p, 128p; Sondhaus, *Franz Conrad von Hötzendorf*, 122p.

20) Herwig, *First World War*, 52p.

21) Tunstall, *Planning for War*, 262p.

22) That is, 'war, war, war'. Samuel R. Williamson Jr, *Austria–Hungary and the Origins of the First World War*(New York, 1991), 192p.

23) Herwig, *First World War*, 9 - 10p.

24) Ibid., 11p.

25) Herwig, review, *Central European History*(2002), 123p.

26) From a letter of 28 July 1914, 다음에서 인용. Herwig, First World War, 10 - 11p. 다소 선정적이기도 한 콘라드와 지나의 치정과 전쟁의 시작 사이의 관계는 다음을 참고. Franz-Stefan Gady, 'The Scandalous Love Affair that Started World War i', National Interest, 12 June 2014, https://nationalinterest.org, accessed 6 March 2021.

27) Sondhaus, *Franz Conrad von Hötzendorf*, 1p.

28) Williamson, 'The Origins of the War', 16 - 17p.

29) Herwig, *First World War*, 18p.

30) Ibid., 22p.

31) Ibid., 13p.

32) Norman Stone, *The Eastern Front: 1914–1917*(London, 1975), 71p.

33) Sondhaus, *Franz Conrad von Hötzendorf*, 2p.

34) Tunstall, *Planning for War*, 183p; 다른 관점이 궁금하다면 다음을 참고. Günther Kronenbitter, 'Austria-Hungary', in *War Planning 1914*, ed. Richard F. Hamilton and Holger H. Herwig(New York, 2010), 35 - 39p.

35) Herwig, *First World War*, 53p.

36) Ibid.

37) 일부 학자들은 오스트리아-헝가리가 러시아 전선으로 병력을 재배치하기 이전에 세르비아를 격파하기 위해 세르비아, 러시아 전선 동원 계획을 세웠는지에 대해 동의하지 못한다. 다양한 견해들은 다음을 참고. Herwig, *The First World War*, 53p; Tunstall, *Planning for War*, 160 - 162p; Stone, *Eastern Front*, 72p.

38) Herwig, First World War, 51 - 52p; Tunstall, *Planning for War*, 162p.

39) Ibid., 143 - 153p.

40) Herwig, First World War, 53p.

41) Tunstall, *Planning for War*, 143 - 153p; Herwig, First World War, 54 - 55p.

42) Tunstall, *Planning for War*, 160p, 162p, 184p.

43) Ibid., 165p, 167 - 170p; *Herwig, First World War*, 54 - 55p; Stone, *Eastern Front*, 76 - 77p.

44) Herwig, First World War, 54p.

45) Tunstall, *Planning for War*, 219p; Kronenbitter, 'Austria-Hungary', 46p.

46) Tunstall, *Planning for War*, 166 - 167p.

47) Ibid., 138p.

48) Herwig, *First World War*, 90p; Graydon Tunstall, *Blood on the Snow: The Carpathian Winter War of 1915*(Lexington, ĸs, 2010), 15p.

49) Stone, *Eastern Front*, 78 - 79p.

50) Herwig, *First World War*, 87–89p.

51) Stone, *Eastern Front*, 79–80p.

52) Graydon A. Tunstall, *Written in Blood: The Battles for Fortress Przemyśl in wwi*(Bloomington, IN, 2016), 26–27p.

53) Herwig, *First World War*, 56p.

54) Stone, *Eastern Front*, 79–80p; Herwig, *First World War*, p. 90.

55) Stone, *Eastern Front*, 84–85p.

56) Ibid., 85–87p.

57) Ibid., 88–89p.

58) Ibid., 89–90p; Herwig, *First World War*, 92–93p; Tunstall, *Written in Blood*, 40p, 48p.

59) Herwig gives casualties of 500,000, while others state 400,000. Herwig, *First World War*, 52p; Stone, *Eastern Front*, 91p.

60) Tunstall, *Planning for War*, 239p.

61) 헤르위그는 "콘라드는 빠르게 패배의 책임을 철도 기술, 빈 외교관, 독일 동맹국에게 돌렸고, 진실은 오직 콘라드만이 알 것"이라고 주장했다. *First World War*, 52p, 62p.

62) 헤르위그에 따르면, 콘라드는 또한 식사 자리에서 전쟁의 패배가 사랑스러운 연인 "지나"의 평온을 앗아갈 수도 있다는 "끔찍한 생각"을 털어놓았다. Ibid., 92p.

63) Tunstall, *Written in Blood*, 138p.

64) Herwig, *First World War*, 107–108p; Tunstall, *Written in Blood*, p. 110; Stone, *Eastern Front*, 97–99p.

65) Herwig, *First World War*, 120p.

66) Ibid., 108–109p; Richard L. DiNardo, *Breakthrough: The Gorlice–Tarnow Campaign, 1915*(Denver, CO, 2010), 13p.

67) Herwig, *First World War*, 78p.

68) Tunstall, *Blood on the Snow*, 6p.

69) DiNardo, *Breakthrough*, 23p.

70) Tunstall, *Blood on the Snow*, 10p.

71) Ibid., 5p.

72) Tunstall, *Written in Blood*, 212–215p; Herwig, *First World War*, 136–137p; DiNardo, *Breakthrough*, 23–25p.

73) Tunstall, *Written in Blood*, 259p; Tunstall, *Blood on the Snow*, 163–208p.

74) 툰스탈은 적어도 80만이라고 한 반면, 디나르도는 60만이라고 했다. 다음을 참고. DiNardo, *Breakthrough*, 25p; Tunstall, *Blood on the Snow*, 12p, 212p.

75) Tunstall, *Written in Blood*, 288p; DiNardo, *Breakthrough*, 25p.

76) Tunstall, *Written in Blood*, 22p, 114p, 138p.

77) Tunstall, *Blood on the Snow*, 160p.

78) Herwig, *First World War*, 140p.

79) Ibid., 141p.

80) Ibid., 143-144p.

81) DiNardo, *Breakthrough*, 42p; Herwig, *First World War*, 143-144p, 146p.

82) Ibid., 146p.

83) DiNardo, *Breakthrough*, 31p, 137p.

84) 1915년 세르비아 전투에서 이 사례를 보려면 다음을 참고, Herwig, *First World War*, 158-159p. 이탈리아 전선에서의 사례는 같은 책의 204-207p, 242p 그리고 DiNardo의 *Breakthrough*, 86p 참고. 루마니아 전투의 사례는 다음을 참고. Herwig, *First World War*, 218p.

85) 콘라드가 펼친 이탈리아 전선에서의 끔찍한 지휘를 보려면 다음을 참고. Herwig, *First World War*, 204-207p; 1916년 동부전선에서의 실책은 다음을 참고. ibid., 209-212p.

86) Ibid., 214-216p.

87) Ibid., 242-243p.

88) Ibid., 243p.

89) Ibid., 344p.

90) Ibid., 366p.

91) Ibid., 372p.

92) Ibid., 373p.

93) 다음을 참고. *Franz Conrad von Hötzendorf, Aus meiner Dienstzeit*, 1906-1918, 5vols(Vienna, 1921-5).

94) Sondhaus, *Franz Conrad von Hötzendorf*, viip.

95) 사보이의 오이겐Eugene of Savoy 또는 프란츠 오이겐 폰 사부아-카리냥Franz Eugen Prinz von Savoyen-Carignan(1663-1736)은 오스트리아-터키 전쟁, 대동맹 전쟁(9년 전쟁), 스페인 왕위 계승 전쟁, 폴란드 왕위 계승 전쟁에서 싸웠던 오스트리아의 육군 원수였다. 그는 "당대 가장 주목할 만한" 장군이자 모든 시기를 통틀어 위대한 사령관으로 여겨진다. Trevor N. Dupuy et al., *The Harper Encyclopedia of Military Biography*(New York, 1995), 242-243p; Herwig, *First World War*, 43p.

96) Tunstall, *Blood on the Snow*, 14p; Herwig, *First World War*, 43p.

8. 루이스 H. 브레러턴

1) Christopher M. Rein, *The North African Air Campaign: u.s. Army Air Forces from El Alamein to Salerno*(Lawrence, ᴋs, 2012), 178p.

2) Wesley F. Craven and Jame L. Cate, eds, *The Army Air Forces in World War ii*, vol. iii: *Europe: Argument to v-e Day, January 1944 to May 1945*(Chicago, il, 1951), 230-234p; David Eisenhower, *Eisenhower at War, 1943-1945*(New York, 1986), 375-381p. 7월 24일,

제9공군의 P-47들이 잘못된 날씨 제보로 인해 실수로 미국 진지를 폭격했고, 25일에는 브레러턴의 중형 폭격기들이 목표물을 놓쳐 제30보병사단의 병사 100명 이상을 사망하게 했다.

3) Kenneth P. Werrell, 'Friction in Action: Revisiting THE U.S. Army Air Forces' August 1943 Raid on Ploesti', *Journal of Military History*, lxxxiii/2(April 2019), 509-540p.

4) Stephen Taaffe, *Marshall and His Generals: u.s. Army Commanders in World War ii*(Lawrence, ks, 2011).

5) Phillip S. Meilinger, *Hoyt S. Vandenberg: The Life of a General* (Bloomington, in, 1989), 49p.

6) Roger G. Miller, 'A "Pretty Damn Able Commander" – Lewis Hyde Brereton: Part 1', *Air Power History*, xlvii/4(2000), 7-11p.

7) Ibid., 14-20p.

8) Ibid., 24p. Orders and Assignments, Brereton Personnel File, National Archives and Records Administration, St Louis, MO.

9) Lewis H. Brereton, *The Brereton Diaries: The War in the Air in the Pacific, Middle East and Europe, 3 October 1941 – 8 May 1945*(New York, 1946), 3p; Christopher R. Gabel, *The u.s. Army Maneuvers of 1941*(Washington, DC, 1991), 179-181p.

10) Brereton, *The Brereton Diaries*, 5p.

11) Samuel Limneos, 'Death from Within, the Destruction of the Far East Air Force: Strategy vs. Feasibility', *Army History*, 104(Summer 2017), 17-18p.

12) William H. Bartsch, *December 8, 1941: MacArthur's Pearl Harbor*(College Station, tx, 2007), 409p.

13) Brereton, *The Brereton Diaries*, 38-39p.

14) Bartsch, *December 8, 1941*, 415p.

15) Rein, *The North African Air Campaign*, 168p.

16) Wesley F. Craven and Jame L. Cate, eds, *The Army Air Forces in World War ii*, vol.ii: *Europe: Torch to Pointblank, August 1942 to December 1943*(Chicago, il, 1949), 477-478p.

17) Rein, *The North African Air Campaign*, 176-177p.

18) Werrell, 'Friction in Action', 531p.

19) Brereton, *The Brereton Diaries*, 192p.

20) Craven and Cate, eds, *The Army Air Forces in World War ii*, vol. ii, 477p.

21) H. H. Arnold, *Global Mission*(New York, 1949), 494p.

22) Brereton, *The Brereton Diaries*, 214p.

23) Meilinger, *Hoyt S. Vandenberg*, 49p. 멜링거는 브래들리와 다른 선임장교들이 브레러턴이 비협조적이란 것을 깨달았고, 아널드와 스패츠는 그의 능력에 거의 환멸을 느꼈다고 설명했다.

24) Eisenhower, *Eisenhower at War*, 375p.

25) Craven and Cate, eds, *The Army Air Forces in World War ii*,
    vol. iii, 230p.

26) Ibid., 230p, 234p. 브레러턴의 일기에 나온 숫자는 다르다. 313-316p.

27) Craven and Cate, eds, *The Army Air Forces in World War ii*, vol. iii, 234p.

28) Brereton, *The Brereton Diaries*, 314p.

29) Ibid., 316-317p; Robert M. Citino, *Blitzkrieg to Desert Storm: The Evolution of Operational Warfare*(Lawrence, ks, 2004), 110p, 오마 브래들리는 다음에서 인용. *A Soldier's Story*, 358p.

30) Alfred M. Beck, ed., *With Courage: The u.s. Army Air Forces in World War ii*(Washington, dc, 1994), 244p.

31) Ibid.; Charles B. MacDonald, 'The Decision to Launch Operation Market-Garden', in *Command Decisions*, ed. Kent R. Greenfield(Washington, dc, 1960), 435p; George H. Brett and Lewis H. Brereton, Interview, 8 November 1962, Marshall Foundation Research Library, 5p.

32) Meilinger, *Hoyt S. Vandenberg*, 49p.

33) Cable fwd 13765, Eisenhower to Senior Commanders, 4 September 1944, in *The Papers of Dwight David Eisenhower: The War Years*, ed. Alfred D. Chandler, vol. iv(Baltimore, md, 1970), 2115p. 수신인은 브레러턴이었다. 전보는 "모든 전선의 적군이 무너지고 있다."로 시작했다.

34) Martin Middlebrook, *Arnhem 1944: The Airborne Battle*(London, 1994), 438-440p.

35) Charles B. MacDonald, *The u.s. Army in World War Two: The Siegfried Line Campaign*(Washington, dc, 1963), 442p.

36) Headquarters ix Troop Carrier Command, *Air Invasion of Holland, ix Troop Carrier Command Report on Operation Market*, 2 January 1945, Annex 5i, Maneuver Center of Excellence Library, Fort Benning, ga; Craven and Cate, eds, *The Army Air Forces in World War ii*, vol. iii, 602-604p.

37) Ibid., 602p.

38) MacDonald, *The u.s. Army in World War Two*, 138-139p.

39) *Air Invasion of Holland, ix Troop Carrier Command Report*, 72p.

40) Martin Wolfe, *Green Light: A Troop Carrier Squadron's War from Normandy to the Rhine*(Washington, dc, 1993), 276p; Middlebrook, *Arnhem 1944*, 16p; Sebastian Cox, 'Air Power in Operation Market- Garden', Air Clues, 4(April 1985), 152p; Antony Beevor, *The Battle of Arnhem: The Deadliest Airborne Operation of World War ii*(New York, 2018), 33p.

41) Wolfe, *Green Light*, 384-385p; Beevor, *The Battle of Arnhem*, 33p. 브레러턴은 마지막 주요 공수작전인 바시티 작전에서 대전차포를 두 배로 쓸 수 있었다. 기지에서 도하 지점까지의 거리는 마켓 작전 때보다 훨씬 짧았다.

42) Beevor, *The Battle of Arnhem*, 144p.

43) Ibid., 206p, 246p.

44) Brigadier General Floyd Parks to Family, 17 September 1944, Floyd Parks Papers, Box 5, Eisenhower Library. 팍스는 연방항공국에서 브레러턴의 참모총장이었다.

45) Craven and Cate, eds, *The Army Air Forces in World War ii*, vol. iii, 608 – 609p.

46) Efficiency Report on Lewis Brereton, General D. D. Eisenhower, 10 January 1945, Brereton Personnel File, NARA.

47) Brereton to Lieutenant General Barney M. Giles, Chief of the Air Staff, hq usaaf, 27 October 1944, Brereton Personnel File, NARA.

48) John Abbatiello, 'The First Allied Airborne Army in Operation Varsity: Applying the Lessons of Arnhem', master's thesis, King's College London, 1995.

49) 'Lieutenant General Lewis Hyde Brereton', *u.s. Air Force*, www.af.mil, accessed 18 March 2018.

50) Brereton Personnel File, NARA.

51) Ibid.

52) Phillip S. Meilinger, *Airmen and Air Theory: A Review of the Sources*(Maxwell Air Force Base, AL, 2001), 47p.

53) Joint Publication 1-02, *Department of Defense Dictionary of Military and Associated Terms*, 15 February 2016, Washington, DC, 40p.

9. 조지 A. 커스터

1) Duane Schultz, *Custer: Lessons in Leadership*(New York, 2010), 1p.

2) Evan S. Connell, *Son of Morning Star: Custer and the Little Bighorn*(San Francisco, CA, 1984), 106p.

3) Schultz, *Custer: Lessons in Leadership*, 3 – 4p.

4) Edward G. Longacre, *Custer: The Making of a Young General*(New York, 2018), 10p.

5) Edward Caudill and Paul Ashdown, *Inventing Custer: The Making of an American Legend*(New York, 2015), 21 – 22p.

6) Longacre, *Custer*, 46 – 55p; Schultz, *Custer: Lessons in Leadership*, 13 – 17p.

7) Longacre, *Custer*, 77 – 81p.

8) Ibid., 84 – 85p; Schultz, *Custer: Lessons in Leadership*, 21p.

9) Ibid., 2p.

10) Longacre, *Custer*, 118 – 127p; Frederic F. Van de Water, *Glory-Hunter: A Life of General Custer*(Lincoln, NE, 1988), 47 – 48p.

11) Jeffry D. Wert, *Custer: The Controversial Life of George Armstrong Custer*(New York, 1996), 73p.

12) Longacre, *Custer*, 144-151p.

13) Schultz, *Custer: Lessons in Leadership*, 2p.

14) Longacre, *Custer*, 170-176p.

15) Wert, *Custer*, 176-183p.

16) Ibid., 186-198p.

17) Caudill and Ashdown, *Inventing Custer*, 146-151p.

18) Ibid., 49-52p; Wert, *Custer*, 231-234p.

19) Wert, *Custer*, 235-236p.

20) Ibid., 236-243p.

21) Caudill and Ashdown, *Inventing Custer*, 56-62p.

22) Ibid., 88-92p.

23) Ibid., 93p; Van de Water, *Glory-Hunter*, 175p.

24) Van de Water, *Glory-Hunter*, 183p.

25) Bill Yenne, *Indian Wars: The Campaign for the American West*(Yardley, PA, 2006), 107p, 129p.

26) Wert, *Custer*, 270-277p.

27) Ibid., 277-278p.

28) James Welch, *Killing Custer: The Battle of the Little Bighorn and the Fate of the Plains Indians*(New York, 1994), 81-89p.

29) Yenne, *Indian Wars*, 177-178p.

30) Ibid., 179-180p.

31) Welch, *Killing Custer*, 113-123p.

32) Van de Water, *Glory-Hunter*, 323p; Schultz, *Custer: Lessons in Leadership*, 163p.

33) Yenne, *Indian Wars*, 193-196p.

34) Welch, *Killing Custer*, 152-153p; Wert, *Custer*, 337-339p; Schultz, *Custer: Lessons in Leadership*, 166-167p.

35) Welch, *Killing Custer*, 127p.

36) Yenne, *Indian Wars*, 196-197p.

37) Wert, *Custer*, 345-348p.

38) Schultz, *Custer: Lessons in Leadership*, 170p.

39) Ibid., 172-173p.

40) Ibid., 173-174p; Yenne, *Indian Wars*, 206p.

41) Schultz, *Custer: Lessons in Leadership*, 4p.

10. 마르쿠스 리키니우스 크라수스

1) Plutarch, *Crassus*, 31.1-7. '녹은 황금 이야기'는 아마 사실이 아니겠지만 다음에 나와

있다. Cassius Dio, 40.27.3, and Florus, *Epitome*, 1.46.11. 이 부분을 감수해준 조너선 아벨과 존 호슬러, 니콜라스 머레이와 벤저민 L. 프라이스에게 감사를 전한다. 틀린 부분이 있다면 당연히 나의 탓이다.

2) Plutarch, *Crassus*, 32.1–4.

3) Eliot A. Cohen and John Gooch, *Military Misfortunes: The Anatomy of Failure in War*(New York, 1990), 8p.

4) 다음을 참고. Gareth C. Sampson, *The Defeat of Rome in the East: Crassus, the Parthians, and the Disastrous Battle of Carrhae*, 53 BC(Philadelphia, PA, 2008), 146p, *passim*. 샘슨은 수레나스의 탁월함이 전투 결과의 주된 원인이라고 주장한다. 샘슨의 책이 카레 전투의 배경, 실행, 의의에 대해 가장 자세한 저술이다. 이 장을 집필하며 많이 인용했다.

5) Plutarch, *Crassus*, 6.1, 6.6.

6) Barry Strauss, *The Spartacus War*(New York, 2009), 117p.

7) Ibid.

8) Plutarch, *Crassus*, 7.2.

9) Ibid., 2.3.

10) Ibid., 2.5–6.

11) Ibid., 2.1.

12) Ibid., 3.1–3.

13) Ibid., 2.2.

14) Plutarch, *Crassus*, 15.1–5.

15) Sampson, *The Defeat of Rome in the East*, 95p.

16) Plutarch, *Crassus*, 16.1–2; Cassius Dio, 40.12.1.

17) Sampson, *The Defeat of Rome in the East*, 95–96p.

18) Jonathan P. Roth, *The Logistics of the Roman Army at War*(264 BC–AD 235) (Leiden, 2012), 67p. 로스는 완전한 보급품 한 개가 2.2에서 2.85 파운드 사이라고 추정한다. 나의 추정치는 그중 더 낮은 2.2 파운드 곱하기 34,000에 기반한다.

19) Plutarch, *Crassus*, 17.1.

20) Rose Mary Sheldon, *Intelligence Activities in Ancient Rome: Trust in the Gods, but Verify*(London, 2005), 88p.

21) Ibid., 86–97p.

22) Sampson, *The Defeat of Rome in the East*, 100–101p.

23) Ibid.

24) Ibid., 103p.

25) Plutarch, *Crassus*, 17.4.

26) Sheldon, Intelligence Activities in Ancient Rome, 4p.

27) Plutarch, *Crassus*, 18.4.

28) Sheldon, Intelligence Activities in Ancient Rome, 88p.

29) Plutarch, *Crassus*, 19.1 – 3.

30) Ibid., 19.2.

31) Sampson, *The Defeat of Rome in the East*, 107p.

32) Plutarch, *Crassus*, 21.5.

33) Ibid., 18.1 – 2.

34) Sampson, *The Defeat of Rome in the East*, 112 – 113p.

35) Plutarch, *Crassus*, 20.1; Sampson, *The Defeat of Rome in the East*, 108p. 로마 병력의 추산치는 다양하다. 크라수스는 페르시아로 진군할 때 병사 35,000명 정도와 함께했을 것이다.

36) Ibid., 109 – 111p.

37) Plutarch, *Crassus*, 22.1 – 6.

38) Sampson, *The Defeat of Rome in the East*, 110p.

39) Plutarch, *Crassus*, 21.4.

40) Ibid., 20.1.

41) 전투에 대한 깊이 있는 분석과 전후 상황을 보려면 다음을 참고. Sampson, *The Defeat of Rome in the East*, 124 – 147p.

42) Plutarch, *Crassus*, 23.3.

43) Ibid., 23.4.

44) Ibid., 23.5.

45) Ibid., 23.6 – 24.3.

46) Ibid., 24.4.

47) Ibid., 24.4 – 26.6.

48) Ibid., 25.1.

49) Ibid., 25.2.

50) Ibid., 25.2 – 12.

51) Ibid., 26.3.

52) Ibid., 26.4 – 27.1.

53) Ibid., 27.3 – 8.

54) Ibid., 28.1 – 31.7.

55) Ibid., 28.1 – 31.7.

56) Ibid., 21.7.

11. 니키아스

1) Plutarch, 'The Life of Demetrius', *Lives*, vol. ix, trans. Bernadotte Perrin (Cambridge, MA, 1920), 1.6.

2) Plutarch, 'Nicias', *Greek Lives*, trans. Robin Waterfield(Oxford, 1998), 2.1.

3) Thucydides, History of *the Peloponnesian War*, ed. M. I. Finley, trans. Rex Warner (Oxford, 1972), 4.53 – 4, 4.129 – 31, 3.51, 4.42 – 4 and 3.91.

4) Plutarch, 'Nicias', 2.3 and 2.4.

5) Plutarch, 'Comparison of Nicias and Crassus', *Lives*, vol. iii, trans. Bernadotte Perrin(Cambridge, MA, 1916), 3.4.

6) Description of Pylos campaign is from Thucydides, *Peloponnesian War*, 4.3 – 41.

7) Plutarch, 'Nicias', 8.2 – 4.

8) Ibid., 8.5 – 6.

9) Ibid., 8.8.

10) Ibid., 10.9.

11) Thucydides, *Peloponnesian War*, 6.24.

12) Ibid., 2.65.

13) M. R. Christ, 'Conscription of Hoplites in Classical Athens', *Classical Quarterly*, LI/2(2001), 399p.

14) Ibid., 403p.

15) Ibid., 407p.

16) Vincent Gabrielsen, *Financing the Athenian Fleet*(Baltimore, md, 1994), 72p.

17) Christ, 'Conscription of Hoplites', 409p.

18) Plutarch, 'Pericles', *Greek Lives*, trans. Waterfield, 20.1.

19) Thucydides, *Peloponnesian War*, 4.75.1 – 2.

20) Ibid., 3.91.1 – 3, 4.53.1 and 4.129.2 – 3.

21) Ibid., 7.26.2.

22) John S. Morrison and John F. Coates, *The Athenian Trireme*(New York, 2000), 105p. 저자들은 시칠리아 원정의 해양 여정의 기간, 경로, 세부 사항을 생생하게 묘사한다.

23) Thucydides, *Peloponnesian War*, 6.42.1.

24) Ibid., 6.42.2.

25) Ibid., 6.44.2.

26) Morrison and Coates, *The Athenian Trireme*, 105p.

27) Ibid.

28) Diodorus Siculus, *The Persian Wars to the Fall of Athens*, trans. Peter Green (Austin, TX, 2010), 13.3.4.

29) Morrison and Coates, *The Athenian Trireme*, 105p.

30) Thucydides, *Peloponnesian War*, 3.85 – 8.

31) *Inscriptiones Graecae*, IG 12: *Inscriptiones Atticae*, 2nd edn, ed. Friedrich Hiller von Gaertringen(Berlin, 1924), IG 12.51, 52.

32) Thucydides, *Peloponnesian War*, 6.44.3.

33) Ibid., 6.46.

34) Ibid., 6.48-9.

35) Ibid., 6.49.4.

36) Ibid., 6.51.

37) Ibid., 6.50.4-5.

38) Ibid., 6.34.4-6.

39) Ibid., 1.100.2(at Naxos) and 1.116.1-2(at Samos).

40) Ibid., 6.64.1.

41) Ibid., 6.65.3.

42) Ibid., 6.66.2-3; 시라쿠사 전투 지형에 대한 완벽한 설명은 다음을 참고.
  Saverio Cavallari, *Zur Topographie von Syrakus*(Strasburg, 1845).

43) Thucydides, *Peloponnesian War*, 6.66.3.

44) Ibid., 6.22.1.

45) Ibid., 6.70.3.

46) Ibid., 6.70.3.

47) Ibid., 6.71.1-2.

48) Ibid., 6.88.6, 6.94.4.

49) Ibid., 6.97.1-4.

50) Ibid., 6.101.

51) Ibid., 7.2.

52) Ibid., 7.5-6.

53) Ibid., 7.8, 11-15.

54) Ibid., 7.15.2.

55) Ibid., 7.16.

56) Ibid., 7.42.

57) Ibid., 7.43.

58) Ibid., 7.47.

59) Ibid., 7.48.

60) Ibid., 7.50.

61) Ibid., 7.71-3.

62) Ibid., 7.78-81.

63) Ibid., 6.24.

64) Ibid., 6.8.1.

65) Ibid., 6.8.5.

66) Ibid., 6.16-18.

67) Ibid., 6.49.

68) Ibid., 6.47.

69) Ibid., 6.48.

70) Ibid., 7.2.

71) Ibid., 7.49.1.

72) Plutarch, 'Nicias', 14.5.

73) Ibid., 14.6.

74) Thucydides, *Peloponnesian War*, 7.11–15.

75) Donald Kagan, *The Peloponnesian War*(New York, 2003), 294–295p.

76) Thucydides, *Peloponnesian War*, 7.23.

77) Ibid., 7.87.

12. 툴루즈 백작, 레몽 6세

1) 초기 원고에 의견을 준 매튜 G. 스탠아드와 리디아 버턴에게 감사를 표한다.

2) Xavier de Planhol, An *Historical Geography of France*, trans. Janet Lloyd(*Cambridge*, 1994), 133p, 313–315p.

3) Rebecca Rist, *The Papacy and Crusading in Europe, 1198–1245*(London, 2009), viip, 3–9p.

4) Peter of les Vaux-de-Cernay, *The History of the Albigensian Crusade*, trans. W. A. Sibly and M. D. Sibly(Woodbridge, 1998), 10–14p, 이후 PVC; Malcolm Barber, *The Cathars: Dualist Heretics in Languedoc in the High Middle Ages*(Harlow, 2000), 7p.

5) William of Puylaurens, *The Chronicle of William of Puylaurens*, trans. W. A. Sibly and M. D. Sibly(Woodbridge, 2003), 11–12p, 27p; Élie Griffe, *Les Débuts de l'aventure Cathare en Languedoc(1140–1190)* (Paris, 1969), 124–128p.

6) Ane L. Bysted, *The Crusade Indulgence: Spiritual Rewards and the Theology of the Crusades, c. 1095–1216*(Leiden, 2015), 45–46p, 67–69p, 161p.

7) Laurence W. Marvin, 'Thirty-Nine Days and a Wake-Up: The Impact of the Indulgence and Forty Days Service on the Albigensian Crusade, 1209–1218', *The Historian*, LXV/1(2002), 75–94p.

8) Ibid., 91–92p.

9) Elisabeth Voldola, *Excommunication in the Middle Ages*(Berkeley, CA, 1986), 36p, 45–47p.

10) Paul of Bernried, *The Life of Pope Gregory vii*, in The Papal Reform of the Eleventh Century: *Lives* of Pope Leo ix and Pope Gregory vii, trans. I. S. Robinson(Manchester, 2004), 327p; Uta-Renate Blumenthal, *The Investiture Controversy: Church and Monarchy from the Ninth to the Twelfth Century*(Philadelphia, PA, 1988), 123p.

11) C. Devic and J. Vaissete, ed., *Histoire générale du Languedoc*, vol. viii, 2nd edn, rev. A. Molinier(Toulouse, 1879), cols 436–438; Elaine Graham- Leigh, *The Southern French Nobility and the Albigensian Crusade*(Woodbridge, 2005), 48–49p; Walker Reid Cosgrove, 'Pierre's Crossing: Violence and Assassination in the South of France at the Turn of the Thirteenth Century', in *Ecclesia et Violentia: Violence against the Church*

and Violence within the Church in the Middle Ages, ed. Radosław Kotecki and Jacek Maciejewski(Newcastle upon Tyne, 2014), 33p.

12) Peter D. Clarke, *The Interdict in the Thirteenth Century: A Question of Collective Guilt*(Oxford, 2007), 1–2p.

13) pvc, 114p; Clarke, *Interdict in the Thirteenth Century*, 164p, 173p, 243–244p.

14) *The Chronicle of William of Puylaurens*, 18p; Claire Taylor, 'Innocent iii, John of England and the Albigensian Crusade', in *Pope Innocent iii and His World*, ed. John C. Moore(Aldershot, 1999), 206–208p; Richard Benjamin, 'A Forty Years War: Toulouse and the Plantagenets, 1156–1196', *Historical Research*, 61(1988), 270–285p.

15) John Hine Mundy, *Liberty and Political Power in Toulouse*, 1050–1230(New York, 1954), 30p, 43p, 45–47p, 50p; Walker Reid Cosgrove, 'Clergy and Crusade: The Church in Southern France and the Albigensian Crusade', PhD diss., St Louis University, 2011, 96p, 98p.

16) Daniel Power, 'Who Went on the Albigensian Crusade?', *English Historical Review*, cxxviii/534(2013), 1047–1085p.

17) pvc, p. 43; 'Processus negotii Raymundi comitis Tolosani', *Patrologiae cursus completus* 216, ed. J. P. Migne(Paris, 1891), cols 89–98.

18) pvc, 44–45p.

19) Ibid., 48p.

20) *The Song of the Cathar Wars*, trans. Janet Shirley(Burlington, vt, 1996), p. 15; Graham-Leigh, *Southern French Nobility*, 28–29p.

21) pvc, 48–49p; *Chronicle of William of Puylaurens*, 32p; Laurent Macé, 'La quarantaine du comte de Toulouse durant l'été 1209', in *En Languedoc au xiiie siecle: Le temps du sac de Béziers*, ed. Monique Bourin(Perpignan, 2010), 147–148p.

22) pvc, 54p.

23) Ibid., 88–89p.

24) Ibid., 101–102p.

25) Ibid., 102p; *Song of the Cathar Wars*, 37–38p.

26) *Song of the Cathar Wars*, 38–39p.

27) *Chronicle of William of Puylaurens*, 38p.

28) pvc, 113–114p.

29) Ibid., 112p.

30) Laurence W. Marvin, 'The White and Black Confraternities of Toulouse and the Albigensian Crusade, 1210–1211', *Viator*, xv/1(2009), 133–150p.

31) pvc, 114p.

32) *Chronicle of William of Puylaurens*, 39p.

33) pvc, 112p.

34) *Song of the Cathar Wars*, 45–46p; *Chronicle of William of Puylaurens*, 41p.

35) Laurence W. Marvin, *The Occitan War: A Military and Political History of the Albigensian Crusade, 1209–1218*(Cambridge, 2008), 116–117p.

36) *Song of the Cathar Wars*, 48–49p; PVC, 130–131p; Laurent Macé, *Les comtes de Toulouse et leur entourage: Rivalités, alliances et jeux de pouvoir xiie–xiiie siecles*(Toulouse, 2000), 237–238p.

37) *Song of the Cathar Wars*, 50p; Daniel Brown, *Hugh de Lacy, First Earl of Ulster: Rising and Falling in Angevin Ireland*(Woodbridge, 2016), 120p.

38) PVC, 131–132p.

39) PVC, 133p; Linda Paterson, *The World of the Troubadours: Medieval Occitan Society, c. 1100–c. 1300*(Cambridge, 1993), 111–114p.

40) Marvin, *Occitan War*, 122–127p.

41) PVC, 139–140p; *Song of the Cathar Wars*, 54–55p; *Chronicle of William of Puylaurens*, 42–43p.

42) PVC, 168p.

43) *Song of the Cathar Wars*, 64–65p.

44) Damian J. Smith, *Crusade, Heresy and Inquisition in the Lands of the Crown of Aragon* (c. 1167–1276) (Leiden, 2010), 33–36p.

45) PVC, 308p.

46) *Chronicle of William of Puylaurens*, 43–44p; PVC, 197–198p.

47) *Song of the Cathar Wars*, 69–70p; *Chronicle of William of Puylaurens*, 47–48p.

48) *Song of the Cathar Wars*, 69–70p; *Chronicle of William of Puylaurens*, 48p.

49) Taylor, 'Innocent iii', 210p; Marvin, *Occitan War*, 196–197p; *Song of the Cathar Wars*, 71p.

50) *Chronicle of William of Puylaurens*, 50–51p; PVC, 222–225p.

51) *Chronicle of William of Puylaurens*, 31p; Macé, *Les comtes de Toulouse*, 74–86p.

52) pvc, 225p; *Chronicle of William of Puylaurens*, 50–51p.

53) *Song of the Cathar Wars*, 72–79p.

54) PVC, 311–312p; Constantin Fasolt, trans., 'Eyewitness Account of the Fourth Lateran Council(1215)', in *Medieval Europe 4*, ed. Julius Kirshner and Karl F. Morrison (Chicago, IL, 1986), 371p.

55) *Song of the Cathar Wars*, 83–87p.

56) Ibid., 86–87p; *Chronicle of William of Puylaurens*, 55p.

57) Marvin, *Occitan War*, 260p.

58) *Song of the Cathar Wars*, 119–120p; *Chronicle of William of Puylaurens*, 59p; PVC, 270p.

59) *Song of the Cathar Wars*, 122–127p, 139p.

60) *Chronicle of William of Puylaurens*, 67–68p.

61) Ibid., 138–144p.

62) C. P. Bagley, 'Paratge in the Anonymous Chanson de la Croisade Albigeoise', French Studies, xxi/3(1967), 195–204p, esp, 195p, 197p; Paterson, World of the Troubadours, 20p, 64p, 70–71p, 288p; Catherine Léglu, Rebecca Rist and Claire Taylor, eds, The Cathars and the Albigensian Crusade: A Source Book(New York, 2014), 83p, 181p.

63) Bagley, 'Paratge', 195p. 배글리에 따르면, 이 단어는 익명 저자들이 기고한 시 섹션에 50번 정도 등장했다.

13. 노기 마레스케

1) Cathal J. Nolan, The Allure of Battle: A History of How Wars Have Been Won and Lost(New York, 2017), 251–253p; Stephen D. Biddle, Military Power: Explaining Victory and Defeat in Modern Battle(Princeton, NJ, 2004), 31–33p. 전쟁에서의 무능에 대한 신체·심리학적 접근은 다음을 참고. Norman F. Dixon, On the Psychology of Military Incompetence(London, 1976).

2) 뤼순항 포위 작전까지의 러일전쟁 자료는 다음을 참고. Richard M. Connaughton, Rising Sun and Tumbling Bear: Russia's War with Japan(London, 2003), 37–106p.

3) Tani Hisao, Kimitsu Nichi-rō senshi(Tokyo, 1966), 197p; Yoshihisa Tak Matsukata, 'Human Bullets, General Nogi and the Myth of Port Arthur', in The Russo-Japanese War in Global Perspective: World War Zero, ed. John W. Steinberg et al.(Leiden and Boston, MA, 2005–2007), 182p; Tōgawa Yukio, Nogi Maresuke(Tokyo, 1968), 231p.

4) Kuwada Etsu, 'Ryojun yōsai no kōryaku', in Kindai Nihon sensō-shi, vol. i, ed. Kuwada Etsu and Okumura Fusao(Tokyo, 1995), 508p, 510p, 516p; Denis Warner and Peggy Warner, The Tide at Sunrise: A History of the Russo-Japanese War, 1904–1905(London, 1975), 343–344p.

5) Doris G. Bargen, Suicidal Honor: General Nogi and the Writings of Mori Ōgai and Natsume Soseki(Honolulu, HI, 2006), 43–52p, 62–63p.

6) Kuwada, 'Ryojun', 508p, 511p; Warner and Warner, Tide at Sunrise, 299–301p; Tōgawa, Nogi, 228–229p.

7) Erwin Baelz, Awakening Japan: The Diary of a German Doctor(New York, 1972), 288p; Warner and Warner, Tide at Sunrise, 382p.

8) Joseph E. Kuhn, 'Report on the Russo-Japanese War', in Reports of Military Observers attached to the Armies in Manchuria during the Russo-Japanese War, ed. u.s. War Department(Washington, DC, 1906), vol. iii, 122p.

9) Kojima Noboru, Nichi-rō sensō(Tokyo, 1990), vol. iii, 138–139p; Tōgawa, Nogi, 233–234p; Kuhn, 'Report on the Russo-Japanese War', 153–171p.

10) Imperial General Staff, Official History(Naval and Military) of the Russo-Japanese

War(London, 1920), vol. iii, 67p; Edward Diedrich, 'The Last Iliad: The Siege of Port Arthur in the Russo-Japanese War, 1904-1905', PhD diss., New York University, 1978, 292p.

11) Chōnan Masayoshi, ed., *Nichi-ro sensō dai-san gun kankei shiryōshū: ŌbaJirō nikki, Inoue Ikutarō nikki de miru Ryojun, Hōten-sen*(Tokyo, 2014), 676-677p; Kuhn, 'Report on the Russo-Japanese War', 190p; Matsukata, 'Human Bullets', 184p, 187; 시로이 장군의 증언은 다음에서 인용. Takakura Tetsuichi, *Tanaka Giichi Denki*(Tokyo, 1957), vol. i, 307p; Tōgawa, *Nogi*, 233p.

12) Tōgawa, *Nogi*, 229-230p.

13) Tani, *Kimitsu Nichi-ro senshi*, 202p, 204p; Chōnan, *Dai-san gun*, 673p; Imperial General Staff, *Official History*, vol. iii, 62-63p; Kuwada, 'Ryojun', 511p; Warner and Warner, *Tide at Sunrise*, 341-344p; Furuya Tetsuo, *Nichi-ro Sensō*(Tokyo, 1966), 119p; Tōgawa, *Nogi*, 228-229p.

14) Tani, *Kimitsu Nichi-ro senshi*, 229p; Tōgawa, Nogi, 232p; Diedrich, 'Last Iliad', 321p; H. v. Müller, *Geschichte des Festungskrieges von 1885-1905*(Berlin, 1907), 230p.

15) Tadayoshi Sakurai, *Human Bullets: A Soldier's Story of the Russo-Japanese War*, trans. Matsujiro Honda(Lincoln, NE, 1999).

16) Kojima, *Nichi-rō sensō*, vol. iii, 304-305p, 329-332p; Furuya, *Nichi-ro sensō*, 119p; Warner and Warner, *Tide at Sunrise*, 374p.

17) Kojima, *Nichi-rō sensō*, vol. iii, 168p.

18) Imperial General Staff, *Official History*, vol. iii, 36-37p.

19) Ellis Ashmead-Bartlett, Port Arthur: The Siege and Capitulation(Edinburgh and London, 1906), 154p; Furuya, *Nichi-ro sensō*, 128p.

20) Tani, *Kimitsu Nichi-ro senshi*, 205p, 208p; General Satō Kōjirō's testimony, 다음에서 인용. *Tanaka Giichi Denki*, vol. i, 309p; Kuhn, 'Report on the Russo-Japanese War', 184p; Warner and Warner, *Tide at Sunrise*, 381-383p; Furuya, *Nichi-ro sensō*, 124p, 128p.

21) 'Ōba Jirō Nikki', entry 30 October 1904, in Chōnan, *Dai-san gun*, 48p; Chōnan Masayoshi, *Shin shiryō Nichi-ro sensō rikusenshi: kutsugaesareru tsūsetsu*(Tokyo, 2015), 735-736p; Ashmead-Bartlett, *Port Arthur*, 207-208p, 223-224p; Kuhn, 'Report on the Russo-Japanese War', 183p; Müller, *Geschichte des Festungskrieges*, 240-241p; Imperial General Staff, *Official History*, vol. iii, 68-69p. 제1차 세계대전의 장기적인 준비 폭격의 비효율성에 대해서는 다음을 참고. see John Keegan, *The Face of Battle: A Study of Agincourt, Waterloo and the Somme*(London, 2004), 236p.

22) 다음을 참고. Ōe Shinobu, *Nichi-ro sensō no gunjishiteki kenkyū*(Tokyo, 1976), 224p; 'Ōba Nikki', entry 10 November 1904, in Chōnan, *Dai-san gun*, 51p.

23) Ibid., 50p.

24) Tani, *Kimitsu Nichi-ro senshi*, 205-206p, 특히 1904년 11월 6일 나가오카가 이구치 쇼고에게 보낸 편지와 1904년 11월 9일자 만주육군본부의 답장, 1904년 11월 24일 야마가타가 오야마에게 보낸, 1904년 11월 16일 야마가타가 코다마에게 보낸 편지 등 다른 전보를 다음에서 참고. 213-223p. 제7사단은 Chōnan, *Dai-san gun*, 685-686p에서의 설명과 같이 11월 11일에 도착했다.

25) Tani, *Kimitsu Nichi-ro senshi*, 210p; General Ōzawa's testimony, ibid., 227p; Kuhn, 'Report on the Russo-Japanese War', 131-134p; Furuya, *Nichi-ro sensō*, 135p.

26) 'Ōba Nikki', entries 27 and 28 November 1904, in Chōnan, *Dai-san gun*, 57-58p. 조난의 분석은 686-687p.

27) General Ōzawa's testimony, Ōyama to Nogi, 30 November 1904, in Tani, *Kimitsu Nichi-ro senshi*, 227p, 234-235p; Ōyama to Kodama, 29 November 1904, in Chōnan, *Dai-san gun*, 691p; Kuwada, 'Ryojun', 515p.

28) Tani, *Kimitsu Nichi-ro senshi*, 235-237p; Kuhn, 'Report on the Russo-Japanese War', 137-138p; *Tanaka Giichi Denki*, vol. i, 304-307p.

29) Connaughton, *Rising Sun and Tumbling Bear*, 202-203p; 'Ōba Nikki', entries 5-7, 25 December 1904, in Chōnan, *Dai-san gun*, 60p, 62p; Müller, *Geschichte des Festungskrieges*, 246p.

30) 'Ōba Nikki', entries 18 December 1904, 1-2 January 1905, in Chōnan, *Daisan gun*, 61p, 65-66p; Ōe, *Nichi-ro sensō*, 318-319p; Warner and Warner, *Tide at Sunrise*, 439-440p; Müller, *Geschichte des Festungskrieges*, 247p.

31) Kodama to Nagaoka, 1905(precise date unclear), in *Nichi-ro sensō jūgun shōhei tegami*, ed. Ōhama Tetsuya(Tokyo, 2001), 511p; Bargen, *Suicidal Honor*, 59p.

32) Connaughton, *Rising Sun and Tumbling Bear*, 278p; Bargen, *Suicidal Honor*, 58-60p.

33) Iguchi Shogo's diary, 다음에서 인용. Tani, *Kimitsu Nichi-ro senshi*, 203p; Matsukata, 'Human Bullets', 184p, 187p; Kuwada, 'Ryojun', 513p.

34) Tani, Kimitsu *Nichi-rō senshi*, 196-197p; Chōnan, *Dai-san gun*, 670-672p; Diedrich, 'Last Iliad', 317p, 400p; Kuwada, 'Ryojun', 513p; Warner and Warner, *Tide at Sunrise*, 346p.

35) Chōnan, *Dai-san gun*, 678p; Tani, *Kimitsu Nichi-ro senshi*, 197-198p; Kojima, *Nichi-rō sensō*, vol. iii, 139-141p; Tōgawa, Nogi, 230p; Kuwada, 'Ryojun', 506p; Imperial General Staff, *Official History*, vol. iii, 69p, 74p.

36) Alexander R. Bay, *Beriberi in Modern Japan: The Making of a National Disease*(Rochester, NY, 2012), 74-77p, 80-83p.

37) Ōe, *Nichi-ro sensō*, 14-18p, 317-318p.

38) 'Ōba Nikki', entries 24 October, 10 and 22 November 1904, in Chōnan, *Dai-san gun*, 46p, 50-51p, 55p; Chōnan, *Shin shiryō*, 732p.

39) Tani, *Kimitsu Nichi-ro senshi*, 199p, 209-210p(이치지의 말은 209p에 인용되어 있다); Ōe,

Nichi-ro sensō, 221-222p, 318-319p, 326p; Matsukata, 'Human Bullets', 186p. 오바의 마음 상태의 경우 주력을 203고지로 전환시키지 않은 이유를 참고. Chōnan, *Dai-san gun*, 684-685p.

40) 'Ōba Nikki', entry 10 November 1904, in Chōnan, *Dai-san gun*, 50p.

41) Furuya, *Nichi-ro sensō*, 125p.

42) Yamagata Aritomo to Ōyama Iwao, 24 November 1904, in Tani, *Kimitsu Nichi-rō senshi*, 220-221p. 나가오카(대본영)에서 이구치(만주육군본부)로 1904년 11월 6일에 보낸 편지와 1904년 11월 9일 만주육군본부에서의 답장을 참고. 24 November 1904, Ōyama to Yamagata, 16 November 1904, Yamagata to Kodama, 16 November 1904, 213-223p 인용된 다른 연관 대화, 인용문은 다음에서 발췌. General Ōzawa's memoirs(227p)와 'Ōba Nikki', entry 10 November 1904, in Chōnan, *Dai-san gun*, 50-51p.

43) Chōnan, *Dai-san gun*, 673p, 684-685p.

44) Ashmead-Bartlett, *Port Arthur*, 349p. 아슈미드 바틀렛의 관찰은 영국 군사 전문가들이 낸 결론과도 비슷하다. 다음을 참고. Imperial General Staff, *Official History*, vol. iii, 74-75p.

45) 다음에서 인용. Connaughton, *Rising Sun and Tumbling Bear*, 186p. Diedrich, 'Last Iliad', 351-352p; Warner and Warner, *Tide at Sunrise*, 376p.

46) Ashmead-Bartlett, *Port Arthur*, 349p.

47) Chōnan, *Dai-san gun*, 672p.

48) 다음을 참고. Nagaoka's notes from 28 and 30 October, respectively, in Matsukata, 'Human Bullets', 192-193p; and also Tani, *Kimitsu Nichi-ro senshi*, 227p, 229-230p, 235p; Ashmead-Bartlett, *Port Arthur*, 87p. Kuwada and Okumura, *Kindai Nihon Sensō-shi*, vol. i, 153p; Furuya, *Nichi-ro sensō*, 135p.

49) Matsukata, 'Human Bullets', 187p. 다른 논쟁을 포함해 이러한 전장에서의 노기를 변호하는 최신 연구는 다음을 참고. Chōnan, *Dai-san gun*, 678p.

50) Tani, *Kimitsu Nichi-ro senshi*, 210p. Ashmead-Bartlett, *Port Arthur*, 86-88p, 302p, 306p.

51) 'Ōba Nikki', entries 20, 22 and 26 November 1904, in Chōnan, *Dai-san gun*, 53-55p, 57p; Diedrich, 'Last Iliad', 414p, 419p. Nagaoka's notes from 28 and 30 October, respectively, in Matsukata, 'Human Bullets', 192-193p.

52) 다음에서 인용. Connaughton, *Rising Sun and Tumbling Bear*, 169p, 196p. 노기의 리더십에 대한 다나카 구니시게의 의견은 다음을 참고. Ōe, *Nichi-ro sensō*, 384p, note. 더 많은 분석은 다음을 참고. Chōnan, *Dai-san gun*, 705p; and Bargen, *Suicidal Honor*, 50p.

53) 노기의 선임참모장교 한 명은 외신 기자에게 비슷한 확언을 했다. 두 자료는 모두 다음에서 인용했다. Kojima, *Nichi-rō sensō*, vol. iii, 173-174p, 183p; Tani, *Kimitsu

Nichi-ro senshi, 228p.

54) Edward J. Drea, *Japan's Imperial Army: Its Rise and Fall, 1853–1945*(Lawrence, KS, 2009), 122p.

55) Bargen, *Suicidal Honor*, 59 – 60p; Drea, *Japan's Imperial Army*, 122 – 123p.

56) Sakurai, *Human Bullets*, 37 – 38p.

57) Matsukata, 'Human Bullets', 198 – 199p.

58) Quoted in Connaughton, *Rising Sun and Tumbling Bear*, 168p.

59) Kuhn, 'Report on the Russo-Japanese War', 231 – 232p.

60) Gary P. Cox, 'Of Aphorisms, Lessons, and Paradigms: Comparing the British and German Official Histories of the Russo-Japanese War', *Journal of Military History*, LVI/3(1992), 392 – 393p, 400p; Michael Howard, 'Men against Fire: The Doctrine of the Offensive in 1914', in *Makers of Modern Strategy: From Machiavelli to the Nuclear Age*, ed. Peter Paret(Princeton, NJ, 1986), 511 – 522p.

61) Imperial General Staff, *Official History*, vol. iii, 69 – 71p, 80p.

62) Cox, 'Aphorisms', 396 – 398p.

14. 로마누스 4세 디오게네스

1) 다음을 참고. Alfred Friendly, *The Dreadful Day: The Battle of Manzikert, 1071* (London, 1981), 57p; and Carole Hillenbrand, *Turkish Myth and Muslim Symbol: The Battle of Manzikert*(Edinburgh, 2007), 3p.

2) Gregory vii, '그레고리우스 7세는 독일의 헨리 4세에게 그의 진실된 사랑을 확인시켜주며 동방 기독교인들을 도와줄 원정에 대해 말해준다, 로마: 1074년 12월 7일', in *The Register of Pope Gregory vii, 1073–1085*, ed. and trans. H.E.J. Cowdrey (Oxford, 2002), 122 – 123p.

3) 1차 십자군에서의 비잔티움제국에 대한 전반은 다음을 참고. Peter Frankopan, *The First Crusade: The Call from the East*(Cambridge, MA, 2012).

4) Anthony Kaldellis, *Streams of Gold, Rivers of Blood: The Rise and Fall of Byzantium 955 ad to the First Crusade*(New York, 2017), 142p.

5) Ibid., 142 – 145p. Mark Whittow, *The Making of Byzantium: 600–1025* (Berkeley and Los Angeles, CA, 1996), 374 – 390p.

6) John Haldon, *Warfare, State and Society in the Byzantine World, 565–1204* (London and New York, 1999), 209p. 바실리우스 2세에 대해서는 다음을 참고. Kaldellis, *Streams of Gold*, 9p.

7) Warren Treadgold, *Byzantium and Its Army, 284–1081*(Stanford, ca, 1995), 115 – 117p.

8) John Halden, *Byzantium at War, AD 600–1453*(Oxford, 2002), 49p.

9) Ibid., 49p.

10) Ibid., 51p.

11) Frankopan, *The First Crusade*, 28p.

12) Friendly, *The Dreadful Day*, 91–92p; and Brian Todd Carey, *Road to Manzikert: Byzantine and Islamic Warfare, 527–1071*(Barnsley, 2012), 121p.

13) Ibid.

14) Matthew of Edessa, *Armenia and the Crusades, Tenth to Twelfth Centuries: The Chronicle of Matthew of Edessa*, trans. Ara Edmond Dostourian, 2nd(Belmont, MA, 1993), 96–97p.

15) Friendly, *The Dreadful Day*, 97p.

16) Frankopan, *The First Crusade*, 30p.

17) Kaldellis, *Streams of Gold*, 196p.

18) Jonathan Harris, *Byzantium and the Crusades*(London and New York, 2003), 33p.

19) Carey, *Road to Manzikert*, 122p; and Kaldellis, *Streams of Gold*, 198p.

20) Michael Attaleiates, *The History*, trans. Anthony Kaldellis and Dimitris Krallis(Cambridge, MA, 2012), 183p. Harris, *Byzantium and the Crusades*, 33p.

21) Hillenbrand, *Turkish Myth and Muslim Symbol*, 6p.

22) Ibid.

23) 다음을 참고. Harris, *Byzantium and the Crusades*, 33p; and Frankopan, *The First Crusade*, 30p.

24) 다음을 참고. Frankopan, *The First Crusade*, 30p; and Friendly, *The Dreadful Day*, 151–152p.

25) 다음을 참고. Attaleiates, *History*, 187p; and Michael Psellus, *Fourteen Byzantine Rulers: The Chronographia of Michael Psellus*, trans. E.R.A. Sewter(NewYork, 1966), 351p.

26) Friendly, *The Dreadful Day*, 153p.

27) Hillenbrand, *Turkish Myth and Muslim Symbol*, 7p.

28) Attaleiates, *History*, 207p, 209p.

29) Friendly, *The Dreadful Day*, 157–158p. Attaleiates, History, 225p.

30) Attaleiates, *History*, 229p.

31) Friendly, *The Dreadful Day*, 158–159p.

32) Psellus, *Fourteen Byzantine Rulers*, 353p.

33) Carey, *Road to Manzikert*, 135–136p.

34) Attaleiates, *History*, 253–255p.

35) Friendly, *The Dreadful Day*, 162p.

36) Carey, *Road to Manzikert*, 134–135p.

37) Ibid., 136p.

38) Ibid.; Friendly, *The Dreadful Day*, 174p, 178; and Kaldellis, *Streams of Gold*, 246p.

39) Carey, *Road to Manzikert*, 136–137p; and Treadgold, *Byzantium and Its Army*, 41p.

40) Ibid., 137–138p.

41) Ibid., 139p.

42) Ibid., 139-140p.

43) Attaleiates, *History*, 285-257p.

44) Carey, *Road to Manzikert*, 142p.

45) Attaleiates, *History*, 291p.

46) Carey, *Road to Manzikert*, 142-143p.

47) Hillenbrand, *Turkish Myth and Muslim Symbol*, 14p.

48) Carey, *Road to Manzikert*, 143-144p.

49) Hillenbrand, *Turkish Myth and Muslim Symbol*, 10p.

50) Kaldellis, *Streams of Gold*, 247-248p.

51) Attaleiates, *History*, 293p.

52) Kaldellis, *Streams of Gold*, 247-248p.

53) Harris, *Byzantium and the Crusades*, 33-34p.

54) Ibid., p. 34; and Hillenbrand, *Turkish Myth and Muslim Symbol*, 13p.

55) Carey, *Road to Manzikert*, 135-136p.

56) Ibid., 134-135p.

57) Harris, *Byzantium and the Crusades*, 58p.

58) Ibid., 40p.

59) Hillenbrand, *Turkish Myth and Muslim Symbol*, 8-9p.

60) Ibid., 7-8p.

61) Ibid., 12p.

15. 울슬리 경

1) Bernard Holland, *The Life of Spencer Compton, Eighth Duke of Devonshire*(London, 1911), vol. i, 483p.

2) Wolseley, 다음에서 인용. Frederic Villiers, *Peaceful Personalities and Warriors Bold*(London, 1907), 177p.

3) W. F. Butler, *Sir William Butler: An Autobiography*(London, 1911), 113p.

4) Lieutenant Colonel G. J. Wolseley, *Narrative of the War with China in 1860* (London, 1862); and General Viscount Wolseley, *The Soldier's Pocket-book for Field Service*(London, 1886).

5) George Arthur, ed., *The Letters of Lord and Lady Wolseley, 1870–1911*(London, 1922), 123p.

6) Ibid., 154p, 213p, 219p.

7) Untitled leader, *The Times*, 30 November 1900, 9p.

8) Richard Harrison, *Recollections of a Life in the British Army during the Latter Half of*

the 19th Century(London, 1908), 251 –253p; Alexander Bruce Tulloch, *A Soldier's Sailoring*(London, 1912), 200 –201p; and 'Journal, 1881–1884', 36 –39p, Viscount Esher Papers, Churchill Archives Centre, *Cambridge*, CAC/ESHR/2/6.

9) Brian Bond, *The Victorian Army and the Staff College, 1854–1914*(London, 1972), 127p. 현재 가치로 환산하면 거의 200만 파운드에 달한다.

10) Earl of Cromer, *Modern Egypt*(New York, 1916), vol. i, 379 –387p; and E. J. Montagu–Stuart-Wortley, 'My Reminiscences of Egypt and the Sudan(from 1882 to 1889)', *Sudan Notes and Records*, xxxiv/1(June 1953), 18p. 유명한 아프리카 탐험가 사무엘 베이커 경의 형제였던 베이커 대령은 1875년 기차 일등석에서 여성을 성폭행한 죄로 수감되었다. 다음을 참고. 'Colonel Baker's Case', *The Times*, 8 July 1975, 11p.

11) Awad Al-Sid Al-Karsani, 'The Establishment of Neo-Mahdism in the Western Sudan, 1920 –1936', *African Affairs*, LXXXVI/344(July 1987), 386p.

12) Charles Royle, The *Egyptian Campaigns*, 1882 to 1885(London, 1900), 236 –244p; Lord Edmond Fitzmaurice, *The Life of Granville George Leveson Gower, Second Earl Granville*, K.G., 1815 –1891(London, 1905), vol. ii, 319p; Butler, *Autobiography*, 266p; and Alfred Milner, *England in Egypt*(London, 1902), 70 –71p.

13) Lord Elton, *General Gordon*(London, 1954), 326 –327p.

14) 도널드 해밀 스튜어트 대령은 이미 1882년 하반기에 수단으로 보내졌고 정황 보고를 하며 생활하고 있었다. 그의 보고서는 썩 유쾌한 읽을거리는 아니었다.

15) The National Archives(이후 TNA), Kew, Richmond, Surrey, United Kingdom, CAB[inet Papers] 37/14/11, Hamilton, '*General Gordon*'s Mission in the Soudan', 21 February 1885.

16) Cromer, *Modern Egypt*, vol. i, 399 –404p.

17) Hansard, House of Commons debate, 11 February 1885, v. 284, cc4419.

18) Ibid., House of Lords debate, 5 February 1884, v. 284, cc18-29.

19) Holland, *Spencer Compton*, vol. i, 425 –427p.

20) Ibid., 478 –479p.

21) Mike Snook, 'Wolseley, Wilson and the Failure of the Khartoum Campaign: An Exercise in Scapegoating and Abrogation of Command Responsibility?', PhD. diss., Cranfield University, 2014, 33p.

22) E. A. de Cosson, *Days and Nights of Service with Sir Gerald Graham's Field Force at Suakin*(London, 1886), 321p.

23) E. J. Montagu-Stuart-Wortley, 'My Reminiscences of Egypt and the Sudan(from 1882 to 1899) (Continued)', *Sudan Notes and Records*, xxxiv/2(December 1953), 173p; Holland, *Spencer Compton*, vol. i, 439p; and 'Death of Sir Andrew Clarke,' *The Times*, 1 April 1902, 8p.

24) TNA CAB 37/12/28, Clarke to Hartington, memorandum, 19 May 1884.

25) Holland, *Spencer Compton*, vol. i, 459–460p; and Count Gleichen, ed., *The Anglo-Egyptian Sudan: A Compendium Prepared by the Officers of the Sudan Government* (London, 1905), 248p.

26) TNA CAB 37/13/37, R. Molyneux to Admiralty, signal of 8:25 a.m., 20 July 1884; Holland, *Spencer Compton*, vol. i, 473p; R. H. Vetch, *Life, Letters, and Diaries of Lieut.-General Sir Gerald Graham V.C., G.C.B., R.E.*(Edinburgh, 1901), 275p; Charles M. Watson, *The Life of Major-General Sir Charles Wilson*(London, 1909), 272p; and Royle, *Egyptian Campaigns*, 314–315p.

27) TNA CAB 37/13/40, Northbrook to Gordon, letter, 8 October 1884; Spencer Childers, *The Life and Correspondence of the Rt. Hon. Hugh C. E. Childers*, vol. ii, 185–186p; and Willoughby Verner, *The Military Life of H.R.H. George, Duke of Cambridge, ii: 1871–1904*(London, 1905), 265–277p.

28) tna W[ar] O[ffice Papers] 32/6109, Wolseley to Hartington, letter, 11 September 1884 and Hartington to Wolseley, letter, 17 September 1884.

29) Brian Parritt, *The Intelligencers: British Military Intelligence from the Middle Ages to 1929*(Barnsley, 2011), 108p.

30) C. H. Melville, *Life of General the Right Hon. Sir Redvers Buller V.C., G.C.B., G.C.M.G.*(London, 1923), vol. i, 195–206p; Royle, *Egyptian Campaigns*, 315p; TNA ADM[iralty Papers] 196/36(F. Boardman); 'Sir William Butler', *The Times*, 8 June 1910, 9p; Butler, *Autobiography*, 277–287p; and William F. Butler, *The Campaign of the Cataracts*(London, 1887), 215p, 231p.

31) TNA WO 32/6108, Wolseley to Hartington, signal No. 78 of 22 November 1884; and *London Gazette*, 28 April 1885, No. 25465, 1913p.

32) TNA WO 32/6106, 'Report of Proceedings of Naval Brigade from 26 November last to 8 March 1885'.

33) 월슬리는 도머를 유능한 장교로 간주했으며, 허버트 스튜어트의 부상 이후 그의 파견을 요청했다. 다음을 참고. Verner, *Cambridge*, vol. ii, 288p.

34) Adrian Preston, ed., *In Relief of Gordon: Lord Wolseley's Campaign Journal of the Khartoum Relief Expedition, 1884–1885*(London, 1967), 67p, 93p; Bernard Holland, *The Life of Spencer Compton, Eighth Duke of Devonshire*(London, 1911), vol. ii, 6p; and Arthur, ed., *Wolseley*, 128p.

35) Melville, *Buller*, vol. i, 199–200p.

36) TNA WO 32/6112, Wolseley to Gordon, letter, 7 November 1884 and WO 32/6113 Gordon, letter to 'The English', 4 November 1884.

37) Melville, *Buller*, vol. i, 208–209p; Preston, ed., *In Relief of Gordon*, 67p; and Charles W. Wilson, *From Korti to Khartum: A Journal of the Desert March from Korti to Gubat, and of the Ascent on the Nile in General Gordon's Steamers*(Edinburgh, 1886), xvii–xxiip.

38) Montagu-Stuart-Wortley, 'My Reminiscences of Egypt and the Sudan', 39p; Wilson, *From Korti to Khartum*, 113p, 301p; and Alfred E. Turner, *Sixty Years of a Soldier's Life*(London, 1912), 99p.

39) Wilson, *From Korti to Khartum*, xxii–xxiiip.

40) Turner, *Sixty Years*, 90–91p.

41) Wilson, *From Korti to Khartum*, 9–11p.

42) Julian Symons, *England's Pride: The Story of the Gordon Relief Expedition*(London, 1965), 230p.

43) Wilson, *From Korti to Khartum*, 32p.

44) *London Gazette*, 20 February 1885, No. 25444, 755p.

45) Ibid., 24 February 1885, No. 25446, 855p.

46) Ibid., 853p. 스튜어트는 부상으로 쓰러지기 전 소장으로 특별 진급했다.

47) Verner, *Cambridge*, vol. ii, 279p.

48) Ibid., 286p; 'British Victory Near Metammeh', *The Times*, 29 January 1885, 5p; John Adye, *Soldiers and Others I Have Known: A Volume of Recollections*(London, 1925), 125p; and Melville, *Buller*, vol. i, 213–218p.

49) Snook, 'Wolseley, Wilson and the Failure of the Khartoum Campaign', 231–232p.

50) *London Gazette*, 10 April 1885, No. 25460, 1667–1668p; Wilson, *From Korti to Khartum*, 92–117p; and Butler, *Autobiography*, 297p.

51) Wilson, *From Korti to Khartum*, 128–129p.

52) Ibid., 287p.

53) Ibid., 174–175p.

54) Royle, *Egyptian Campaigns*, 394p.

55) *London Gazette*, 10 April 1885, No. 25460, 1663–1666p; and Esher Papers, CAC/ ESHR/2/7, Brett to Hartington, letters, 5 and 6 February 1885.

56) Royle, *Egyptian Campaigns*, 400p.

57) Ibid., 388p; *London Gazette*, 25 August 1885, No. 25505, 4039p; 'Sir Reginald Talbot', *The Times*, 16 January 1929, 17p.

58) Arthur, ed., *Wolseley*, 155p.

59) *The Times*, 6 February 1885, 9p.

60) Hansard, House of Commons debate, 19 February 1885, v. 294, cc873–879.

61) 'Naval and Military Intelligence,' *The Times*, 2 June 1885, 6p; William Galloway, *The Battle of Tofrek*(London, 1887), 320–321p.

62) M. P. Hornik, 'The Mission of Sir Henry Drummond-Wolff to Constantinople, 1885–1887,' *English Historical Review*, lv(October 1940), 601–602p.

63) Arthur, ed., *Wolseley*, 211p.

64) Halik Kochanski, *Sir Garnet Wolseley: Victorian Hero*(London, 1999), 213–214p.

65) Andrew Syk, ed., *Military Papers of Lieutenant-General Frederick Stanley Maude, 1914–1917*, Army Records Society 32(Stroud, 2012), 97p.

66) Elton, *General Gordon*, 405p.

참고문헌

Bauer, Jack, *The Mexican War, 1846–1848*(Lincoln, NE, 1974)

Beevor, Anthony, *Arnhem: The Battle for the Bridges, 1944*(London, 2019)

Brereton, Lewis H., *The Brereton Diaries: The War in the Air in the Pacific, Middle East and Europe, 3 October* 1941 – 8 May 1945(New York, 1946)

Clark, Alan, *The Donkeys*(New York, 1962)

Cohen, Eliot A., and John Gooch, *Military Misfortunes: The Anatomy of Failure in War* (New York, 1990)

Connaughton, Richard M., *Rising Sun and Tumbling Bear: Russia's War with Japan* (London, 2003)

Diodorous Siculus, *Historical Library*, Books xii and xiii

Dixon, Norman F., *On the Psychology of Military Incompetence*(London, 1976)

Donovan, James, *A Terrible Glory: Custer and the Little Bighorn – the Last Great Battle of the American West*(New York, 2008)

Fowler, Will, *Santa Anna of Mexico*(Lincoln, NE, 2007)

Friendly, Alfred, *The Dreadful Day: The Battle of Manzikert, 1071*(London, 1981)

Goldrick, James, *Before Jutland: The Naval War in Northern European Waters, August 1914– February 1915*(Annapolis, MD, 2015)

Gordon, Andrew, *The Rules of the Game: Jutland and British Naval Command* (Annapolis, MD, 2012)

Graham-Leigh, Elaine, *The Southern French Nobility and the Albigensian Crusade* (Woodbridge, 2005)

Haldon, John F., *Warfare, State and Society in the Byzantine World, 565–1204* (London and New York, 1999)

Hardin, Stephen, *Texian Iliad: A Military History of the Texas Revolution 1835–1836* (Austin, TX, 1994)

Henderson, Timothy, *A Glorious Defeat: Mexico and Its War with the United States* (New York, 2007)

Herwig, Holger, *The First World War: Germany and Austria–Hungary, 1914–1918* (London, 1997)

Hillenbrand, Carole, *Turkish Myth and Muslim Symbol: The Battle of Manzikert* (Edinburgh, 2007)

Hoig, Stan, *The Sand Creek Massacre*(Norman, OK, 1961)

Howard, Michael, 'The Use and Abuse of Military History', *RUSI Journal*, CVii/625(1962), 4−10p.

Hughes, Nathaniel Cheairs, and Roy P. Stonesifer, *The Life and Wars of Gideon Pillow* (Chapel Hill, NC, 1993)

Kaldellis, Anthony, *Streams of Gold, Rivers of Blood: The Rise and Fall of Byzantium, 955 AD to the First Crusade*(New York, 2017)

Keegan, John, *The Face of Battle*(London, 1988)

Kochanski, Halik, *Sir Garnet Wolseley: Victorian Hero*(London, 1999)

Laffin, John, *British Butchers and Bunglers of World War One*(Godalming, 1998)

Lambert, Andrew, *Admirals: The Naval Commanders Who Made Britain Great*(London, 2009)

Lewis, Felice Flanery, *Trailing Clouds of Glory: Zachary Taylor's Mexican War Campaign and His Emerging Civil War Leaders*(Tuscaloosa, AL, 2010)

Luckett, Richard, *The White Generals: An Account of the White Movement and the Russian Civil War*(New York, 1974)

Marvin, Laurence W., *The Occitan War: A Military and Political History of the Albigensian Crusade*, 1209−1218(Cambridge, 2008)

Massie, Robert, *Castles of Steel*(New York, 2003)

Matsukata, Yoshihisa, 'Human Bullets, General Nogi and the Myth of Port Arthur', in *The Russo-Japanese War in Global Perspective: World War Zero*, ed. John W. Steinberg et al., 2 vols(Leiden and Boston, MA, 2005−2007)

Michno, Gregory F., *The Three Battles of Sand Creek: In Blood, in Court, and as the End of History*(El Dorado Hills, CA, 2017)

Miller, Roger G., 'A "Pretty Damn Able Commander": Lewis Hyde Brereton, Part i', *Air Power History*, XLVii/1(2000), 4−27p

——, 'A "Pretty Damn Able Commander": Lewis Hyde Brereton, Part ii', *Air Power History*, XLViii/1(2001), 22−45p

O'Neill, Connor T., *Down Along with that Devil's Bones: A Reckoning with Monuments, Memory, and the Legacy of White Supremacy*(Chapel Hill, NC, 2020)

Pegg, Mark Gregory, *A Most Holy War: The Albigensian Crusade and the Battle for Christendom*(New York, 2008)

Plutarch, 'Nicias', *Greek Lives*, trans. Robin Waterfield(Oxford, 1998)

Pois, Robert, and Philip Langer, *Command Failure in War: Psychology and Leadership*(Bloomington, IN, 2004)

Powell, David A., *Failure in the Saddle: Nathan Bedford Forrest, Joe Wheeler, and the Confederate Cavalry in the Chickamauga Campaign*(El Dorado Hills, CA, 2010)

Preston, Adrian, ed., *In Relief of Gordon: Lord Wolseley's Campaign Journal of the Khartoum*

Relief Expedition, 1884 – 1885(Rutherford, NJ, 1967)

Roberts, Gary L., *Massacre at Sand Creek: How Methodists Were Involved in an American Tragedy*(Nashville, TN, 2016)

Roskill, Stephen, *Admiral of the Fleet Earl Beatty: The Last Naval Hero*(Annapolis, MD, 2018).

Rupen, Robert A., *Mongols of the Twentieth Century*(Bloomington, IN, 1964)

Sampson, Gareth C., *The Defeat of Rome in the East: Crassus, the Parthians, and the Disastrous Battle of Carrhae, 53 BC*(Philadelphia, PA, 2008)

Schindler, John R., *Fall of the Double Eagle: The Battle for Galicia and the Demise of Austria–Hungary*(Lincoln, NE, 2015)

Smith, Canfield F., 'The Ungernovščina – How and Why?', *Jahrbücher für Geschichte Osteuropas*, xxviii/iv(1980), 590 – 595p

Sondhaus, Lawrence, *Franz Conrad von Hötzendorf, Architect of the Apocalypse* (Boston, MA, 2000)

Strauss, Barry, *The Spartacus War*(New York, 2009)

Symons, Julian, *England's Pride: The Story of the Gordon Relief Expedition*(London, 1965)

Thucydides, *History of the Peloponnesian War*, ed. M. I. Finley, trans. Rex Warner (Oxford, 1972)

Tōgawa Yukio, *Nogi Maresuke*(Tokyo, 1968)

Turner, Carol, *Forgotten Heroes and Villains of Sand Creek*(Charleston, SC, 2010)

Utley, Robert, *Custer: Cavalier in Buckskin*(Norman, OK, 2001)

Warner, Denis, and Peggy Warner, *The Tide at Sunrise: A History of the Russo-Japanese War*, 1904 – 1905(London, 1975)

Watson, Alexander, *Ring of Steel: Germany and Austria–Hungary in World War i* (New York, 2014)

Wawro, Geoffrey, *A Mad Catastrophe: The Outbreak of World War i and the Collapse of the Hapsburg Empire*(New York, 2014)

Wert, Jeffrey, *Custer: The Controversial Life of George Armstrong Custer*(New York, 1996)

Wills, Brian S., *The Confederacy's Greatest Cavalryman: Nathan Bedford Forrest* (Lawrence, KS, 1998)

저자 목록

존 J. 아바티엘로 John J. Abbatiello

USAF 아카데미의 인성리더십개발센터(Center for Character and Leadership Development)
연구통합평가 부장이다. 2004년 런던 킹스 칼리지에서 박사를 취득한 뒤 USAF으로
돌아와 역사학과의 부학과장을 맡았다. 《Anti-submarine Warfare in World War I: British
Naval Aviation and the Defeat of the U-Boats》및 공군, 해군, 군사 주제를 다룬 수 편의
논문과 서평을 썼다.

제러미 블랙햄 경 Sir Jeremy Blackham

영국 해군에서 41년을 복무하는 동안 기동함대 함선 비챔턴, 아샨티, 노팅엄, 그리고
보스니아에서 첫 영국 해군 기동전대를 지휘했을 때 아크 로열을 지휘했다. 그는
육지에서도 중요한 장교 역할을 다수 수행했다. 영국해군참모대학 사령관, 해군 계획부장,
인사전략부장, 참모부총장, 함선 부사령관이었으며 제1기 국방차장을 역임했다. 2002년
은퇴한 뒤 그는 영국 대표로 EADS(Eurocopter Airbus Cassidian Astrium, 유럽항공방위
우주산업)에서 3년을 보냈고, 이후 고문과 멘토로 활동했다. 그는 다수의 컨설팅 회사에서
대표를 맡았고, 2000년부터 2007년까지 블랙히스음악·예술학교의 총장이었다. 그는 영국
'에어버스 헬리콥터스Airbus Helicopters'의 전 비상임이사, 영국 합동참모의장 전략고문
패널의 전 회원이기도 하다. 1996~2008년에는 왕립합동군사연구소(Royal United Services
Institute for Defence and Security)의 부회장, 수탁자, 연구 보좌관이었으며 2002~2017년
〈Naval Review〉의 편집자였고, 안보 분야를 주제로 자주 글을 쓴다.

게이츠 브라운 Gates Brown

캔자스주 포트 레번워스에 있는 미국육군지휘참모대학교(the U.S. Army Command and
General Staff College)의 전쟁사학과 조교수이다. 그의 주 연구 분야는 냉전 초기 미국의 핵,
안보 정책이다. 그는 현재 아이젠하워 대통령의 서유럽 중거리 탄도 미사일 배치에 관한
원고를 검토하고 있다.

마크 E. 그로텔루셴 Mark E. Grotelueschen

USFA(미국공군사관학교, the U.S. Air Force Academy) 교수이다. 동대학에서 역사학 학사를,
캘거리대학에서 군사 및 외교사 석사, 텍사스A&M대학에서 박사를 취득했다. 제1차
세계대전 분야에서 세계적인 학자로, 《The AEF Way of War: The American Army and
Combat in World War I》 그리고 《Doctrine under Trial: American Artillery Employment

in World War I》의 저자이기도 하다. 그는 《The Officer's Companion to Military History》, 《Forged by Fire: Military History for the Profession of Arms》의 편집자이며, 다른 많은 단편집을 쓰기도 했다.

앤드루 홀트 Andrew Holt
잭슨빌 플로리다주립대학교 역사학 교수다. 동대학에서 박사를 취득했으며, 십자군 시대를 전공하는 중세 역사학자이다. 그는 제임스 멀둔과 함께 《Competing Voices from the Crusades》, 알프리드 J. 안드레아와 함께 《Seven Myths of the Crusades》를, 플로린 커타와 함께 《Great Events in Religion: An Encyclopedia of Pivotal Events in Religious History, 3 vols》를 공동 집필했다. 그린우드 출판사에서 2019년 출간된 십자군을 다룬 두 권짜리 백과사전의 단독 저자이기도 하며, 옥스퍼드 온라인 서지정보(옥스퍼드대학 출판사 제공)의 십자군 부분 편집자이며, 해킷 출판사에서 나온 《Myths of History》 시리즈 편집자이기도 하다.

그레고리 S. 하스포도어 Gregory S. Hospodor
육군참모지휘대학교의 역사학 부교수이다. 2017년 USAF 역사학과에서 외래 명예교수를 맡았다. 역사를 전공해 루이지애나주립대학에서 박사를 취득했으며, 미시시피대학에서 석사, 윌리엄&메리대학에서 학사를 취득했다. 현재 연구 주제는 1943년 시칠리아 작전에서 미국 제1보병사단의 전투 작전과 이것이 소위 미국의 전쟁 방식에 주는 함의에 대한 것이다.

존 M. 제닝스 John M. Jennings
USAF 역사 교수로, 일본 현대사가 주 분야이다. 마노아 하와이대학에서 석박사를 취득했으며, 소피아대학과 도쿄의 국제기독대학에서 외래 연구원으로 일하고 있다. 《The Opium Empire: Japanese Imperialism and Drug Trafficking in Asia, 1895–1945》 및 다수의 저작이 있다. 현재는 1918년에서 1922년 사이 일본군의 시베리아 작전을 연구하고 있다.

로런스 W. 마빈 Laurence W. Marvin
조지아 마운트 베리에 있는 베리대학의 역사 교수다. 어바나 샴페인의 일리노이대학에서 1997년 박사를 취득했다. 그는 《The Occitan War: A Military and Political History of the Albigensian Crusade, 1209–1218》의 저자이다. 2018년 그가 공동 편집한 《Louis VII and His World》은 E. J. 브릴에 의해 출판되었다. 《War in History》와 《War and Society》를 비롯한 다양한 책, 비평지에 글을 투고했다. 그는 현재 제5차 십자군과 관련된 전쟁사 책을 집필 중이다.

데이비드 W. 밀스 David W. Mills
거의 10년간 미국 육군에서 복무했으며, 이후 8년간 미국 기업에서 일했다. 그는 프로스트버그주립대학에서 역사학 학사를, 만카토 미네소타주립대학에서 역사학 석사를, 노스다코타대학에서 박사를 취득했다. 그는 현재 포트 레이븐워스의 미국육군지휘참모대학교에서 조교수로 근무하고 있다. 그는 《Cold War in a Cold Land: Fighting Communism on the Northern Plains》 및 《Operation Snowbound: Life behind the Blizzards of 1949》 두 권의 책을 집필했다. 현재 전후 유럽과 소련에서 미국의 역할을 검토하는 원고를 작성 중이다.

조지프 머레츠 Joseph Moretz

1979년 매릴랜드의 프로스트버그에 있는 프로스트버그 주립 대학을 졸업했다. 1989년 미국 해군대학의 참모지휘대학을 수석 졸업한 뒤 킹스칼리지런던에서 1990년 전쟁사 석사를, 1999년 9월 박사를 취득했다. 개인 연구자이자 작가로서, 그는 《The Royal Navy and the Capital Ship in the Interwar Period》, 《Thinking Wisely, Planning Boldly: The Higher Education and Training of Royal Navy Officers, 1919‒1939》, 《Towards a Wider War: British Strategic Decision‒Making and Military Effectiveness in Scandinavia, 1939‒40》를 집필했다. 그는 '군사사를위한영국위원회(British Commission for Military History)', 군사사학회, 육군기록학회, 해군기록학회의 회원이다. 그는 현재 1882~1916년 영국의 수륙양용 작전과 그 발전을 연구하고 있다.

대니 오르바츠 Danny Orbach

예루살렘의 히브리대학 역사 및 아시아학과 교수이다. 그는 전쟁사학자로서 군사 저항, 전쟁 참상, 용병 등을 주제로 한 글을 발표했다. 최신 저서로는 《The Plots against Hitler》와 《Curse on This Country: The Rebellious Army of Imperial Japan》가 있다. 현재 냉전 초기 첩보의 역사에 관한 책을 집필 중이다.

크리스토퍼 M. 레인 Christopher M. Rein

앨라배마 맥스웰 공군기지의 항공대학 출판사(Air University Press)의 편집장이다. 캔자스 대학에서 역사학 박사를 취득했으며, 그의 박사 학위 논문과 《The North African Air Campaign》으로 발간된 첫 번째 책은 미국 공군의 역사에서 주류 의견이었던 공군력의 전략적 추구 대신 전술적 사용을 주장했다. 그의 두 번째 책 《Alabamians in Blue》은 미국 남북 전쟁 중 환경 요건과 북부 앨라배마의 남부 노예제 폐지 반대론자들 간의 연결 고리를 검토한다. 그는 루이지애나 바통루즈의 서던대학 해군 학군단 강사였으며, 콜로라도 스프링스의 미 공군 아카데미에서 역사 교수를 역임하면서 남북 전쟁, 제2차 세계대전 등 군사사와 미국 역사를 다룬 여러 강의를 했다.

코트니 A. 쇼트 Courtney A. Short

채플 힐 노스캐롤라이나대학에서 역사학 박사를 취득했다. 그녀는 USAF 역사학과 부학과장이자 조교수로 군사사, 제2차 세계대전, 비재래식 전투 역사를 강의했다.

그녀의 연구 주제는 1945~1946년 오키나와 점령 시 인종과 정체성이다. 《The Most Vital Question: Race and Identity in Occupation Policy Construction and Practice, Okinawa, 1945–1946》는 에드워드 M. 코프먼 군사사 학회(Edward M. Coffman Society for Military History) 시상식에서 2017 선외 가작으로 선정되었다. 그녀는 또한 《Uniquely Okinawan: Determining Identity During the u.s. Wartime Occupation》를 썼다.

척 스틸 Chuck Steele

USFA 역사학 교수이다. 그는 해군 역사, 사상, 기술, 전쟁, 현대 군사사의 핵심과 주요 학자들 그리고 제1차 세계대전 역사 강의를 맡았다. 그는 1987년 버클리 캘리포니아대학에 입학해, 1990년 킹스칼리지런던에서 전쟁학 석사를 취득한 후, 2000년 웨스트버지니아대학에서 역사학 박사를 취득했다. 그는 〈Rotor and Wing〉 잡지의 최초 안보 분야 편집자였으며, 이후 2002~2006년 웨스트포인트에서 교수로 일했다. 그는 〈International Journal of Naval History〉의 서평 편집자로, 호주 해군 연구소의 〈Naval History〉 그리고 영국 〈Naval Review〉에 많은 글을 투고했다. 바다를 사랑하며, PADI 다이빙마스터 자격증을 따고 영국 해양 고고학 학회에서 해양 고고학 기초 훈련을 받기도 했다.

제임스 투시 James Tucci

SAASS(School of Advanced Air and Space Studies, 첨단항공우주대학원)의 전략안보학 교수이다. 그는 일리노이주 락아일랜드 어거스타나대학에서 그리스어와 라틴어 학사를 취득했다. 컬럼비아 미주리대학에서 역사학 석사를 취득했으며, 위스콘신-매디슨대학에서 비교세계사 박사를 취득했다. 22년 동안 미 공군에서 ICBM 항공사령관을 맡아 공군과 해군 항공기에서 1,000시간이 넘게 비행했으며, 미국공군사관학교 역사학부의 군사사학과장이기도 했다. 그는 USFA 및 공군지휘참모대학, 오번대학, 네덜란드 국방대학, 아랍에미리트 국방대학 및 SAASS에서 역사, 전략, 문학, 고전 언어, 안보학을 가르쳤다.

데릭 바블 Derek Varble

옥스포드대학 소속 오리엘칼리지에서 20세기 외교역사학 박사학위를 취득했다. 그는 또한 미국공군사관학교에서 역사학 학사를, 조지워싱턴대학에서 역사학 석사를 취득했다. 현재 콜로라도에서 살고 있다.

로버트 P. 웨트먼 주니어 Robert P. Wettemann Jr

미국공군사관학교 역사학 교수이다. 오클라호마주립대학에서 역사학 학사, 텍사스A&M대학에서 석사 및 박사를 취득했다. 그는 《Privilege vs. Equality: Civil–Military Relations in the Jacksonian Era, 1815–1845》의 저자로, 이 외에도 수많은 논문과 글을 집필했다.

감사의 말

우선 이 프로젝트와 책을 구성하는 각 장에 열정적으로 참여해준 존 아바티엘로, 게이츠 브라운, 마크 그로텔루셴, 앤드루 홀트, 그레고리 하스포도어, 로런스 마빈, 데이비드 밀스, 조지프 머레츠, 대니 오르바츠, 크리스토퍼 레인, 코트니 쇼트, 제임스 투시, 데릭 바블, 로버트 웨트먼에게 감사를 표하고 싶다. 이들이 없었다면 해내지 못했을 것이다. 저자 중 일부는 USFA나 국방부의 다른 조직에 있는 만큼, 다음과 같은 사실을 확실히 하고자 한다. 이 책에 반영된 시각은 저자들의 것이며, USFA, 미국 공군, 국방부, 정부의 의견을 반영하지 않는다.

생각할 거리를 던져 주는 서론을 흔쾌히 써주신 제러미 블랙햄 경께도 감사를 표한다.

주요 저자들 외에도 다음의 인물들은 너그럽게 시간과 전문성을 나누어 주었다. 조지프 배리Joseph Barry, 로널드 불라토프Ronald Bulatoff, 엘레나 대니얼슨Elena Danielson, 존 던John Dunn, 대니얼 프랑케Daniel Franke, 콜린 갤

러웨이Colleen Galloway, 야길 행킨Yagil Henkin, 마크 혼넨Mark Honnen, 마이클 클리멘코Michael Klimenko, 로템 코우너Rotem Kowner, 지아 루Jia Lu, 마거릿 마틴Margaret Martin, 퍼트리샤 폴란스키Patricia Polansky, 존 로셰John Roche, 티머시 로만Timothy Romans, 존 슈테판John Stephan, 로버르트 발리앙Robert Valliant.

또한 Azrieli Foundation, Truman Institute for the Advancement of Peace, Hamilton Library, University of Hawaii at Manoa, Hoover Institution Archives and Library, Stanford University, McDermott Library, USFA, Research Center at the History Colorado Center in Denver, Stephen H. Hart Library 및 연구 센터 관계자들의 도움과 지원에도 진심으로 감사를 표한다.

리액션 북스Reaktion Books의 관계자들 또한 이 책을 준비하는 데 큰 도움을 주었다. 특히 기획을 책으로 만드는 지난한 과정에서 가혹한 시련을 겪으면서도 인내심과 지지를 보여준 발행인 마이클 리만Michael Leaman과 그의 조수 알렉스 시오바누Alex Ciobanu, 편집자 에이미 솔터Amy Salter의 전문성에도 감사를 표한다.

마지막으로 이 책을 작성하고 편집하는 과정에서 끝없는 지지를 보내준 가족과 친구들에게도 깊은 감사의 마음을 표현하고자 한다. 그 어떠한 오류든 전부 우리의 책임이다.

사진 출처

편집자와 발행인들(미국판)은 아래 자료 및 그에 대한 사용을 허가해 준 것에 감사를 표하고자 한다.

Biblioth.que nationale de France, Paris: 304쪽; photo Didier Descouens (cc bysa 4.0): 260쪽; from Kinsei Meishi Shashin (Photographs of Modern Notables), vol. i (Osaka, 1935), photo National Diet Library, Tokyo: 281쪽; Library of Congress, Prints and Photographs Division, Washington, DC: 57쪽 (Brady-Handy Collection), 176쪽 (fsa/owi Collection), 195쪽 (Civil War Photographs, 1861–1865); from Brantz Mayer, Mexico; Aztec, Spanish and Republican: A Historical, Geographical, Political, Statistical and Social Account of that Country from the Period of the Invasion by the Spaniards to the Present Time, vol. ii (Hartford, ct, 1853), photo Smithsonian Libraries, Washington, DC: 135쪽; National Archives at College Park, md: 116쪽; Naval History and Heritage Command, Washington, DC: 97쪽; The New York Public Library: 238쪽; courtesy The Stephen H. Hart Library & Research Center, Denver, co: 75쪽; Thorvaldsens Museum, Copenhagen: 215쪽.

삐뚤어진
리더들의 전쟁사

1판 1쇄 인쇄 2022년 8월 12일
1판 1쇄 발행 2022년 8월 24일

지은이 존 M. 제닝스 척 스틸 외
옮긴이 곽지원
펴낸이 김영곤
펴낸곳 ㈜북이십일 레드리버

전쟁사팀 팀장 배성원
책임편집 유현기 서진교
외주편집 장웅진
디자인 이찬형
출판마케팅영업본부장 민안기
마케팅1팀 배상현 이보라 한경화 김신우
출판영업팀 최명열
제작팀 이영민 권경민

출판등록 2000년 5월 6일 제406-2003-061호
주소 (우10881) 경기도 파주시 회동길 201(문발동)
대표전화 031-955-2100 이메일 book21@book21.co.kr
내용문의 031-955-2403

ISBN 978-89-509-3982-3 (03900)